双百优秀裁判文书的形与神

—— 裁判思路与说理技巧 ——

刑事卷

最高人民法院审判管理办公室 编

人民法院出版社

图书在版编目（CIP）数据

双百优秀裁判文书的形与神：裁判思路与说理技巧.
刑事卷／最高人民法院审判管理办公室编.－－北京：
人民法院出版社，2022.7
　ISBN 978－7－5109－3480－3

　Ⅰ.①双… Ⅱ.①最… Ⅲ.①刑事诉讼－审判－法律
文书－研究－中国 Ⅳ.①D926.134

中国版本图书馆CIP数据核字（2022）第045720号

双百优秀裁判文书的形与神
——裁判思路与说理技巧（刑事卷）
最高人民法院审判管理办公室　编

策划编辑	李安尼
责任编辑	巩　雪
出版发行	人民法院出版社
地　　址	北京市东城区东交民巷27号（100745）
电　　话	（010）67550658（责任编辑）　67550558（发行部查询）
	65223677（读者服务部）
客服QQ	2092078039
网　　址	http：//www.courtbook.com.cn
E－mail	courtpress@sohu.com
印　　刷	河北鑫兆源印刷有限公司
经　　销	新华书店
开　　本	787毫米×1092毫米　1/16
字　　数	372千字
印　　张	22
版　　次	2022年7月第1版　2024年9月第4次印刷
书　　号	ISBN 978－7－5109－3480－3
定　　价	75.00元

版权所有　侵权必究

前　言

裁判文书是人民法院代表国家依法行使审判权、适用法律解决纠纷的载体，是明确当事人法律权利义务的重要形式，直接体现国家强制力，具有高度的严肃性和权威性，其质量集中反映了人民法院的司法能力和司法水平。法官制作裁判文书必须严格依据事实和法律，时刻保持高度的责任心，严谨规范、精益求精。优秀裁判文书能以案释法，既体现法律尺度，又展现司法温度；既反映法官的法律专业功底，又展示法官论证说理的能力以及语言组织能力，在解决争议、化解矛盾纠纷的同时，明确法律规则和价值导向，增强社会对司法裁判的认同感和对公平正义的获得感，形成与社会道德建设、社会主义核心价值观的有效共振。

最高人民法院始终高度重视裁判文书质量，自2018年以来持续开展全国法院"百篇优秀裁判文书"评选活动，通过层层选拔，甄选出了一批政治效果、法律效果和社会效果相统一的优秀裁判文书。获奖裁判文书来自全国各级法院，覆盖刑事、民事、行政、赔偿、执行等各种类型。为充分展现人民法院裁判文书制作水平，全方位发挥精品文书的引领示范作用，本书特选取了第一届、第二届、第三届获奖的裁判文书，集中展示优秀获奖文书、裁判要旨、撰写心得、专家评析等，展现人民法官的裁判思路，分析说理技巧，帮助读者剖析优秀裁判文书的"形"与"神"，以供全国法律从业者学习参鉴。

编者
2022年4月

目 录

第一章 人身类犯罪

第一节 故意杀人罪

1. 王某某故意杀人案 ·· 1
【关键词】 自首 翻供 被害人过错 宽严相济
　一、简要案情 ·· 1
　二、撰写心得 ·· 2
　　（一）事实认定的写作 ·· 2
　　（二）判理分析的写作 ·· 3
　三、专家评析 ·· 4
　　（一）争议焦点总结准确，评判分析有的放矢，把握了释法说理
　　　　 的精度 ·· 4
　　（二）针对事实争议和法律争议采用不同说理模式，展示了辨法
　　　　 析理的深度 ·· 4
　　（三）将法律政策、道德规范和生活经验有机结合，体现了阐法
　　　　 明理的广度 ·· 5

2. 李某某故意杀人案 ·· 6
【关键词】 故意杀人 以审判为中心 证据裁判 无罪推定 宣告无罪
　一、简要案情 ·· 6
　二、撰写心得 ·· 7

（一）严格证据裁判规则 ·· 7
（二）充分发挥以审判为中心的决定性作用 ·························· 7
（三）充分保障被告人和辩护律师的质证权 ························· 7
三、专家评析 ·· 8

3. 金某1故意杀人案 ·· 10
【关键词】 投毒 翻供 间接证据定案
一、简要案情 ·· 10
二、撰写心得 ·· 11
三、专家评析 ·· 12
（一）严格贯彻证据裁判原则 ······································ 12
（二）逻辑严密，论证充分 ··· 12
（三）内容全面，双管齐下 ··· 12

4. 马某某故意杀人案 ·· 14
【关键词】 故意杀人 证明标准 无罪
一、简要案情 ·· 14
二、撰写心得 ·· 14
（一）裁判文书的结构安排 ··· 15
（二）坚持证据裁判原则 ·· 15
（三）全面梳理证据，努力做到精准表达 ······················ 15
（四）保持中立，客观评判 ··· 16
（五）判后答疑，做好化解工作 ··································· 17
三、专家评析 ·· 17

5. 俎某某正当防卫宣告无罪案 ··· 19
【关键词】 正当防卫 特殊防卫 防卫过当
一、简要案情 ·· 19
二、撰写心得 ·· 20
（一）全面反映诉讼参与各方意见 ································ 20
（二）精心梳理证据力求精准表述 ································ 20
（三）严格根据证据认定案件事实 ································ 21
（四）聚焦争议注重回应公正评判 ································ 21

三、专家评析 ··· 22
　　（一）事实认定准确 ·· 22
　　（二）法律适用正确 ·· 23
　　（三）裁判说理充分 ·· 24

第二节　故意伤害罪

6. 丁某某故意伤害案 ·· 26
　【关键词】　正当防卫　故意伤害　被害人过错
　　一、简要案情 ·· 26
　　二、撰写心得 ·· 27
　　　（一）叙述事实 ··· 27
　　　（二）罗列证据 ··· 28
　　　（三）分析说理 ··· 29
　　三、专家评析 ·· 30

7. 桑某故意伤害案 ·· 31
　【关键词】　聚众斗殴　故意伤害　关联性　被害人过错
　　一、简要案情 ·· 31
　　二、撰写心得 ·· 31
　　三、专家评析 ·· 33
　　　（一）说理透彻，论证有力 ··· 33
　　　（二）注重效果，情法交融 ··· 34

8. 吉某1、张某1故意伤害案 ·· 35
　【关键词】　正当防卫　防卫限度　共同防卫　罪责自负
　　一、简要案情 ·· 35
　　二、撰写心得 ·· 36
　　　（一）准确理解和把握正当防卫的法律规定和立法精神，对于
　　　　　　符合正当防卫成立条件的，要坚决依法认定 ················· 36
　　　（二）对防卫过当构成犯罪的，要准确认定"明显超过必要限度"
　　　　　　和"造成重大损害"，并确保刑罚裁量适当 ··················· 37
　　　（三）对共同正当防卫中因防卫过当构成犯罪的，要区别对待，

原则上只应由防卫过当的被告人个人负责，防卫人之间
不构成共同犯罪 ··· 37
（四）对正当防卫条件消失后，另起犯意伤害他人的，应当承担
相应刑事责任 ··· 38
三、专家评析 ·· 39
（一）亮点一：共同正当防卫的过程中，因防卫过当并不必然构成
共同犯罪 ··· 39
（二）亮点二：判决书肯定了一审判决对防卫过当（致人重伤、
死亡）的量刑把握精准 ····································· 39

第二章 财产及经济类犯罪

第一节 生产、销售伪劣产品罪

9. 上海嘉外国际贸易有限公司、刘某某销售伪劣产品案 ········· 41
【关键词】 销售伪劣产品 超期 数量 明知 单位犯罪
非法证据排除
一、简要案情 ·· 41
二、撰写心得 ·· 44
（一）格式正确、用语规范和准确 ································· 44
（二）语句通顺、逻辑严密、证据贯之 ··························· 44
（三）观点明确、说理充分 ··· 44
（四）展示裁判温度、坚守法官良知 ······························ 45
三、专家评析 ·· 47

第二节 生产、销售、提供假药罪

10. 张某1等生产、销售假药案 ··· 49
【关键词】 犯罪行为定性 生产销售假药罪 选择性罪名
一、简要案情 ·· 49
二、撰写心得 ·· 51

（一）逻辑性 ………………………………………………………… 51
（二）重证据 ………………………………………………………… 52
（三）说理性 ………………………………………………………… 52
（四）规范性 ………………………………………………………… 52
三、专家评析 …………………………………………………………… 53

11. 胡某 1 销售假药案 ………………………………………………… 55
【关键词】 销售假药 事实不清 证据不足
一、简要案情 …………………………………………………………… 55
二、撰写心得 …………………………………………………………… 56
三、专家评析 …………………………………………………………… 57

第三节　骗取贷款、票据承兑、金融票证罪

12. 黄某某骗取贷款案 ………………………………………………… 58
【关键词】 骗取贷款 质押担保 合同纠纷 刑民界限
一、简要案情 …………………………………………………………… 58
二、撰写心得 …………………………………………………………… 59
（一）全面反映案件的程序过程，控辩意见、理由和证据材料，
做到程序公正 ……………………………………………… 60
（二）全方位阐释裁判理由，做到法理情相融合 ……………… 60
（三）准确归纳争议焦点，做到重点突出 ……………………… 61
（四）体现以审判为中心的刑事诉讼制度改革要求，做到立场
鲜明 ………………………………………………………… 61
三、专家评析 …………………………………………………………… 62

第四节　妨害信用卡管理罪

13. 罗某某妨害信用卡管理案 ………………………………………… 64
【关键词】 犯罪构成 主观不法 客观不法 虚假身份 骗领信用卡
一、简要案情 …………………………………………………………… 64
二、撰写心得 …………………………………………………………… 65

（一）若想写好一篇优秀的裁判文书，认真倾听无罪、罪轻的
　　　　　辩解意见尤为重要 ································· 65
　　（二）优秀裁判文书的制作过程，需要综合评判在案证据，排除
　　　　　证据间的矛盾，并在此基础上依法认定事实 ············· 66
　　（三）撰写优秀的裁判文书，需要法官不断学习先进理论并与
　　　　　实践进行有机结合 ································· 66
　　（四）优秀的裁判文书需要关注案件中存在的程序问题 ········· 67
　三、专家评析 ··· 67

第五节　违法运用资金罪

14. 陈某等人违法运用资金案 ································ 69
【关键词】　违法运用资金　保险资金运用　情节严重
　一、简要案情 ··· 69
　二、撰写心得 ··· 71
　　（一）从维护国家金融秩序安全的高度，站位要高 ············· 72
　　（二）不就案论案，格局要大 ····························· 72
　　（三）充分调查研究，思考要深 ··························· 73
　　（四）总结归纳，落点要实 ······························· 73
　三、专家评析 ··· 74

第六节　集资诈骗罪

15. 丁某某集资诈骗、合同诈骗、贷款诈骗、敲诈勒索、窝藏案 ······ 75
【关键词】　集资诈骗　获取担保骗取贷款　一房二卖
　一、简要案情 ··· 75
　　（一）有关集资诈骗的事实 ······························· 75
　　（二）有关合同诈骗的事实 ······························· 76
　　（三）有关贷款诈骗的事实 ······························· 77
　二、撰写心得 ··· 79
　　（一）规范 ··· 80
　　（二）事理 ··· 80

（三）说理 ··· 80
　三、专家评析 ··· 82

16. 中民信集团有限公司集资诈骗案 ·· 84
　【关键词】 集资诈骗　非法吸收公众存款　单位犯罪
　一、简要案情 ··· 84
　二、撰写心得 ··· 85
　　（一）仔细研判案件，保证实体和程序正义 ···················· 85
　　（二）准确适用法律，说理清晰严密 ································ 86
　　（三）使用专业语言表达，认真做好文书校对 ·················· 86
　三、专家评析 ··· 87
　　（一）全面反映控辩双方证据主张 ···································· 87
　　（二）证据与事实认定协调一致 ·· 88
　　（三）文书说理既平实又符合法律规则 ···························· 88

第七节　贷款诈骗罪

17. 赵某某贷款诈骗案 ·· 89
　【关键词】 贷款诈骗　重复抵押贷款　非法占有的目的
　一、基本案情 ··· 89
　二、撰写心得 ··· 90
　三、专家评析 ··· 90

第八节　虚开增值税专用发票、用于骗取出口退税、抵扣税款发票罪

18. 赵某1等虚开增值税专用发票案 ·· 91
　【关键词】 虚开增值税专用发票　犯罪故意　危害结果
　一、简要案情 ··· 91
　二、撰写心得 ··· 93
　三、专家评析 ··· 97

19. 朱某某虚开增值税专用发票案 ·· 98
　【关键词】 虚开增值税专用发票　量刑　共同犯罪　辩护权

7

一、简要案情 ·· 98
　　二、撰写心得 ·· 99
　　　（一）要尽可能扎实地做好前期准备工作 ················· 99
　　　（二）要坚持规范的行文格式 ····························· 99
　　　（三）要精确简练地罗列在案证据 ······················· 100
　　　（四）要竭尽所能地写好文书的说理部分 ················ 100
　　三、专家评析 ··· 102
　　　（一）罪名本质把握精准 ································· 102
　　　（二）事实认定论证精细 ································· 102
　　　（三）罪责大小分担精确 ································· 102

第九节　诈骗罪

20. 孙某诈骗案 ··· 104
　【关键词】　诈骗　非国家工作人员　篡改合同　财产性利益
　　一、简要案情 ·· 104
　　二、撰写心得 ·· 106
　　　（一）要切实重视 ·· 106
　　　（二）要吃透案情 ·· 106
　　　（三）要平等对待 ·· 107
　　　（四）要抽丝剥茧 ·· 107
　　三、专家评析 ·· 108

21. 张某某等 33 人诈骗案 ··································· 110
　【关键词】　跨境电信网络诈骗　境外犯罪　犯罪集团
　　一、简要案情 ·· 111
　　二、撰写心得 ·· 112
　　　（一）格式的规范统一 ···································· 113
　　　（二）焦点的提炼总结 ···································· 113
　　　（三）证据的分析审查 ···································· 113
　　　（四）事实的扼要厘清 ···································· 113
　　　（五）说理的充分透彻 ···································· 114

（六）量刑的精准适当 ·· 114
　三、专家评析 ·· 114
　　（一）事实认定准确，证据体例明晰，叙述脉络清晰严谨 ··· 115
　　（二）法律关系分析透彻，说服力强 ······························ 115
　　（三）具有积极正面的政治意义和良好的社会反响 ············ 115

22. 黄某某诈骗案 ·· 116
　【关键词】 虚构　工程项目　骗取借款　工程保证金
　一、简要案情 ·· 116
　二、撰写心得 ·· 116
　三、专家评析 ·· 119

第十节　假冒注册商标罪

23. 许某某等九人假冒注册商标罪、王某销售假冒注册商标的商品罪案 ·· 120
　【关键词】 假冒注册商标　销售假冒注册商标的商品　犯罪金额
　　　　　　共同犯罪　行为定性
　一、简要案情 ·· 120
　二、撰写心得 ·· 122
　　（一）打好证据基础，梳理事实脉络 ······························ 123
　　（二）归纳争议焦点，确定文书结构 ······························ 123
　　（三）综合分析认定，兼顾量刑平衡 ······························ 124
　　（四）表明审判立场，彰显政治站位 ······························ 124
　三、专家评析 ·· 125

第十一节　侵犯商业秘密罪

24. 上海凯赛生物技术研发中心有限公司、山东源达生物科技材料有限公司侵犯商业秘密案 ·· 127
　【关键词】 商业秘密　侵犯商业秘密罪　单位犯罪　披露　诉讼代表人
　一、简要案情 ·· 127

二、撰写心得 ·· 129
  （一）熟练掌握法律法规，把握党和国家相关政策，是撰写好裁判文书的关键环节 ·· 129
  （二）全面掌握案情，吃透案件逻辑关系，是撰写好裁判文书的基础 ·· 130
  （三）运用法治思维，依法论证说理，是撰写好裁判文书的重中之重 ·· 130
三、专家评析 ·· 132

第十二节　合同诈骗罪

25. 德勤集团股份有限公司、任某某、高某某、陈某1、祖某某、陈某2、章某某、夏某合同诈骗、骗取贷款、伪造、变造金融票证、妨害作证、帮助伪造证据、违法发放贷款、非国家工作人员受贿案 ·················· 133
  【关键词】　骗取贷款　非法占有目的　合同诈骗　违法发放贷款　非国家工作人员受贿
  一、简要案情 ·· 133
  二、撰写心得 ·· 136
    （一）民刑兼容审理经济犯罪案件 ·················· 137
    （二）针对检辩意见详略得当制作文书 ·················· 137
    （三）案外有感 ·· 138
  三、专家点评 ·· 138

26. 高某合同诈骗、诈骗案 ·················· 140
  【关键词】　非法占有目的　合同诈骗　诈骗
  一、简要案情 ·· 140
  二、撰写心得 ·· 142
    （一）客观进行事实认定 ·················· 142
    （二）精准进行证据表述 ·················· 143
    （三）多角度进行说理 ·················· 143
    （四）敢于回应不当诉求 ·················· 143
  三、专家评析 ·· 144

27. 德正资源控股有限公司、陈某某合同诈骗、信用证诈骗案 ... 145
【关键词】 非法占有目的　主从犯　涉案财产　认罪认罚
- 一、简要案情 ... 145
- 二、撰写心得 ... 147
  - （一）谋篇布局要全盘考虑统筹规划 ... 147
  - （二）事实认定要彰显证据裁判原则 ... 148
  - （三）证据表述要详略得当 ... 148
  - （四）裁判说理要充分透彻 ... 149
- 三、专家评析 ... 150
  - （一）审判程序记叙完整全面 ... 150
  - （二）事实证据表述结构合理 ... 150
  - （三）释法说理透彻充分 ... 150

28. 张某1合同诈骗案 ... 152
【关键词】 刑民交叉　非法占有目的　刑事推定　证据裁判
- 一、简要案情 ... 152
- 二、撰写心得 ... 154
- 三、专家评析 ... 157

29. 胡某某合同诈骗案 ... 159
【关键词】 经济纠纷　合同诈骗　非法占有目的　刑事推定
- 一、简要案情 ... 159
- 二、撰写心得 ... 162
  - （一）在案件实体处理上，本案代表了当时相当一部分经济纠纷与经济犯罪难以判断的现状 ... 162
  - （二）难案精办，简案快办，法官要有敏感性和预见性，对具有典型性的案件要下大力办好办精 ... 164
- 三、专家评析 ... 165
  - （一）该文书较好彰显了党和国家关于依法保护市场主体、全面维护企业家合法权益的政策精神 ... 165
  - （二）该文书体现了较为先进的办案理念 ... 165
  - （三）该文书在释法说理方面可圈可点 ... 166

30. 潘某某合同诈骗案 ·· 167
【关键词】 合同诈骗 非法占有目的 主观要件 客观要件 无罪再审
  一、简要案情 ··· 167
  二、撰写心得 ··· 170
    （一）深刻认识依法平等保护企业家合法权益的重大意义，坚持
        谦抑、审慎的刑事司法理念，在审判中依法保护企业家的
        人身权、财产权 ··· 170
    （二）合同诈骗案要审慎认定被告人主观上是否具有非法占有的
        目的 ··· 170
    （三）严格区分合同诈骗罪与经济合同纠纷 ······················ 171
    （四）既要重视认定事实，也要重视释法说理 ···················· 172
  三、专家评析 ··· 172

第十三节 非法转让、倒卖土地使用权罪

31. 陈某某非法倒卖土地使用权案 ·································· 174
【关键词】 法益 社会危害程度 刑罚必要性 谦抑性
  一、简要案情 ··· 174
  二、撰写心得 ··· 175
    （一）从责任承担的递进角度来分析 ···························· 175
    （二）从刑法的谦抑性角度考虑 ································ 176
    （三）从规则引导与社会效果的角度看 ·························· 176
    （四）经查询学界的研究成果，两篇有代表性的论文也支持承
        办人的主张 ··· 176
  三、专家评析 ··· 177
    （一）裁判正确 ··· 177
    （二）说理透彻 ··· 178
    （三）逻辑清晰 ··· 178

第十四节 抢劫罪

32. 梁某、杨某某、王某1、王某2抢劫案 ························· 179

【关键词】 非法占有　人身强制　抢劫罪
　一、简要案情 ··· 179
　二、撰写心得 ··· 180
　　（一）准确区分抢劫罪与招摇撞骗罪、敲诈勒索罪、强迫交易罪、
　　　　　非法拘禁罪的界限 ······························ 180
　　（二）正确理解"冒充军警人员抢劫的"情形 ··············· 180
　　（三）准确把握抢劫罪中"其他对人身实行强制的方法" ····· 181
　三、专家评析 ··· 181

第十五节　挪用资金罪

33. 张某某挪用资金、伪造变造国家机关公文案 ············· 183
【关键词】 受委派　从事公务　国家工作人员
　一、简要案情 ··· 183
　二、撰写心得 ··· 185
　　（一）该案再审判决书形式上的突破是以证据分析代替证据列举，
　　　　　力争做到有理有据 ······························ 185
　　（二）裁判文书的深度公开，大大提升司法公信 ··········· 187
　三、专家评析 ··· 188
　　（一）事实陈述清晰，认定准确 ························ 188
　　（二）法律适用准确，论证方式周密 ···················· 188

第三章　危害公共安全及妨害社会管理秩序犯罪

第一节　非法制造、买卖、运输、邮寄、储存枪支、弹药、爆炸物罪

34. 彭某某等人非法制造、买卖、邮寄枪支、弹药案 ········· 190
【关键词】 网络　制造　买卖　气枪零配件
　一、简要案情 ··· 190
　二、撰写心得 ··· 193
　　（一）通晓律例，善于作稿 ···························· 193

（二）取长补短，勤于积累 ·· 194
　　（三）问题导向，长于思考 ·· 194
三、专家评析 ··· 195
　　（一）排非申请评析准确得当 ·· 195
　　（二）事实证据认定清晰明了 ·· 195
　　（三）争议焦点评判突出鲜明 ·· 196

第二节　危险驾驶罪

35. 黎某某危险驾驶案 ·· 197
【关键词】　危险驾驶　道路　鉴定意见　取证程序
一、简要案情 ··· 197
二、撰写心得 ··· 197
三、专家评析 ··· 200

第三节　重大责任事故罪

36. 邹某某、赵某某重大责任事故、李某1、李某2过失损坏交通设施案 ·· 201
【关键词】　严重超载　重大责任事故　过失损坏交通设施
一、简要案情 ··· 201
二、撰写心得 ··· 202
三、专家评析 ··· 204

第四节　聚众斗殴罪

37. 刘某1、胡某1等聚众斗殴案 ··· 206
【关键词】　恶势力　犯罪集团　成员
一、简要案情 ··· 206
二、撰写心得 ··· 208
三、专家评析 ··· 210

第五节 寻衅滋事罪

38. 张某1恶势力团伙犯罪案 ·· 212
　【关键词】 恶势力　团伙犯罪　审查认定要点　认定思路
　　一、简要案情 ·· 212
　　二、撰写心得 ·· 214
　　三、专家评析 ·· 218

第六节 组织、领导、参加黑社会性质组织罪

39. 陶某1等组织、领导、参加黑社会性质组织罪 ················ 220
　【关键词】 黑社会性质组织　四个特征　新变化　软暴力
　　一、简要案情 ·· 220
　　二、撰写心得 ·· 222
　　　（一）事实表述要清楚，证据举证、质证要充分 ············ 222
　　　（二）定罪、定性准确是作出刑事判决的基础 ··············· 222
　　　（三）宽严相济，量刑适当 ···································· 223
　　　（四）文书格式规范，布局合理、详略得当 ·················· 223
　　　（五）辨法析理透彻，说服力强 ······························· 224
　　三、专家评析 ·· 224
　　　（一）案件事实清楚，证据确实、充分 ······················· 224
　　　（二）该判决书语言精练，表述严谨，逻辑清晰，布局合理 ···· 224
　　　（三）裁判文书归纳焦点准确，论理全面、说理透彻 ········ 224
　　　（四）裁判文书取得了良好的政治效果、法律效果和社会效果 ··· 224

第七节 污染环境罪

40. 王某某、陆某某与孙某某污染环境、诈骗案 ················· 226
　【关键词】 污染环境罪　其他有害废物　公私财产损失　后果特别严重
　　一、简要案情 ·· 226
　　二、撰写心得 ·· 227

三、专家评析 …… 229
　（一）事实认定全面，案件裁判建立在坚实的证据基础之上 …… 229
　（二）适用法律正确，在法律适用方面具有新颖性和典型性 …… 230
　（三）裁判效果明显，具有较强的法律意义和社会意义 …… 230

第八节　危害珍贵、濒危野生动物罪

41. 刘某某、谢某非法收购、运输、出售珍贵、濒危野生动物、珍贵、濒危野生动物制品案 …… 231
　【关键词】　珍贵、濒危野生动物　人工驯养繁殖　法定刑以下量刑
　一、简要案情 …… 231
　二、撰写心得 …… 233
　　（一）裁判文书必须追求和坚守政治效果 …… 233
　　（二）优秀的裁判文书还须遵循社会效果 …… 234
　　（三）裁判文书的基本要求是坚守法律效果 …… 234
　　（四）追求"三个效果"的统一 …… 236
　三、专家评析 …… 237

第九节　走私、贩卖、运输、制造毒品罪

42. 蒙某某、刘某1贩卖毒品案 …… 238
　【关键词】　贩卖毒品　非法持有毒品　特情介入　控制下交付　犯罪引诱
　一、简要案情 …… 238
　二、撰写心得 …… 240
　　（一）充分体现司法公开要求 …… 240
　　（二）充分贯彻证据裁判原则 …… 240
　　（三）充分展示争议事实的认定依据 …… 241
　　（四）充分阐释定罪量刑的裁判理由和依据 …… 241
　三、专家评析 …… 242

43. 被告人金某、蔡某贩卖毒品案 ·· 244
    【关键词】 贩卖毒品　证据审查　重大立功
    一、简要案情 ··· 244
    二、心得体会 ··· 245
        （一）思想上高度重视，一份好的裁判文书就是人民法院裁判
            正当性的最好说明 ·· 245
        （二）认真阅案、做好笔录是全面掌握案情，制作好裁判文书的
            基础和前提 ··· 246
        （三）做好提审被告人工作，掌握本案争议焦点 ············· 246
        （四）做好评议工作，严把案件质量关 ························ 246
        （五）精心制作裁判文书，让当事人和社会公众感受"看得见的
            公平正义" ·· 246
    三、专家评析 ··· 248
        （一）裁判文书表述查明的毒品犯罪事实清楚、层次分明 ········ 248
        （二）裁判文书列载证据清晰，结构合理 ······················ 248
        （三）裁判文书论理透彻，论证充分 ·························· 249
        （四）裁判文书格式规范 ·· 249

第十节　非法持有毒品罪

44. 刘某非法持有毒品上诉案 ·· 250
    【关键词】 非法持有毒品罪　自首　公安机关　情况说明
    一、简要案情 ··· 250
    二、撰写心得 ··· 251
        （一）裁判文书应当全面反映"两个过程" ···················· 252
        （二）裁判文书应当充分进行"两种说理" ···················· 252
    三、专家评析 ··· 253
        （一）体现了刑事法官寻找事实的能动性 ······················ 253
        （二）判决书说理繁简得当 ·· 254

第四章 贪污贿赂及渎职类犯罪

第一节 贪污罪

45. 司某某、李某某、曾某某贪污、诈骗等案 ·················· 256
　【关键词】 证据收集　合法性审查　共同犯罪　同一犯罪手段
　　一、简要案情 ·················· 256
　　二、撰写心得 ·················· 257
　　三、专家评析 ·················· 258

46. 郭某某贪污案 ·················· 259
　【关键词】 国有公司　贪污债权　获取利息　未遂
　　一、简要案情 ·················· 259
　　二、撰写心得 ·················· 260
　　三、专家评析 ·················· 261

47. 王某某贪污案 ·················· 263
　【关键词】 贪污　非法经营同类营业
　　一、简要案情 ·················· 263
　　二、撰写心得 ·················· 263
　　　（一）根据证据准确认定案件事实 ·················· 264
　　　（二）围绕焦点深入阐明法律依据 ·················· 264
　　　（三）立足审判着力指引价值导向 ·················· 265
　　三、专家评析 ·················· 266
　　　（一）关于贪污罪的认定 ·················· 266
　　　（二）关于非法经营同类营业罪与贪污罪的区分 ·················· 266

第二节 挪用公款罪

48. 吴某某挪用公款案 ·················· 268
　【关键词】 同一账户　反复挪用　法益侵害　罪刑相适应

一、简要案情 ································· 268
　　二、撰写心得 ································· 270
　　三、专家评析 ································· 272

49. 佟某某、牛某某私分国有资产，佟某某挪用公款、受贿案 ······ 274
　【关键词】　国企改制　私分国有资产　挪用公款　以借为名的受贿
　　一、简要案情 ································· 274
　　二、撰写心得 ································· 277
　　　（一）认真研究在案证据、努力吃透案情是写好裁判文书的根本
　　　　　 ····································· 278
　　　（二）准确认定案件事实，尽可能地还原事情原貌是写好裁判
　　　　　　文书的基础 ····························· 278
　　　（三）全面概括、分析控辩意见，充分论证采纳与否的理由是
　　　　　　写好裁判文书的关键 ······················· 279
　　　（四）做好谋篇布局，斟酌文字是写好裁判文书的必备环节 ···· 279

第三节　受贿罪

50. 王某1受贿案 ····································· 281
　【关键词】　情人关系　收受财物　受贿　排除合理怀疑
　　一、简要案情 ································· 281
　　　（一）王某1收受王某2给予钱款的事实 ··············· 281
　　　（二）王某1经王某2介绍，收受马某给予钱款的事实 ····· 282
　　二、撰写心得 ································· 283
　　　（一）撰写文书要层次清晰、繁简得当 ················ 283
　　　（二）准确适用排除合理怀疑原则，逻辑要严谨 ·········· 284
　　　（三）要重视涉案财物处置，保障当事人合法权益 ········ 284
　　三、专家评析 ································· 285

51. 容某某受贿、滥用职权案 ···························· 288
　【关键词】　受贿　请托事项　索贿　滥用职权
　　一、简要案情 ································· 288
　　二、撰写心得 ································· 288

（一）犯罪事实叙述明确具体，证据列举全面准确 ·············· 289
（二）裁判理由要讲究论理透彻，逻辑严密，说服力强 ·············· 289
（三）要加强文书校对、审核工作，确保最后关口不出纰漏 ·············· 290
三、专家评析 ·············· 290

52. 姚某某受贿案 ·············· 292
【关键词】 人情往来 利用职务之便 受贿罪
一、简要案情 ·············· 292
二、撰写心得 ·············· 293
（一）分组阅卷、定期汇总、研讨疑难、以证断案 ·············· 294
（二）告知权利、明确焦点、稳控情绪、有的放矢 ·············· 294
（三）把握节奏、保障诉权、依法审判、程序完备 ·············· 295
（四）核查证据、听取意见、评判是非、论理清晰 ·············· 295
三、专家评析 ·············· 295
（一）严格坚持以证据为中心，叙述事实层次分明，条理清晰 ··· 296
（二）判决书结构详略得当、突出重点 ·············· 296
（三）说理充分，用语规范 ·············· 296
（四）贯彻宽严相济的刑事政策，量刑客观公正 ·············· 296

53. 黄某某受贿案 ·············· 297
【关键词】 借款 索贿 自首 量刑
一、简要案情 ·············· 297
二、撰写心得 ·············· 297
（一）做足做实相关工作 ·············· 297
（二）尽量客观展示反映诉讼全貌 ·············· 298
（三）注意文本的繁简详略分配 ·············· 298
（四）注重结合事理情理法理强化裁判文书说理 ·············· 298
三、专家评析 ·············· 300

54. 马某某受贿案 ·············· 301
【关键词】 受贿 庭审实质化 金额认定
一、简要案情 ·············· 301
二、撰写心得 ·············· 301

（一）坚持裁判文书基本要件 ·· 302
　　（二）积极回应控辩双方关切 ·· 302
　　（三）充分把准重要证据 ·· 303
三、专家评析 ··· 303

第四节　行贿罪

55. 王某1、傅某某行贿、伪造公司印章及王某1受贿案 ·············· 305
【关键词】　违法所得　行贿　企业资质　扣押财产　从旧兼从轻
一、简要案情 ··· 305
二、撰写心得 ··· 308

第五节　滥用职权罪

56. 周某某、胡某某滥用职权案 ··· 311
【关键词】　滥用职权　渎职犯罪　刑事司法认定　行政认定
一、简要案情 ··· 311
二、撰写心得 ··· 313
　　（一）事实认定清楚，表述条理清晰，层次分明 ··················· 313
　　（二）证据归纳繁简得当，证据罗列逻辑分明，多而不乱 ······ 314
　　（三）论证严密、说理透彻，定罪准确，量刑公允 ··············· 314
三、专家评析 ··· 315

57. 王某某滥用职权案 ·· 317
【关键词】　滥用职权　受贿　非法证据排除　证据裁判　经验法则
一、简要案情 ··· 317
二、撰写心得 ··· 318
　　（一）提高认识，博采众长 ·· 318
　　（二）繁简分流，详略得当 ·· 319
　　（三）遵循格式，守正创新 ·· 320
　　（四）多措并举，精心准备 ·· 321
　　（五）六理并茂，一气呵成 ·· 322

三、专家评析 ·· 325
　（一）叙事完整，表述清楚 ···························· 325
　（二）论证充分，说理透彻 ···························· 325
　（三）文字严谨，布局合理 ···························· 326

第一章 人身类犯罪

第一节 故意杀人罪

1. 王某某故意杀人案[*]

【关键词】

自首 翻供 被害人过错 宽严相济

【裁判要旨】

1. 自首被告人在一审庭审中是否"翻供",不能仅凭其在庭审中的个别言行作出认定,而应当根据其在庭审中的整体表现来判断,对于典型自首被告人是否"翻供"的审查标准,应当适当宽于准自首的被告人。

2. 因民间纠纷引发的案件中,被害人有重大过错,被告人又具有自首情节,对被告人应当给予较大幅度的从轻处理,达到既贯彻宽严相济刑事政策,又弘扬良好社会风尚的目的。

一、简要案情

被告人王某某和被害人刘某某系同村村民。被害人刘某某与王某某的原配妻子张某某认识后发生不正当男女关系并公开同居,后王某某和张某某协议离婚,因此王某某与刘某某积怨较深。2018 年 8 月 28 日 23 时 21 分许,被害人刘某某酒后三次拨打被告人王某某电话约王某某见面,并驾车到王某某

---

[*] (2019) 豫刑终 231 号。

家,二人见面后发生争执,王某某持家中木柄单刃刀朝刘某某躯干、四肢等部位连续捅刺,致刘某某当场死亡。尔后,王某某用其手机拨通派出所的电话报警,并到派出所投案。一审判决认定王某某在庭审中翻供,不构成自首,以故意杀人罪判处王某某死刑,缓期二年执行,剥夺政治权利终身。王某某提出上诉,二审期间的主要争议焦点有四个方面:第一,关于上诉人王某某的行为是否属于防卫过当的问题;第二,关于上诉人王某某的行为是否应认定为故意伤害罪的问题;第三,关于被害人刘某某对引发本案的过错问题;第四,关于王某某是否构成自首的问题。二审判决针对上诉四项争议,逐一分析评判后,认定被告人王某某构成故意杀人罪,鉴于被害人有重大过错,且王某某有自首情节,一审判决量刑过重,二审依法对其从轻处罚,以故意伤害罪改判有期徒刑十五年。

二、撰写心得

一份合格的判决书应当达到双重效果,既能向当事人充分说明判决的依据和道理,又能向社会说明法院对法律的执行情况,展示裁判的公正和法治的权威。判决书的核心内容是事实认定和判理分析,也是裁判文书撰写的重点。

(一)事实认定的写作

认定事实是刑事判决的基础,全面准确地反映案件事实,是论证判决结果有理有据的重要前提。事实部分的撰写包括控辩主张、查明事实、证据分析三个方面。

1. 控辩主张部分,应当对当事人及其律师提出的主张及理由予以准确、全面地反映。应做到以下三点:一是语言通畅,意思明确。当事人往往不能清晰、系统地表达其主张及理由,审判人员要准确归纳其想要表达的意思,并以通畅的语言表达出来。二是详略得当,全面反映。对诉辩双方的主张及理由的归纳不能过于笼统,要反映出个案特点和特殊情节。三是层次分明,焦点集中。要将控辩双方的意见分别归纳,为事实查明及证据分析确定重点,为说理部分分析、评述确定目标,实现有的放矢。

2. 查明事实部分,应当根据案件具体情况,对起诉书或原审判决书认定的事实进行必要的修改和完善,从而将审判人员对起诉指控事实或原判认定事实的审查情况有机地展现出来。如果起诉书或原审判决书认定案件基本事实准确,但不够全面充分,比如缺少案发前因、犯罪具体手段、事后表现等情节的表述或者表述过于简单，撰写裁判文书时应当在查明事实部分补充完善。如果被告人实施多起犯罪事实，可以按照先主要被告人后次要被告人、先主罪后次罪、先重要犯罪事实后次要犯罪事实，最后考虑时间顺序的原则进行排序，以更为直观全面地把握被告人的犯罪事实，并在叙述全部事实后，进行必要的总结和归纳，以利于把握犯罪团伙及个别被告人的整体犯罪情况。

3. 证据分析部分，不能照抄照搬起诉书或者原审判决书对证据的列举和表述，而是要对全案证据进行分析，构建一个由各个证据相互关联、印证、协作的系统性的证据体系。在证据内容引用时，应当根据证明案件事实以及评判诉辩意见的需要，进行一定的归纳、整理和调整。对证明案件基本事实有证明力的部分，应明确叙述；对证明诉辩理由能否成立有重要关系的部分，应重点、准确反映证据原意；对于案件定性量刑有重要意义的部分，应重点表述。最终实现主题分明、逻辑清楚、证明有力的效果。

（二）判理分析的写作

裁判文书不仅应当在结论上体现司法公正，还应当通过充分、透彻的说理使当事人知道、理解该裁判为什么是公正的。要达到客观、全面、有针对性并符合逻辑的标准，写作文书时必须认真考虑说理的对象、资源和方法三个问题，即要说什么理，用什么说理，如何说理。

1. 说理的对象。首先，裁判文书理由部分必须对当事人的所有诉辩主张逐条进行分析，作出评价，并明确是否采纳支持。对于普通公众均能认知的道理，可以简略论述，点到为止，对于比较深奥的法律知识，则应当多费一些笔墨，尽量用当事人能够理解的语言解释清楚。其次，对判决结果的理由，从认定罪名准确、划分责任恰当、量定刑罚适当三个方面入手，论证裁判结果的公正性。

2. 说理的资源。首先是法律，对于涉及诉辩双方争议焦点或者与定罪量刑关系重大的法律规定，在说理过程中根据论证需要进行必要的引用，才能使当事人清楚判决的具体法律依据，从而有效提高裁判的公信力和权威性。既要引用支持当事人主张的法律条文，对于否定当事人请求理由的相关法律依据也应予以引用。其次是政策，主要指最高人民法院关于贯彻宽严相济刑事政策的若干意见、关于审理抢劫等具体犯罪案件或者处理自首、立功等某类共性问题的指导意见、关于审理经济犯罪、金融犯罪、毒品犯罪、农村犯罪等特定类型案件的座谈会纪要等，这些文件对于具体案件的定罪和量刑提出了一些操作性很强的标准，或者对于案件具体情节的审查和把握提出了明确的指导性意见,在裁判文书中将这些标准与案件事实结合起来,在论理时将相关规定融入进来,既使裁判有充分的政策依据,也使文书的说理语言显得更规范化。再次是道德规范和生活经验,裁判的过程并不是机械地适用法律,而是天理国法人情的统一与运用,就是要直面人性,对行为人的行为动机、生活环境、改过自新的可能性以及民意综合权衡,根据世间常理和社会公理,分析判断被告人应遭到严厉谴责还是应同情怜悯,斟酌考虑对被告人从重还是从轻,既要体现刑罚的个别化从而保证裁判的法律效果,也要使裁判更易为当事人和社会所接受。

3. 说理的方法。首先是讲清案件的事理,简明扼要地说明争议或评价的基本事实,对关键情节必要时也应该具体详细准确地予以点出;其次是在此基础上讲明法理,说透情理,运用相关法律规定、刑事政策或社会道德准则进行分析,最后给予一定的法律评价。在"本院认为"部分,要从罪名认定、犯罪严重程度的评价、法定量刑情节的适用、反映被害人主观恶性的犯罪动机、认罪态度等其他酌定量刑情节的分析等几个方面,具体阐述作出裁判结果的相关理由。

(蔡智玉,河南省高级人民法院法官)

三、专家评析

一篇好的裁判文书论之有据、判之有法,不仅起到让当事人信服、定分止争的作用,同时也是树立公正形象、保障司法权威、传播司法价值的有效载体。而裁判论理部分则是裁判文书的灵魂所在。本篇刑事二审判决书说理透彻、论证缜密、认定事实准确且适用法律恰当。具体体现在以下三点。

(一)争议焦点总结准确,评判分析有的放矢,把握了释法说理的精度

本篇二审判决书将被告人的上诉理由及辩护人的辩护意见归纳为是否属于防卫过当、是否构成故意伤害罪、被害人有无过错和被告人是否构成自首四个方面,精确表达当事人诉求,体现了对上诉权和辩护权的充分尊重。

(二)针对事实争议和法律争议采用不同说理模式,展示了辨法析理的深度

如辩护人所提被告人属于防卫过当的辩护意见,属于事实争议,对此,裁判文书运用证据,通过对被告人妻子证言的前后变化、医院诊断结论的客观描述、被告人归案的稳定供述进行分析,确认现有证据不能证实被害人有先行暴力侵害事实,故不能认定被告人的行为属于防卫过当。又如针对被告人或辩护人提出的罪名认定、被害人有无过错、是否构成自首等法律适用争

议,先简明扼要地说明争议涉及的基本事实,对关键情节详细准确予以点出,在此基础上运用相关法律规定、刑事政策或社会道德准则进行分析,讲明法理,说透情理。尤其是在分析被告人是否构成自首时,运用正反说理的方式,既从正面归纳被告人作案的表现,论述其行为符合自首的构成要件;又从反面分析被告人在一审庭审中的表现,得出被告人不属于翻供的意见,使得自首的认定理由更加充分、扎实、有力。整篇文书的论理做到了推理有据、繁简适当、判断正确。

(三) 将法律政策、道德规范和生活经验有机结合,体现了阐法明理的广度

本案属于民间纠纷引发的案件,在评判被害人有无过错时,裁判文书对双方矛盾的起因、发展和激化过程进行全面回顾,先针对被害人之前长期破坏被告人婚姻家庭的行为,结合道德规范和人情世故,确认被告人所受到的精神伤害;再展示被害人在案发前的具体挑衅行为,结合生活中的基本道理,论证被害人对矛盾激化的直接责任。整篇文书严肃但兼顾社会生活对实质合理性的需求,具有人文色彩。综上,本篇文书结合具体的事实、证据对正当防卫、自首、被害人过错等疑难问题进行了全面客观地分析,通过理性的判断和严谨的推理,得出令人信服的结论,准确贯彻宽严相济刑事政策,作出了公正裁判。

一个好案例胜过一打文件。法律不是冷冰冰的纸面条款,而是与民众生活息息相关的行为规范。文书向当事人、也向社会公众阐明了法律公平正义的本质,传达了人民法院严格依法办案,兼顾国法、天理、人情,力求法律效果与社会效果相统一的司法理念,同时也履行了裁判对社会民众行为的引导、指向、教育功能,彰显了法官优秀的法律素养和深厚的理论功底,不失为一篇优秀裁判文书。

(点评人:王晓东,最高人民法院刑事审判第二庭庭长,全国审判业务专家)

(2019) 豫刑终 231 号裁判文书原文

2. 李某某故意杀人案

【关键词】

故意杀人　以审判为中心　证据裁判　无罪推定　宣告无罪

【裁判要旨】

故意杀人案中，在关键证据存疑、主要证据之间互相矛盾且无法印证、无法排除合理怀疑、仅有被告人供述而无其他证据佐证等证据不足、事实存疑的情况下，应当依照《刑事诉讼法》的规定宣告被告人无罪。

一、简要案情

一审判决认定：2015年12月7日、8日晚，被害人徐某某（男，殁年50岁）到被告人李某某住处喝酒聊天。12月8日晚，二人因琐事发生争吵，后徐某某提出要在李某某处留宿，李某某担心徐某某偷其东西，遂拒绝徐某某并将推出门外，持铁锨赶至中寨村自来水蓄水池坎下的石墙处，徐某某赖在地上不走，李某某遂持铁锨朝徐某某头部连续击打数下，见其躺在地上不动，便将尸体拖到公路边，制造被过往车辆撞死的假象。12月9日早晨，徐某某尸体被当地村民发现并报警，经鉴定，系右枕部遭受钝性损伤及右面部多次锐器砍创致使颅骨粉碎性骨折，颅内出血而死亡。案发几日后李某某潜逃，2016年2月22日在四川省九寨沟县被抓获归案。

一审法院以故意杀人罪判处被告人李某某无期徒刑，剥夺政治权利终身。宣判后，李某某提出上诉称：本案事实不清，证据不足，其未杀害被害人，其有罪供述系刑讯逼供所得，要求宣告无罪。

二审认为：一审判决认定2015年12月9日8时许被害人徐某某尸体在甘肃省文县中寨镇桑元电站南侧公路边被村民发现并报警，经鉴定系右枕部遭

* （2019）甘刑终102号。

受钝性损伤及右面部多次锐器砍创致使颅骨粉碎性骨折、颅内出血而死亡的事实清楚,并有现场勘查笔录、物证检验意见、法医学死因鉴定意见、证人证言等证据证实。但认定被害人徐某某系被告人李某某持铁锨击打头部致死的事实不清,证据不足。

二、撰写心得

随着《最高人民法院关于全面推进以审判为中心的刑事诉讼制度改革的实施意见》和办理刑事案件的"三项规程"陆续出台,"疑罪从无"的现代刑事审判理念逐渐深入人心,且呈现出一个显著特点,即纠错的根据不再单纯是"真凶再现"或者"亡者归来"的法律事实,而是根据案件证据本身的不足,适用"疑罪从无"规定进行纠正。本案即是切实贯彻"证据裁判"和"疑罪从无"原则,经过发回重审、侦查机关穷尽补查手段、充分保障被告人辩护权、二审检方恪守证明规范等程序之后,在关键证据存疑、无法排除合理怀疑、仅有被告人供述而无其他证据佐证等情况下,最终遵从疑罪从无原则宣告被告人无罪的典范。

(一) 严格证据裁判规则

通过实质化的庭审,充分的举证质证,严格的证据审查,厘清证据之间的证明关系。

(二) 充分发挥以审判为中心的决定性作用

针对案件存在的问题,注重与检方的沟通和协调,多次与检方、公安进行交流、座谈,三方共同查看现场,对无法排除的合理怀疑最终达成共识。本案的意义之一就是控方并没有无视在案证据不能印证犯罪事实的客观情况,一味地站在控诉犯罪的角度坚持李某某有罪,而是当庭发表指控证据不足的意见。

(三) 充分保障被告人和辩护律师的质证权

一审中,在存在两次对被害人不同的辨认结果的情况下,法庭采信了不利于被告人的辨认结果,未对有利于被告人的辨认结果做进一步查实。二审针对该问题,再次当庭让李某某对上述两组照片进行辨认,李某某均未辨认出被害人,因此,法庭对该两份结果相反的辨认笔录未作为证据使用。此外,对李某某供述称被害人用来吓唬自己的刀子,在案证据显示李某某辨认出了该把刀子,而作为被害人妻子的徐某静却未能辨认出,明显与常理不符。且该刀子的发现位置与被告人供述不一致。

经检验，该刀子上未获取常染色体STR多态性检验结果，二审最终认定刀子的归属无法确认。由此可见，二审庭审充分地保障了李某某和辩护律师的质证权。同时，对李某某和辩护人提出的辩护意见经法庭审查后，依法予以采纳。从辩护权充分行使的角度再次印证了该案在庭审方面的实质化推进。

（曹澜平，甘肃省高级人民法院法官）

三、专家评析

推进以审判为中心，其落脚点在于确保庭审实质化功能的有效发挥，特别是针对重大、疑难、复杂案件，应提倡法庭对控辩双方举证活动的适当介入，引导双方围绕争议和存疑的问题，把法庭调查的重心放在证据的审查上，以对证据质证为基础，解决法律适用问题，从而提升办案质量，防范冤错案件。本案的审判，经过了一审认定指控的故意杀人罪成立，判处被告人死缓后未上诉抗诉；依法报核后，省法院认为部分事实不清不予核准，发回重审；原审法院重审认为故意杀人罪成立但改处无期徒刑，被告人提出上诉；之后，二审经过公开开庭审理，依法宣告被告人无罪。一起命案，从最初的死缓判决到最终的无罪判决，几乎涵盖了对程序法定、证据裁判、死刑复核、疑罪从无等制度和原则的实践考验。这样一起具有典型意义的案件，为法官可能制作出优秀裁判文书提供鲜活素材的同时，也为如何驾驭好材料来制作出好的裁判文书提出了更高要求，以实现"裁判文书释法说理的目的是通过阐明裁判结论的形成过程和正当性理由，通过裁判的可接受性，实现法律效果和社会效果的统一"这一改革目标。本判决书严格贯彻证据裁判原则及刑法基本理论，通过事实认定、证据鉴别、逻辑推演和法律适用的全面展现，充分回应争议焦点、证据疑点、法律适用难点。以程序法定和证据裁判原则为基础，层层递进，有理有据，从源头上有效防止了冤错案件，实现了司法对人权的保障；通过控辩双方的有效对抗，最大限度地凝聚各方面的智慧，在依法作出无罪判决的同时，有效地化解了社会矛盾，取得了较好的社会效果；通过充分的法律论证，公开法官的裁判思路和裁判形成过程，取得了良好的法律效果。文书制作规范，层次清楚，重点突出，详略得当，语言精练；法律条文的适用准确、完整，论理透彻，逻辑严密，具有较强的思想性、说服力和类案指导力。将公平公正的司法审判，呈现于阳光之下，在彰显社会公平正义的同时，赢得社会公信，实现了努力让人民群众在每一个司法案件中感受到公平正义的司法追求。

（点评人：南永绪，甘肃省高级人民法院刑事审判第三庭庭长、审判委会委员，三级高级法官，全国审判业务专家，甘肃省审判业务专家）

(2019) 甘刑终 102 号裁判文书原文

3. 金某1故意杀人案*

【关键词】

投毒　翻供　间接证据定案

【裁判要旨】

投毒犯罪的特点,决定该类犯罪证据较少并存在取证相对困难的弊端。在缺少直接证据的情况下,如果间接证据能够形成证据锁链,可以认定被告人有罪。虽然本案没有提取到能够认定被告人进出案发现场的足迹、指纹等客观证据,且被告人翻供,但在案证据足以证实被告人具有作案动机、作案条件,被告人有罪供述能够与在案证据相互印证,同时能够排除公安机关在侦查阶段存在刑讯逼供、诱供等程序违法情形,被告人翻供理由不能成立,在案间接证据能够形成闭合锁链,足以认定被告人实施了此起投毒杀人犯罪,其及亲属所提申诉理由均不能成立,应予驳回。

一、简要案情

被告人金某1的父亲金某2、叔父金某3长期不睦、关系紧张。2002年冬,金某2、金某3两家为争种一块黄姜地又发生争吵,金某1当时在场并产生投毒教训金某3家的想法。2003年2月上旬的一天,金某1发现父亲金某2平时上锁的抽屉内有鼠药。同月13日上午,金某1回家,见家门上锁,便找到金某2拿取含有上述抽屉钥匙的钥匙串。金某1回家后,打开上述抽屉,找到"毒鼠强""快杀灵"各两袋。金某1从中取出一袋"快杀灵",打开外包装袋,并将外包装袋丢弃在自家卧室地上。后金某1持鼠药内包装袋出门,见叔父金某3一家四口均在马吉根家地里帮忙干活,且金某3家大门未锁,便溜进金某3家,将鼠药投入厨房水桶内。随后,金某1回家将剩余的三袋鼠药藏匿于挂在卧室墙壁上的军用棉帽内。当晚,金某3夫妇用水桶里的水给其子金某4、金某5做饭,金某4、金某5饭后相继出现中毒症状。金某4

---

*(2018)最高法刑申322号。

在被送往医院抢救途中死亡，金某5经抢救脱险。经鉴定，金某4系因"毒鼠强"中毒死亡。

本案争议焦点：（1）在无直接证据证实被告人作案且被告人翻供的情况下，依据在案间接证据是否足以定案？（2）公安机关取证是否合法，有无刑讯逼供、诱供等情形？（3）被告人翻供理由是否有证据支持？

二、撰写心得

本案系采用投毒方式实施故意杀人犯罪的案件，既具有投毒犯罪案件作案手段隐蔽、取证困难、被告人易翻供等共性，又具有涉未成年人犯罪，供述的固定要求更高等特性。本案申诉理由也体现了上述特点，即集中在无客观性证据证实被告人作案且被告人翻供的情况下，依据间接性证据能否定案，以及被告人的供述是否具有合法性并作为定案证据上。为此，承办人在制作裁判文书时以问题为导向，综合分析全案证据，一方面详细阐述认定被告人构成犯罪的理由，另一方面对申诉人申诉理由进行全面回应和驳斥。行文时，首先，从案件侦破经过入手，论证公安机关确定被告人具有重大作案嫌疑的过程客观、自然。其次，从尸体检验和毒物鉴定入手，论证在被害人体内和从被告人家卧室地面提取的鼠药外包装袋上均检出毒鼠强成分，以此确定被害人死亡与被告人家具有密切关联。再次，从证人证言入手，论证被告人具备作案的动机和时空条件。最后，从被告人供述入手，重点论证供述的客观性、合法性和真实性。即，通过梳理侦查阶段被告人供述情况和证人证言，指明侦查阶段被告人供认犯罪系因公安人员已掌握相关证据，而自己对此前谎言无法自圆其说，且有罪供述详细、具体、具有亲历性并与在案证据相互印证，翻供理由无证据支持，排除公安机关刑讯逼供、诱供可能；同时指明公安机关审讯被告人时已充分注意到其未成年身份，依法保障了合法权益，并对供述笔录瑕疵进行了合理解释和补正，排除程序违法，可作为定案证据。最终确定上述证据能够相互印证，形成证据锁链，足以证实被告人投毒杀人的事实清楚，证据确实、充分，量刑适当，程序合法，申述理由不能成立。

本案发生在亲属之间，系因双方家长间矛盾波及子侄引发，并造成堂姐投毒致死堂弟的悲惨结果。承办人注意到，被告人父母因认为自己未受到尊重而大闹弟弟、弟媳即被害人父母的婚礼，在弟弟不在场的情况下强行要求父母分家析产，并因赡养父母、财产归属等问题多次与弟弟、弟媳发生争吵，关系不睦，并导致子侄关系冷淡。案发前，被告人父亲又抢种其父承包后转给其弟的一块秧田，致使兄弟再生争执，被告人目睹后产生报复叔父一家之念，进而实施了投毒杀人行为。为此，特别在裁判文书中对引发案件的深层原因进行了阐述，除从证据角度印证被告人作案外，更希望通过此案呼吁家庭、社会关注和加强对未成年人的道德和法治教育，引导申诉人反思其在本案起因及教育子女过程中存在的问题，客观对待本案，服判息诉。

（董保军，最高人民法院法官）

三、专家评析

本案是一起采用投毒方式实施的故意杀人犯罪，被告人金某1作案手法隐蔽，且翻供否认犯罪，在事实认定和证据采信方面有一定特殊性。裁判生效后，申诉人以现场未能提取到证实被告人作案的客观物证、有罪供述系刑讯逼供取得、取证程序存在错误等为由提出申诉。具体来看，该驳回申诉通知书主要有以下几个特点。

（一）严格贯彻证据裁判原则

投毒案件的事实证据认定是刑事案件中的一大难点，本案相对缺乏客观证据，被告人供述不稳定，申诉人又主要针对证据问题提出申诉，对承办法官的证据综合分析能力和文书制作能力提出较高要求。该文书全篇围绕在案证据展开，严格体现了证据裁判原则要求。既高度重视客观证据，又不盲目迷信客观证据。既注重对关键证据的审查判断，又兼顾对全案证据的综合分析。对此类案件的证据采信具有一定指导意义。

（二）逻辑严密，论证充分

该文书在裁判理由上环环相扣、层层递进，体现了严密的逻辑性和充分的说理性。先是从案件的侦破过程入手，论证确定金某1作案嫌疑的过程自然。后从尸检和毒物鉴定入手，确定了被害人的死因。再从金某1具备作案动机和作案条件入手，进一步论证其构成犯罪。最后不但对金某1有罪供述的客观性、合法性、真实性进行了充分阐述，又分析推翻了金某1的翻供。

（三）内容全面，双管齐下

该文书站位独到，既不是单纯被动地回应申诉理由，也不是自说自话，对申诉人的申诉理由一概不理。而是坚持两条腿走路，既从正面阐述了认定被告人构成犯罪的充分理由，又从反面对申诉人所提各项申诉理由进行了全面回应和充分驳斥,有理有据,说服力强。

(点评人:李静然,最高人民法院刑事审判第五庭审判长,曾任最高人民法院第四巡回法庭刑事主审法官)

(2018)最高法刑申 322 号裁判文书原文

4. 马某某故意杀人案[*]

【关键词】

　　故意杀人　证明标准　无罪

【裁判要旨】

　　死刑案件应适用最为严格的证明标准。在没有直接证据证实被告人实施了犯罪行为的情况下，对间接证据更要严格进行合法性、真实性和关联性审查。全案证据不能在"有罪"的证明逻辑上形成完整的闭环、排除合理怀疑的，应当宣告被告人无罪。

一、简要案情

　　公诉机关：宁夏回族自治区吴忠市人民检察院。

　　被告人：马某某。

　　宁夏回族自治区吴忠市人民检察院向吴忠市中级人民法院提起公诉，认为被告人马某某服刑脱逃期间故意杀人，应当以故意杀人罪追究其刑事责任。

　　宁夏回族自治区吴忠市中级人民法院经审理查明，1998年9月11日晚12时许，被告人马某某在银川监狱砖厂夜间劳动值勤过程中乘机脱逃。1998年9月19日7时许，被害人吴某某之妻孙某某来到吴忠市利通区金积镇阀门厂东侧宁华商店发现吴某某遇害遂报警。经法医鉴定，被害人吴某某系钝器多次打击致颅脑严重损伤而死亡。2017年2月初，在开展命案积案专项工作行动中，吴忠市公安局利通区分局刑侦大队进行指纹入库比对，确认马某某有作案嫌疑，后于3月3日在吴忠市利通区将其抓获。

　　本案的争议焦点：能否认定被告人马某某实施了故意杀人行为。

二、撰写心得

　　本案发生至被告人马某某到案近20年。收集在案的证据证实马某某在服

---

[*]（2018）宁03刑初15号。

刑期间脱逃，被害人吴某某在马某某脱逃期间被杀害，马某某脱逃和吴某某被害在时间上存在交集。侦查人员通过走访调查，没有收集到被害人系被马某某杀害的直接证据。马某某在庭审中供述其到过案发现场，但自始至终没有供认其实施了杀害吴某某的行为。受案发时侦查人员收集、固定证据的意识、能力，以及当时侦查技术的限制，致使收集在案的客观性证据存在诸多瑕疵，且经补充侦查，无法作出令人信服的合理解释，全案证据无法形成证据链条以证实马某某故意杀人的事实成立。遂作出无罪判决。宣判后，公诉机关提出抗诉，附带民事诉讼原告提出上诉。经宁夏回族自治区高级人民法院审理后，裁定驳回抗诉和上诉，维持原判。在办理案件过程中，有以下几点做法和体会。

（一）裁判文书的结构安排

本案系无罪案件，制作裁判文书时在结构上遵照人民法院裁判文书基本样式的要求，按照首部、事实、理由、判决结果和尾部等五个部分的逻辑结构进行安排。但在内容和表述上做了适当的调整。主要表现：首先，对被告人马某某脱逃和被害人死亡的事实予以认定和确认。因该部分事实和证据控辩双方没有异议，对于认定该部分事实的证据没有进行过多地分析评判，直接予以确认。其次，公诉机关出示的拟证实马某某有罪的证据是认定其杀人的根据，按照先客观后主观的顺序详细罗列，为之后分析评判证据做好铺垫。再次，对公诉机关出示与认定马某某有罪的相关证据，进行详细地评判和认定，表明不予采信的态度，为论证是否认定马某某有罪打好基础。最后，在理由部分进行综合论证，得出公诉机关指控马某某犯故意杀人的事实不清，证据不足，指控罪名不能成立的结论。

（二）坚持证据裁判原则

对一切案件的判处都要坚持证据裁判原则，坚守确实、充分的证明标准。认定案件事实必须以证据为根据，无证据即无事实，认定被告人有罪必须做到证据确实、充分的证明标准。死刑案件应适用最为严格的证明标准。在没有直接证据证实被告人实施了犯罪行为，依据间接证据认定被告人有罪，既要严格审查、认定证据本身的合法性、真实性，使证据确实，还要分析证据之间是否相互关联印证、补强，达到证据量上的充分，使全案证据在证明逻辑上形成完整的闭环，并排除合理怀疑。

（三）全面梳理证据，努力做到精准表达

本案客观性证据材料不多，包括现场勘查笔录、视听资料和鉴定意见等，较容易梳理。但本案的案发现场为小商店，属于开放性场所，流动人员较多，因没有目击证人，侦查机关做了大量的调查工作，调取的证人证言近百份，且证人身份复杂，既有案发后最先到达现场的证人证言，也有在案发前与被害人有过接触的证人证言，还有在看守所与马某某接触过的其他在押人员的证言。对于这些证据材料，在经过法庭举证、质证、认证后，进行了全面地梳理、精心摘录和列举。对证据进行摘录和列举时，紧紧围绕公诉机关指控的事实和罪名进行。在证据摘录上，一是根据公诉机关指控马某某故意杀人的内容进行摘录，对涉及杀人的相关信息进行全面、详细地摘录，既摘录拟证实马某某实施杀人行为的信息，也摘录相反内容的信息。二是对证人证言进行大幅的合并和提炼，如对侦查机关走访调查的78名证人证言高度概括为一句话。为突出裁判主文内容精炼，没有将78名证人逐一罗列，而是以附件形式放在主文之后。三是对现场勘查笔录、视听资料、鉴定意见等客观性证据高度重视，详细摘录相关证据信息，特别是对证据本身存在矛盾的地方详加摘录，便于论证时引用。在证据罗列上，基于《刑事诉讼法》关于证据种类的规定进行安排并结合案件特点作出相应调整，按照先客观证据后主观证据、先事实证据后量刑证据的逻辑顺序进行罗列。

（四）保持中立，客观评判

证据是认定案件事实的根据。对公诉机关出示的证据进行分析论证时，秉持客观中立的立场，做到不偏不倚，在进行全面分析和评判的基础上决定是否采纳。当然，在具体分析评判时，不是全面发力对所有证据进行分析论证，而是侧重于对指控马某某实施杀人行为的关键证据进行分析评判，突出重点，包括现场勘验检查笔录、鉴定意见，证人张某、周某某、贺某的证言和被告人马某某的供述等。既对证据本身存在的问题进行分析评判，如现场勘查笔录，从形式要件上看，没有见证人见证勘查经过，参加勘查的侦查人员只有一人签名，其他人员没有签名；从内容上看，提取碎玻璃瓶和酒瓶碎片前后记录不一，且无提取清单，侦查机关因年代久远对此不能作出合理解释。又同时对证据进行比对揭示存在的疑问，如被告人马某某供认到过案发现场，但始终否认其实施了杀人行为。虽在接受讯问时状态异于常人，但这不足以从根本上强化在案其他证据的证明力。证人哈某某证实在公诉机关指控的作案时间范围内另有"他人"在商店内和被害人吴某某说话。"他人"是否存在作案可能没有完全排除。侦查机关对现场所留血指纹、血足迹没有全部提取或检验，不能排除系他人所留和作案的可能性。通过证据分析论证公诉机关指控不能成立的理由。对证人张某、周某某、贺某的证言采取谨慎态度，首先点明以上证人系与马某某同期在押的人员，其次对证言系传来证据的属性进行界定，再次对证言内容模糊、指向不明予以说明。在此基础上，对马某某的辩解具有一定合理性的意见予以肯定。最后对证言不予采纳作出明确认定。

在论证公诉机关指控事实是否成立时，先论证直接、主观证据无法证实指控事实成立，后论证间接、客观证据存在瑕疵无法认定，相互之间不能形成证据链条，综合全案证据得出指控事实不清，证据不足，指控罪名不能成立的结论。

（五）判后答疑，做好化解工作

本案在发生后近20年才得以侦破、起诉和审判，被害人近亲属积压多年的情绪在被告人押解到庭后突然释放，冲出原告席位扑打被告人，但值庭法警反映较快及时予以制止。考虑到无罪宣判被害人近亲属在感情上可能难以接受。合议庭对可能发生的风险进行全面评估，做出相应预案，在宣判时进行法律规定和证据解读，引导被害人通过法律途径维护自己的合法权益。宣判后被害人近亲属虽有意见，但情绪基本平稳，后依法提出上诉。

（白学江，宁夏回族自治区吴忠市中级人民法院法官）

三、专家评析

本案是一起典型的重大疑难复杂案件，考验办案人员的刑事司法理念，也考验办案人员对证据规则的把握能力，更考验办案人员在定放两难情况下的责任意识和担当精神。

这一案件的判决充分体现了审判人员对无罪推定原则的坚守，在审理案件过程中，审判人员对关键性证据均进行了客观全面地审查判断，从而决定是否采信证据，以及如何确定证据的证明力问题。比如公安机关情况说明的效力问题，在没有相关证据印证的情况下，并不能单独作为证据使用，更不能直接采信其中的证明内容；再如办案民警在提讯室与马某某谈话时的录音录像，并不能证明马某某承认实施了杀人行为；再如同监室人员听说的马某某的话，虽可证明马某某说过相关话语，但并不能排除马某某说的是公安机关讯问过程中向其透露的指控其涉嫌犯罪的内容，更不能证明马某某杀人的对象。

上述判决还反映出办案人员对证据裁判原则的坚守和对证据规则的熟练运用，尤是在公安机关现场勘查笔录记录了现场有血指纹两枚，但未记录是否提取，现场勘查笔录没有记载发现有泥掌印的情况下，鉴定意见却注明血指纹和泥掌印检材是现场提取的，并证明是马某某所留，判决认为检材来源不明、真实性存疑是有道理的。也就是说，现场勘查笔录只能证明现场有血指纹，但证明不了是谁所留，鉴定意见虽能证明送检的血指纹系被告人所留，但其本身又不能证明检材的来源即送检的血指纹在哪里提取的，两者中间必须要有检材的提取笔录和符合法律规定的见证程序才能有效连接起来，从而用来证明在现场提取的指纹是谁所留，但本案中恰恰缺少这样一个中间环节的证据来证明检材的提取过程，本案中侦查机关没有制作提取笔录，也未按程序提取带有血指纹、泥掌印的玻璃板，被侦查人员"提取"的玻璃板现已丢失也失去了再鉴定的条件，在这种情况下判决书未认定现场血指纹系马某某所留符合逻辑，体现出办案人员内心中对程序正义的追求和坚持。

上述判决还反映出办案人员对证据标准的准确理解和把握，本案有证人证明案发前看到被害人与他人之间谈话的过程；现场勘验笔录证明现场有两个血指纹，但公安机关不仅没有提取笔录，而且检材中只检测了一个指纹。上述问题都未达到排除合理怀疑的刑事案件证据标准。而被告人的供述又与在案证据没有矛盾，特别是按照被告人供述的情况下，留下指纹、掌印的可能性也是存在的。在这种情况下，更应有能证明被告人作案的其他证据来推翻被告人的供述，例如被告人不承认用酒瓶砸过被害人，但现场勘验笔录记载提取碎玻璃瓶9个，如果酒瓶上有被告人的指纹或生物检材，将能有效推翻被告人的辩解，作为定罪证据使用，但本案中现场勘验笔录记载提取的9个碎玻璃酒瓶并未有相应的检验结论。因此，在这种情况下，按照疑罪从无的理念宣告被告人无罪是恰当的。

（点评人：查碧然，原宁夏回族自治区高级人民法院刑事审判第三庭庭长，三级高级法官）

（2018）宁03刑初15号裁判文书原文

5. 俎某某正当防卫宣告无罪案*

【关键词】

正当防卫 特殊防卫 防卫过当

【裁判要旨】

防卫是否过当，不能仅以结果判断，还应考虑防卫行为是否为制止不法侵害所必需，遵循"权利无需向不法让步"的原则，从制止不法侵害的实际需要出发进行全面审慎衡量。只要防卫行为在客观上有必要，就不应认定为防卫过当。

一、简要案情

原审被告人俎某某与王某某系老乡关系。2017年1月6日上午，林某某告知王某某，称可以给俎某某介绍对象，需要到林某某住处见面。次日上午11时许，俎某某与王某某共同来到林某某家。闲聊中，林称介绍的对象下午才能来，遂挽留俎某某与王某某在家中共同做饭、吃饭。午餐期间，林某某喝了两小瓶劲酒，并对俎某某和王某某无故辱骂。俎某某与王某某欲离开，被林某某阻止。至15时50分许，王某某以上厕所为由趁机离开。俎某某也欲离开时，因未能打开房门，被林某某拦住。林某某挥拳并用家中的擀面杖击打俎某某的头面等部位，同时将视力残疾（残疾等级三级）的俎某某的眼镜击落。厮打过程中，二人双双摔倒。俎某某骑压在林某某身上，并用双手掐林某某颈部，林某某则用双手抓住俎某某的头发不放。俎某某拿起自己掉在地上的丝巾，绕在林某某的颈部勒，直至林抓其头发的手松开才放手。其后，俎某某找到房门钥匙并通过防盗门的防护栏传递给门外返回的王某某，王某某打开防盗门后，俎某某离开林某某居所。闻讯赶来的王某某丈夫吴某某拨打120急救电话并报警，医疗人员和民警随即赶至现场，发现林某某已死亡。经鉴定，林某某系颈部受外力作用致机械性窒息

---

* （2018）晋刑终95号。

死亡，心血中酒精含量90.6mg/100ml；俎某某因外伤致左眼眶内壁骨折，左眼钝挫伤，其伤情构成轻微伤。案发后，俎某某明知他人报警，但并未离开案发现场。

本案争议焦点：（1）原审被告人俎某某的防卫行为是否属于特殊防卫？（2）俎某某的行为是否属于防卫过当？是否成立正当防卫？

二、撰写心得

2019年12月31日，随着二审裁定的作出，俎某某终审被宣告无罪。这起涉嫌故意杀人罪的公诉案件，以法院最终认定原审被告人俎某某构成正当防卫、宣告无罪而尘埃落定。随即，这份约1.2万字的二审裁定书在网上公布，更成为一些法律界人士关注的焦点，获得广泛的肯定。该份裁定书蕴含的司法理念、适用的裁判标准、运用的裁判方法、体现的人权保障、展示的裁判说理，解决的争议问题等，都受到好评。笔者有幸作为这起案件的承办人，亲历了这份裁定书的形成过程。在此，仅就本案二审裁定书的制作谈几点体会。

（一）全面反映诉讼参与各方意见

本案的二审裁定书用相当的篇幅较详细地表述了参加诉讼的各方主体，包括抗诉机关、出庭检察员及原审被告人的辩护人的意见。裁定书对抗诉书、出庭意见书、辩护词等书面材料记载的意见均力求作出精准概括，避免遗漏。尽管本案诉讼参与各方所提意见涉及多方面，但由于制作裁判文书时注重归纳、提炼，对一些似是而非的内容作出必要的修饰、调整，对完全不合理的内容还适当予以取舍，从而在表述上基本做到了完整准确，层次清晰，内容清楚。

（二）精心梳理证据力求精准表述

如何恰当地表述证据，直接影响裁判文书的制作质量。本案是以故意杀人罪起诉的公诉案件，证据材料繁多。对这些证据材料，一方面，要经过法庭开庭审理，双方举证、质证，对证据材料作出认证、取舍；另一方面，对经过认证、作为定案根据的证据要进行梳理，做好证据归纳、摘录和列举。鉴于据以定案的证据种类多，二审裁定书紧紧围绕裁判认定的事实，从"证据摘录"和"证据列举"两个方面对证据进行精心梳理。在证据摘录上，合议庭确立了准确、客观、中立、全面、详略得当的工作目标要求：一是根据裁判认定的事实摘录证据内容，尤其重点关注影响罪与非罪的关键性信息；

二是对被告人有利的和不利的证据全面反映;三是归纳、合并重复性的言词证据;四是处理好详略关系,对重要信息详加表述,不重要的信息予以简述,不具有相关性的绝不采信;五是重视发挥鉴定意见、现场勘验、检查笔录等客观证据的证明作用,对其内容详细摘录;六是不忽略证据的附随信息,列明证据来源等情况。在证据列举上,按照"证人证言""鉴定意见""现场勘验、检查笔录和有关书证材料""被告人供述和辩解"四个方面列举证据,从而使各类证据在证明体系上的逻辑性和排列上的条理性得到较好的体现。

(三) 严格根据证据认定案件事实

准确认定事实,是正确处理案件和制作裁判文书的基本前提。证据裁判,是刑事诉讼中的一项基本原则,也是核心原则。但如何在具体审判工作中乃至文书制作过程中贯彻证据裁判原则,却绝不是简单的事情。本案是重大刑事抗诉二审案件,一审系认定正当防卫而宣告原审被告人无罪,不负刑事责任。因此,二审裁定书的一个很重要的方面,就在于对事实证据进行准确认定,客观还原案件的全部情况。本案中,原公诉机关抗诉提出,"根据俎某某的供述,俎某某、林某某二人在互殴倒地后,林某某被俎某某压在身下,结合二人年龄、身体力量以及互殴体位上对比,林某某明显处于劣势地位",故原判关于"林某某的侵害行为是连续进行的,不法侵害的现实危险性在被勒死前并未消除,俎某某的人身安全时刻处于紧迫的危险之中"的认定与事实不符。而辩护人则认为,"俎某某因身体多病造成行为迟缓,走路不稳,因视力残疾及听力存在一定障碍造成反应迟钝,俎某某主要凭借较大的体重使得林某某一时无法起身,并通过按、掐的方式阻止林某某起身,其并无能力进一步伤害林某某,故并不存在林某某处于劣势的情形"。对检辩双方的上述事实主张,二审立足于在案证据,进行细致审查,并认定林某某持续对俎某某实施了暴力侵害行为;但鉴于原判认定俎某某构成特殊防卫的事实前提"林某某正在进行的侵害行为属于严重危及人身安全的暴力犯罪"缺乏证据支持,故对此依法未作事实认定,对检察机关的相关主张予以支持。全面认定和表述案件事实,不仅回应了检辩双方的诉讼主张,也为裁定书的说理评判和裁判奠定了坚实基础。

(四) 聚焦争议注重回应公正评判

本案系抗诉案件,其争议的焦点在于原审被告人的行为是否成立特殊防卫,是否构成正当防卫?在制作裁定书的过程中,合议庭全面归纳、梳理了抗诉书、出庭意见书、辩护词的意见，并结合对事实、证据的审查，提炼出"原审被告人的行为具有防卫性质""其防卫行为系针对正在进行的不法侵害""其防卫行为不宜认定为特殊防卫""其防卫行为不属防卫过当"四个方面的问题进行分析论证。在论述每一个问题时，首先概括各方对该焦点的意见，然后严守中立裁判立场，基于案件认定的事实，进行客观评判；具体评判时，紧密结合案件事实、证据、法律、情理、逻辑展开，辨法析理，力求以理服人；在此基础上，最后给出"俎某某在本人人身受到不法侵害的情况下进行防卫，具有正义性，虽造成不法侵害人死亡的后果，但并非明显超过必要限度，其实施的是正当防卫的合法权利，是保护公民人身权利的法秩序所必须"的评判结论。这种聚焦争点，注重回应性说理的做法，既是本案二审裁定书的一个特色，亦有助于司法权威的树立。

（王霞，山西省高级人民法院法官）

三、专家评析

正当防卫是我国刑法明文规定的一项制度。该制度的宗旨在于，当合法权利遭受不法侵害且公权力无法及时予以救济时，任何公民均可以奋起反击，通过有效制止不法侵害的方式使合法权益得以保全。因此，对于广大公民而言，正当防卫可谓在遭遇不法侵害的紧急状态下的一项权利。当然，任何权利的行使必须符合法定的条件。正当防卫权的行使同样必须符合法定的条件，超越法定的条件，滥用防卫权利的行为，同样要受到法律的制裁。

虽然我国刑法早已规定了正当防卫制度，实践中，也从来没有人否认公民有正当防卫的权利，但是，长期以来，认定正当防卫却存在种种认识分歧或者机制障碍，以至于以正当防卫定性的案件数量很少，这不仅影响到刑法规范的正确适用和真正打击犯罪和维护正义，而且影响公民正义观念的形成和对社会普遍正义价值的信仰。可喜的是，近年来，最高司法机关陆续公布了有关正当防卫的系列指导性案例，使正当防卫的法律规定成为弘扬社会正气，激活公民正义感的激励机制。山西省高级人民法院俎某某正当防卫案裁定书恰恰体现了正当防卫的制度内涵，值得称道。

在笔者看来，该裁定书至少有以下几点值得肯定。

（一）事实认定准确

认定本案事实的基础资料包括证人证言、勘验、检查笔录、鉴定意见以及被告人供述与辩解。但是必须承认，案件事实是一个重构的过程，基于不同的立场，对于相同的证据，完全可能重建出不同的案件事实。本裁定书站在中立的立场，客观地描述了案件的发生、发展过程，充分尊重了控辩双方关于案件事实的意见，对于控辩双方存在分歧的部分，如被害人林某某与俎某某在互相撕扯特别是倒地后哪一方处于优势地位、林某某是否已经停止了对俎某某的侵害等，则要么予以搁置（"根据在案证据，何者处于优势地位并不能确定"），要么明确表明裁判者的态度（"本案中，林某某倒地后，仍用双手抓住俎某某的头发不放，挣扎不止，并未表现出不能继续侵害或者放弃侵害行为的情形，故其不法侵害始终延续，并未停止……"）支持了"俎某某的防卫仍然存在紧迫性"的辩护意见。事实上，案件事实的归纳和认定，不仅要尊重客观的证据材料，而且包含了司法者对该客观证据材料的价值判断，从中体现了司法者对立法精神和意图的理解、宣示。裁定书所言："不法侵害的停止应具有彻底性，并在客观方面表现出明显的不可逆转性。"这不仅是对正当防卫立法精神的正确理解，而且也为判断不法侵害是否停止确立了裁判规则。

（二）法律适用正确

对于本案，在认可不法侵害的存在，承认俎某某的行为具有防卫性质的前提下，原审法院认为应当适用特别防卫条款（《刑法》第20条第3款），应宣告俎某某的行为构成正当防卫，不负刑事责任；而提起抗诉的检察机关认为应当适用一般防卫条款（《刑法》第20条第1款和第2款），俎某某的行为虽然具有防卫性质，但已经明显超过必要限度且造成了重大损害，已经构成犯罪。对此，裁定书根据在案证据认定的事实，认为不法侵害人林某某仅仅实施了一般的不法侵害行为，而没有实施严重的暴力侵害行为，因而，虽然"可以认定林某某持续对俎某某实施暴力侵害行为，但鉴于林某某正在进行的侵害行为尚不属于严重危及人身安全的暴力犯罪，故本案不宜适用特殊防卫条款"，纠正了一审法院在适用法律上的错误。但是，是否可以适用《刑法》第20条第2款认定俎某某的行为构成防卫过当从而认定其为犯罪行为呢？裁定书认为，"评判防卫是否过当，一般可以从不法侵害行为的危险程度、侵害者的主观心态以及侵害手段、人员多少、现场所处的客观环境与形势，防卫的条件、方式、强度和后果等情节，尤应结合制止不法侵害的可能性、防卫行为是否为制止不法侵害所必要进行综合判断"。据此，裁定书根据在案证据，认定"林某某的暴力行为具有不节制性及持续侵害的危险性",在俎某某反抗过程中"林某某明确表达出的企图进一步行凶的主观恶性",以及俎某某遭到暴力侵害过程中,身处被害人家中,精神处于高度紧张状态,为制止林某某的侵害行为,"利用压在林某某身上之机,实施了以双手掐颈、在行将力尽时抓起身边的丝巾勒林某某颈部的行为,直至林某某松手""可采用防卫手段的有限性""林某某松手后其即停止反击行为所反映的防卫行为的节制性等因素",进一步认定"俎某某防卫行为的手段和强度显然属于制止林某某不法侵害行为以保护自身安全所必要,没有超过为有效制止不法侵害,保护个人权利所必需的限度"。同时强调"不能仅仅以结果判断为准……只有结果和行为均过当,才能认定防卫过当"。因此,最终选择适用《刑法》第20条第1款规定,认定俎某某的行为构成正当防卫。

裁定书给我们的启示是,法律适用也并非简单的法律规范的选择,而是司法者在案件事实与法律规范之间,运用法律规范对凌乱的案件证据、事实进行归纳、提炼从而形成合规范的案件事实,或者不断地将案件事实与法律规定进行对比、从而作出规范符合性判断,得出最妥当结论的过程。

(三) 裁判说理充分

刑事裁判文书是人民法院认定案件事实和适用法律的载体,它不仅记载法院审判活动的过程,反映案件事实的形成以及司法者对证据的确认或否定态度,同时,对于控辩双方的具体争议,也要进行评价并明确表达出合议庭或法官的立场,得出当事人有罪、无罪、罪轻、罪重的司法结论。基于坚守罪刑法定原则和防范冤假错案的需要,面对控辩双方存在分歧的争议,裁判文书进行充分说理就显得十分必要和重要。本案裁定书针对检辩双方的主张以及一审裁定书的论理,勇于支持正确观点,敢于及时纠正错误,遵循"权利无需向不法让步"的法理,确立了认定正当防卫"应从制止不法侵害的实际需要出发进行全面衡量,只要防卫行为在客观上有必要,防卫强度就可以大于侵害强度。即便造成不法侵害人伤亡的,也不能认定为明显超过必要限度"的裁判规则,对于检辩双方的争议,从"俎某某的行为是否具有防卫性质""防卫行为是否系针对正在进行的不法侵害""防卫行为可否认定为特殊防卫"以及"防卫行为是否属于防卫过当"四个方面,充分回应了检辩双方的疑问,阐释了法理,解决了诉争,做到了以法为据,以理服人,从兼顾天理、国法、人情中体现司法良知,从释法说理中展现司法公正,彰显了社会主义核心价值观,实现了法律效果和社会效果的有机统一。

(点评人:张天虹,山西大学法学院教授,山西省法学会刑法学研究会会长)

(2018)晋刑终 95 号裁判文书原文

第二节　故意伤害罪

6. 丁某某故意伤害案*

【关键词】

正当防卫　故意伤害　被害人过错

【裁判要旨】

1. 对于在逃多年的被告人，因身高、体型、容貌等均发生了明显变化，归案后要通过证人证言、辨认笔录、DNA 鉴定等证据综合确认其身份。

2. 在双方因琐事厮打引发的故意伤害案中，认定被害人是否有过错，主要结合纠纷发生时谁先动手、被害人对矛盾的激化是否有扩大作用等予以综合评判。

3. 对于正当防卫的认定，首要考虑是否存在防卫的前提。对于双方均有互殴的意愿和行为，不能认定存在正当防卫的前提。

一、简要案情

1999 年 10 月 27 日 19 时许，被告人丁某某与被害人陈某某在山西省太原市晋源区晋阳特种耐火材料厂因生产工作中的琐事发生争执，工友将二人劝阻拉开。后在该厂门口，陈某某和丁某某再次发生冲突并厮打，丁某某持一单刃锐器将陈某某左大腿、右下腹捅伤并逃离现场。陈某某不治身亡，经鉴定系因股动脉破裂致大量失血死亡。在本案诉讼期间，丁某某委托其亲属向陈某某的亲属进行了赔偿，并获得陈某某亲属的谅解。一审法院判决丁某某犯故意伤害罪，判处有期徒刑十二年。宣判后，丁某某不服，提出上诉。

案件的争议焦点：(1) 案件事实是否清楚。上诉人丁某某与被害人第二次发生争执系谁引发，被害人当时是否携带凶器并使用，上诉人所用的是何

---

* (2018) 晋刑终 49 号。

凶器、凶器从何而来、在什么情况下使用该凶器，被害人身上的伤口是否系上诉人所为，上诉人为何要朝厂门内逃跑，被害人追赶上诉人时是否持有凶器，被害人的伤口为何是创角一锐一钝。（2）上诉人刺伤被害人的行为是否属防卫过当。（3）能否认定被害人有明显过错，对矛盾激化负有直接责任。（4）上诉人具有从轻量刑情节，二审是否可以对其从轻处罚，予以改判。

二、撰写心得

制作刑事裁判文书，主要在认定事实的叙述、证据的罗列、分析说理三大部分内容下功夫。

（一）叙述事实

1. 叙述事实的基本要素要齐备。基本要素一般包括犯罪时间、地点、人物、手段、经过、后果等。其中，对犯罪经过的叙述要完整，要显示出事实的确切性，以及犯罪动机、目的、预备、实施与结果之间的内在联系。对于犯罪事实中涉及的定罪量刑的关键情节要叙述清楚，比如，抢劫案中的暴力威胁情节及劫得数额、盗窃案中的盗窃手段和后果、毒品案件中的毒品数量。在叙述事实时应当客观、理性，尽量使用中性词。本案二审文书，在事实叙述部分将基本要素已说清。

2. 叙述事实应当层次清楚，重点突出。案件中涉及一个罪名、多起事实的，可以按时间先后顺序叙述；一人犯数罪的，可以按罪行主次的顺序叙述，根据案件情况也可以按照时间先后叙述；一般共同犯罪案件，应当以主犯为主线进行叙述；集团犯罪案件，可以先综述集团的形成和共同的犯罪行为，再按首要分子、主犯、从犯、胁从犯或者罪重、罪轻的顺序分别叙述各个被告人的犯罪事实。涉及多个罪名、多起事实的，在分别叙述各罪的事实时，可用汉字序号加小标题的方法，比如，"一、盗窃事实""二、抢劫事实"；同一罪名下有多起事实，如需分项表述的，也可加序号。

3. 在一审、二审文书中叙述事实要详略得当。实践中，多数二审文书在审理查明事实部分的内容，是从一审认定事实复制过来，有时一字不差；还有少数二审文书在审理查明事实部分，只写"二审查明的事实与一审一致"一句话。在制作二审文书时，如二审查明的事实与一审基本相同，一般是把一审的事实详细写，二审简单写；如一审事实的叙述过于简单，则二审在认定事实时要多用笔墨，以弥补一审在认定事实上的不足；如一审认定事实有误，二审在纠正时则要详细写清案件事实。本案因一审已将事实叙述清楚，二审在文书的事实部分进行了简写。

(二) 罗列证据

1. 注重证据的列举顺序。无论是一审还是二审刑事裁判文书，在罗列证据时，一般是遵循先客观证据、后主观证据的原则，按照物证、书证、鉴定结论、勘验、检查笔录、视听资料、被害人陈述、证人证言、被告人供述和辩解的顺序罗列。对于同一种类的证据，一般应当按照证据证明力的强弱进行排列。证据之间密切关联，共同证明同一事实的，可以同时列举。在罗列证据时，还要兼顾"以案件破获、案情发展"为序这条主线。但根据个案的具体情况，例如，主要是通过言词证据定案的，可以不受上述限制。本案的一审文书在列举证据时，采取的是书证、证人证言、辨认、指认笔录、鉴定意见、被告人供述的顺序，二审文书就对证据顺序进行了调整。

2. 注明证据的来源、过程及结果。本案属被告人作案后当即就被发现犯罪事实，后潜逃多年的案件。公安机关收集的证据是当时案发后就收集的，还是在被告人归案后收集的，涉及证据的证明力强弱。本案在二审文书中，将鉴定作出的时间、证人作出证言的时间等，在写证明内容之前详细列出，这是在写作该类案件文书时应当注意的。本案的尸体检验鉴定是定案的关键证据，二审文书中对尸体检验的鉴定过程、结果进行了详写。

3. 选择适当的证据内容引述方式。刑事裁判文书中对证据所证明的内容，有的是采取直接引用的方式，有的是采取综合归纳的方式，实践中采取直接引用方式的案件较多，该方式相对来说较为省事。但是对于证据内容直接引用冗长拖沓的，应该采用综合归纳的方式。在直接引用言词证据的内容时一般用第一人称，在归纳引用时一般用第三人称。本案中对证人证言所证内容的引用，就是采用归纳的方式。

4. 证据引用的内容既要全面，又要突出重点。言词证据要引用与案情有关联的内容，避免引用无关的内容；证明关键事实的证据，在引用原话时要加注引号；证明一般事实的证据，可以高度概括，但要注意准确客观。对勘验、检查笔录、尸检报告等证据应当根据案件情况摘录主要内容，避免原文照抄。本案中对尸体检验鉴定证明的内容就较为全面，同时重点突出，既没有只写鉴定结果，也没有把鉴定文书全部抄写过来。

5. 二审在查明事实之后所列的证据不宜将一审所列据证据全部抄写过来，要进行甄别。有时一审所列的证据并非与案件具有关联性，二审文书中就要删除。有时一审所列证据较为繁琐或是较为简单，二审文书中就要适当删增。

有时一审所列证据与二审审理的内容无关，比如，附带民事诉讼部分当事人在一审后未上诉，二审就不需要列出该部分证据。有时一审所列证据的内容并没有进行过整理或是归纳总结得不到位，二审文书中就要重新整理、归纳。有时一审所列的证据在表述证据种类时就有错误，二审文书中就要纠正，比如本案的一审文书中将公安机关出具的抓获经过材料和羁押证明材料、被害人亲属出具的谅解书等称为"书证"，显然不当。

（三）分析说理

1. 说理要有针对性。针对性就是要求有的放矢，具体包括：一是说理要针对控（检）辩双方的意见来进行；二是说理要针对控（检）辩双方的争点来进行，既包括事实认定方面的争点，也包括对证据"三性"的争点，还包括对法律适用方面的争点。

2. 说理要用足论据。文书中每一个争点就是一个论点，对每个论点的论证要有充分的论据。被告人对事实提出辩解或上诉的，要运用证据进行论证；对证据提出异议的，要运用证据的真实性、合法性、关联性进行论证；对量刑提出上诉或异议的，要从犯罪手段是否残忍、情节是否恶劣、后果是否严重，犯罪的社会危害性，被告人的主观恶性、人身危害性，被告人有无法定或酌定从轻从重的情节等方面进行综合论证；对法律适用提出异议或上诉的，要从法律规定、犯罪构成要件、立法本意、学理解释等方面进行论证。

3. 说理要恰到好处。裁判文书的说理不是越长越好、越细越好，也不是越短越好、越简越好，而是要具体案件具体分析，既要说理到位，又让人感觉不到繁琐。具体包括：一是根据案件难易的不同进行繁简适度的说理。简单案件简化说理，繁难案件强化说理。二是根据作出的是判决结果还是裁定结果来说理。实体类的判决、裁定要求说理程度较高，程序类的裁定（如发回重审的裁定）一般说理要求不高。三是一审、二审的裁判文书说理要有区别。一审重在解决事实认定和法律适用，二审重在解决事实法律争议、实现二审终审，要从一审、二审各自功能的定位来说理。

4. 说理要讲究艺术。最高人民法院二级大法官胡云腾认为，文书说理的"理"是指"事理、法理、学理、情理、文理"；文书说理的最高境界是五理并茂，五理有机统一，即坚持事理是基础，法理是尺度，学理是辅助，情理是佐料，文理是工具；裁判文书的说理性强，就是要立足事理，严守法理，引用学理，佐以情理，善用文理。

（王洪明，山西省高级人民法院法官）

三、专家评析

裁判文书是人民法院依照法律规定独立行使审判权，审理案件过程中制作的法律文书，是司法公正的最终载体。裁判文书的制作是审判人员业务能力的重要体现，评价一名法官业务水平的高低，其制作裁判文书质量的优劣是一个重要方面。

本篇刑事二审文书的优秀之处在于：一是文书结构完整规范，既符合刑事裁判文书样式的格式要求，又不拘形式，对样式进行一定的创新。二是文书的制作严谨、得体，注重实用，把主要精力放在事实认定、列举证据、证据采信、争点评判、裁判说理方面。三是在叙述事实方面，层次清楚，重点突出，文字语言精练准确，条理清楚。四是在罗列证据方面，证据顺序恰当，证明内容归纳提练精准。五是对上诉人的上诉理由及辩护人的辩护意见总结归纳全面、准确，语言凝练。六是说理到位。说理是裁判文书的重要组成部分，是文书灵魂所在，是让法律充满生命与活力的手段，是构建案件事实与判决结果之间的桥梁。该份裁定书最大的亮点就是在于释法说理方面。本案案发于1999年，2016年被告人归案，由于时间长远，再加上当年侦查机关收集证据的条件和要求，与现在有较大差距，如何对证据进行审查、通过证据认定事实，是否对上诉理由和辩护意见予以采纳是本案审理的关键。该份裁定书对事实证据的综合分析有理有据、论证到位，对法律适用的论证严谨细致。例如，对于被害人是否死亡、归案被告人的身份、案发起因、是否存在正当防卫、案件的定性等，均进行了详细的论述。本份裁定书在说理时，基本做到了"立足事理、严守法理、引用学理、佐以情理、善用文理"，通过释法说理，彰显出"说得出的正义"，体现出"正义是从裁判中发声的"。

（点评人：邓一峰，山西省高级人民法院审判委员会专职委员，全国审判业务专家）

（2018）晋刑终49号裁判文书原文

7. 桑某故意伤害案*

【关键词】

聚众斗殴 故意伤害 关联性 被害人过错

【裁判要旨】

聚众斗殴犯罪中,被告人辩称存在现场目击证人证言矛盾、监控录像不清晰、被害人伤情与其缺乏关联性等情节,但无事实依据的,应依据在案证据,依法认定构成故意伤害罪。被害人一方存在过错的,裁判时应予考量。

一、简要案情

2016年9月24日22时许,原审被告人马某、魏某与原审被告人甲某某因琐事发生纠纷,后双方分别纠集多人,使用棍棒、十字镐、钢管和刀子等作案工具在西藏自治区林芝市粮食局门前公路至百益超市停车场一带斗殴,造成社会秩序混乱和多人受伤。其间上诉人桑某持刀捅刺被害人彭某某腹部,致其失血性休克死亡。

本案的焦点问题可以归纳为上诉人桑某犯故意伤害罪的事实是否清楚,证据是否确实、充分。具体而言,对于桑某及其辩护人提出的现场目击证人对衣着描述存在矛盾、现场监控录像不够清晰、被害人的伤情不足以证明系提取在案的单刃断刀形成、断刀与桑某之间缺乏关联性等问题,是否能够排除合理怀疑,得出排他性的结论。

二、撰写心得

习近平总书记指出:要努力让人民群众在每一个司法案件中感受到公平正义。这就对法官在审理具体案件的过程中,如何在确保实体和程序公正的同时,让当事人乃至社会公众充分地理解和认可审判的公正性,提出了更高

---

* (2018)藏刑终6号。

的要求。在裁判文书上网公开的大背景下，以社会主义法治理念为指导，有针对性地加强裁判文书说理，讲好事理、法理、情理，兼顾天理、国法、人情，形成法官与当事人、社会公众之间的良性互动，对于提高裁判结果的可接受性，无疑具有十分重要的现实意义。

本案经过庭审、阅卷，承办人认为认定上诉人桑某犯故意伤害罪，其他各原审被告人犯聚众斗殴罪的事实清楚，证据确实、充分，其理由如下：

1. 破案自然。2016年9月25日0时许，公安机关接到关于有人聚众斗殴的报警后即组织侦查人员赶往案发地控制现场，陆续抓获参与聚众斗殴的多名犯罪嫌疑人，另有数名犯罪嫌疑人主动到公安机关投案。

2. 上诉人桑某在聚众斗殴过程中持刀捅刺被害人彭某某腹部，致其死亡的事实足以认定。一是现场监控探头视频能够辨识桑某致伤彭某某；现场也有目击证人甲能通过该视频指证桑某作案。二是尸体鉴定意见证实，彭某某所受致命伤仅为右上腹部一处，根据现有证据可以排除桑某以外的他人捅刺彭某某腹部。三是桑某捅刺彭某某后，其所持刀子与他人所持钢管碰撞折断，在本案中具有唯一性特征，且提取过程连贯，在该刀刀刃上检出彭某某的血迹，能够进一步印证该断刀就是致伤彭某某的作案凶器。

3. 对于其他原审被告人构成聚众斗殴罪的事实，有提取在案的棍棒、十字镐、钢管和刀子等物证，证人证言，记录斗殴情况的现场监控探头视频，各原审被告人的供述等证据证实，足以认定。

依照《刑法》第292条第2款规定，在聚众斗殴违法犯罪活动中，一旦造成他人重伤、死亡的，应当按照故意伤害罪、故意杀人罪定罪处罚，这是《刑法》对犯罪的一种转化型规定。本案上诉人桑某在聚众斗殴过程中故意伤害他人，致一人死亡，其行为已构成故意伤害罪，在法律适用上不存在大的争议。

本案自庭审之后开始起草判决书，直至完成初稿可谓一气呵成，但之后的修改打磨过程则是一言难尽，或与《诗经》中所述的"如切如磋，如琢如磨"相差仿佛。至今历久弥新的体会之一是，案件的事实、证据本身都不是不证自明的，需要我们通过自身的判断，充分发挥主观能动性，去粗存精、去伪存真，打通相互之间的联系，才能作出准确的认定。例如本案中的重要物证刀子，上诉人桑某在作案过程中，其使用的凶器刀子折断，桑某遂将其丢弃，后被证人2捡到交给公安人员，断刀离开了其被丢弃的初始位置，而证人2等人的证言一审未能当庭举证质证，导致断刀与案件的关联性引发质疑。二审针对这一问题当庭补充质证了相关证人证言,并在判决中详细论证了断刀就是桑某所使用的作案工具,从而补足了相关证据链,使认定桑某犯故意伤害罪的事实更加完整清晰。

撰写本案裁判文书时的另一点体会是,必须下大力气追求审判取得更好效果。上诉人桑某始终不供认其实施了持刀捅刺被害人彭某某腹部的故意伤害行为,本不足以从轻处罚,原判认定其有认罪悔罪情节有误,判处有期徒刑十一年已属量刑失轻。二审期间双方亲属达成赔偿谅解协议,此情节对桑某的量刑能否予以从宽考虑,存在争议。从法律适用的逻辑推演,出现了两种相互冲突的结果:一方面,从规范量刑的角度,似乎已不存在进一步从宽处罚的空间;另一方面,对于民间矛盾引发的案件,修复社会关系、促进社会和谐的赔偿谅解,似乎有必要通过从宽处罚予以支持和鼓励。面对两难选择究竟何去何从?回想起来,以下两个方面因素可能发挥了潜移默化的作用:一是古人的智慧。《尚书·大禹谟》提出:"人心惟危,道心惟微,惟精惟一,允执厥中",其中蕴含的中正不偏的智慧对于形成本案裁判思路颇有启发。二是积累的经验。也许正是一点微薄的审判经验,让笔者对追求本案的裁判效果产生了半直觉的执着,事后还让笔者对"法律的生命不在于逻辑而在于经验"的法谚产生了共鸣。正是在上述两方面因素作用下,笔者提出了鉴于被害人彭某某积极参与聚众斗殴有一定过错及二审期间双方亲属达成赔偿谅解协议,故对桑某在量刑上酌予从轻改判,但从轻的幅度不宜过大的意见,最终得到了合议庭的肯定。本案的裁判由于从轻处罚于法有据,同时也避免了"以钱买刑"的误解,迄今为止社会反响良好。

(周军,西藏自治区高级人民法院法官)

三、专家评析

本案系一起双方持械斗殴而引发命案的重大刑事案件。就本篇裁判文书而言,确实称得上一篇上佳的精品裁判文书,值得向审判一线的同仁们推荐、学习、研究。本裁判文书系承办人用心之作,体现承办人"如切如磋,如琢如磨"的艰辛过程。值得学习的内容很多,篇幅所限,现将笔者认为的文书中凸显出的两大特点分享如下。

(一)说理透彻,论证有力

说理论证是任何裁判文书的核心。本案上诉人桑某始终不供认其实施了持刀捅刺被害人彭某某腹部的故意伤害行为。二审弥补了一审中未质证的贡确次成等人的关键性证据,结合当时的视频监控录像将这一证据稳稳固定,使证据环环相扣,形成闭合的证据链,体现了承办人缜密的逻辑思维能力和高超的办案能力。本文书证据列举细致,对监控录像中的时间描述准确到秒,不忽略任何细节。通过证据的细致描述,案件事实自然而然地呈现在大家面前。对被告人的上诉及辩护人的辩护意见,所进行的回应是有理有据,是建立在以证据为坚实基础上的分析论证,令人信服。例如,对上诉人桑某及其辩护人所提相关监控视频不够清晰,不能证明是桑某作案的辩解和辩护意见,从鉴定意见、证人证言、本人供述、监控探头视频等证据锁定系桑某对被害人进行捅刺故意伤害的事实。

(二)注重效果,情法交融

鉴于一审已存在着对被告人量刑失轻的情况,二审期间上诉人对被害人家属达成赔偿谅解协议,能否给上诉人从刑期上考虑再从轻改判?从宽处罚是否会引起社会公众产生"以钱买刑"误解?这是承办人在案件事实清楚的基础上殚思极虑的问题。对于民间纠纷引起的刑事案件,上诉人通过实际行动恢复已破坏的社会关系而进行的努力,应该得到肯定和鼓励,也应该在判决中予以一定程度的体现。但几乎不存在刑期下降的空间,承办人基于长期积累的办案经验及潜移默化的哲学思维,准确找出了一审中所忽略的被害人彭某某具有一定过错的情况,加上二审达成的谅解赔偿协议,在法律允许的范围内,对被告人在刑期上减轻了半年徒刑。在情与法之间平衡,收到良好的社会效果和法律效果。

(点评人:李瑞红,西藏自治区高级人民法院刑事审判第二庭副庭长)

(2018)藏刑终 6 号裁判文书原文

8. 吉某1、张某1故意伤害案*

【关键词】

正当防卫　防卫限度　共同防卫　罪责自负

【裁判要旨】

共同正当防卫中因防卫过当构成犯罪的，原则上只应由该防卫过当的个人负责，防卫过当造成的重大损害后果不应由所有防卫人共担。除非他人在明知有防卫人在事实和法律上已经防卫过当可能构成犯罪，仍然决定加入共同防卫，或在共同防卫进行中明知其他防卫人已经防卫过当仍继续扩大损害后果，才有考虑共同犯罪的可能。

一、简要案情

2015年11月16日晚，被告人吉某1、张某1等海南省保亭县新政镇什灶仔村村民与被害人吉某2和陈某1等京二村、京三村村民在金江农场金洲KTV内发生争吵，吉某2纠集陈某1、吉某3等人在KTV楼下等待欲殴打吉某1、张某1等人。张某1给同村的张某2打电话，告诉张某2其一伙人与吉某2等人发生纠纷，并让张某2等人前去帮忙。什灶仔村村民高某1打电话报警，2015年11月17日0时39分，金江农场派出所出警到金洲KTV制止吉某1、吉某2等人，双方散去。吉某2心存不满，纠集陈某1、陈某2、李某某、陈某3、高某2、吉某3（均已另案处理）等十多人持木棍等工具在什灶仔村三岔路口处守候，欲堵截并殴打张某1和吉某1。这时什灶仔村村民张某2、张某3、张某4、张某5、张某6五人也持长柄钩刀、砍刀、铁锹等工具赶到三岔路口，与京二村的吉某2等人相遇。吉某2、陈某1表示要殴打的是吉某1、张某1，示意张某2等人不要多管闲事。双方未动手，并均继续在原地等待。

---

* （2017）琼刑终72号。

同年11月17日1时许，吉某1、张某1、吉某4等人驾驶摩托车到什灶仔村三岔路口时，吉某2等人上前拦住吉某1的摩托车，接着吉某2、吉某3手持木棍殴打吉某1头部，致其头部流血。吉某1从其摩托车上拔出水果刀对吉某2等人一阵猛捅。陈某1、陈某2、陈某3、李某某等人手持木棍上前殴打吉某1和张某1，吉某1一边走并用一只手护住头部，一边持刀继续捅刺。吉某2等人被吉某1捅中受伤，吉某1自己的腹部亦不知被何人刺中受伤流血，张某1见状先从京二村青年手中抢过木棍和李某某等人对打，后跑到张某3处抢过一把长柄钩刀追砍吉某3等人，砍伤了吉某3左手小臂和李某某背部。

经鉴定，吉某2是被他人用锐器刺伤左季肋区外侧，导致心脏贯穿伤，急性大出血，心包填塞，心脏骤停而死亡；陈某1胸背部被锐器刺伤，属重伤二级；吉某3、吉亚凡伤势属轻伤二级；高某2、李某某的伤势属轻微伤。吉某1右额顶部被钝器致伤，左腹部被锐器刺伤，属重伤二级。

本案争议的焦点：（1）吉某1、张某1的行为是否构成正当防卫，是否"明显超过必要限度"构成防卫过当。（2）吉某1、张某1在防卫中是否构成共同犯罪。

二、撰写心得

（一）准确理解和把握正当防卫的法律规定和立法精神，对于符合正当防卫成立条件的，要坚决依法认定

正当防卫是我国《刑法》规定的一项重要制度，法官在承办具体案件时，必须准确理解和把握正当防卫的法律规定和立法精神，对于符合正当防卫成立条件的，要坚决依法认定。要根据案件的具体情况，综合考虑案件发生的整体经过，结合一般人在类似情境下的可能反应，依法准确把握防卫时间、限度等条件，并充分考虑防卫人面临不法侵害时的紧迫状态和紧张心理。要秉承"法不能向不法让步"的法治精神，对防卫人不能过于苛求。本案中，吉某1、张某1与吉某2、陈某2等人在保亭县金江农场金洲KTV发生争执，在被警察劝离后，吉某2在回村路上向陈某1、吉某3、高某2、李某某等十余人提议到吉某1等人所在的什灶仔村分岔路口等候吉某1、张某1，欲拦截报复，并在途中准备了木棍等工具。当吉某1骑摩托车回到该路口时，吉某2拦住吉某1，并首先持木棍殴打吉某1的头部，陈某1、吉某3、高某2、李某

某等人亦持木棍殴打吉某1的头部,致吉某1头部流血。吉某1遂从摩托车车头处拔出用刀鞘悬挂的单刃尖刀,自下而上向围殴的吉某2等人捅刺。在吉某1逃跑过程中,吉某2等人继续对其围殴,吉某1持水果刀继续捅刺。骑摩托车随后到达该路口的张某1也被李某某等人欲持棍殴打,在被追赶过程中,张某1从同村村民张某3手中拿过一把砍刀反击李某某等人并追砍李某某、吉某3等人。综观全案,吉某2等人预谋报复,多人持械围殴上诉人吉某1、张某1,伤害他人的故意明显,不法侵害现实存在,且已经严重威胁到了吉某1、张某1的人身权利。吉某1、张某1为了使本人人身权利免受正在进行的不法侵害,针对不法侵害人,意图制止该不法侵害,而采取反击的行为,依法构成正当防卫。

(二)对防卫过当构成犯罪的,要准确认定"明显超过必要限度"和"造成重大损害",并确保刑罚裁量适当

在具体办案中,要综合不法侵害的性质、手段、强度、危害程度和防卫的时机、手段、强度、损害后果等情节,考虑双方力量对比,立足防卫人防卫时所处情境,结合社会公众的一般认知作出判断。对于防卫行为与不法侵害相差悬殊、明显过激的,应当认定防卫明显超过必要限度。"造成重大损害"构成犯罪的,在判处刑罚时也要综合考虑案件情况,特别是不法侵害人的过错程度、不法侵害的严重程度以及防卫人面对不法侵害的恐慌、紧张等心理,给予减轻或者免除处罚。本案中,吉某1在行使正当防卫权的过程中,手持伤害性强的单刃尖刀,见人就捅刺。从事后被其所捅刺的死者和伤者的《法医学人体损伤程度鉴定书》及照片看,死者吉某2系胸部被刺,一刀致命,伤者陈某1被锐器刺入胸腔,高某某为胸部被刺受伤。由此可见,吉某1在反击时,为达到保护自己的目的,采取了不计后果的防卫措施,捅刺的都是对方的要害部位,且捅刺力度大,造成了一人死亡、一人重伤、一人轻伤、一人轻微伤的严重后果。综合考量本案不法侵害的危害程度、防卫工具、强度、防卫人主观态度、造成的损害结果等,应当认定上诉人吉某1的防卫行为已明显超过了必要限度,属于防卫过当。但在量刑时,依法给予了减轻处罚,以故意伤害罪判处被告人吉某1有期徒刑六年。

(三)对共同正当防卫中因防卫过当构成犯罪的,要区别对待,原则上只应由防卫过当的被告人个人负责,防卫人之间不构成共同犯罪

共同防卫性质的认定和各防卫人责任的承担,是一个在学理上和实践中

都有分歧和难以认定的问题。在本案中，一审法院认定被告人吉某1的行为属于防卫过当，以故意伤害罪减轻处罚，是正确的。但认定共同防卫人张某1应对吉某1的防卫过当承担共同犯罪的责任，引发了笔者的思考和研究。共同犯罪，是指两人以上共同故意犯罪，即两人以上在共同犯罪故意的支配下，共同实施具有内在联系的犯罪行为。各共同犯罪人不仅要有自己实施犯罪的故意，而且相互之间存在犯意联络。共同犯罪应当以两人以上共同实施"犯罪行为"为前提，如果两人以上共同实施的是合法行为，便不存在共同犯罪的问题。在正当防卫的情况下，两个以上的防卫人在实施开始防卫行为时，应当认定其行为的正当性、合法性，对共同正当防卫中因防卫过当构成犯罪的，原则上只应由该防卫人负责，不能将其防卫过当造成重大损害的后果由所有防卫人共担。除非他人明知有防卫人在事实和法律上已经防卫过当构成犯罪，仍然决定加入共同防卫，或在共同防卫进行中明知其他防卫人已经防卫过当后仍继续扩大损害后果，才有考虑共同犯罪的余地。本案中，张某1与吉某1几乎是同时持械各自向不同的侵害人进行反击，在此情况下，张某1不可能对吉某1是否防卫过当造成重大损害主观上有明知或可能知道。张某1与吉某1在防卫过程中没有形成追求防卫过当的共同犯罪犯意联络，不应认定其与吉某1构成共同犯罪。吉某1防卫过当的责任，应由本人承担，张某1不应对此承担责任。

（四）对正当防卫条件消失后，另起犯意伤害他人的，应当承担相应刑事责任

本案中，张某1尽管对吉某1防卫过当不承担责任，但认真核查本案事实，张某1被吉某3、李某某等人持棍击打，其人身权利受到不法侵害，在此情况下实施反击，属于正当防卫。但自张某1从同村村民张某3手中拿过一把长柄砍刀后，围打张某1的吉某3、李某某等人见状逃跑。此时，对张某1的不法侵害已经解除，张某1仍持刀追赶，砍中吉某3、李某某，致吉某3受轻伤、李某某受轻微伤。张某1的行为属于在正当防卫中不法侵害已消除的情形下，临时起意伤害他人身体，符合故意伤害罪的构成要件，应当承担刑事责任，但综合全案，量刑时可以酌情从轻处罚。

（郑兰清，海南省高级人民法院法官）

三、专家评析

(一) 亮点一：共同正当防卫的过程中，因防卫过当并不必然构成共同犯罪

共同犯罪，以二人以上共同实施犯罪行为为前提。在正当防卫的情况下，共同防卫人在开始实施防卫行为时，应当认定其行为的合法性和正当性。但在防卫中因过当构成犯罪的，原则上只应该由防卫人负责，不能将一人防卫过当造成重大损害的后果由所有防卫人共担，体现罪责自负的原则。例外情况是所有防卫人明知某一防卫人已经防卫过当可能造成重大损害仍决定加入行使共同防卫，或者在防卫进行中，明知其他防卫人已经防卫过当仍继续扩大损害后果，才有可能考虑构成防卫过当共同犯罪。本案上诉人（原审被告人）吉某1、张某1被被害人等人拦住持棍击打，各自向对己实施不法侵害的加害人反击。在过程中，如果要求上诉人张某1即刻判断出同时遭遇不法侵害而进行防卫从吉某1是防卫过当造成重大损害，则过于苛责。因此，二审判决纠正一审判决共同犯罪的认定并减轻原审被告张某1对应的刑期，判决书对此说理是非常清晰的。

(二) 亮点二：判决书肯定了一审判决对防卫过当（致人重伤、死亡）的量刑把握精准

防卫过当故意伤害罪（致人重伤、致人死亡）的量刑。《刑法》第234条第2款前段规定了"致人重伤"，后段规定了"致人死亡"。依据防卫过当应当减轻或者免除处罚的规定，防卫过当致人重伤成立故意伤害罪的，应在基本量刑幅度即"三年以下有期徒刑、拘役或者管制"范围内量定刑罚。因防卫过当故意伤害致人死亡的，应降低一档在"三年以上十年以下有期徒刑"范围内量刑。在"朱某山故意伤害案"中，行为人故意伤害致一人死亡，二审认定防卫过当，改判为有期徒刑七年；在"韩某故意伤害案"中，行为人故意伤害致一人死亡，二审认定防卫过当，改判为有期徒刑七年；在"王某淇故意伤害案"中，行为人持刀连续捅刺三人，致一人死亡、二人轻伤，认定防卫过当，判处有期徒刑六年；在"于某故意伤害案"中，行为人故意伤害致一人死亡、二人重伤、一人轻伤，二审认定防卫过当，改判为有期徒刑五年。对于在"于某故意伤害案"中，最高人民法院在"裁判要点"中还指出："防卫过当案件，如系因被害人实施严重贬损他人人格尊严或者亵渎人伦的不法侵害引发的，量刑时对此应予充分考虑，以确保司法裁判既经得起法

律检验,也符合社会公平正义观念。"本案中,上诉人吉某1的行为造成一人死亡、一人重伤、一人轻伤的后果,二审判决维持一审六年有期徒刑与上述典型案件的判决均体现了罪责刑一致。

(点评人:冯春萍,海南师范大学法学院教授)

(2017)琼刑终72号裁判文书原文

第二章　财产及经济类犯罪

第一节　生产、销售伪劣产品罪

9. 上海嘉外国际贸易有限公司、刘某某销售伪劣产品案*

【关键词】

销售伪劣产品　超期　数量　明知　单位犯罪　非法证据排除

【裁判要旨】

审理销售伪劣产品案的关键在于正确理解保质期，以准确计算产品过期的时间点，从而确定伪劣产品的数量。对于被告人否认犯罪的，可以结合在案证据按照逻辑规则和经验法则推定其主观明知。对于相关非法证据排除应严格遵循相关法律规定，不能因证据些许瑕疵就当然排除，公安机关作出合理说明的，仍可采信。

一、简要案情

2016年1月，时任被告单位上海嘉外国际贸易有限公司（以下简称嘉外公司）法定代表人、总经理的被告人刘某某在得知公司部分奶粉、奶酪已经过期及临近保质期后，经与华源公司负责人联系，以货款从华源公司走账的

---

*（2018）沪刑终56号。

形式,将该批奶粉、奶酪通过华源公司销售给尚某某经营的公司。2016年1月15日,嘉外公司将存放在林杰公司仓库内超过保质期的新西兰恒天然NZMP全脂奶粉8330袋(25kg/袋),以及存放在申宏公司仓库内的超过保质期的新西兰恒天然NZMP切达奶酪269箱(20kg/箱)移库至尚某某公司,销售金额共计294万余元。2016年4月,相关执法部门在林杰公司、申宏公司仓库查获部分奶粉及全部奶酪,上述物品现扣押于侦查机关。

原审法院认为,被告单位嘉外公司及被告人刘某某的行为均构成销售伪劣产品罪。依照相关法律规定,以销售伪劣产品罪分别判处被告单位嘉外公司罚金人民币300万元;被告人刘某某有期徒刑十五年,并处罚金人民币30万元;扣押的过期乳制品等予以没收,违法所得予以追缴。

上诉单位嘉外公司、上诉人刘某某及其辩护人均认为不构成销售伪劣产品罪,请求发回重审或依法改判。

上海市人民检察院认为,原判认定的事实清楚,证据确实、充分,适用法律正确,定性准确,量刑恰当,审判程序合法,建议本院驳回上诉、维持原判。上海市高级人民法院经审理裁定驳回上诉、维持原判。

本案的主要焦点问题有以下内容:

(1)涉案奶粉销售时间是否应认定为2016年1月15日的问题。上海市高级人民法院认为,根据上述相关证人证言、书证等证据证实,嘉外公司于2016年1月15日而非1月12日将涉案奶粉移库给润恒帅公司。且相关证据证实涉案奶粉和切达奶酪系同一天移库,现根据嘉外公司关于切达奶酪的提货单可知2016年1月15日切达奶酪被出库,该证据进一步确信了2016年1月15日嘉外公司将涉案奶粉出库的事实。证据之间可相互印证,并排除合理怀疑。根据《合同法》133条规定①:"标的物的所有权自标的物交付时起转移,但法律另有规定或者当事人另有约定的除外。"这表明嘉外公司在向第三方下达移库指令之前,嘉外公司应对所售产品的质量负责,确保产品未超过保质期,故嘉外公司销售涉案奶粉的时间应认定为2016年1月15日。退一步讲,鉴于相关证据已证实华源公司并非涉案奶粉的实际买家,嘉外公司与华源公司签订的所谓买卖合同并非真正买卖合同,只不过是为了掩饰嘉外公司将涉案奶粉奶酪卖给润恒帅公司的事实,合同所签订的时间亦无实际效力。

---

① 对应《民法典》第224条。

另证人张某某、李某1在侦查机关已作相关证言，与其他在案证据可相印证，辩护人要求传张某某、李某1到庭作证的申请不予支持。

（2）涉案奶粉是否超过保质期以及数量的问题。上海市高级人民法院认为，食品保质期是食品生产经营者向消费者承诺的安全食用期，保证消费者在保质期内可以安全食用该食品。现有证据已证实嘉外公司于2016年1月15日销售涉案奶粉，涉案奶粉的质量风险责任自1月15日交付前仍然由嘉外公司承担。奶粉的保质期为24个月，根据涉案奶粉外包装日期记载方式和出库明细表等证据证明，涉案奶粉生产日期在2014年1月15日之前（包括1月15日），保质期最后一天应为2016年1月14日，凡是于2016年1月15日被销售的应认定为超过保质期的奶粉。且嘉外公司对外销售涉案奶粉价格与市场过期奶粉销售价格相吻合，相关证人证言与刘某某供述相互印证亦证实嘉外公司销售过期奶粉的事实。故应认定嘉外公司及刘某某销售了超过保质期的奶粉，经计算共有8330袋（25kg/袋）。

（3）上诉人刘某某主观是否明知的问题。上海市高级人民法院认为，在食品安全相关法律非常规范的当下，公司或个人应对销售的产品质量承担责任，确保食品安全，尤其对生产经营奶粉的公司或个人的要求更为严格。现相关证据已证明移库的276吨奶粉中有208余吨奶粉超过保质期，且在嘉外公司员工李某1根据刘某某的要求对林杰公司仓库过期奶粉数量统计后，刘某某作为嘉外公司的法人代表、总经理应明知这批涉案奶粉超过保质期，但刘某某仍积极对外联系并组织人员销售，且证人李某1、李某2、秦某某等人证言与刘某某供述相互印证。尤其嘉外公司及刘某某在超过保质期的切达奶酪获得赔偿的情形下仍将该奶酪销售给尚某某的公司，显然置广大消费者的健康于不顾；以及刘某某要求李某2在与华源公司补签的合同中增加"本合同货物只能作为饲料使用"等异常情况进一步增强了认定刘某某明知涉案奶粉已过保质期的内心确信。虽然刘某某辩解仅明知这批涉案奶粉临期，但与所查明的事实不符。综上，应认定刘某某明知涉案的奶粉奶酪已过保质期。

（4）上诉人刘某某是否受到刑讯逼供的问题。上海市高级人民法院认为，根据公安机关出具的情况说明证实，2016年6月2日，田园派出所仅有两间带有摄像功能的讯问室已被其他案件使用，故对犯罪嫌疑人刘某某的讯问放在没有摄像功能的办公室进行，对其无刑讯逼供。另根据在案卷宗记载，刘某某在派出所所作的讯问笔录与在看守所最初所作的讯问笔录在内容上并无冲突，讯问笔录的制作没有违背刘某某的意志自由；且入所体检表上亦无刘某某身体的伤情记录。综上，现无证据证明刘某某被刑讯逼供。

二、撰写心得

刑事裁判文书是对诉讼参与人、人民检察院和人民法院参与诉讼活动的全面记载，是对当前以审判为中心诉讼制度改革成效的集中体现，更是庭审实质化的全面展现。裁判文书的撰写责任重大，从逻辑上来讲，不能也不允许出现任何形式的错误，否则有可能造成严重的后果甚至有时后果难以弥补。笔者认为一篇好的刑事裁判文书必须满足以下条件。

（一）格式正确、用语规范和准确

刑事裁判文书本质上属于公文，加盖法院公章，以国家的名义正式宣告对被告人的刑罚，因此，裁判文书必须威严和庄重，其中格式必须正确，用语必须规范，整个行文必须符合《人民法院刑事诉讼文书样式》的要求，若用语不规范甚至出现错字漏字等瑕疵，不但会引发对承办法官专业能力的质疑，还会影响裁判文书的公正性和权威性。因此，裁判文书要做到格式统一、要素齐全、结构完整、繁简得当、用语准确。

（二）语句通顺、逻辑严密、证据贯之

裁判文书的语言不需要华丽辞藻或洋洋洒洒，用通俗易懂的语句结合确实充分的证据开展详实的论证即可。当然，论证的过程和结论既要合法，又要符合常识常情，同时排除语句前后矛盾、观点相反的情形出现。许多刑事裁判文书需要展示事实与法律推理过程，这个逻辑推理的过程，是要向诉讼参与人公开裁判结果形成的动态过程，对逻辑结构有更为严格的要求。事实的认定或推定必须取决于在案证据的确实、充分，裁判文书中对证据的认定，应当结合诉讼各方举证、质证以及法庭调查核实证据等情况，围绕证据的关联性、合法性和真实性进行全面、客观、公正地审查判断，根据证据规则，阐明证据采纳和采信的理由，简言之，确实、充分的证据先行并贯彻始终。

（三）观点明确、说理充分

刑事裁判文书中除格式化的内容外，好的裁判文书关键在于对控辩双方

焦点问题的论证说理，要结合控辩双方焦点问题阐明法理和事理，说明裁判所认定的案件事实及其根据和理由，以及说明适用法律规范的理由，无论采用哪一方观点或者提出法院自己的观点都必须依靠证据说话。焦点问题不能模糊或回避处理，必须充分论证，唯有此才能获得诉讼参与人的信服，从而进一步培育和践行社会主义核心价值观。裁判文书切忌千篇一律的空话、套话，即使格式固定、要求做到类案同判，但对于说理部分仍然可以体现法官的专业素养和鲜明个性。尤其二审裁判文书应当针对上诉或抗诉的主张和理由进行说理，并对一审裁判文书中的说理不足或不当进行补强和修正。概言之，一份好的裁判文书必然是法理情的完美结合。

（四）展示裁判温度、坚守法官良知

固定的证据和规范的条文，让刑事裁判文书难免有格式化的痕迹，但这并不意味着裁判文书的僵硬。裁判文书应向被告人传递法院和法官的温度，因为有情理的裁判文书才能打动人、征服人，才能让被告人重燃回归社会的希望。公正是维系社会稳定和恢复被破坏的社会关系的良药，被告人唯有获得与罪刑相适应的刑罚，才有可能认罪服法。法官良知是基于法官职业伦理对社会公平正义的自觉体验与认同。法官作为居中裁判者，有职业操守和党纪国法需要遵循，绝不能突破法官的良知和底线，一旦突破将是对"水源"的污染，这个过程需要法官换位思考，以法树人、以理服人、以情动人，因此，法官应存公正善良之心。

基于此，嘉外公司、刘某某销售伪劣产品上诉一案，由于销售的对象是食品，关系千家万户的身体健康，该案有一定的社会关注度和影响力，合议庭及承办人在审理和作出裁定时比较慎重。二审期间，上诉人及辩护人提出了诸多的辩解和辩护意见，并提交了大量的证据证明自己的主张；检察机关也补充了证据予以应对。合议庭在充分保证辩方诉讼权利的前提下，庭审中对控辩双方提交的证据全面举证、质证，并充分保障双方发表意见的时间。对于焦点问题之一，即涉案奶粉销售时间是否应认定为2016年1月15日的问题，里面涉及物的所有权的转移时间进而确定责任划分，需要对《合同法》①关于"标的物的所有权自标的物交付时起转移，但法律另有规定或者当事人另有约定的除外"的规定正确理解，针对何谓"物的有效交付"，合议庭专门

---

① 对应《民法典》第224条。

咨询了资深民事法官，认为嘉外公司在向第三方下达移库指令之前，嘉外公司应对所售产品的质量负责，确保产品未超过保质期。同时结合检察机关补充提交的证据即新西兰恒天然 NZMP 全脂奶粉外包装照片等其他证据，进行客观综合认定销售时间为 2016 年 1 月 15 日。对于焦点问题之二，即涉案奶粉是否超过保质期以及数量的问题，由于时间的计算精度到天直接关系本案认定伪劣奶粉的准确数量，为此合议庭专门到上海市市场监督管理局咨询相关专家如何理解保质期及如何计算保质期时间，确保了时间计算的合法合理。此外，被告人还提出非法证据排除，合议庭认为是否启动排非程序必须严格遵循《人民法院办理刑事案件排除非法证据规程（试行）》，但根据在案卷宗证据证实，刘某某在派出所所作的讯问笔录与在看守所最初所作的讯问笔录在内容上并无冲突，讯问笔录的制作并没有违背刘某某的意志自由，结合其他相关证据依法综合评判不启动"排非"程序。对于出库明细表这一证据上的瑕疵，根据公安机关出具的情况说明，合议庭认为符合当时情况并具有合理性，证据效力被得以弥补。因此，笔者在全面熟练掌握本案证据的基础上针对上诉人及辩护人提出的七个焦点问题进行了逐一详实地论证，做到了说理充分、逻辑严密、排除合理怀疑。充分展示了国家对销售伪劣食品行为严厉打击和惩治的态度，表达了法院对民生的深度关切，同时对上诉单位和上诉人的定罪量刑做到了有据有理、公正评判。总结本裁判文书写作过程中的经验主要有五点：

1. 文书的撰写做到了结合庭审举证、质证、法庭辩论以及法庭调查核实证据等情况，重点针对裁判认定的事实或者争议焦点进行释法说理，全面反映了庭审过程，真正践行了庭审实质化的要求。

2. 正确对待被告人辩护人的"排非"申请，这是被告人的权利，并非制造诉讼障碍，故在文书中详细论证了证据收集的合法性，以及采信证据的具体理由。

3. 面对疑点必须依靠确实充分的证据层次分明地证成，面对疑惑要实地走访、咨询专家获取内心确信。

4. 裁判文书完稿后要反复修改、仔细斟酌，更需合议庭成员密切配合认真查错，必要时，裁判文书可经一定时间沉淀后再宣判。

5. 对标和借鉴以往的经典案例和优秀裁判文书以发现不足，在夯实证据的基础上充分说理，要立场正确、内容合法、程序正当，符合社会主义核心价值观的精神和要求，必要时可展现法官的人文关怀。

综上，司法的权威来源于裁判文书公正裁决，一份刑事裁判文书连接着被告人、被害人和人民检察机关、人民法院，关系着国家、社会和个体之间的和谐稳定。法治已成为当前治国理政的基本行为方式，不仅是提升国家治理体系和治理能力现代化的有效手段，更是满足人民日益增长的美好生活需要的基本前提，人民法官作为法治的实践者和先行者，法治在"让审理者裁判，由裁判者负责"时，人民法官则需要努力让人民群众在每一个司法案件中感受到公平正义，其中，一份有良知的刑事裁判文书就是最好的自我证明和不忘初心的体现。

（潘庸鲁，上海市高级人民法院法官）

三、专家评析

裁判文书是法院审判动态过程的最终静态呈现，也是展现人民法院公正司法的窗口。民众可以透过裁判文书来审视司法活动、感受司法温度，裁判文书也可以向民众传递司法理念、引导社会主义核心价值观。最高人民法院历来重视裁判文书的质量，多次要求提高裁判文书释法说理水平，发挥裁判的定分止争和价值引领作用，不仅出台了《最高人民法院关于加强和规范裁判文书释法说理的指导意见》等一系列文件，更是对裁判文书的撰写提出了明确要求和具体指导。

一篇优秀的裁判文书除需要满足格式规范、用字准确、语句通畅、条文引用正确等基本要求外，还要做到事实清楚、证据确实充分、争议焦点归纳明晰，更要按照证据裁判规则对争议焦点问题逐一论证和说理。本篇裁判文书达到了上述要求，在充分展示二审案件审理动态过程的同时，结合补充出示的证据及审理查明的事实，总结归纳了辩论双方七个主要争议焦点，可谓重点突出、抓住要害；根据经法庭调查程序查证属实的证据，充分运用逻辑规则和经验法则对每一个焦点问题详加论证和反驳，层次分明、有的放矢，在释法说理方面做到了法理情的有机结合。

尽管这是一篇二审裁判文书，但其并没有简化说理，也没有回避或模糊本案焦点问题，而是充分回应了上诉人及辩护人的关切，反映出法官对案情和证据的熟练掌握，展现了其较强的说理能力特别是文字能力、逻辑能力，是一篇优秀的裁判文书，充分展现了人民法官的良心和正义尺度。

（点评人：费晔，上海市第二中级人民法院二级高级法官，全国法院刑事审判工作先进个人）

（2018）沪刑终56号裁判文书原文

第二节 生产、销售、提供假药罪

10. 张某1等生产、销售假药案[*]

【关键词】

犯罪行为定性　生产销售假药罪　选择性罪名

【裁判要旨】

生产、销售假药罪是选择性罪名，应当根据具体犯罪行为及其指向的对象，确定各被告人适用的罪名，生产、销售假药是两种行为，可以分别实施、独立成罪，也可一起实施，成立生产、销售假药罪，不实行数罪并罚。

一、简要案情

陕西省西安市中级人民法院审理西安市人民检察院指控被告人张某1、张某2、李某1、种某1生产、销售假药一案，一审判决认定被告人张某1犯生产、销售假药罪，判处无期徒刑（附加刑略，下同）；被告人张某2犯生产、销售假药罪，判处有期徒刑十二年；被告人李某1犯生产、销售假药罪，判处有期徒刑十年；被告人种某1犯生产、销售有毒、有害食品罪，判处有期徒刑九年。宣判后，被告人张某1、张某2、李某2、种某1均不服，分别提出上诉。陕西省高级人民法院受理后，召开了庭前会议，控辩双方展示了证据目录，对程序性事项进行了协商，归纳了双方的争议焦点，各上诉人均表示认罪。二审查明，1993年9月，上诉人张某1成立陕西秦晋中医糖尿病研究所（以下简称糖尿病研究所），并取得了相应的食品流通许可证和保健品批准文号。2012年12月，张某1注册成立西安莲湖泽安中医诊所（以下简称泽

---

[*] （2017）陕刑终185号。

安诊所),泽安诊所与秦晋糖尿病研究所为两块牌子一套人马。其间,张某1安排妻子张某3(在逃)、上诉人张某2购买盐酸二甲双胍、格列本脲等西药原料,后又将添加的比例传授给张某2。张某1与张某2向糖尿病研究所生产的森健牌降糖冲剂(又名兴胰粉胶囊)、天富生牌桃红片、天富生牌菊花玉竹胶囊等保健品及食品中添加上述西药成分,并以坐诊、巡诊的方式将添加上述西药成分的保健品、食品开立在处方中当作药品销售给糖尿病患者。张某1带领李某1、种某1等人在全国各地进行宣传和巡诊,2013年3月,张某1等人在山西省长治市山西防爆电机(集团)有限公司职工医院巡诊期间,因将上述保健品、食品当作药品销售被长治市食品药品监督管理局查处,上诉人种某1受张某1指派到长治市食品药品监督管理局接受了处罚。为了逃避药监管部门的检查,2014年张某1安排齐某某、于某(均另案处理)等人在山西省定襄县麻沟村一个废弃的锻造厂内继续生产涉案违法产品,通过快递将上述产品发至西安泽安诊所及各巡诊点进行销售。张某1还安排工作人员将就诊患者用"药"情况等信息全部录入电脑中存储,价格按新旧客户有所区别,新客户按保健品单价销售,老客户无论药量均按200元/月的价格收取费用,销售收入均被转入张某3及张某4(张某1之子)的银行账户。在药品销售过程中,张某1负责给患者诊治,开具处方销售药品;李某1誊写病例并协助张某1给患者开具处方;张某2受张某1的指使负责购买添加西药的原料,指导生产及协助张某1在泽安诊所坐诊;种某1负责诊所及巡诊期间后勤管理。自2013年3月至2015年5月期间,张某1生产、销售假药的金额为10 518 296.8元;张某2参与生产、销售假药的金额10 518 296.8元;李某1参与销售假药的金额为10 136 157.8元。种某1自2013年5月至2015年5月期间参与销售假药的金额为8 456 470.43元。

二审争议焦点共有四点:焦点之一,西安市食品药品检验所、陕西铭建司法会计鉴定中心出具的鉴定意见书是否客观,能否作为证据使用的问题;焦点之二,关于各被告人的犯罪数额的问题;焦点之三,各被告人在犯罪当中的作用及量刑情节;焦点之四,关于李某1、种某1行为的定性。

经过开庭审理过程中的质证、举证、认证等一系列审理活动,二审法院认为,上诉人张某1以保健品、食品冒充药品向糖尿病患者销售并在产品中违法添加西药原料,违反国家药品管理制度,情节特别严重,其行为已构成生产、销售假药罪。上诉人张某2明知张某1将保健品、食品当作药品销售给患者,且销售的产品中违法添加西药原料,仍积极帮助张某1生产、销售前述保健品、食品,其行为亦构成生产、销售假药罪共犯。上诉人李某1、种某1明知张某1将保健品、食品当作药品销售给患者,仍积极帮助张某1予以销售,其二人行为均已构成销售假药罪共犯。原审判决认定张某1、张某2构成生产、销售假药罪定性准确,认定李某1构成生产、销售假药罪,种某1构成生产、销售有毒有害食品定性不当,且认定张某1、张某2、李某1、种某1犯罪数额有误,均应依法予以纠正。依据相关法律作出改判,上诉人张某1犯生产、销售假药罪,判处有期徒刑十五年;上诉人张某2犯生产、销售假药罪,判处有期徒刑七年;上诉人李某1犯销售假药罪,判处有期徒刑五年;上诉人种某1犯销售假药罪,判处有期徒刑五年。

二、撰写心得

裁判文书是法官的法律创作作品,集中体现了其语言表达、逻辑思维和法律素养等综合能力。通过裁判文书的公开,向社会传递了法治正能量和充分彰显了法治精神。裁判文书主要围绕事实证据和法律适用问题展开,其凝结了法官的司法智慧,准确适用实体法、程序法,做到规范标准,同时具有属于自己的独特风格,充满独到的证据认定的逻辑思考和法官内心确认的盖然性思考。由此,一份法律文书便被赋予了严肃、客观、理性等色彩。刑事法官执掌生杀予夺权力,应当慎之又慎,在裁判文书的制作上也应当更为严肃严谨,既不能出丝毫差错,也要充分回应当事人乃至社会关切,讲清楚证据事实怎样判断认定、定罪量刑如何进行。因此,笔者在面对每一个案件、制作每一份文书时都要尽最大努力、赋予最大谨慎和最大细心,避免出现丝毫差错,因为笔者知道,文书的公布是对自己付出的证明、法官职责的考验,法律文书中更是体现着法律的正义、社会的公平和公众的期待。对法律文书的制作,基于多年的办案经验,笔者有以下体会。

(一) 逻辑性

针对同一犯罪事实,多名被告人的案件,在对案件事实基本情况进行简明、精准概括后,通过罗列证据予以证明,出示证据的顺序按照客观文书证据、物证、证人证言、辨认笔录、被告人供述进行罗列,对于多名被告人供述,按照罪刑由重到轻的顺序;在出示了所有证据后,围绕上诉理由及辩护意见、检察员出庭意见所提出的争议焦点进行逐一分析论证,针对每一焦点分别罗列相互印证的人证、物证并进行逻辑推理，要求对整部案情的分析结果是不留一丝疑虑，做到不马虎、不应付。

（二）重证据

对案件的审理和文书的制作，重点就是对证据的分析研判以及对事实部分查明并认证，只有做到桩桩有印证、件件有理说，才能是对自己法律工作的负责，对当事人的负责。因为法官的工作不是简单对被告人进行定罪，而是要对案件事实进行梳理，通过现有证据加以印证、重证据、重调查研究，现实体现就是在开庭审理过程中组织控辩双方对各自观点举证、质证，后由法官根据证据进行梳理和分析。

（三）说理性

法官的职责之一就是对刚性的法条进行解读，但这种解读不是随意、无根据的，而是根据法官的职业素养和办案经验，将复杂的犯罪事实与简明扼要的法律条文对比进行分析、解读、适用。法官要根据控辩双方的意见总结出争议焦点问题，并对每个问题再次进行质证、认证，以中立角色对争议焦点进行解读与分析，最终产物就是法律文书。通过法律文书的形式对案件事实予以阐述，将争议焦点进行归纳，通过充分透彻的说理增加法条解决争议问题的说服力，最终定分止争，给诉讼当事人和社会一个合理、合法的交代。

（四）规范性

法律文书最大的特征便是规范性，也是在制作法律文书过程中要遵守的首要特性，不仅体现在文书格式的规范，还体现在内容词汇的规范。首先，法律文书有各种分类，不同案件、不同程序都有不同书写规范和要求，为了体现法律的严谨性，文书首先要遵守格式规范的要求。其次，法律文书将案件事实和控辩双方的观点意见通过法言法语的形式进行展示，并经过法官的逻辑推理和内心确信进行归纳总结，最终形成法律意见。因此，措辞必须规范，避免赘述、不重要的言辞、不相关的内容，精炼出一份客观规范，体现法律至高性和严肃性的法律文书。在制作本案文书时，客观规范是贯彻始终的要求，其次便是如何通过逻辑推理和客观说理阐述案件事实、解决争议问题。规范书写和阐述案情是对法官的基本职业要求，法律文书的制作重点与难点就在于如何将争议问题进行归纳总结并予以解决。本案有两个重点争议焦点：一个是针对同一犯罪事实、多名被告人犯罪行为定性问题，另一个是案中的鉴定意见书是否有证明力能够证明各被告人犯罪数额和行为性质的。

本案涉及四名被告人，所涉罪名生产、销售假药罪是选择性罪名，虽然四名被告人的犯罪行为同指一个案件事实，但各被告人在案件中实施的行为与发挥的作用不完全相同，不能简单统一定罪，应对各自在各个环节实施的具体犯罪行为逐一分析定性。因此，笔者仔细分析研判案情，逐一考虑各被告人在案件中的积极作用，划清各被告人违法行为的性质，对每个人的犯罪行为单独定性、定罪，找到证据间的逻辑关系，形成证明各被告人犯罪性质的证据锁链，通过说理增强认定不同罪名、判处不同刑罚的说服力。要重证据、重调查研究，切忌仅靠经验法则简要分析事实即定罪量刑。关于第二个争议焦点，笔者根据被告人供述、证人证言，结合能够反映涉案产品销售情况的电脑资料，以及西安市食药检验所的机构资质、人员资质、检验程序和计算方法都符合相关法律规定等情况，认定相关检验报告书、铭建司法会计鉴定意见书均能够客观真实反映涉案保健品的销售情况，可以作为证据使用。证据是法官判断事实真伪、认定被告人是否有罪、罪轻罪重的唯一根据，内心确信必须在有充分证据证明的前提下才能做出。依靠证据出示、质证、认证，通过逻辑推理与说理，寻找证据间的逻辑关系，形成能够相互印证的证据锁链，加强证据间的说服力，才能最终实现定分止争。

（林群，陕西省高级人民法院法官）

三、专家评析

该判决书认定的犯罪事实清楚，证据确实充分，定性准确，量刑适当，逻辑严谨，语言表达准确，确是一份优秀的裁判文书。

被告人张某1、张某2、李某1、种某1生产、销售假药案在一审判决后，各被告人均提出上诉。陕西省高级人民法院二审开庭审理了此案，陕西省人民检察院的检察员出庭履行了职务，各上诉人及其辩护人到庭参加了诉讼。庭审中所有人员均全面、详尽地发表了意见，保证了案件裁判结果的正确性。

张某1违反国家药品管理制度，以保健品、食品冒充药品向糖尿病患者销售，并在产品中违法添加西药原料，其行为确已构成生产、销售假药罪；张某2在销售的产品中违法添加西药原料，并在山西定襄药房坐诊，向患者开具处方、销售假药，实施了生产、销售假药罪的实行行为，是次要的实行犯；李某1帮助张某2誊写病例、按照张某2的指示开具少量处方以销售假药，主要实施的是销售假药的帮助行为；种某1负责开车、望风、协助处行政机关处罚事宜及部分后勤管理等辅助性工作,实施了销售假药的帮助行为。二审判决将张某1认定为主犯,将其他三人认定为从犯,并且考虑到三人的打工者身份、行为的社会危害性和主观恶性均与张某1有较大区别,拉开了与张某1所判刑罚的量刑级差,是准确而又妥当的。

判决书采纳了出庭检察员的大部分意见特别是罪轻意见,包括"现有证据仅能证明2013年以后张某1、张某2购买并在保健品、食品中非法添加二甲双胍等西药原料""原审认定种某1犯生产销售有毒、有害食品罪定性错误"等,减轻了对各上诉人的量刑,保证了判决结果的合理性和公正性,这是尤其值得赞赏的。

判决书围绕案件争议焦点,对"西安市食品药品检验所、陕西铭建司法会计鉴定中心出具的鉴定意见书是否客观,能否作为证据使用""各被告人的犯罪数额、在犯罪的作用及量刑情节""李某1、种某1行为的定性"等进行了详尽的分析,层层深入,抽丝剥茧,既能紧扣案件事实和证据,又具有充分的法律根据和学说依据,说理透彻,论证严密,展现了很强的逻辑分析能力和良好的语言表达能力,为裁判理由的撰写树立了一个好的样本。

(点评人:王政勋,西北政法大学教授,法学博士,博士生导师)

(2017)陕刑终185号裁判文书原文

11. 胡某1销售假药案*

【关键词】

销售假药　事实不清　证据不足

【裁判要旨】

销售假药案中关于涉案假药来自被告人的事实仅有买家的证言证实，无其他证据印证，应以"事实不清、证据不足"认定被告人无罪。

一、简要案情

2009年4月8日，原审被告人胡某1在不具有中药材推销员资格的情况下，购进无生产厂家、生产日期的中药材石膏1袋共5000克，以15元的价格销售给北京市原密云县密云镇经营"娄某某中医诊所"的医师娄某某（已判刑）。

2009年5月20日、21日，娄某某在诊疗过程中，将配有来源不明的石膏的中药先后销售给前来就诊的患者王某某、孙某某，致使孙某某、王某某服用中药后身体出现不适，经原密云县医院抢救无效分别于同年5月21日、22日死亡。经北京市药品检验所检验，从娄某某中医诊所药房药斗内抽取的编号为20090301石膏中砷盐量不符合规定，经法医鉴定，孙某某、王某某均符合砷中毒死亡。

北京市原密云县人民法院于2010年7月6日作出（2010）密刑初字第60号刑事判决书，认定胡某1的行为已构成销售假药罪，依法判处其有期徒刑十三年，罚金人民币30元；追缴非法所得人民币15元，依法没收；随案移送的假药材"石膏"，予以没收。被告人胡某1不服，提出上诉。北京市第二中级人民法院于2010年9月9日作出（2010）二中刑终字第1829号刑事裁定书，驳回上诉，维持原判。上述裁判发生法律效力后，胡某1父亲胡某2提出申诉，北京市高级人民法院于2014年9月16日以（2014）高刑监字第

---

* （2016）冀刑再4号。

00263号驳回申诉通知书,驳回其申诉。胡某2仍不服,向最高人民法院提出申诉。最高人民法院于2015年11月15日以(2015)刑监字第82号再审决定书异地指令河北省高级人民法院再审。河北省高级人民法院认为,原判认定涉案石膏系胡某1销售给娄某某的事实仅有娄某某的供述予以证实,无其他证据予以佐证。案发后,从娄某某诊所扣押的石膏未及时依法由胡某1辨认予以确认同一性,胡某1虽然承认其给娄某某销售过石膏,但否认致人死亡的石膏是其所销售;娄某某诊所石膏总用量比胡某1所送石膏总量还要多出700克,娄某某购进石膏的其他来源未查实查清;胡某1出售给娄某某石膏40余天后出现问题,是否有其他介入因素无法确定;在娄某某诊所内扣押的石膏砷含量和开给孙某某、王某某的中药中砷含量差距悬殊,矛盾无法排除,且认定二被害人未煎中药中的细粉系石膏的证据不充分。综上,原判认定胡某1销售假药给娄某某造成两人死亡的事实不清,证据不足,且胡某1所销售的石膏是否为假药现无法确定,故对辩护人所提胡某1不构成销售假药罪的辩护意见及检察机关建议作出无罪判决的检察意见予以采纳。2018年11月30日,河北省高级人民法院作出(2016)冀刑再4号刑事判决,撤销原判,改判胡某1无罪。

二、撰写心得

作为司法公共产品,制作裁判文书最直接、最主要的目的应在于说服当事人和社会公众接受裁判的结论,其价值不在于高深的理论,而在于蕴含其中的能为人们感受到的裁判规则和基本道理。

本案原审被告人胡某1购进无生产厂家、生产日期的中药材石膏5000克,以15元的价格销售给经营中医诊所的医师娄某某。在2009年5月20、21日,娄某某在诊疗过程中,将配有石膏的中药先后销售给前来就诊的患者王某某、孙某某,致使二人服用中药后身体出现不适,经抢救无效分别于同年5月21日、22日死亡。经检验,从娄某某中医诊所药房药斗内抽取石膏中砷盐量不符合规定,经法医鉴定,孙某某、王某某均符合砷中毒死亡。

从上述事实可以看出,本案中最关键的证据应为连接胡某1所销售药材与致被害人死亡之间因果关系的证据。而从本案现有的29项证据来看,并无此类明确因果关系的证据,且案件证据之间存在较多无法排除的矛盾及未查清的事实,根据《刑事诉讼法》(2018年修正)第55条规定,综合全案证据,对所认定事实已排除合理怀疑系证据确实、充分的必要条件之一。本案裁判文书保持事实认定与证据的协调、一致,严格按照证据裁判原则认定事实,"有多少证据,认定多少事实",案件事实与在案证据均予以对应。在证据摘录上,紧扣裁判文书认定的事实,详略得当,证据罗列符合逻辑,条理清晰,控辩对等。采用了原则性与灵活性相结合的方法,除常规的证据罗列外,对部分证据采用了列表式方法,简洁清晰,一目了然。

根据 2018 年 6 月 1 日《最高人民法院关于加强和规范裁判文书释法说理的指导意见》规定,本案裁判文书主要集中在证据采信说理、事实认定说理。对原裁判认定胡某 1 从非正规途径购进并销售不符合规定的中药材,导致孙某某、王某某服用后中毒死亡事实不清,证据不足的理由予以充分阐述,语言规范、表达准确,词句完整,充分尊重常识常情常理,有效引导民意,让民众能感受到判决的中立、全面、客观、公正。

(李霞,河北省高级人民法院法官)

三、专家评析

裁判文书作为向社会公开的司法产品,起到了引领、启示等权威作用。对社会大众而言,裁判文书是最好的普法教材,一份好的裁判文书无异于给大众上了一堂"公开法治课"。胡某 1 销售假药一案的裁判文书,就是这样一篇模范文书。该判决不是简单地认定事实、引用证据,而是用耐心说理予以澄清事实,用精妙论证予以辨析真理。主审法官严格把握证据裁判原则,对胡某 1 "虽然同被害人就诊的诊所销售药材,但没有证据证明致被害人死亡的药材系其销售而宣告无罪"这一逻辑过程分析透彻,辩论得当,提高了阅读者的司法认知水平,是人们愿意欣赏、传播和研究的裁判文书。

(点评人:刘士文,河北省高级人民法院审判监督第一庭庭长,二级高级法官,河北省审判业务专家)

(2016)冀刑再 4 号裁判文书原文

第三节 骗取贷款、票据承兑、金融票证罪

12. 黄某某骗取贷款案*

【关键词】

骗取贷款　质押担保　合同纠纷　刑民界限

【裁判要旨】

在与报案人存在委托加工承揽关系的前提下，被告人持报案人出具的提单，为自己实际控制的单位向金融机构质押贷款，并提供保证担保，金融机构在向报案人核实确认质押提单系其所开后提供贷款，属于民事借贷行为，没有证据证明被告人采取欺骗手段获取金融机构贷款，不构成骗取贷款罪；报案人与被告人对提单形成的真实性产生争议，属于二者间的加工承揽合同纠纷，没有证据证明被告人系通过非法手段获取提单的，不应用刑事手段干预。

一、简要案情

被告人黄某某系广东省珠海市红旗管理区水电公司农业服务站（以下简称农业服务站）负责人和聚群甘蔗专业合作社（以下简称聚群合作社）实际控制人，与广东省珠海市粤侨实业股份有限公司（以下简称粤侨公司）多年存在蔗糖加工承揽、甘蔗买卖、蔗糖仓储保管、资金拆借等经济往来，并多次以粤侨公司出具的提单作质押从广东省珠海农村信用合作社金湾分社（以下简称金湾农信社）借款。2009年3月，黄某某以聚群合作社名义向金湾农信社申请贷款人民币500万元，用于资金周转，贷款期限为1年。黄某某以农业服务站名义为此笔贷款提供质押担保，质押物为其所持有、粤侨公司所

---

* （2017）粤刑再6号。

开具的 2100 吨白砂糖提单。同时，黄某某及其女儿黄某 1、女婿郑某某对该笔贷款提供保证担保。金湾农信社向粤侨公司核对确认质押提单真实性后支付了贷款。黄某某将该笔贷款均用于约定用途。同月，粤侨公司向金湾农信社称黄某某用于质押的提单是虚开的，不能提货。后经金湾农信社同意，黄某某代表农业服务站向珠海市金湾区人民法院提起民事诉讼，请求粤侨公司履行交付提单所示白砂糖的义务，同年 7 月，粤侨公司以黄某某的行为涉嫌贷款诈骗为由向公安机关报案。同年 8 月，公安机关以涉嫌犯骗取贷款罪对黄某某进行刑事立案。同年 10 月，金湾区人民法院以该案不属经济纠纷而有经济犯罪嫌疑、裁定驳回原告农业服务站起诉。同年 9 月开始，聚群合作社除归还以上借款部分利息外，停止向金湾农信社还款。

广东省珠海市金湾区人民检察院以被告人黄某某犯骗取贷款罪提起公诉。

被告人黄某某及辩护人认为其不构成犯罪。理由：（1）黄某某用以质押贷款的提单是真实形成的，并提供了保证担保，没有采取欺骗手段获得金融贷款。（2）贷款单位不认为黄某某骗取其贷款，故本案没有犯罪对象。（3）本案属民事纠纷，公安机关插手干预是非法的。

广东省珠海市金湾区人民法院于 2014 年 12 月 5 日作出（2014）珠金法刑重字刑事判决：被告人黄某某犯骗取贷款罪，判处有期徒刑二年，适用缓刑三年，并处罚金人民币 20 万元。

宣判后，被告人黄某某提起上诉。广东省珠海市中级人民法院于 2015 年 6 月 11 日作出（2015）珠中法刑二终字第 11 号刑事裁定：驳回上诉，维持原判。

判决发生法律效力后，原审被告人黄某某向广东省高级人民法院申诉。广东省高级人民法院于 2018 年 5 月 10 日作出（2017）粤刑再 6 号刑事判决：一、撤销一审、二审判决。二、原审被告人黄某某无罪。

本案的争议焦点：（1）金融机构否认被骗取贷款，能否认定为骗取贷款罪的被害人；（2）被告人使用涉案提单作质押担保向金融机构贷款，能否认定为采取欺骗手段；（3）被告人的涉案行为是刑事犯罪还是民事行为。

二、撰写心得

本案从侦查机关立案到本案再审作出判决，历经一审、二审、一审重审、二审重审、申诉审查、再审多个程序，原审被告人被判由无罪到有罪，再到无罪，三波三折，控辩双方、原审和再审、一审原审和二审原审、一审合议庭和审委会持不同意见。再审裁判要达到平息争议，各方面均认同的功能，写好裁判文书是关键。笔者作为本案的承办法官和审判长，对撰写本案裁判文书有以下体会。

（一）全面反映案件的程序过程，控辩意见、理由和证据材料，做到程序公正

首先，在案件由来和审理经过部分，客观反映本案经过的程序及裁判结果，以示本案的复杂性和对原审被告人程序权利的尊重。其次，改变先写终审生效裁判认定事实、证据和裁判结果以及简写控辩双方意见的套路，改为先详写控辩双方主张事实、证据和意见，再写一审、二审、再审认定事实、证据、裁判结果，中间穿插抗诉、上诉、申诉意见、证据等，并在使用语言和篇幅上给予同等的关照，全面客观反映诉讼的发生发展过程，自然呈现控辩双方的争议所在和理据，直接体现控辩双方在刑事诉讼中的平等地位，以及刑事诉讼打击犯罪与保护人权并重的精神。当然，采取这样的写法也是由本案的特殊情况决定的，因为本案原判认定的事实与公诉机关指控的事实不一致，但原判作了回避处理，如不澄清将严重影响本案的事实认定和法律评价。最后，改变刑事裁判文书基本不写质证、认证过程的做法，全面客观反映一审、再审开庭时控辩双方的举证、质证意见，在再审裁判文书中全面反映认证理由及结论，并据此认定案件事实，直观展现再审所秉持的客观公正的鲜明立场。

（二）全方位阐释裁判理由，做到法理情相融合

再审改判的裁判文书，必须写清楚认定原判确有错误的依据和再审改判的依据，通过更加充分的说理树立再审裁判的权威性。如本裁判文书在两个争议事实的认定方面，首先明确裁判标准、依据和结论，然后分别阐述理由，作了详尽的论证。关于第一个争议事实提单开具之因（为什么要开具涉案提单），论理中针对指控证据的提供主体、形式、内容、证明对象，以及相互关系，在证据整体格局上揭示了当事人陈述与证人证言、证据与证明对象的关系，表明本案的报案人陈述、证人证言实质属于当事人陈述的范畴，其陈述内容本身属于证明对象，不能单独作为定案依据，避免落入"用自己主张证明自己主张"的"表面印证"陷阱；接着再从指控证据本身及与其他证据之间关联性方面，揭示相互之间在一些重要事实情节方面存在无法排除的矛盾和无法作出合理解释的疑点；然后，再围绕本案证人证言关于虚开提单为向

原审被告人借款提供抵押担保的关键点，揭示该说法既不合法理，也不合情理；最后，阐述了原审及再审对前述疑点无法查证的理由。从整体到部分、从面到点、从证据规则到经验法则、从法理到情理，层层深入，环环相扣，裁判结论自然形成。关于第二个争议事实提单开具之果（提单是否虚开），也采取同样的论证方法。再如裁判理由部分，本裁判文书也首先明确了裁判依据（犯罪构成要件）和结论，然后从行为手段、犯罪对象两个方面，阐述本案事实不符合骗取贷款罪的构成要件，之后又从行为性质方面分析论证了本案仍属于民事法律调整的范围，指出在本案犯罪事实不明确，特别是金融机构没有提出刑事控告的情况下，按骗取贷款罪对原审被告人追究刑事责任欠缺合理性和必要性。从形式要件到实质要件、从刑法之内到刑法之外，多角度阐释了再审改判原审被告人无罪的理由，裁判结果的公正性得以充分展现。

（三）准确归纳争议焦点，做到重点突出

再审裁判文书不是越长越说理，必须抓住案件关键问题的说理，才能保证再审裁判结果的说服力。本案裁判文书尽管不算短，但前后重复之处较少，大量的篇幅是围绕本案的三个争议焦点展开的分析论证，保证了该裁判文书的说理效果。前两个争议焦点是事实问题，即提单开具之因（为什么要开具涉案提单）和提单开具之果（提单是否虚开），对这两个争议焦点的分析论证，前已提及。第三个争议点是犯罪对象即被害人的认定问题，关系罪与非罪的认定，控辩双方争议较大。因为本案指控认定的被害人是金湾农信社，但金湾农信社则否认其为本案的被害人。关于能否认定金湾农信社为本案的被害人或犯罪对象，控方持客观判断立场，认为即使被害人不承认被害，亦应根据客观存在的损害情况作出认定，金湾农信社由于黄某某所施行为客观上遭受重大损失，应认定为本案的被害人；辩方则持主观判断立场，认为是不是被害人，当事人感受最直接、最清楚，被害人不承认被害，表明其放弃法律对其法益的保护，应予尊重，金湾农信社不认为其被骗取贷款，故本案没有被害人。本案再审则持主相客统一的立场，根据犯罪所侵害法益的公、私性质（公法益不可处分，私法益可处分性），从主观和客观两个方面进行分析判断，保证了裁判结论的正当性。

（四）体现以审判为中心的刑事诉讼制度改革要求，做到立场鲜明

贯彻证据裁判、疑罪从无原则是推进以审判为中心刑事诉讼制度改革的关键，刑事再审具有把关、示范、倒逼功能，再审裁判文书应当充分体现这一原

则。本案在事实认定一节,都旗帜鲜明地表达这一立场。如在争议事实一、二的分析部分,首先写道:"本院认为,上述指控事实是否成立是认定原审被告人黄某某所持提单是否虚开的基本前提,应当符合案件事实清楚,证据确实、充分的刑事证明标准,但现有证据尚未达到该要求,这一指控事实存疑。""本院认为,粤侨公司出具的提单是否虚开是认定原审被告人黄某某是否构成骗取贷款罪的关键事实,应当符合案件事实清楚、证据确实、充分的刑事证明标准,但现有证据尚未达到该要求,这一指控事实存疑。"在两个争议事实分析论证后,写道:"综上,原公诉机关指控和原判认定原审被告人黄某某明知涉案提单虚开而用于质押贷款的基本事实不清、证据不足,不能排除涉案提单系真实产生的可能性,根据存疑利益归于被告人的原则,本院对原公诉机关指控和原判认定的两个争议事实不予确认。"针对公诉机关及原审将举证责任转移给原审被告人承担的问题,在分析原审被告人及其辩护人提交用以证明涉案提单系真实产生的证据材料时写道:"本院认为,证明涉案提单为虚开是证明原审被告人黄某某犯贷款诈骗罪的核心事实,根据《中华人民共和国刑事诉讼法》第四十九条关于公诉案件中被告人有罪的举证责任由人民检察院承担的规定,涉案提单为虚开的举证责任应由公诉机关承担,原审被告人黄某某已经提供粤侨公司出具的《当日共入厂甘蔗合计》表格、《证明》等佐证涉案提单真实性的证据材料,不负有证实涉案提单真实产生的刑事证明责任,为避免刑事审判替代民事审判,本院对黄某某及其辩护人所提交的证明涉案提单真实产生的证据材料不予评判。"生动阐述了刑事诉讼的证据规则和原则。

(魏海,广东省高级人民法院法官)

三、专家评析

本案因地方公安机关不当介入民间经济纠纷而导致一个纯粹的民事案件转化为刑事案件,损害了国家机关的中立和公正形象。本案再审对此予以纠正,对侦查、起诉和一、二审落实以审判为中心的刑事诉讼制度改革要求具有较强的示范和规制意义。本案再审重新恢复和树立了司法机关的良好形象,也对保障民营企业家的合法权益和促进民营经济的健康发展起到了良好的示范作用。

本案的整个审理过程错综复杂,一波三折。一审以"认定被告人构成骗取贷款罪的证据不足"为由宣告被告人无罪。经检察机关抗诉,二审发回重审,重审期间一审法院未能顶住压力并坚持原来的正确意见,认定指控的罪名成立。被告人不服提起上诉，二审予以维持。再审以事实认定不清、证据不足为由，撤销原审判决和裁定，宣告被告人无罪。

本案再审判决书具有以下特点：一是在归纳控辩主张、证据列举和事实概括方面，能做到控辩主张概括简明准确、证据列载层次清晰、证明对象表达准确、证据认定说理充分、审理查明案件事实清楚。二是在观点论证方面，能做到说理逻辑严谨、层次清晰、论证有力、适用（引用）法律条文正确、裁判主文表述符合规范要求且准确无歧义。三是在格式规范及语言表达方面，本案再审判决书符合最高人民法院关于现行各类裁判文书制作的统一规范要求，语言流畅、法言法语运用得当。

综合而言，本案再审判决书具有以下两大突出的优点：一是彰显证据裁判、疑罪从无的司法原则。本案再审为了实现刑事司法的人权保障机能，坚持疑罪从无和证据裁判原则，确保定罪公正、量刑公正和程序公正。再审充分保障了被告人及其辩护人依法行使诉讼权利，尊重和保障律师依法履职，通过控辩审以及诉讼参与人等各方努力，切实维护了司法公正。二是明确划分民事纠纷和刑事犯罪、民事审判与刑事审判的界限，彰显谦抑、审慎、善意的刑事司法理念。正如最高人民法院在相关指导性案例中指出的，对于市场经济中的正常商业纠纷，如果通过民事诉讼可以获得司法救济，就应当让当事人双方通过民事诉讼中平等的举证、质证、辩论来实现权利、平衡利益，而不应动用刑罚这一最后救济手段。将经济纠纷与刑事犯罪相混淆，动用刑事强制手段介入正常的民事活动，侵害了平等、自愿、公平、自治的市场交易秩序，进而对一个地区的营商环境造成较大损害。本案再审勇于纠偏，为保障民营企业家的合法权益，营造良性的、健康的营商环境提供司法支持，实现了政治效果、法律效果和社会效果的有机统一。

（点评人，邓定永，华南农业大学人文与法学学院法律系副主任，刑法教研室主任，刑法学博士）

（2017）粤刑再6号裁判文书原文

第四节　妨害信用卡管理罪

13. 罗某某妨害信用卡管理案*

【关键词】

　　犯罪构成　主观不法　客观不法　虚假身份　骗领信用卡

【裁判要旨】

　　使用虚假的身份证明骗领信用卡，若不具备非法占有的目的，则不符合信用卡诈骗罪的主观不法要件；若侵害信用卡制度的管理、破坏金融机构的信誉及金融秩序的，即侵犯了妨害信用卡管理罪所保护的法益，可构成妨害信用卡管理罪。

一、简要案情

　　2017年4月16日，上诉人罗某某以为其开办的培训教育机构老师办理信用卡为由，利用曾在其培训机构工作过的钟某某留下的身份证复印件，在吉林市龙潭区交通银行铁东支行（以下简称铁东支行）填报钟某某个人身份信息成功申领了一张户名为钟某某的信用卡。自2017年5月2日起，上诉人罗某某利用该信用卡消费、提现、使用36笔，共计款项人民币81 748元。自2017年7月3日起，上诉人罗某某开始陆续归还卡内款项，截至2018年3月25日，其已返还28笔，共计人民币38 947元。

　　2018年3月26日，钟某某在使用交通银行客服热线申请信用卡时被银行方面告知其名下已经存在一张交行信用卡（涉案信用卡），该卡尚有欠款未还清且存在逾期记录。钟某某随即与该信用卡的开户行铁东支行取得联系，铁东支行工作人员在得知真实情形后立即敦促罗某某归还账户欠款。3月27日，

---

* （2019）吉02刑终3号。

上诉人罗某某来到铁东支行将该卡包括利息、手续费在内的剩余欠款50 313元全部还清。3月28日，钟某某到公安机关报案，3月29日公安机关对本案立案侦查。同日，公安机关电话传唤上诉人罗某某接受调查，其于当日来到公安机关并如实供述了上述犯罪事实。

本案争议焦点在于认定行为人的行为是否构成信用卡诈骗罪，若不构成该罪，是否构成其他犯罪。

二、撰写心得

还记得笔者在刚刚办案的时候，审判长便常常帮助纠正笔者文书中的一些格式错误、文字错误，随着办案经验的增长，当初的一些低级错误确实不容易出现了，但是如何提升判决在证据采信及法律适用等方面的说理工作就成了笔者经常思考的问题。裁判文书的重要性不言而喻，一篇优秀的刑事裁判文书主要的作用即在于依据在案证据还原案件事实真相，阐明法官的心证历程，对控辩双方争议的焦点予以认真回应，并在此基础上依法公正适用法律。关于裁判文书的写作，笔者以刑事审判工作为例，简单地谈谈自己的几点粗浅认识。

（一）若想写好一篇优秀的裁判文书，认真倾听无罪、罪轻的辩解意见尤为重要

刑事诉讼的任务在于准确查明犯罪事实，正确应用法律，惩罚犯罪分子，保障无罪的人不受刑事追究，这就要求司法人员必须依照法定程序，收集能够证实行为人有罪或者无罪、犯罪情节轻重的各种证据。但是笔者发现在审判工作中对于被告人、辩护人的无罪或者罪轻辩解有时不能引起司法人员的足够重视。

在涉及被害人众多的诈骗案件中，被告人在质证时往往都会对审计报告提出质疑，被害人交付款项后，被告人会预先"兑现承诺"支付"红利"，但这部分款项却未从犯罪数额中扣除，法官对其辩解结合在案的收据及被害人陈述等证据加以核对后可以确认被告人辩解是成立的，由此带来的后果可能就是本案的重要证据无法采信而控方需要重新确定犯罪数额。

在笔者承办的一起行为人涉嫌敲诈勒索犯罪的案件中，被告人在笔录中曾多次强调双方存在真实的债权债务关系其并非敲诈勒索而只是索债不当，但一审法院中却未能对该情节调查足够重视，导致二审发回了该案，后来一

审法院在查明相关情节的基础上依法改判了案件。

(二) 优秀裁判文书的制作过程,需要综合评判在案证据,排除证据间的矛盾,并在此基础上依法认定事实

在罗某某犯妨害信用卡管理罪这起案件中,虽然在客观行为方面其的确以虚假的身份证明骗领了信用卡并实际使用,符合信用卡诈骗罪客观方面的犯罪表现形式,即"使用以虚假的身份证明骗领的信用卡的"。但通过其在使用过程中归还借款28笔及在行为败露后能够主动来到银行将剩余款项全部偿还的事实能够说明其主观上并不具备信用卡诈骗罪要求的"非法占有的犯罪目的"这一犯罪构成要件,但很遗憾的是,一审法院在案件事实的认定上明显与在案证据存在矛盾。

司法实践中常见的问题还有,法院认定了"被告单位没有偿还能力却大肆举债"的事实,但在案证据却表明只有被告单位投资的两家企业进入了破产程序、被告单位借款当年的财税报表中显示其所有者权益远超借款总额的事实,至于被告单位本身的经济状况究竟如何没有一份直接证据加以证实的,可见,判决认定的事实并无充分的证据支撑,且与在案证据存在明显矛盾,矛盾未被排除。事实认定是法律适用的前提,只有排除证据间的矛盾才能得出唯一的结论,只有前提确定了,才能为法律文书在正确适用法律方面打下牢固的基础。

(三) 撰写优秀的裁判文书,需要法官不断学习先进理论并与实践进行有机结合

自古典犯罪阶层理论将犯罪的认定区分为构成要件合致性、违法性与有责性三个不同的层次以来,刑法理论界与实务界就一直不断地对该理论进行探索与改造。人的行为与其本身是无法分离的,行为表现代表了人的内心、人的品质、人对世界的态度,这也是审判实践所关注的、在意的。犯罪阶层理论其实也应当成为我们在审判实践中的方法论,笔者体会最明显的是按照阶层体系的思考方式,我们在判断罪与非罪、此罪与彼罪的时候不会遗漏相关情节,反而可以将之予以充分归类加以评判,如正常行使权利、被害人承诺等情形,在传统的犯罪构成中似乎难以将其进行有效归类、判断从而忽视了相关事实的重要性。

在罗某某案件中,在综合评判证据基础上得出的基础案件事实就可以被带入到犯罪阶层体系进行检验:其主观不法方面并不具备非法占有的犯罪目

的、客观不法方面并未侵害信用卡诈骗的法益而是侵害了妨害信用卡管理罪的法益。应该说得出以上正确的结论还是很显而易见的。

（四）优秀的裁判文书需要关注案件中存在的程序问题

随着我国社会转型的升级，审判中面临的新形势、新挑战日益严峻，在过去程序性问题普遍不被重视，但是现在被告人及其辩护人普遍更加重视维护自身程序性利益，因此裁判文书中对于案件存在的程序性事项也必须予以重视。

现代社会，人类的生产、生活有了更多的自由、更大的空间，这就需要法律明确权利的边界在何处。如此，人的个性发展才能得到最大化的保障，在呼吸自由空气的同时无须担心自己的行为是否侵害了他人的合法权益。裁判文书只有查明案件真相，同时考虑行为人的认知、经验与能力，并依据法律规定予以裁判，方能满足人类对经济、生活等各个方面的预期，在这个意义上说，裁判文书裁决了纷争的同时也指引了社会生活模式，其不仅是裁判规范的载体，同时也是行为规范的载体。

（周明鑫，吉林省吉林市中级人民法院法官）

三、专家评析

该篇裁判文书的作者依据现有证据，从行为人的客观不法行为出发，对其冒用他人身份证明骗领信用卡并使用及归还等情节均客观公正予以认定，进而判断出行为人在主观不法方面欠缺信用卡诈骗罪所要求的非法占有之犯罪目的。

通过犯罪阶层理论，行为人虽然存在使用以虚假的身份证明骗领的信用卡之行为，但由于其不具备相应的主观不法，因此在构成要件层次的判断上已经可以得出其不符合信用卡诈骗罪的犯罪构成。

同时，作者巧妙地运用法益种类进行比较，得出了行为人的行为"并未给银行及信用卡的有关关系人的公私财物所有权造成损害，并未侵害信用卡诈骗罪所保护的公私财物所有权这一法益，而是侵害了国家对有关金融票证制度即信用卡制度的管理，破坏了金融机构的信誉及金融秩序，已然侵犯了妨害信用卡管理罪所保护的法益"这一结论，从而为本案的法律适用指明了方向。

"犯罪阶层理论"是目前刑法教义学中流行的理论学说，但笔者惊喜地发现审判法官能够将其娴熟地运用于司法审判之中。认真读完这篇裁判文书，不禁发出感慨：原来刑事判决也可以如此具有温度。本判决的文字平实、朴素，但内容却深邃、丰满，令人印象深刻、充分展现了作者多年来审判实践及理论学习的深厚功底，笔者不得不对法官的学识才华及严谨的工作态度而深表敬佩。

刑事裁判文书承载了国家对于行为人及其行为的综合评价，人类受其意识支配而行为，怎样行为、如何行为、行为是否合法，人类的确需要法律规范的指引，在刑事领域最为明显的体现就是罪刑法定原则，这就需要法官在个案中结合全部在案证据予以综合审查判断并评价行为人的行为性质。

本篇判决的作者不回避控辩双方关注的焦点，运用公众易于理解的语言并通过大量的论证来展示法律推理的过程。法官通过判决将国家的意识形态向社会公众传播，使得国家与公众可以通过优秀的裁判文书进行沟通，最终实现法律效果与社会效果的统一。一篇好的裁判文书在展现法官裁判过程的同时，也为社会大众了解国家法律、司法过程提供了途径，正义不仅要实现，而且还要以大家都能看得见的方式来实现，裁判文书无疑是沟通国家与社会间的桥梁与媒介。

法官为何耗费心血在裁判文书上，就是因为法官需要通过充分论证行为人的行为性质并对其做出评价以便让行为人更好地接受裁判结果，认罪认罚并息诉服判。做好裁判文书工作是推动国家治理体系和治理能力现代化的重要一环，提高裁判文书的质量与水准，才能真正实现我国刑事诉讼所要求的惩治犯罪、加强人权保障、化解社会矛盾以及促进社会和谐稳定等诸多目的。

（点评人：姜福权，原吉林省吉林市中级人民法院院长，现吉林省高级人民法院审判委员会专职委员）

（2019）吉02刑终3号裁判文书原文

第五节　违法运用资金罪

14. 陈某等人违法运用资金案*

【关键词】

违法运用资金　保险资金运用　情节严重

【裁判要旨】

情节严重是违法运用资金罪的入罪标准，应结合犯罪数额、保险资金运用规模巨大的特点、是否造成损失、是否产生恶劣社会影响或者其他严重后果等因素综合评价。此罪规定了情节严重、情节特别严重两档量刑，入罪情节和量刑加重情节的两个"情节"分属于不同的维度，服务于不同的审判需要，并不矛盾。

一、简要案情

北京市西城区人民法院经审理查明：中融人寿公司于2011年12月至2013年11月间，在经时任董事长的被告人陈某决定并及时任副总经理兼财务负责人的被告人王某某审核后，以购买灾备系统、支付投资预付款等名目，多次将公司资本金账户及保险产品资金专用账户内的资金出借给相关企业使用，出借款项共计人民币5.24亿元。截至2013年11月28日，中融人寿公司已将上述全部资金及相应利息予以回收；其间，被告人胡某某作为中融人寿公司资产管理中心固定收益部负责人，在被告人王某某的授意下，于2011年12月至2013年8月间，以"购买灾备系统""支付投资预付款"等名目多次发起付款申请，涉及资金共计人民币2.54亿元。

北京市西城区人民法院一审判决认定：一、被告人陈某犯违法运用资金

---

* (2018) 京02刑终178号。

罪，免予刑事处罚。二、被告人王某某犯违法运用资金罪，免予刑事处罚。三、被告人胡某某犯违法运用资金罪，免予刑事处罚。

原审被告人陈某上诉提出，涉案款项支出的性质系投资行为，不应定性为违法运用资金罪。其辩护人的辩护意见：（1）法律、法规对本案所涉运用资金行为并无禁止性规定，且陈某运用资金的行为符合《保险法》规定的"稳健、安全"的资金运用原则，不构成违法运用资金罪。（2）与本案性质相近甚至更加严重并被保监会作出行政处罚的案件较多，如果对陈某等人定罪处罚，则其他被行政处罚案件也将面临刑事追诉，将对整个保险行业产生极大影响。

原审被告人王某某上诉提出，其是按照董事长陈某的工作安排履行职务，自己不是主要责任人。其辩护人除同意王某某的上诉理由外，还提出涉案5.24亿元资金运用的性质属于投资行为，没有对保险资金的安全性造成实际侵害，且保监会曾对多个类似案件只进行了行政处罚，没有向司法机关移送，故本案不应作为犯罪处理。

原审被告人胡某某上诉提出，其在公司按照领导的安排进行工作，对于资金的运用过程及用途不知情，没有违法运用资金的主观故意。其辩护人的辩护意见：胡某某无法决定资金的运用与流向，不是直接负责的主管人员或者直接责任人员，建议法庭宣告胡某某无罪。

北京市西城区人民检察院的抗诉意见认为：（1）原审判决认定本案犯罪情节轻微错误。中融人寿公司违法运用资金数额共计人民币5.24亿元，已超出追诉标准1700余倍，且先后多次违法进行资金拆借，应认定犯罪情节严重。（2）本案所涉5.24亿元保险资金均系在没有任何必要风控措施的情况下被拆借给相关企业，社会危害性大，应当依法严惩。（3）陈某、王某某没有从轻、减轻处罚的量刑情节，也没有明显认罪、悔罪表现。综上，原审判决对陈某、王某某免予刑事处罚，属适用法律错误，导致量刑畸轻。

北京市人民检察院第二分院的出庭意见：（1）本案属于犯罪情节特别严重。本案违法运用资金的犯罪行为持续近两年，违法运用资金10余次，涉案金额累计人民币5.24亿元，其行为严重破坏了国家的金融管理秩序，性质恶劣，社会危害性严重，应当认定本案属于犯罪情节特别严重。（2）一审判决未依据3名被告人在共同犯罪中的实际作用，而对3名被告人判处同等刑罚，有违《刑法》第5条规定的罪刑相适应的原则。

北京市第二中级人民法院经审理查明：中融人寿公司是2010年3月注册成立的民营保险公司，某某公司是中融人寿公司的发起人和股东之一。同时，某某公司是上市公司某某1公司的全资子公司。2011年12月至2013年11月间，经时任董事长的陈某决定及时任副总经理兼财务负责人的王某某审核，中融人寿公司以"购买灾备系统""支付投资预付款"等名目，先后将13笔该公司资本金账户、保险产品资金专用账户内的资金出借给上海润科公司使用，累计出借资金为5.24亿元。上海润科公司收到中融人寿公司上述资金后，随即通过上海博晨公司账户分别转入某某1公司实际控制的多家公司账户。涉案资金的最终使用人为某某1公司，用于该公司"续贷""倒贷"的资金周转。2013年2月至2013年11月，中融人寿公司先后回收款项9笔，金额累计为5.27亿余元。其间，胡某某作为中融人寿公司风控信评部负责人，在没有确认存在投资项目的情况下，经王某某授意，于2011年12月至2013年8月间，以"购买灾备系统""支付投资预付款"等名目多次发起付款申请，涉及资金共计2.54亿元。

北京市第二中级人民法院认为：一审判决认定事实清楚，定性准确，但适用法律错误，导致对陈某、王某某量刑畸轻，本案中陈某、王某某的行为不应属于情节轻微，而应属于情节严重，依法予以改判，判决认定上诉人陈某犯违法运用资金罪，判处有期徒刑一年六个月，并处罚金人民币15万元；上诉人王某某犯违法运用资金罪，判处有期徒刑一年，缓刑一年，并处罚金人民币10万元。

本案的最大争议焦点在于各被告人的行为是情节轻微、情节严重还是情节特别严重。本案犯罪数额5.24亿元，远超追诉标准，一审法院认定本案系情节轻微；北京市西城区人民检察院抗诉认为本案属情节严重；北京市人民检察院第二分院则认为构成情节特别严重。

二、撰写心得

2006年6月29日《刑法修正案（六）》在《刑法》第185条后增加一条作为第185条之一，增设了违法运用资金罪，明确规定了与广大群众切身利益息息相关的社会保障基金、住房公积金等公众资金的投资、利用方式，是为惩罚相关机构违规使用公众资金、保障涉及公众利益的资金安全、规范国家金融保险秩序而设立的罪名。实践中，对此类行为多以保监会行政处罚的方式进行制裁。本案系违法运用资金罪适用的第一案，关于涉案行为入罪标准与量刑情节的确定存在诸多疑难之处。同一事实，认定标准不同导致对犯罪情节的判断截然不同，直接影响量刑幅度。因此，把握好本罪的情节认定标准，是违法运用资金罪适用的重中之重。

根据《刑法》第185条之一第2款的规定及《最高人民检察院、公安部关于公安机关管辖的刑事案件立案追诉标准的规定（二）》的规定，关于违法运用资金罪的量刑情节可能出现三种情况：情节轻微、情节严重、情节特别严重。关于情节轻微，见于《刑法》第37条的规定。关于情节严重，上述条文将犯罪数额、次数作为独立的情节评价标准，即违反国家规定运用资金数额在30万元以上，或者虽未达到上述数额标准，但多次违反国家规定运用资金的，即达到情节严重的标准。但对于情节特别严重的构成标准，法律及司法解释尚无明确规定。

面对该起认定复杂、社会影响大的新类型案件，承办人在案件审理和文书撰写工作中重点把握了以下四点。

（一）从维护国家金融秩序安全的高度，站位要高

实践中，金融行业乱象、保险公司违规拆借资金现象并不鲜见。近年来，因违规运用资金被行政处罚的案件达900余件，除本案以外，保监会2009年以来共计对8个类似案件进行了行政处罚，但既往监管机关对于此类案件仅止步于行政处罚，从未有过刑事追诉的先例。本案第一次适用违法运用资金罪追究相关人员的刑事责任，用刑法规制相关金融乱象，对于维护国家金融安全、震慑金融犯罪、维护金融秩序具有标杆意义。因此准确界定违法运用资金行为，追求法律效果和社会效果有机统一，是本案妥善审结的重中之重。

（二）不就案论案，格局要大

本案违法运用资金金额达5.24亿元，已远超出30万元的追诉标准，但同时应充分考虑金融行业特点和保险资金运用规模。据银保监会提供的近期数据，全国保险公司、保险资产管理公司共计200余家，总资产17.6万亿，运用资金数额15.6万亿。本案中融人寿公司虽然是一家规模较小的人寿保险公司，但案发时总资产255亿元，运用资金的规模也在200亿元以上。作为金融机构，保险公司运用资金的规模动辄千万元，甚至更巨。在对案件情节进行认定时，不应拘泥于数字，而应在整体社会环境和金融行业体系之下考量本案，才能做到罪责刑相适应。

(三) 充分调查研究，思考要深

违法运用资金罪缺少相应的司法解释，理论界的研究也不多，案件审理时各方对于是否构成犯罪、是属于犯罪情节严重还是情节特别严重等问题上，意见争议较大。对于规定少、争议大的新类型案件，承办人审慎严谨，通过线上线下多渠道、全方位开展资料搜集工作，深入学习专门知识。经查，陕西省、河南省、天津市高级人民法院出台了关于违法运用资金罪情节特别严重标准的相关意见，其中陕西省高级人民法院规定数额100万元以上为情节特别严重，河南省、天津市高级人民法院规定数额150万元以上为情节特别严重，但承办人发现，上述省市辖区保险公司数量少，规模小，且虽然作了相关规定，但实践中均没有适用过。这和北京市大型金融机构云集的情况显然差别很大，故上述省市的相关规定对本案的参考性并不大。承办人多次走访银保监会，了解保险行业现状，听取保险业从业者与监管人员的意见，本院还专门召开专家论证会，邀请最高人民法院资深法官、专家学者、保险行业代表等座谈，广泛听取各方观点，以求精准适用法律，力求形成一篇高质量的裁判文书。

(四) 总结归纳，落点要实

裁判文书的重点之一就在于对各方观点的回应，既要面面俱到，一一阐明，又须言简意赅，自成逻辑。本判决在对各方观点进行梳理归纳的基础上，主要分四个方面论述了裁判理由：一是从涉案资金的流向、资金运用的特征、《保险法》相关条文规范的目的等角度分析，认定中融人寿公司运用资金的性质属于关联企业之间的资金拆借行为，中融人寿公司拆借保险资金的行为违反了国家规定，陈某等人构成违法运用资金罪。二是回应主要争议点，认为本案属于情节严重并着重阐述，提出违法运用资金罪不是数额犯，而是情节犯，应结合犯罪行为对法益的侵害程度、保险公司运用资金的特点以及违法运用资金的具体特征等方面，进行综合分析判断。三是回应共同犯罪被告人上诉理由，区分了主从犯，认为陈某、王某某系主犯，胡某某应认定为从犯。四是对刑事追诉与原保监会行政处罚之间的关系问题进行了回应，认为由于触犯法律类型的不同，行政违法责任的追究不能替代刑事责任的追究。

在当前金融行业乱象频发且违法运用资金罪适用空白、缺少相应司法解释的背景下，本案作为国内首例适用违法运用资金罪进行刑事处罚的案件，通过对违法运用资金罪情节认定的厘清，在理论和实践上为将来类似案件提供了先例和参考。

（陈胜涛，北京市第二中级人民法院法官）

三、专家评析

陈某等人违法运用资金上诉并抗诉一案，系国内首例适用违法运用资金罪进行刑事处罚的新类型案件，具有首案的样本意义。首先，本案第一次对保险公司高管违法运用资金行为进行刑事追诉，对于震慑金融犯罪、维护国家金融安全具有重要意义。其次，违法运用资金罪没有相应的司法解释，理论界的研究也很少，审理中各方对于是否构成犯罪、是属于犯罪情节严重还是情节特别严重等问题上，意见争议较大。本案从立法目的、犯罪构造及资金运作特征等角度，抽丝剥茧、层层推进地进行说理，认定被告人构成违法运用资金罪；又从本罪保护的法益、保险公司作为金融机构的特点及对金融市场的规制等角度，确定了认定该罪名情节的标准，为将来相类似案件的处理和审判提供了参考。

（点评人：谭劲松，北京市第一中级人民法院党组成员、副院长，全国优秀法官，北京市审判业务专家）

（2018）京 02 刑终 178 号裁判文书原文

第六节　集资诈骗罪

15. 丁某某集资诈骗、合同诈骗、贷款诈骗、敲诈勒索、窝藏案*

【关键词】

集资诈骗　获取担保骗取贷款　一房二卖

【裁判要旨】

被告人负有巨额债务却隐瞒自身债务情况，以高息为诱饵向社会非法募集大量资金，除部分还本付息外，其他用以赌博及挥霍，案发前又携带巨额资金潜逃境外，其行为构成集资诈骗罪。被告人为套取银行贷款，在与公司员工等签订商品房买卖合同并办理银行按揭贷款后，再次将房产出售给他人，导致购房者无法实现物权，其行为构成合同诈骗罪。被告人为了获取银行贷款，骗取担保人的担保，其骗取贷款的行为与骗取担保的行为存在牵连犯关系，基于最后损失及于银行，宜以贷款诈骗罪定罪。

一、简要案情

被告人丁某某于 2003 年 1 月 13 日设立控股集团公司，并占 90% 股份。丁某某妻子厉某（在逃）占 10% 股份，担任财务总监。之后，丁氏夫妻又设立 11 家下属公司，法定代表人、股东均由丁氏夫妻或者其指定的亲属或公司员工挂名担任。丁某某、厉某实际控制的公司除个别有实际经营业务外，其余下属公司设立后主要用于向银行申请贷款，没有实际经营或者经营处于亏损状态。

（一）有关集资诈骗的事实

自创办公司以来，被告人丁某某及厉某就开始向他人高息借款维系公司

---

* （2017）浙刑终 212 号。

运行。2007年初，因房地产市场低迷、房产滞销、经营管理不善等原因，丁氏夫妻实际控制的公司出现巨额资金缺口。为弥补资金缺口，丁氏夫妻隐瞒公司背负巨额债务的真相，在入不敷出的情况下，以房产开发、建设、资金周转等为名，以支付月息2.5分至5分不等的高息为诱饵，向韦某某、叶某某、聂某某等被害人非法募集共计人民币17 639万余元，所得款项用于支付前期借款、高额利息及赌博挥霍等。2008年9月，丁某某、厉某携带港币850万元潜逃出境，此时，其造成被害人经济损失共计人民币12 943万余元。案发后，金华市人民政府牵头成立处置协调指导组，以先行处置部分房产等方式弥补了部分被害人的损失。

（二）有关合同诈骗的事实

1. 2005年至2006年期间，被告人丁某某、厉某为获取资金，以支付一定好处费为诱饵，并承诺首付款和按揭款均由公司承担为条件，诱使公司员工、社会人员签订虚假的商品房买卖合同，据此套取银行贷款。丁某某、厉某将通过上述方式已按揭抵押给银行的房产再次出售或抵偿贷款，骗取被害人蒋某某等人的购房款、货款共计人民币436.6462万元。案发后，在处置小组的统一协调下，部分房产已过户到被害人名下。

2. 2004年至2005年期间，被告人丁某某、厉某将已出售并办理了银行按揭贷款的房子，在买受人退房后，未办理银行抵押贷款变更手续的情况下，与被害人陈某、王某签订商品房买卖合同，骗取陈某购房定金人民币2万元，骗取王某某房款人民币47.28万元。案发后，经处置小组处置，中港浅水湾6幢×单元×室已过户到王某名下。

3. 2006年12月31日，被告人丁某某、厉某向浙江省某典当有限公司借款人民币500万元，同时约定以其开发的某房地产项目中的17套商品房作为抵押，并办理备案登记手续。2007年7月至11月期间，丁某某、厉某在尚未归还某典当公司借款的情况下，将其中8套房产再次出售给被害人刘某某、周某某等人，骗取购房款、购房定金等共计人民币263.3801万元。案发后，该8套房产均已过户到刘某某等人名下。

4. 2007年4月19日，被告人丁某某、厉某将其某处房产用于向银行抵押贷款。2007年8月6日，丁某某、厉某隐瞒上述事实，将该房产再次出售给被害人赵某某、宾某某，骗取购房款人民币40.4491万元。案发后，赵某某、宾某某的损失通过以房抵债的方式得以弥补。

5. 2007年至2008年7月期间,被告人丁某某、厉某将开发的房地产项目中的11套房产分别出售给被害人徐某某、陈某某等人。2007年11至2008年10月期间,丁某某、厉某隐瞒上述事实,将上述房产用于抵偿何某、陈某某、柯某、王某某等人的债务并办理房产备案登记手续,骗取购房款共计人民币413.5667万元。案发后上述被害人及被害单位的损失均通过以房抵债的方式得以弥补。

6. 2007年7月至8月,被告人丁某某指使公司仓管员王某某担任下属前沿某某公司的挂名股东,并指使公司员工童某某通过经营亏损的铝锭生意,制造经营交易的假象,借此向银行申请贷款以获取资金。同年11月份,丁某某、厉某以公司名义,使用虚假的财务报表,以资金周转为借款用途,向银行申请贷款人民币300万元。同时,丁某某以虚假的财务报表骗取某公司担保,并指使不具备担保能力的挂名股东王某某担任保证人。11月29日,丁某某、厉某向银行取得贷款后,丁某某、厉某将其中150万元汇入下属公司用于归还债务。在贷款到期日之前,丁某某、厉某未予归还便潜逃国外。2011年,保证人代为偿还贷款本息共计人民币471.7902万元。

(三) 有关贷款诈骗的事实

2007年7月13日,被告人丁某某、厉某在没有归还能力的情况下,伪造财务报表,虚构借款用途,以丁某春的名义向银行申请贷款,签订借款期限为一年的人民币2000万元贷款合同,由浙江某纤维公司提供最高额担保,并追加丁某某个人最高额担保。银行贷款发放后,其中的1790万元被用于归还借款及支付利息等,104万元被用于支付工程材料款。2008年5月,丁某某得知银行贷款提前还款便可使用6个月的宽限期,便筹集资金于2008年6月17日提前归还贷款。6月18日,丁某某、厉某再次虚构借款用途,伪造财务报表,在未获得原保证人同意下,向银行申请续贷,骗取银行贷款人民币2000万元,其中的1706万元被用于归还借款及支付利息等,仅少部分款项用于支付工程材料款,造成银行损失人民币2000万元。

本案的争议焦点:

1. 被告人丁某某及其辩护人提出,原判认定丁某某向他人集资的行为构成集资诈骗罪错误,丁某某的行为仅构成非法吸收公众存款罪,其没有诈骗的动机和非法占有的目的,亦未将借款用以挥霍。丁某某从事房地产开发,长期垫资和资金拖欠导致公司资金紧张,其为了公司正常运转和银行贷款正常归还，在没有办法的情况下向民间高息借款。2008年金融危机爆发，银行不断收贷，导致公司资金链断裂。丁某某没有携款逃跑，虽然转移了850万港币到境外，但并非挪用和私占，出走后还曾积极还款。

关于该理由，经查，在案证据证实，2008年9月被告人丁某某与其妻子厉某在企业入不敷出、资金链断裂的情况下，携带巨款潜逃至加拿大，导致众多被害人维权。丁氏夫妻在逃避被害人追讨期间，丁某某还前往我国香港特别行政区、加拿大，直至2014年12月在西班牙被逮捕。丁某某在出逃前指使公司员工将从被害人处获取的巨额资金通过地下钱庄转至澳门赌场账户。出逃后，丁某某又指使他人将其中的850万港币从澳门赌场账户取出，汇至加拿大厉某妻子的账户。丁某某称其没有携款潜逃的辩解显与事实不符，不予采信。丁某某在自有资金不足的情况下，依靠借贷和集资维系企业运行，其仍沉迷赌博，疏于企业经营管理。至2007年，丁某某在公司盈利根本不足弥补亏损的情况下，隐瞒自身资产情况，以高息为诱饵，以房产开发、资金周转为借口，向社会大量集资，所募集资金仅少量用以企业经营。原判认定其行为构成集资诈骗罪并无不当。丁某某称其没有非法占有的目的，原判定性不当，以及其行为构成非法吸收公众存款罪等理由，与事实和法律规定不符，不予采信。丁氏夫妻出逃后，在当地政府的统一协调下，部分被害人的经济损失得以弥补。但丁某某仍有大量贷款未予归还。查扣在案的房产等涉及民事诉讼，部分被害人的经济损失尚不能得以弥补。

2. 被告人丁某某及其辩护人提出，原判认定丁某某诱使公司员工、社会人员签订虚假的商品房买卖合同，骗取蒋某某等人钱款的行为构成合同诈骗罪不当，其行为只构成骗取贷款罪。丁某某与公司员工、社会相关人员签订虚假购房合同套取银行贷款，但公司向银行抵押了房产，其没有从房子中获取购房者利益的想法。此外，丁某某对套取按揭款又将房产抵押工程款或者抵押借款的情形并不知情，后期公司印章没有在其手中，不应归责于其。

关于该理由，经查，丁某某伙同妻子厉某诱使公司员工、社会人员签订商品房买卖合同并办理银行按揭贷款后，将房产再次出售或抵偿贷款，导致购房者不能合法拥有房屋产权。丁某某及其妻子厉某在房产抵押给银行后，隐瞒房产已抵押的事实，再次出售给他人，使得他人购买的房产存在重大产权瑕疵，处于承担担保责任风险之中。丁某某还将已出售给他人的房产再次抵偿给债权人，"一房二卖"。丁某某的行为属于在履行合同过程中，虚构事实隐瞒真相，骗取他人钱财。原判认定丁某某的行为构成合同诈骗罪并无不当，丁某某上诉就此所提异议，理由不足，不予采纳。

3. 被告人丁某某及其辩护人提出，原判认定其向银行贷款300万元的事实构成合同诈骗罪错误。丁某某没有用虚假的财务报表欺骗中广某公司，中港集团与中广某公司系互保单位，挂名股东需要签订担保协议也是银行的意见，并非其指使没有担保实力的人进行担保，且300万元的款项用于公司的正常运转。该笔事实只能认定为骗取贷款罪。

关于该理由，经查，张某某、董某红、陶某婷、曹某君、童某富等人的证言证实，丁某某公司的财务人员根据丁氏夫妻的要求，对财务报表进行修改并向中国农业银行贷款的事实。被骗单位中广某公司的王某某的证言亦证明，因丁某某提供的财务报表显示前沿某公司效益良好，其才同意给丁某某担保。丁某某称其没有使用虚假财务报表欺骗中广某公司，与查明事实不符。丁某某以虚假的财务报表骗取中广某公司的担保，并制造前沿某公司经营交易虚假情况，骗取中国农业银行的贷款，造成担保人的经济损失，原判认定其行为构成合同诈骗罪并无不当。丁某某所提异议不能成立，不予采信。

4. 被告人丁某某及其辩护人提出，其向交通银行贷款2000万元，是为了中港公司正常经营下去，贷款到位后，其中1800万元用于公司还贷，个人并没有挪用，况且也不知道银行有6个月的宽限期不用告知担保企业，其按正常审批手续进行转贷，并没有非法占有的目的和动机，也只能认定构成骗取贷款罪。

关于该理由，经查，丁某某在没有归还能力的情况下，伪造财务报表，虚构借款用途，获取担保人同意后向交通银行骗取贷款。2008年6月，丁某某在没有获得担保人再次同意的情况下进行续贷，后又将款项用以支付他人的欠款及利息，并于2008年9月携款逃至境外不归还银行贷款，造成交通银行经济损失。原判认定丁某某行为构成贷款诈骗罪并无不当，其提出原判定性错误，应认定构成骗取贷款罪的理由不足，不予采信。

二、撰写心得

如何制作好本案的裁判文书，笔者认为，主要围绕"守于规范、忠于事理、善于说理"三个方面展开。以简洁明了作为文书行文的文字基调，以详略得当作为谋篇布局的结构基调，以通顺易懂作为文书说理的逻辑基调。同时，以忠于事实与证据作为说理的基础，以法理情融合作为说理的手段，以平等尊重、理性客观作为说理的情感蕴养。

（一）规范

法律最基本的精神是规范，作为司法最基本载体的裁判文书，自然也是规范为首。裁判文书是一种特殊的文书，有着自己的格式和规范。这种固定模式一般情况下不允许变动。但是实务中有时候却并不如人意，一些裁判文书存在罪状描述不规范不精练、构罪要件和量刑要件混搭等情况。另外，对于数罪并罚、共犯、既未遂等犯罪形态、累犯、自首、立功等法定从轻从重情节，酌定情节等，都应该严格表述并且按照规定的顺序表述，不能随意表述，也不能随意打乱顺序。

（二）事理

裁判文书作为司法律裁判的载体，其有自身的特殊性和规律性。简单说，事实、证据、规范存在三角关系：事实应当对照规范，同时需要证据支撑；证据需要规范要求，同时需要事实基础；规范需要事实依据，同时需要证据连接。这种关系体现在整个刑事司法中，也体现在裁判文书中。裁判文书认定事实不是漫无目的，而是紧紧地围绕规范和证据展开。例如，认定故意杀人犯罪必须紧紧围绕犯罪构成要件展开，同时在以犯罪构成要件为布局基础的前提下，沿着事物发展的脉络交代事实，如杀人案件犯意的产生、犯罪工具的准备，犯罪地点的选择，行凶的过程等，要以让社会公众读懂读清楚为衡量标准，选择精简繁细。

裁判文书的制作不可避免地反映司法的道德属性和价值判断问题，不一定要在裁判文书中过于喧嚣地渲染法官自己的道德判断，但可以有一种力透纸背的情怀和价值取向。因为每一份裁判本身都是一场法律的宣扬，审理者既不要做激烈的道德判断者，也不能做苍白无力的事实复述者。这里就需要技巧。在大是大非问题上，尤其是直接涉及价值拷问的问题上，我们应当理直气壮地弘扬正气。

（三）说理

笔者认为，一篇裁判文书写得好不好，除了基本的规范外，最主要的地方是看说理。裁判文书说理部分是表达惩恶扬善、体现司法公正公平、传递司法权威的主战场。我国的裁判文书总体上也经历了从宣告式的说理到现在更加注重情理法融合充分说理的历程。从法治文明和发展的角度来看，我们应该尽量全面概括被告人辩解、上诉理由及辩护人的辩护意见，并且尽量以充分说理作为应对。这里有一个平等尊重的问题。刑法有两个功能，其一是惩罚，其二是预防。被告人作为罪犯固然需要打击惩罚，但其也是刑法教育的对象，教育好了就是达到犯罪预防的目的。好的裁判既使得被告人服从法律裁判，也使得社会公众接受判决，让阅读裁判文书的律师、家属或者其他民众觉得法院的裁判是正确的。在刚作为法官开始办案件的时候，有时觉得被告人有些辩解显系狡辩，不需与其多讲。实际上，要想被告人认罪伏法，我们作为法官能够努力的，除了依法裁判、确保公平公正以外，也就是把法理和道理说清楚。可能被告人也不一定接受我们的说理。但万一他接受了，那就是我们作为一名法官的光荣。我们尊重被告人的意见，是对法律的尊重，是对权利的尊重、对生命的尊重。即使面对的是曾经穷凶极恶的凶手，但他在法律面前还有值得尊重的权利。我们不偏不倚、客观理性中让他们把话说完，让我们自己把道理讲明白，会让法律赢得公众尊重。当然，对被告人尊重的同时，也要体现对被害人的尊重。我们遇到不少案件，例如，卖淫女被人杀死、被害人与被告人存在不正当关系而被敲诈勒索等，一般都要隐去被害人名字。因为本身被害人已经遭遇不幸了，就不要让其亲友再因此蒙羞。少一些人知道，对被害人家属就少一些伤害。另外，我们要体现对律师的尊重。律师是我们职业的共同体，也是法治发展的共同体。对律师的尊重是对法律的尊重，也是对我们自己的尊重。在裁判文书里，他们的观点我们能够阐述的都需要尽量认真、全面地阐述。

展开充分的说理，一般情况下，要注意以下这些问题：一是裁判文书说理一一对应，做到有辩有答。不能仅有上诉理由，但没有说理、回应的意见。二是针对事实提出辩论意见的，应当通过分析案件中的事实和证据进行回应。当被告人对事实提出异议，我们不宜直接用"大量的证据证实"这样的说法应答，这样可能显得说理不充分，甚至有点强词夺理的感觉。如果是纯粹针对法律的理解问题，一般而言应该引用法律。法律没有明确的，可以阐述法律精神。说理充分不等于一定要把说理说得很长。最好的说理是起到一针见血的功效。三是需要明确的论证和经得起逻辑推敲的论证经过。四是论证中应当排除合理的怀疑。不应引用相互矛盾的证据，留下合理怀疑的空间。五是说理不应过于个性化，不要标新立异。六是有些问题可能争议较大的，自己也没有把握的，应当写得保守一些。

裁判文书的提高是个日积月累过程。这个积累，不仅是写作的套路、写作的规范，更是从裁判文书里渗透出对生命、对权力、对刑罚、对情理的领悟问题。既是他山之石可以攻玉的借鉴问题，也是法律人对公平正义和情理世俗的情感认识逐渐趋同的问题。笔者从担任助审员开始，对于每一名老师修改的裁判文书、审理报告都是认真学习揣摩，把院庭领导、审判长修改过的裁判文书、审理报告以及庭里的老同志的裁判文书、审理报告装订成册，经常拿出来翻翻。裁判文书和审理报告，除了学，更在于改。应该说，每位老师、每位前辈都有自己的精彩之处。就看你能不能虚心学习，会不会博采众长。法官的职业有其独特的一面，很难速成。必须经得起时间的检验，经得起岁月的磨炼。这也正是司法的生命在于经验的道理所在。如果一名法官成长很快，只能通过勤勉来弥补时间短的缺陷。以后的道路，对于法官而言，既是更大的机遇也是更大的挑战。裁判文书风格、说理可能更加多元化，更加丰富，但是出错的概率也可能高了。历史的车轮滚滚向前进，无论如何，审判团队内要相互多加把关。法律言说很大程度在于认同，多一个角度看问题，可能论述、说理会更加平和理性，考虑问题更加全面。很多问题是要靠集体的智慧。裁判文书质量的提高，在于日积月累的学习，在于良好的机制，在于不断的传承，在于字斟句酌的相互把关与相互补台。

（周德金，浙江省高级人民法院法官）

三、专家评析

　　本案裁定书涉及对于集资诈骗罪、合同诈骗罪、贷款诈骗罪、敲诈勒索罪、窝藏罪等犯罪的认定。案情错综复杂，但集中反映出了几个理论与实务中的难题，例如集资诈骗罪与非法吸收公众存款罪之间的关系，"一房二卖"应作为民事纠纷处理还是应将其认定为犯罪，贷款诈骗罪与骗取贷款罪之间的关系等。裁定书针对这些争议的焦点，根据事实与证据，立足于刑法的相关规定，在充分兼顾公诉人起诉理由、一审法院判决意见、辩护人意见的基础上，作出了富有说服力的分析。详略得当，重点突出，有理有据，用词准确，结构严谨，是一篇不可多得的优秀裁判文书，为实务界的裁判文书写作提供了范本，也为理论界展开研究与讨论提供绝佳素材。

　　在集资诈骗罪的认定上，《最高人民法院关于审理非法集资刑事案件具体应用法律若干问题的解释》第4条规定，以非法占有为目的，使用诈骗方法实施该解释第2条规定所列的行为，应当以集资诈骗罪定罪处罚。而该解释第二条所规定的就是应当以非法吸收公众存款罪定罪处罚的情形。由此可见，可以说集资诈骗罪在构造上就是以非法占有为目的的吸收公众存款。换言之，在集资诈骗罪的认定上，首先应认定行为人所实施的行为是否构成非法吸收公众存款罪，在此基础上进一步认定行为人对于非法吸收而来的公众存款是否具有非法占有目的。本裁定书关于集资诈骗罪的认定完全符合这一构造和顺序。

在合同诈骗罪的认定上，丁某某伙同妻子诱使公司员工、社会人员签订商品房买卖合同并办理银行按揭贷款后，将房产再次出售或抵偿贷款，导致购房者不能合法拥有房屋产权。根据原2003年《最高人民法院关于审理商品房买卖合同纠纷案件适用法律若干问题的解释》第9条的规定，出卖人订立商品房买卖合同时故意隐瞒所售房屋已经抵押的事实，导致合同无效或者被撤销、解除的，买受人可以请求返还已付购房款及利息、赔偿损失，并可以请求出卖人承担不超过已付购房款一倍的赔偿责任。根据该解释，丁某某及其妻子厉某所实施的行为应认定为民事欺诈还是合同诈骗罪，存有争议，区分的关键在于行为人第二次出卖该房屋时是否具有非法占有买受人房款的非法占有目的。本裁定文书充分注意到了这一点。此外，二审认为，丁某某在购房者退房后，将房屋出售，获取陈某的购房定金和王某的购房款，不应将此认定为合同诈骗罪。这一认定难能可贵，体现出了审判者客观中立、高度负责的态度。

骗取贷款罪与贷款诈骗罪在刑罚的轻重上有巨大差别，归根结底是因为骗取贷款只是贷款诈骗的前置阶段，具体而言，骗取贷款只是以欺骗手段获取金融机构的贷款，这种欺骗手段有巨大的信用隐患，从而在很大程度上升高了金融机构无法收回贷款的风险。与此相对，贷款诈骗罪要求行为人对于非法从金融机构获取的贷款具有非法占有目的。本裁定书严格区分了这两个犯罪，并清晰说明了丁某某构成贷款诈骗罪的理由。

（点评人：李世阳，浙江大学光华法学院副教授，刑法研究所所长，北京大学法学博士，日本早稻田大学法学博士）

（2017）浙刑终212号裁判文书原文

16. 中民信集团有限公司集资诈骗案*

【关键词】

集资诈骗　非法吸收公众存款　单位犯罪

【裁判要旨】

被告单位为发行理财产品，对外宣传虚假的投资合作关系、投资框架协议、保本付息以及其他公司承担无限连带责任担保等情况，后募集资金因用途与申请的私募基金范围不符而被基金托管人终止，或无明确的资金用途和主管机关审核，即被告单位发售的均系非法理财产品，应当认定该单位具有非法占有的主观故意，系采用诈骗方法进行非法集资，对被告单位及其直接负责的主管人员均应当以集资诈骗罪论处。

一、简要案情

自 2013 年起，被告人邹某某等为股东，先后成立以被告单位中民信集团有限公司为核心，包括中民信财富管理有限公司在内的 15 家公司和 4 家有限合伙企业（以下统称为中民信系单位），并予实际控制。被告单位鼎久公司于 2013 年 3 月成立，经营范围包括资产管理、投资管理等，法定代表人和实际控制人均系被告人宋某。

自 2015 年 6 月起，被告人邹某某以非法占有为目的，决定以其实际控制的中民信系单位转让债权、招募有限合伙人入伙等名义，利用承诺 9%～13% 的预期年化保本付息收益和虚构单位承担无限连带责任担保等方法为诱饵，指使自有业务团队和被告单位鼎久公司销售团队等通过随机拨打电话、发广告、宣讲会、业务员自带客户等方式向社会吸引 630 余名投资人购买"中屿·通用新型城镇化发展基金"等非法理财产品，非法集资 2.48 亿余元。至案发，造成上述被害人经济损失共计 2.33 亿余元。

---

* （2017）沪 01 刑初 103 号。

在上述非法集资过程中，被告人龚某1担任中民信集团有限公司董事长助理，根据被告人邹某某的指示负责上传下达、保管合作协议等资料、召集并主持中高层管理会议、统计销售业绩、收付资金等事务。被告人蔡某、陈某1、陈某2、胡某某、张某、祝某某、黄某某、龚某2等人负责中民信系单位销售理财产品工作。被告人施某虽非中民信系单位的员工，但"挂靠"于胡某某介绍客户购买上述理财产品，并从胡某某处接收相应佣金。被告人宋某全面负责鼎久公司的经营管理业务。被告人蒋某某、周某某、谢某、杜某负责鼎久公司的理财产品销售工作。上述被告单位及被告人分别参与非法吸收资金166万元至2.48亿元不等。

二、撰写心得

本案系涉众型集资诈骗案件，被告人邹某某等人以非法占有为目的，利用其实际控制的中民信系单位虚设债权、虚假担保、招募业务员销售虚假理财产品等方式大肆非法吸收资金2.48亿余元。本案犯罪行为持续时间长，涉案的公司、行为人数量众多，犯罪金额特别巨大，对办案过程中的证据梳理、案情分析、性质认定造成困难。同时，涉众型案件的被害人数量庞大，具有较大的社会影响。故在判决文书中应做到程序适用准确，准确认定犯罪事实，依法定罪量刑，判决结果正确、文字通顺、逻辑清晰，说理透彻，并为后续追赃挽损工作提供依据，回应被害人关切。笔者认为，要写好一份判决书，必须注重以下三方面。

（一）仔细研判案件，保证实体和程序正义

合格的判决书必须同时具备案件审理程序准确、实体裁判结果正确两个方面。上述任何一方面出现问题，都是裁判文书的"硬伤"，无论文书制作如何精良，都难以掩盖案件本身的瑕疵和差错。所以，在判决作出之前，必须认真梳理案件事实，通过全案审查案卷材料，避免遗漏证据细节。例如本案被告单位2家、被告人16人、辩护人17人，数量众多，故在梳理被告人的身份信息、辩护意见时，应当依次列明并再三校对，避免遗漏和差错。对于本案的证据材料，则应当依照经审理查明的案件事实，同时根据证据总类进行有条理的分类，包括：（1）证实被告单位的基本情况和各名被告人的任职情况；（2）证实中民信系单位非法销售理财产品的事实；（3）证实本案非法集资的事实；（4）证据证实本案案发情况、查扣情况、退赔情况。审理查明的

事实与前述证据的采信紧密相关，论证充分。另外，准确归纳控辩双方的争议焦点。在判决书中重点写清楚与控辩双方争议焦点有关的证据和事实。本案的争议焦点包括：被告人邹某某辩称未参与本案事实，故不构成犯罪；被告单位中民信集团有限公司的诉讼代表人辩称指控中民信集团有限公司非法集资不属实，辩护人所提本案募集资金指向的项目并非虚构、邹某某不具有非法占有目的；被告人龚某1辩称其并非中民信集团有限公司董事长助理、没有领导和指使员工非法吸收公众存款等。在法院认为部分，需将双方的争议焦点按照逻辑关系排序，结合在案证据进行分析说理。最后，还需要将案件的诉讼程序，如审限情况、是否经审判委员会讨论、诉讼参与人情况等程序问题予以明确，确保案件流程的公正、公开。

（二）准确适用法律，说理清晰严密

准确适用法律是依法判决的最终体现。在判决书撰写过程中，援引并适用某一法条，应对条文本身与案件的可适用性进行解释与说明。只有大前提的法律规范选取适当，小前提所提供的案件事实有充分的证据提供支持，最后得到的判决才能正当合理。内心确认并不是法官的主观擅断，它需要法官根据证据资料，依据经验法则和逻辑规则形成真诚的内心确信并作出裁判。对于辩方所提"不予采信"的意见，尤其需要论述到位，指出证据上的缺失、事实上的不成立或法律上的适用错误，推理有据，不能机械判断，这才能写出一篇有说服力的判决，经得起实践的检验。例如本案被告人邹某某提出其并未参与本案事实、不构成犯罪，判决书在不予采信其意见时，综合了查获在案的中民信系单位宣传资料、证人证言等大量证据证实邹某某接受员工汇报工作、批准财务人员报销、决定资金用途和参与对外洽谈经济业务等事实。查获在案的相关工商资料反映邹某某担任了本案绝大多数中民信系单位的法定代表人、股东委派代表。结合邹某某的外甥饶某某关于曾将身份证和招商银行卡出借给邹某某的证言，以及饶某某担任了部分中民信系单位的股东、监事等职位及上述银行卡内有9000余万元资金进出等情况，最终得出邹某某操纵注册并实际控制中民信系单位等，在犯罪中起决定、授意、指挥等作用的结论。此外，在判决中还应充分扩展情理法的宽广度，树立弘扬时代价值，社会习气的正确风向标。

（三）使用专业语言表达，认真做好文书校对

对于一份加盖院印，正式刊印的刑事判决书而言，判决书语句顺畅，用

词严谨，不存在错别字等，是最基本的要求。如果其出现了低级文字差错，可能会引发极大的不良社会影响，有时候甚至会造成不可挽回的损失。为了提高判决书文字和内容的准确性，在实践中始终坚持"三读三校"，降低差错率。判决书中还应当尽量避免过多的口头语、俚语、方言，过于情绪化的表达或不恰当的修辞方式。对于一份判决书而言，并不要求具有优美的辞藻，但必须遵守"法言法语"的文字规范，客观描述，准确评价，不可片面追求"语不惊人死不休"的效果。要严格按照文书样式规定，统一标点符号使用。一份判决书不仅代表了国家司法机关的形象，更有利于维护法律的严肃性，也便于深入分析解决双方的争议，让被告人、辩护人、被害人等能通过判决书理解法官的裁判思路，对自己行为作出充分的认识和反省，对社会起到良好的警示、教育作用。

（胡洪春，上海市第一中级人民法院法官）

三、专家评析

党的十八届四中全会提出了"加强法律文书释法说理"的改革部署。一篇优秀的判决书，要求法官讲好事理、法理、学理、情理和文理，做到诸理融通，以理服人。本案集资诈骗涉及被害人630余人，非法集资2.48亿余元，造成被害人经济损失2.33亿余元，社会影响恶劣，极易引发舆情，影响社会稳定。对于此类涉众型刑事犯罪案件，裁判文书既要充分阐述被告人的犯罪事实及其法律责任，也要充分关注、回应被害人的强烈关切与诉求，做到裁判有据，化解社会矛盾风险。这些均对法官的理论功底和综合素质提出了较高要求。阅读本篇裁判文书，可以明显感受以下优点。

（一）全面反映控辩双方证据主张

庭审实质化就是要求诉讼证据出示在法庭，案件事实查明在法庭，诉辩意见发表在法庭，裁判结果形成在法庭，故要求法院具有较强的争议焦点归纳能力，坚持控辩对抗，裁判中立。本案被告单位、被告人数众多，相应的辩护意见和所提交的证据较为繁杂，法官在判决书中将各方意见经过清晰梳理、分类、提炼，对被告人及其辩护人庭前提交的书面材料和当庭发表的辩护意见进行整合，均予以充分、完整体现，避免遗漏。例如，将主要被告单位中民信集团有限公司、被告人邹某某、龚某1的意见予以重点详细阐述，对被告人蔡某、陈某1、陈某2、施某、胡某某、张某等人相似意见进行集中概括。对有利于被告人的退赔、取得谅解等证据,分别予以明确。

(二)证据与事实认定协调一致

刑事案件在庭审中难免会呈现多方面的事实,既有检察机关指控的事实,也有被告人及其辩护人主张的事实,这就要求法官在撰写经审理查明的事实时,牢固坚守证据裁判的立场。被告人邹某某辩称,本案系被告人龚某1一手操控,其并未参与。法官在审理案件过程中,严格基于证据认定案件事实,通过充分有力的证据综合证实其系在犯罪中起决定、授意、指挥等作用。本案判决书摘录证据全面,紧扣事实,主要依照犯罪构成要件,列举分类有序,符合逻辑,条理清晰,控辩对等。对证据内容的表述清晰、规范。对于无证据支持以及与案情无关的事实和主张不予认定、表述,确保查明事实既完整又简明、客观。

(三)文书说理既平实又符合法律规则

"正义不仅要实现,而且要以看得见的方式来实现。"本篇刑事判决书中的法律事实的推导过程透明、清晰,同时说理语言平实,让不了解案情的人也能通过判决书理解、认同判决。判决书的价值不在于高深的理论,而在于蕴含其中的能为人们感受到的裁判规则和基本道理。尤其是本案作为涉众型集资诈骗案件,被害人数量众多,损失特别巨大,判决要为被告人、被害人和广大人民群众所接受,必须用易于接受的表达方式,说清裁判的依据和道理。

文章不厌百遍改,反复推敲佳句来。裁判文书制作能力是法官的看家本领之一,理当不遗余力,力争更上层楼。

(点评人:黄祥青,上海市高级人民法院副院长,全国法院审判业务专家)

(2017)沪01刑初103号裁判文书原文

第七节　贷款诈骗罪

17. 赵某某贷款诈骗案[*]

【关键词】

贷款诈骗　重复抵押贷款　非法占有的目的

【裁判要旨】

被告人隐瞒房产被查封的情况，以部分房产在银行办理相关登记手续，重复在银行抵押贷款，但在案证据不能确实、充分证明其具有非法占有的目的、使用虚假产权证明作担保或者超出抵押物价值重复担保的，即使被告人未按约定用途使用贷款，到期未归还的，依照2001年全国法院审理金融犯罪案件座谈会纪要精神，不以贷款诈骗罪定罪处罚。

一、基本案情

1997年4月11日，水城县法院因水城县建筑建材公司诉刘某、赵某某承包经营合同纠纷一案，查封、扣押了赵某某坐落于六盘水市钟山区田湾巷2号的房屋一幢四层二十间，面积369.6m^2，赵某某在查封清单上签名。同年4月22日，赵某某以被法院查封的房产向六盘水市城市信用社中心社抵押贷款10万元，用于做生意及生活。1998年1月22日还款期满后，赵某某以无力偿还为由，未归还贷款。基于以上事实，水城县人民检察院指控赵某某犯贷款诈骗罪。

裁判结果：钟山区人民法院一审判决认定被告人赵某某犯贷款诈骗罪，判处赵某某有期徒刑八年，并处罚金10万元；赃款10万元继续追缴。判决发生法律效力后，赵某某以"其行为不构成贷款诈骗罪"为由提出申诉。

---

[*] （2017）黔刑再4号。

贵州省高级人民法院再审审理认为，原审判决、裁定适用法律确有错误。据此，依法判决撤销原一、二审人民法院判决、裁定，宣告赵某某无罪。

二、撰写心得

本案中，在案证据证明赵某某虽有隐瞒被人民法院查封的房产，部分房产重复在银行抵押贷款行为，但借贷双方办理了他项权登记手续，合法取得贷款。在案证据不能确实、充分地证明赵某某具有非法占有的目的，使用虚假产权证明作担保或者超出抵押物价值重复担保。赵某某以经营钢材为由申请贷款，实际用于经营餐馆和粮食生意，部分用于支付银行利息、生活和其他开支。依照 2001 年全国法院审理金融犯罪案件座谈会纪要精神，对于合法取得贷款后，没有按照规定的用途使用贷款，到期没有归还贷款的，不能以贷款诈骗罪定罪处罚，或案发时不能归还贷款是因为意志以外原因，如经营不善、市场风险等，不应以贷款诈骗罪定罪处罚。

再审法院基于罪刑法定、证据裁判原则，认为原审判决、裁定适用法律确有错误，依法宣告判决被告人赵某某无罪。本案对于指导全省法院在刑事司法实践中切实按照罪刑法定、证据裁判等原则，把握罪与非罪，正确适用法律具有重要指导意义。

（周业能，贵州省高级人民法院法官）

三、专家评析

该案文书结构合理，格式规范，叙事清楚，逻辑严密，繁简适当，引用法律条文准确完整，语言规范流畅；该案文书论理透彻，紧紧围绕争议焦点，阐明事理、法理和情理，公正评判各方意见，全方位、多角度地释明了裁判结果的形成过程和理由；该案文书裁判结果公正，社会效果好。

（点评人：冷传莉，贵州大学法学院院长）

（2017）黔刑再 4 号裁判文书原文

第八节 虚开增值税专用发票、用于骗取出口退税、抵扣税款发票罪

18. 赵某1等虚开增值税专用发票案*

【关键词】

虚开增值税专用发票　犯罪故意　危害结果

【裁判要旨】

虚开增值税专用票罪侵犯的是国家对增值税专用发票的管理制度，该罪的主观方面应当具有骗取国家税款的目的。无证据证明行为人具有骗取国家税款的目的，无证据证明行为人的行为造成国家税款的损失，无证据证明损失的具体数额的，不能认定为犯罪。

一、简要案情

1994年11月1日，《增值税暂行条例》公布实施，同时公布了《增值税暂行条例实施细则》。后国家税务总局、山东省国家税务局制定了一般纳税人与小规模纳税人的税收制度。国家制定了两种税收制度后，山东省潍坊市寒亭区税收急剧下降，原因是寒亭区大部分企业为小规模纳税人，不具备一般纳税人资格，开不出17%或13%的增值税专用发票。外区企业不愿与本地小规模纳税人发生业务联系。为了增加山东省寒亭区的税源，1995年底，在山东省寒亭区税务局河滩分局工作的被告人赵某1向单位提出了对小规模纳税人实行公司化管理的想法，得到了单位的同意。经河滩镇政府、镇经委同意，将河滩镇的小规模纳税人加入经委注册的具备一般纳税人资格的寒亭区实业供销公司、潍坊丽珠工业贸易有限公司。小规模纳税人与该两公司签订协议，

---

* （2019）鲁02刑再11号。

协议内容：小规模纳税人只要向公司提供购货方的税号、开户银行及账号、单位名称、电话号码、税务登记证、入库单或收到条的复印件，公司就可以给其开具增值税发票，票面税率为17%或13%。

1996年8月，寒亭、固堤、高理三个税务分局按河滩分局的做法，利用以经贸委名义注册的具备一般纳税人资格的五个公司，即潍坊市寒亭永发工贸有限公司、山东环岛集团公司、潍坊市鑫宝经贸有限公司、潍坊富昌皮具集团公司、寒亭南孙乡贸易中心，将所辖的小规模纳税人的企业和较大的个体业户分别纳入上述公司，作为公司的成员体，为其开具增值税专用发票，实行分散经营。截止到1998年11月，四个分局共开具增值税专用发票13 875份，共计销售额170 870 000余元，税额28 840 000余元，手续费1 450 000余元。

1997年3月10日，山东省寒亭区国家税务局将该做法形成"深化税收征管改革实施方案"，以文件形式上报到山东省潍坊市国税局。同年5月12日，得到了山东省潍坊市国税局的同意。

后山东省潍坊市寒亭区人民检察院指控被告单位山东省潍坊市寒亭区国家税务局、被告人赵某2、孙某某等六人犯虚开增值税专用发票罪，向山东潍坊市寒亭区人民法院提起公诉。山东省潍坊市寒亭区人民法院于2000年3月13日作出（1999）寒刑初字第110号刑事判决，认定被告单位山东省潍坊市寒亭区国家税务局犯虚开增值税专用发票罪，判处罚金人民币30万元；被告人赵某2犯虚开增值税专用发票罪，判处有期徒刑三年；被告人孙某某犯虚开增值税专用发票罪，判处有期徒刑二年六个月；被告人赵某1犯虚开增值税专用发票罪，判处有期徒刑二年；被告人林某某犯虚开增值税专用发票罪，判处有期徒刑一年六个月缓刑二年；被告人付某某犯虚开增值税专用发票罪，判处有期徒刑一年缓刑一年；被告人王某某犯虚开增值税专用发票罪，判处拘役六个月缓刑六个月。被告单位山东省潍坊市寒亭区国家税务局、被告人赵某2等六人均不服，提出上诉。山东省潍坊市中级人民法院于2000年6月5日作出（2000）潍刑终字第50号刑事裁定，驳回上诉，维持原判。原审被告人赵某2、孙某某、赵某1不服，提出申诉，山东省潍坊市中级人民法院于2005年10月作出（2004）潍刑监字第7号驳回申诉通知书，驳回申诉。原审被告人赵某2、孙某某、赵某1不服，向山东省高级人民法院提出申诉，山东省高级人民法院于2007年7月18日作出（2006）鲁刑监字第30号再审决定，指令山东省潍坊市中级人民法院进行再审。山东省潍坊市中级人民法院于 2007 年 11 月 6 日作出（2007）潍刑再字第 2 号刑事裁定，认为原审判决认定事实不清，裁定撤销原判，发回潍坊市寒亭区人民法院重审。潍坊市寒亭区人民法院于 2010 年 2 月 4 日作出（2007）寒刑再字第 1 号刑事判决，认定原审被告单位山东省潍坊市寒亭区国家税务局犯虚开增值税专用发票罪，判处罚金人民币 30 万元；原审被告人赵某 2 等六人犯虚开增值税专用发票罪，免予刑事处罚。原审被告人赵某 2、孙某某、赵某 1、林某某、付某某、王某某不服，向山东省潍坊市中级人民法院提出上诉。山东省潍坊市中级人民法院于 2010 年 7 月 15 日作出（2010）潍刑再终字第 2 号刑事裁定，驳回上诉，维持原判。原审被告人孙某某、赵某 1、林某某、付某某、王某某不服，向山东省高级人民法院提出申诉。山东省高级人民法院于 2018 年 8 月 27 日作出（2018）鲁刑申 324 号再审决定，指令山东省青岛市中级人民法院对本案进行再审。山东省青岛市中级人民法院于 2019 年 12 月 27 日作出（2019）鲁 02 刑再 11 号刑事判决，改判被告单位及六被告人无罪。

二、撰写心得

虚开增值税专用发票、用于骗取出口退税、抵扣税款发票罪，是指为他人虚开、为自己虚开、让他人为自己虚开、介绍他人虚开的行为。该罪在 1979 年《刑法》并未规定，1995 年 10 月 30 日《全国人民代表大会常务委员会关于惩治虚开、伪造和非法出售增值税专用发票犯罪的决定》第 1 条规定了该罪，1997 年《刑法》第 205 条进一步作了规定。本罪一般应当是指没有缴税而伪装缴税，将国家已经得到的税款通过抵扣再骗回来的情形。虚开增值税专用发票、用于骗取出口退税、抵扣税款发票罪应当是包括虚开增值税专用发票罪、虚开用于骗取出口退税发票罪、虚开用于骗取抵扣税款发票罪三种情形。

从《全国人民代表大会常务委员会关于惩治虚开、伪造和非法出售增值税专用发票犯罪的决定》及最高人民法院相关司法解的释精神来看，该罪主要应当是针对纳税人而设立的，国家税务机关及其工作人员只有在与犯罪分子相勾结，实施虚开增值税专用发票犯罪的；或者明知是虚开的发票，予以退税或抵扣税款的；或者明知是犯罪分子虚开的发票，而提供其他帮助的，方可能构成该罪的犯罪主体，而且应该是建立在共同犯罪基础上。本案被告单位并未实施上述三种行为，况且被告单位既不属于合法取得并持有增值税专用发票的纳税人，也未实施"让他人为自己"虚开、"介绍他人"虚开增值税专用发票等行为，也没有其帮助骗取国家税款的同案犯，因此，如果七个联合公司、联合公司的成员体、开具发票用于抵扣税款的公司都是实际经营，且主观上没有骗取国家税款的目的，客观上也无证据证明造成国家税款损失的话，本案的国税局及被告人就没有共同的犯罪故意，就本案而言也不构成虚开增值税专用发票的犯罪主体。

1996年最高人民法院颁布的法发〔1996〕30号司法解释，是针对1995年全国人大常务委员会的决定制定的，1997年新《刑法》实施之后，已经明确将该决定内容纳入《刑法》的内容，适用新《刑法》的规定。笔者认为，1996年的司法解释应当自动失效，即使其现在还未被明确废止，其中与法律规定内涵相悖的内容，不应再被适用。2014年11月27日，《最高人民法院研究室关于如何适用法发〔1996〕30号司法解释数额标准问题的电话答复》称，"为了贯彻罪刑相当原则，对虚开增值税专用发票案件的量刑数额标准，可以不再参照使用法发〔1996〕30号司法解释……"；2015年6月《最高人民法院研究室〈关于如何认定"挂靠"有关公司名义实施经营活动并让有关公司为自己虚开增值税专用发票行为的性质〉征求意见的复函》（法研〔2015〕58号）规定了：行为人进行了实际的经营活动，主观上并无骗取抵扣税款的故意，客观上也未造成国家增值税款流失的，不宜认定为虚开犯罪。2015年6月复函虽然不是法律规定，但是该指导性意见反映出最高人民法院对该罪理念的引导和明确，笔者认为，并不是说只能从2015年才开始改变执法观念即使没有该意见，也应当自1997年刑法施行之时，就按照这样的理念进行执法，只是实践中有的地方出现了认识偏差，最高人民法院才进一步予以明确。

虚开增值税专用发票罪应当以骗取税款为目的，从本案证据来看，无证据证明原审被告单位、被告人具有骗取税款的故意，客观上也没有证据证明给国家造成税款损失，也没有证据证明本案中存在无真实货物交易虚开增值税专用发票的行为。本案原审被告人的供述与300余名小规模纳税人的证言相互印证，证明本案中开具的增值税专用发票都是在有真实交易的情况下按照真实的数额开具的，检察机关没有提交其他可以证明无货虚开造成国家税款流失的证据。

本罪应当是侵犯的复杂客体，即国家税票管理秩序和税收利益。从《发票管理办法》的规定来看，虚开发票与代开发票是不同的概念。1996年最高人民法院法发〔1996〕30号司法解释是对在1995年《全国人民代表大会常务委员会关于惩治虚开、伪造和非法出售增值税专用发票犯罪的决定》作出的进一步规定，其虽然规定了代开就是虚开，但是随着1997年《刑法》的修改，《刑法》第205条规定的本罪的条款中，后面明确了骗取国家税款，数额特别巨大，情节特别严重，给国家利益造成特别重大损失的，处无期徒刑或者死刑，并处没收财产，说明本罪应该考虑的主观故意应当包含是否具有骗取增值税款的目的，后来2011年《刑法修正案（八）》删除了有死刑结果的此款规定，这反映出随着改革开放的发展，此类犯罪的处罚标准已经比《全国人大常务委员会关于惩治虚开、伪造和非法出售增值税专用发票犯罪的决定》宽松了很多。1996年司法解释的规定是片面的，而且与1997年刑法的规定的此类犯罪的应有之义产生冲突，不应当再适用于1997年《刑法》施行之后，实践中还继续适用该解释的做法是一种机械地引用，而未从本罪的实质上来认识。

因此，司法实践中在2015年之前其实就有很多与本案原结果相反的案例，他们并没有机械地引用1996年司法解释，而是从本罪的构成上正确分析犯罪的目的及危害后果等，明确此类虚开犯罪应当以骗取税款为目的，作出了完全不同的理解和判决结果。

从《最高人民法院研究室关于如何认定以"挂靠"有关公司名义实施经营活动并让有关公司为自己虚开增值税专用发票行为的性质》征求意见的复函分析：（1）挂靠方以挂靠形式向受票方实际销售货物，被挂靠方向受票方开具增值税专用发票，不属于《刑法》第205条规定的"虚开增值税专用发票"。（2）行为人利用他人的名义从事经营活动，并以他人名义开具增值税专用发票，即便行为人与该他人之间不存在挂靠关系，但如行为人进行了实际的经营活动，主观上并无骗取抵扣税款的故意，客观上未造成国家增值税款损失的，不宜认定为虚开增值税专用发票罪。本案中小规模纳税人以签订协议的方式加入联合公司，服从公司的管理，向公司支付手续费，公司负责帮助小规模纳税人记账、开具增值税专用发票，小规模纳税人对外以公司名义开具发票，且小规模纳税人收取的进项发票也要求是公司的名字，小规模纳税人与公司之间应当属于挂靠关系，属于挂靠代开增值税发票的情况，因此也不应认定为虚开增值税专用发票罪。至于其他的违规行为和是否存在可能造成国家税款流失的情形，检察机关并未提交相关证据证明。

此外，有证据证实被告单位提出的改革方案是依据有关规定、文件提出的，采用公司化管理的征税方式是有相应的政策依据的，而且是在经过向上级领导汇报和经上级单位批示同意的情况下进行的改革，其改革的主要目的是根据政策规定，增加地方税收，犯罪的主观故意并不具备。

还有，本案相关鉴定的形式不规范，不是鉴定机构出具，无单位公章和鉴定章，仅有三人印章无签字，原审被告均对三鉴定人的身份不具备鉴定人资格提出异议，认为三人并非执业税务师，后法院到潍坊市国税局调取身份证明，潍坊市国税局拒绝出具；对依据的鉴定材料没有详细列明，并且依据的材料不全；鉴定内容没有提出具体的税务会计报告。而且，该鉴定最终结论是"联合公司"为各成员体开具增值税专用发票，构成了虚开增值税专用发票的事实，实际上"联合公司"与国税局并非同一主体，原审判决却将此鉴定用于认定国税局构成犯罪。

综上，原审判决的认定事实和适用法律存在矛盾和错误。原审起诉书未明确虚开犯罪的数额究竟是多少是哪个，按照起诉书提供的几个数额，任何一个都可构成犯罪数额巨大，在当时都是可以判处十年以上有期徒刑至无期徒刑或死刑的情形。行为从1996年持续到1998年，按照法律规定应当使用1997年《刑法》，但是当时引用1979年《刑法》减轻处罚至三年以下有期徒刑，系适用法律矛盾，且造成判决的自相矛盾。原审重审判决认定犯罪数额巨大，又认定公诉机关指控抵扣的税款及损失未提供相关证据予以证实因此不予支持，又认定犯罪情节轻微，又对连续发生到1998年的行为适用1979年刑法，又在被告不认罪的情况下对其判决免予刑事处罚，存在多处矛盾和错误，也违背了罪责刑相适应原则和主客观相一致原则。当一个案件出现这些矛盾和错误时，恰恰反映出裁判者内心的纠结和矛盾，这类案件往往会存在罪与非罪、此罪与彼罪的争议。

本案头绪复杂、内容繁多，承办人书写判决的时候经过慎重思考，决定不采用传统的一个一个被告进行归纳的写法，而是对所有被告人的辩解理由和辩护人的辩护意见采用综合视角进行详细地概括、归纳、论证，从主体、客体、主观方面、客观方面等内容逐个展开，做到逻辑严谨不重复，条理性比较强，之后对检察员的出庭意见进行归纳总结，条理上与前面的内容相互呼应，便于对应理解。在判决理由部分提纲挈领，力求高度精准地归纳论证，画龙点睛地指出原审判决存在的逐个问题和矛盾,努力做到言简意赅,一目了然。

(王婧华,山东省青岛市中级人民法院法官)

三、专家评析

该判决文书具有如下三个鲜明的特点:

一是在符合裁判文书基本规范的基础上,详略处理得非常得当,让整篇文书看起来非常简明扼要而又论证充分,观点明确,表述客观,逻辑严密,用词准确,说理透彻充分。这一点在全篇各个部分均有所体现,比如,案件由来部分,对整个案件诉讼过程概括得干净利索,非常清晰;又比如,证据部分关键证据书证详尽展示,证人证言一笔带过,被告人供述选取一人供述详尽展示,其他重复者一句话概括;再比如,原审被告单位、被告人的辩解理由及各辩护人辩护意见,经过整理归纳为八点意见,非常清晰,简洁明了。

二是裁判文书充分体现了证据裁判意识。这一点在论证说理部分有精彩表现,文书用五个排比式的本案现有证据"不能证明",充分透彻地表达了再审予以改判的事实基础建立在对证据裁判规则的适用之上,建立在无罪推定和疑罪从无的基本原则之上,这一点是所有的法律人都有当遵守的基本规则,也是法律人对话和讨论案件的基本平台。

三是裁判文书充分体现了法律精神和法治意识。没有法律精神和法治意识的判决是没有灵魂的,而本判决之所以优秀,最核心的还在于其判决体现的规则意识和法治意识,体现在论证说理部分对虚开增值税专用发票罪的犯罪构成及立法本意解读,体现在对原审判决在法律适用方面的错误及多处逻辑上的自相矛盾的点评,可谓句句在理,句句到位。

(点评人:周长军,山东大学法学院院长、党委副书记、院学术委员会主任)

(2019)鲁 02 刑再 11 号裁判文书原文

19. 朱某某虚开增值税专用发票案*

【关键词】

虚开增值税专用发票　量刑　共同犯罪　辩护权

【裁判要旨】

1. 共同犯罪中的原审被告人在上诉期满后委托辩护人向二审法院提出辩护意见，根据《刑事诉讼法》规定，二审法院应当听取原审被告人及其辩护人的意见。

2. 原增值税专用发票的代码、号码、密码字符、纳税人识别号、金额、税额等票面信息未改变，仅被更改了销货单位名称和货物名称，不影响税务机关根据未更改的信息进行抵扣且实际已经被认证抵扣的，应当认定增值税专用发票符合认证和抵扣条件。

一、简要案情

湖南省邵阳某水泥有限公司系由湖南省邵阳县工商行政管理局批准设立的一家有限责任公司。该公司的经营范围包括：水泥用石灰岩开采、法律法规允许的水泥熟料、水泥及制品的研发、生产、销售以及对水泥企业的投资等。原审被告人戴某某自2013年9月开始即到该公司财务部工作，2014年至案发，公司税务发票都是由戴某某一人开具。2014年7月以来，上诉人朱某某、原审被告人李某1介绍戴某某向他人虚开增值税专用发票。原审被告人龙某通过原审被告人刘某某、韩某某通过朱某某找到戴某某向龙某承包经营的湖北荆门市民汉水泥厂虚开增值税专用发票。经查，朱某某介绍他人虚开增值税专用发票137份，货物金额67 937 587.68元，税额11 549 390.94元，价税合计79 486 978.62元，已抵扣税款3 022 048.36元。戴某某为他人虚开增值税专用发票137份，货物金额67 937 587.68元，税额11 549 390.94元，

---

* （2017）湘刑终102号。

价税合计 79 486 978.62 元，已抵扣税款 3 022 048.36 元。李某1介绍他人虚开增值税专用发票 133 份，货物金额 65 373 074.84 元，税额 11 113 423.78 元，价税合计 76 486 498.62 元，已抵扣税款 2 804 064.78 元。龙某让他人为自己虚开增值税专用发票 4 份，货物金额 2 564 512.84 元，税额 435 967.16 元，价税合计 3 000 480.62 元，已抵扣税款 217 986.58 元。刘某某、韩某某介绍他人虚开增值税专用发票 4 份，货物金额 2 564 512.84 元，税额 435 967.16 元，价税合计 3 000 480.62 元，已抵扣税款 217 986.58 元。

另查明，2015 年 6 月、7 月，戴某某、李某1先后到公安机关投案并如实交代犯罪事实；同年 8 月，龙某、刘某某、韩某某到湖南省邵阳县公安局投案并如实供述犯罪事实。朱某某被抓获后，如实供述了自己的犯罪事实。戴某某、朱某某、李某1在侦查机关分别退赃款 150 000 元、200 000 元、100 000 元。

二、撰写心得

一份裁判文书对于刑事法官意味着什么，往往是不言自明的。每一次裁判都意味着一份沉甸甸的责任与压力，而承载这份责任与压力的便是那一篇或长或短的裁判文书以及文书背后的法官与法院。在这里，请允许本人结合自己的实际情况和经验教训，从较为微观的层面谈一谈撰写一份理想的裁判文书需要注意的几个问题。

（一）要尽可能扎实地做好前期准备工作

好的文书不是凭空产生的，而是建立在认真阅卷、开庭、充分听取控辩双方意见乃至查看现场、调查走访的基础之上。众所周知，不论是阅卷或是开庭、听取意见、调查走访等，均与法官工作经验的积累息息相关。只有做到乐于学习、勤于思考，善于总结，才有可能较好地完成上述各项工作。而上述工作恰恰是我们将要撰写的裁判文书必不可少的基础与底色。

（二）要坚持规范的行文格式

一份好的裁判文书，首先是一份合格的公文。换言之，一份说理充分、用语准确的裁判文书，如果行文格式存在明显不规范的情形，则整篇文书的品质将因此失色。就刑事裁判文书而言，目前仍在使用的范本依然是最高人民法院办公厅编写的《法院刑事诉讼文书样式》。因此，在撰写裁判文书时有必要对照此书，确保行文格式规范，文书要素齐全。此外，《最高人民法院公报》《刑事审判参考》等刊物上刊登的具有典型意义的裁判文书均可作为撰写文书的参考。案件类型不同，被告人数不同，案情复杂程度不同，审理的层级不同均可使裁判文书呈现不同的叙述格式。但不论如何，裁判文书必须遵循基本的行文格式和规范。实践中，一些裁判文书在各层级标题的标点使用上常常出现不规范的情形。类似于"（一）、""1、"的行文方式在裁判文书中并不鲜见。正确的书写方式应当是"（一）""1."。规范标点符号用法，既是一种习惯的养成，更是日常积累的结果。国家颁布过标点符号用法，需要平时留心学习。同样，一些裁判文书在证人证言的表述上，时而以第一人称口吻，时而以第三人称口吻等。笔者认为，对于证人证言，宜用第三人称口吻精炼表述。做到行文格式规范，需要长期的积累与自我约束，是严谨作风的外在体现。

（三）要精确简练地罗列在案证据

毫无疑问，证据是证明案件事实的关键。裁判文书对证据的罗列应当紧扣案件事实并遵循一定的内在逻辑，从而使文书的阅读者有抽丝剥茧、豁然开朗、心服口服的感觉。笔者认为，不同的案件对于证据的罗列和归纳有不同的要求，但基本上可以遵循从客观到主观、从表象到本质的规律。如先有现场勘验笔录及提取的物证，后有针对相关物证的辨认笔录；先有从物证或被告人、被害人身上的生物检材及其提取笔录，后有与生物检材相关的鉴定意见；先有视频监控拍到的被告人影像，后有目击证人关于被告人活动的证言等。对于证明同一事实的多份证据，宜精简归纳为一项内容，避免重复罗列，导致行文啰唆。应当注意的是，在一份有罪裁判中，不宜在罗列被告人供述的同时写入其辩解的内容，亦不要将该证据内容表述为"被告人的供述与辩解"。事实上，一份有罪裁判文书中罗列的证据应当为证明被告人有罪的证据，至于其无罪或罪轻的辩解，宜放在说理部分进行阐述与评价。

（四）要竭尽所能地写好文书的说理部分

笔者认为，一份理想的裁判文书的精髓仍是在说理部分。要把这个理说好，应当注意如下几个问题。第一，要明确针对什么说理。实践中，被告方的辩解理由及辩护意见往往相互交错，难免重复，在撰写裁判文书时，既要认真细致地阅读被告方的辩解理由和辩护意见，避免遗漏主要观点造成阐述不全，又要善于归纳总结，找准关键的辩护观点，防止眉毛胡子一把抓。第二，要秉持客观公正的立场说理。实践中，一些裁判文书喜欢使用"足以认定"的表达方式,但与之对应的说理却并不见得多么"丰满"。笔者以为,裁判文书的说理同样要坚持证据裁判原则。胡适先生有句名言,即"有几分证据说几分话",裁判文书的说理同样应当如此,即要让证据说话,尽可能地用证据的"内容"及证据之间的逻辑关系来支撑观点,而不是简单地罗列证据的种类与名称,最后生硬地加上一句"足以认定"。因此,要尽可能地保持客观公正的立场,避免先入为主,先在心里下结论后在纸上草草论证。第三,要熟悉说理所需要的"法律工具"。随着社会生活日益复杂多样,刑事法律及其司法解释也在不断发展变化。有针对性地说理必须建立在熟悉与案件相关的法律及司法解释的基础之上,切实防止在心里没底的情况下就着手撰写文书,要避免在说理部分出现"有关规定""相关司法解释"等似是而非、模棱两可的表述。实践中,被告方的辩解和辩护意见往往刻意"规避"或"忽视"法律规定,制造出看似正确实为谬误的观点。这就要求主审法官严格依照法律的明确规定进行驳斥。常见的如对立功及自首的认定,被告方往往将不能认定为立功的诸如写信规劝同案人自首、线索来源不明的检举揭发等情形辩称为立功。主审法官在撰写文书时,就应当严格依照法律和司法解释的规定,旗帜鲜明地予以反驳。又如修改后的刑事诉讼法已经将认罪认罚从宽制度作为一项重要原则和制度。在撰写裁判文书过程中,就要厘清认罪认罚从宽制度与自首、立功、退赃等量刑情节之间的关系,既要根据事实合理量刑,又要避免违反法律作出重复评价。第四,要敢于回应案件涉及的法律难点。一篇好的裁判文书,往往能成为裁判同类案件的规范指引。世界上没有两片完全相同的树叶,许多看似普通的案件往往是棘手难办的疑难复杂案件。这就要求法官在撰写裁判文书过程中,既要做到理性平和,又要有一定的担当精神。要在吃透案情的基础上,根据自己对法律文本及其精神、天理国法人情等因素的充分理解,提出法律上的处理意见。笔者认为,只要有理有据且自圆其说,就不怕在文书中阐明。笔者曾在一篇裁判文书中提出"以欺骗方式让行贿人主动交付财物的,应认定为索贿"的观点,该案例及其观点被《刑事审判参考》第106辑的"办理贪污贿赂刑事案件专刊"采用,从而具有了一定的指导意义。

最后,笔者认为好的裁判文书,除了上面所讲的几点,更重要的还在于这是一篇"干净"的裁判文书。换句话说,一篇裁判文书是法官在秉持客观公正的立场,坚守廉洁自律底线的前提下完成的,即便有着这样那样的不足,依然可以说是一篇好的裁判文书。反之，哪怕说理再透彻，格式再规范，只要其沾染上了不客观、不廉洁的瑕疵，都不能算是一篇好的裁判文书。

以上内容均系笔者在办理案件及撰写文书中经验教训的总结，不揣浅陋，写出来与大家一起讨论。个人亦深感水平不足，仍需不断向法院同行学习，以期取得新的进步。

（陈健，湖南省高级人民法院法官）

三、专家评析

优秀裁判文书有如春天的花朵，虽千姿百态，但各有其美。该二审裁定书，充分展现了专业人员的专业水平，值得特别肯定。

（一）罪名本质把握精准

虚开增值税专用发票罪的本质在于被告人通过为他人虚开、为自己虚开、让他人为自己虚开、介绍他人虚开增值税专用发票的方式致使国家税收遭受损失的行为。该裁定在分析"朱某某等人的行为与涉案公司抵扣税款之间是否有因果关系""朱某某、戴某某等人是否具有骗取国家税款的目的"以及应当适用哪一量刑幅度时，均精准把握了虚开增值税专用发票罪的本质。

（二）事实认定论证精细

在回应关于朱某某不应承担为相关公司虚开发票法律后果的辩护意见时，裁定指出"增值税专用发票仅是被更改了销货单位名称和货物名称，而未改变原增值税专用发票的代码、号码、密码字符、纳税人识别号、金额、税额等票面信息"；在回应关于戴某某不应承担为相关有限公司虚开发票法律后果的辩护意见时，裁定指出"戴某某并未按照公对公业务的要求落实开票流程规定""朱某某与戴某某也曾为向相关公司开具增值税专用发票有过意思联络"；在回应关于虚开给相关公司的增值税专用发票是否抵扣的事实不清的辩护意见时，裁定指出"只要受票单位实施了向税务机关申请认证的行为，即可视为完成了抵扣"等，论证均非常精细。

（三）罪责大小分担精确

在回应关于应认定朱某某为从犯的辩护意见时，裁定指出"朱某某参与了全案李某2两笔犯罪，且均从介绍虚开增值税专用发票的行为中获利""朱某某将李某2的要求转告戴某某，并将从李某2处获得的好处费按照约定分发给李某1和戴某某，以强化李某1和戴某某的犯罪意志"；在回应关于应认定戴某某为从犯的辩护意见时,裁定指出"戴某某受朱某某、李某1所托,多次实施向他人虚开增值税专用发票的行为,并收取数十万元非法利益","作案后,戴某某还通过销毁虚开的增值税专用发票的记账方式来逃避查处"。该裁定对于朱某某、戴某某均应认定为主犯,因而应当承担相应刑事责任的认定,非常精确。

优秀裁判文书中既有为大众雅俗共赏的佳作,也有为专业人员点头称赞的杰作。该裁定不仅为办理虚开增值税专用发票罪案件提供参考指引,也为刑事案件裁判文书中控辩双方意见支持与否的说理释法提供了范例,属于刑事裁判文书中难得的杰作。

(点评人:王飞跃,中南林业科技大学政法学院教授)

(2017)湘刑终 102 号裁判文书原文

第九节 诈骗罪

20. 孙某诈骗案*

【关键词】

诈骗 非国家工作人员 篡改合同 财产性利益

【裁判要旨】

航空公司订座系统工作号（简称ICS工作号）及航空运输合同（机票）属于财产性利益，非国有公司人员利用其票务代理权，串通利用国有公司工作人员的渎职犯罪行为，骗取该工作号篡改航空运输合同，牟取不法利益，构成诈骗罪。

一、简要案情

2003年4月17日，中国南方航空股份有限公司（以下简称南航公司）和广州易网通投资咨询有限公司共同出资成立广东南航易网通电子商务有限公司（以下简称南航电商公司），被告人余某某担任南航电商公司党总支书记、副总经理，主持全面工作。被告人刘某某担任南航电商公司市场部经理助理，是南航电商公司订座系统配置号及工作号的主管理员，负责南航公司ICS工作号的管理和申请。2011年至2012年期间，南航公司与南航电商公司签订协议，约定南航电商公司将南航电子商务及相关业务作为核心支持服务业务，并以提供南航公司电子商务平台的日常运营服务和辅助南航公司信息中心进行后台系统开发作为主要工作内容，南航公司则按不同费率向南航电商公司支付服务费、收取系统维护费。南航电商公司须以公司名义申请南航公司订座系统工作号（以下简称ICS工作号），并指定1~2名管理员负责ICS工作

---

* （2017）粤刑申73号。

号的申请、使用培训、监督、管理、调整、终止等。

2010年6月1日，被告人孙某与赵某某共同出资成立广州市金达航票务服务有限公司（以下简称金达航公司），赵某某担任金达航公司法定代表人，孙某是金达航公司的实际控制人。

2011年3~4月，金达航公司与南航公司签订《中性客票销售代理协议书》《中性客票销售代理协议附件》《网上电子客票销售代理协议》《网上销售代理协议》，约定南航公司委托金达航公司代理销售国内、国际客票业务。南航公司向金达航公司支付基本代理手续费及奖励代理费。

2011年7~8月，孙某得知南航公司ICS工作号可以免费改签机票，遂要求余某某、刘某某提供南航公司ICS工作号用于改签客票谋利，余某某、刘某某同意。同年10月8日、11月2日，经余某某审批同意，刘某某以南航电商公司名义共申请13个南航公司ICS工作号并交给孙某等金达航公司员工使用。

2011年10月至2012年6月间，在明知金达航公司无权使用南航公司ICS工作号的情况下，孙某等金达航公司员工接受旅客订单后，先在南航公司官方网站购买低价的远期电子客票，再利用南航公司ICS工作号进入南航公司订座系统，擅自将客票的出行日期更改为旅客需要的近期电子客票，并向旅客收取高于远期客票价格的票款。经审计，2011年10月至2012年6月间，金达航公司使用上述手法，擅自将19 902张南航公司远期电子客票更改为近期电子客票，共收取旅客机票款17 334 476元，按远期客票价格支付给南航公司13 471 050元，客票价差款人民币3 863 426元由孙某支配使用。

广州市中级人民法院一审审理认为，被告人孙某勾结具有国家工作人员身份的余某某利用职务便利，共同侵吞、窃取南航公司客票销售款共386万余元，构成贪污罪共犯，判处有期徒刑十三年，并处没收财产人民币150万元。孙某不服，提出上诉。

广东省高级人民法院二审审理认为，余某某身为国有公司工作人员，滥用职权，致使国家利益遭受特别重大损失，构成国有公司人员滥用职权罪。孙某以非法占有为目的，通过欺骗手段侵吞南航公司财物，数额特别巨大，构成诈骗罪，判处有期徒刑十一年，并处罚金人民币100万元。孙某仍不服，提出申诉。

本案争议焦点：非国有公司人员骗取ICS工作号并用于篡改机票套取差

价款的行为是否构成犯罪，构成何罪。

二、撰写心得

驳回刑事申诉通知书是人民法院依法审查当事人及案外人不服生效刑事裁判提出申诉案件运用最多的裁判文书，它承载着释法析理、息诉服判，维护生效裁判权威的重要功能。孙某诈骗案驳回申诉通知书作出后，被多家微信公众号运营者广泛推送和好评，《法治日报》、人民网等官媒作为司法公开的典型事例作了报道，并被评为首届全国法院百优裁判文书，笔者作为本案的承办人和审判长，对这个结果既感到意外，又觉得合乎情理。感到意外是因为驳回申诉通知书不是法院常见的裁判文书，能引起评委的关注难能可贵；觉得合情的是本驳回申诉通知书的说理符合当事人和社会公众的期待。关于如何才能写好驳回刑事申诉通知书，笔者有以下几点心得体会。

（一）要切实重视

要把刑事申诉审查工作作为送上门的"群众工作"，把申诉人能够接受认同生效裁判作为写好驳回刑事申诉通知书的致力目标，像重视写好刑事判决书、裁定书等"正规"裁判文书一样，带着"为民司法"的情怀和"努力让人民群众在每一个司法案件中感受到公平正义"的使命，重视对每一件刑事申诉案件的审查工作。对确实无理的申诉，要肯投入时间、精力和耐心，认真写好每一份驳回刑事申诉通知书。本案申诉人孙某在申诉审查期间，先后通过递送《申诉书》《给主审法官的一封信》《从犯罪构成要件分析本案不构成诈骗罪》《一些争议点、焦点问题》《指出二审判决书的部分错误》等材料，全面质疑本院裁判的合法性、正确性，强烈要求本院逐条作出解释。笔者作为承办法官，深感有责任通过裁判文书为其辨法析理、释疑解惑，促使其尊重裁判、认罪伏法。这是写好本驳回申诉通知书的内在动力和思想基础。

（二）要吃透案情

案件到了刑事申诉审查程序，申诉人一般都有"最后一搏"的心理，不仅会对原判认定事实、采信证据、适用法律和程序等各方面发起全面挑战，而且会以有新事实、新证据、新认识等超出原审范围的新理由提出再审请求，要实现申诉人息诉服判的办案目标，必须全面掌握原判情况，把握案件性质和争议焦点，查清申诉人申辩依据，在此基础上，才能写好具有充分说理性的裁判文书。本案申诉人孙某自始不认罪认罚，按其自述，其从被刑事拘留开始自学刑事法律,每天都有新认识、新提高,随着刑事诉讼程序的推进,其质疑的范围越来越大,问题越来越多,情绪越来越高,期待越来越强,特别是其对本案定性的质疑,是申诉审查中无法回避的焦点问题。笔者作为承办法官,为使其真正理解裁判依据,投入较大精力通过阅卷、与原审承办人沟通,深入了解一、二审定性的事实和法律依据,对本案定性和申诉人所提申诉理由、意见进行研究论证,为写好本驳回申诉通知书奠定了基础。

(三) 要平等对待

不同于原一、二审程序中的被告人是被追究刑事责任的对象,刑事申诉审查程序中的申诉人是寻求法律救济的主体,承办法官应当像对待来访群众一样给予耐心、平等的对待,对于提出的疑惑给予认真、透彻、准确的解答。一是本驳回申诉通知书改变传统裁判文书语言风格,使用第一人称,给人一种面对面谈心的感受,拉近了与申诉人距离。二是申诉人自称其法律素养较高并且申诉材料使用的都是法律专业术语。对此,笔者使用专业语言予以回应,体现了对其专业知识的尊重。三是全面、客观概述并逐条回应申诉人所提理由、意见、观点,体现了对申诉人申辩权的充分重视。四是,采取沟通、商榷的方式,对申诉人提出的概念术语、理论通说、构成要件等专业问题进行解释,帮助其消除对专业问题的片面理解、误解或曲解,引导申诉人全面、客观、理性认知和评价本案事实与法律问题,切实认同裁判结果。这是写好驳回申诉通知书、实现其应有功能的重要方法。

(四) 要抽丝剥茧

申诉人为达到其申诉目的,往往会通过各种途径反复陈述其申诉理由、观点、看法,申诉范围往往超过原一、二审,内容不免凌乱、重复,刑事申诉审查法官面对的说理任务往往更重。撰写裁判文书时,首先,应当对申诉人的申诉材料按照一定的逻辑进行归纳提炼,切忌照抄照搬申诉材料,也防止过度概括、遗漏、回避具体问题。之后,按照申诉理由的逻辑顺序,逐项评判,环环相扣,层层深入。本案中,笔者将申诉人的申诉理由先按照事实、法律、程序和其他四个方面进行提炼概括,分别以"二审认定事实错误""二审适用法律错误""二审程序违法""本案存在非法证据"为申诉的基本观点,在基本观点之下,按犯罪构成要件要素顺序,概括申诉人的具体观点、看法。如在事实错误方面,按欺骗、财物、因果关系、非法占有目的等客观和主观要件要素,客观列举了申诉人的意见;在适用法律错误方面,将申诉理由按罪与非罪、此罪与彼罪、重罪与轻罪的顺序进行归纳，先后在申诉人占有涉案财物的合法性、使用ICS工作号更改机票的正当性、诈骗的行为类型、财产性利益与差价款的关系、违约与诈骗罪的关系、职务侵占罪与诈骗罪的关系、侵占罪与诈骗罪的关系、破坏计算机系统罪与诈骗罪的关系、合同诈骗罪与诈骗罪的关系、单位犯罪与自然人犯罪的关系等客观列举了申诉人的观点。在具体评判部分，对应申诉理由、意见、看法，具体进行分析评判。首先根据申诉人没有提出异议的在案证据，重申本案基本事实，回应其所提原判认定事实错误的申辩理由；在此基础上，针对申诉意见，对本案事实和法律适用作出评判，重点围绕如何认定欺骗行为和被骗财物两个方面，运用间接正犯理论和刑法关于财物的理论通说，揭示申诉人涉案行为的类型和本质，即认为ICS工作号及航空运输合同（机票）属于财产性利益，非国有公司人员利用其票务代理权，串通利用国有公司工作人员的渎职犯罪行为，骗取该工作号篡改航空运输合同，牟取不法利益（差价款），给航空公司造成损失，符合诈骗罪的构成要件；在此基础上，再按照明确法律依据（大前提）、对应本案事实（小前提），明确评判意见（结论）的推论方法，回应申诉人所提的各种观点。这样，就使本驳回申诉通知书具有了无可辩驳之效。

（魏海，广东省高级人民法院法官）

三、专家评析

本案《驳回申诉通知书》与常见的短篇幅的《驳回申诉通知书》相比，长达16页的篇幅显得尤为独特。全文洋洋洒洒，通过大量的辨法析理，对申诉理由一一予以回应。即便是申诉人对法律和学术观点的片面理解甚至曲解，也同样予以释明澄清。

本案是一起特殊的诈骗案，申诉人孙某控制的金达航票务公司负责代理销售南航公司客票，在接受旅客订单后，孙某等人先在南航公司官网购买低价的远期电子客票，再利用南航公司ICS工作号擅自将客票的出行日期更改为旅客需要的近期电子客票，并向旅客收取高于远期客票价格的票款，以此赚取差价386万元。二审判决认定其构成诈骗罪，孙某认为二审法院认定事实错误、适用法律不当，其行为不构成诈骗罪，提出申诉。

申诉审查过程中，承办法官调阅了一、二审全部卷宗，逐条研究了申诉人所提出的申辩理由。对于申诉人提出的其行为不具有欺骗性的理由，予以驳回并释明:"根据间接正犯理论,被告人利用他人履行职务(包括正当履行职务和失职渎职)或者其他行为(包括正常行为和违法犯罪行为)向被骗人或被害人本人间接实施的虚构事实、隐瞒真相的行为,也应认定为被告人实施的欺骗手段。"关于申诉人提出其更改机票行为,只成立破坏计算机信息系统罪的申辩理由。驳回通知书指出:"单论该行为,确实可以构成破坏计算机信息系统罪,但综合全案事实,该行为仅为实施诈骗犯罪行为中的一个环节,可被诈骗犯罪所吸收,根据罪数理论和处断原则,应择一重罪即诈骗罪处断。"

在申诉人提出的十几个申诉理由中,最具迷惑性的是本案所侵犯的"财物"究竟是指什么,这直接关系到诈骗罪能否成立。申诉人提出票务公司有权代收机票款,其占有差价款不构成犯罪,即使有拒不返还的行为,也只能构成侵占罪。承办法官经过深入分析研究,指出孙某的涉案行为所侵犯的"财物"是指财产性利益,从而使得这一关键性的问题得以有效解决。

本案《驳回申诉通知书》通过官方媒体和各种自媒体得以广泛传播,阅读者纷纷感叹"驳回申诉通知书还可以这样写"!可以说,本案《驳回申诉通知书》的超大篇幅只是表面现象,其实质就在于说理细致且充分,回应了人民群众对司法文书"讲道理"的期待。因此,《驳回申诉通知书》也一样可以写得别开生面,其政治效果、法律效果和社会效果丝毫不弱于判决书、裁定书等司法裁判文书。

(点评人:邓定永,华南农业大学人文与法学学院法律系副主任,刑法教研室主任,刑法学博士)

(2017)粤刑申 73 号裁判文书原文

21. 张某某等 33 人诈骗案*

【关键词】

跨境电信网络诈骗　境外犯罪　犯罪集团

【裁判要旨】

1. 《关于办理电信网络诈骗等刑事案件适用法律若干问题的意见》是最高人民法院、最高人民检察院、公安部就电信网络诈骗犯罪适用《刑法》出台的规范性文件，其效力附属于《刑法》。参照《最高人民法院、最高人民检察院关于适用刑事司法解释时间效力问题的规定》中"司法解释自发布或者规定之日起施行，效力适用于法律的施行期间"及"对于司法解释实施前发生的行为，行为时没有司法解释，司法解释施行后尚未处理或者正在处理的案件，依照司法解释的规定办理"的精神，《关于办理电信网络诈骗等刑事案件适用法律若干问题的意见》应适用于刑法实施期间。

2. 通话记录、境外电信诈骗集团内部聊天记录、相关转账汇款记录均系认定诈骗集团与被害人关联的主要证据，至少有前述一种证据证实，且相关电子数据与被害人陈述的诈骗电话号码或银行账号等相印证、从诈骗集团提取的电子数据中的聊天或通话时间与被害人转账时间相印证、被害人陈述的被骗经过与被告人供述的诈骗方式相印证的，相关被害人、被骗数额应予以认定。

3. 各被告人加入犯罪集团的时间，应认定为其着手实施犯罪的时间，在其加入后犯罪集团实施的全部诈骗行为均应视为该被告人参与的诈骗行为，相关诈骗数额均应计为该被告人参与的诈骗数额。

4. 进行一线电信诈骗的被告人明知其他（二线或三线）被告人会冒充国家机关工作人员，仍诱骗、引导被害人与二线或三线被告人联系，为后续诈骗行为提供信息、创造条件，应认定相关被告人共同冒充国家机关工作人员，应予从重处罚。

---

* （2017）京 02 刑初 55 号。

一、简要案情

2015年6月至2016年4月间，被告人张某某、林某某等33人先后出境分别至印度尼西亚共和国、肯尼亚共和国，参加针对大陆居民实施电信诈骗的犯罪集团。在实施电信诈骗过程中，各被告人与其他共同作案人分工合作，由电脑操作手利用电信网络技术手段对大陆居民进行语音群呼，发送主要内容为"快递未签收，联系客服查询"的语音包；从事一线接听的被告人冒充快递公司客服人员，谎称被害人有签证未领取、身份信息遭泄露，以帮助被害人报案为由将电话转接至二线人员；从事二线接听、拨打电话及三线接听、拨打电话的被告人分别冒充公安局民警、检察院检察官等国家司法机关工作人员，谎称被害人信息泄露被用于犯罪活动，需对被害人资金流向进行调查等，继续对被害人进行欺骗并要求被害人向被告人指定的银行账户转账、汇款，先后骗取75名被害人钱款共计人民币2318.724万元。

综合本案的公诉意见及辩护人辩护意见，合议庭总结争议焦点如下：

1. 关于认定被害人及其被骗数额的证据问题。本案认定诈骗犯罪集团与75名被害人之间关联性的证据主要有三种：一是犯罪集团使用的网络电话与被害人电话的通话记录；二是犯罪集团的skype聊天记录中提到了被害人的名字、身份证号等个人信息；三是被害人向被告人指定银行账户转账汇款的记录。经审查确定的75名被害人，至少包含上述一种关联方式，并同时满足以下印证关系：一是相关电子数据（网络电话、skype聊天记录等）与被害人陈述的诈骗电话号码、银行账号等证据相互印证；二是电子数据中的聊天时间、通话时间与银行交易记录转账时间相互印证（诈骗时间与被骗时间接近）；三是被害人陈述的被骗经过与被告人供述的诈骗方式相互印证。

2. 关于犯罪集团的认定问题。只要犯罪集团的核心成员稳定，分工明确，组织结构固定，外围成员的变动不影响犯罪集团的认定。

3. 关于被告人参与犯罪期间及犯罪数额的认定问题。各被告人的犯罪着手时间及犯罪参与期间，应在犯罪集团的大背景下考虑，参与犯罪集团即为着手，对脱离犯罪集团前犯罪集团所实施的全部诈骗行为承担责任。

4. 关于在犯罪集团中从事一线的被告人是否具有冒充国家机关工作人员情节的问题。对于被告人冒充快递公司工作人员，但诱骗、引导被害人联系冒充国家机关工作人员的其同伙，为同伙的后续诈骗行为提供信息、创造条件的，应视为共同冒充国家机关工作人员。

5. 关于主从犯的认定问题。主犯包括加入犯罪集团时间较长的、直接参与犯罪窝点的筹备的、负责犯罪组织、培训、管理的骨干成员及在犯罪集团或各自环节中起主要作用的被告人。认定从犯的考虑因素包括参与犯罪的期间较短、获利较少、参与犯罪次数较少、直接参与犯罪较少、是否具有流动性及可替换性。

6. 关于是否认定胁从犯的问题。各被告人的旅行证件、手机虽被收走保管，但在国外均可定期与家人通话，如明确表示不想实施诈骗行为，在支付交通费用的情况下，可自由退出，对拒绝诈骗的，正常饮食和休息可得到保障，不能认定为存在暴力、威胁、胁迫或人身、精神现实强制，不成立胁从犯。

二、撰写心得

该案系我国首次通过跨境司法合作，以遣返方式抓获数量众多包括我国台湾地区居民电信网络诈骗人员的案件，社会影响大；同时亦是《最高人民法院、最高人民检察院、公安部关于办理电信网络诈骗等刑事案件适用法律若干问题的意见》发布后审理的首例涉案人员众多的电信网络诈骗案件，对以后类似案件的处理亦有指导意义。同时，由于电信网络诈骗已成为社会公害，每年给众多被害人造成巨额经济损失，特别是本案中的犯罪嫌疑人冒称国家机关工作人员，严重败坏了国家机关的信用，因此该案从一开始就受到了各方面高度关注。

为更好地完成释法说理，以期达到被告人（特别是我国台湾地区被告人）悔罪服法的法律效果，在完善法律知识储备方面，我们做了如下准备：一方面查阅了我国台湾地区的"刑事诉讼法"、证据标准和"刑法"对诈骗的规定，充分比较了两岸规定的异同；另一方面学习了《最高人民法院、最高人民检察院、公安部关于办理电信网络诈骗等刑事案件适用法律若干问题的意见》，同时对照学习了此前的司法解释，认真研读了有关共同犯罪的刑法理论，为准确适用法律打下了坚实基础。政治层面上则着重体现我国严厉打击侵犯人民财产利益犯罪和维护人民合法权益的坚定决心。针对大陆居民的电信网络诈骗案件频发高发，每年给众多民众造成巨额经济损失，有的甚至造成被害人家破人亡的严重后果，动摇了和谐稳定的社会基础和人际关系，已成为危及人民生活安全、人人深恶痛绝的公害。广大民众要求对此类犯罪进行严厉打击，但由于实施此类犯罪的犯罪分子很多在境外设点，难取证、难遣返导致难追究。对本案的各被告人依法从严处罚，可以反映出我国现在已经完全有能力追究一切违反我国法律的犯罪分子的刑事责任，充分显示我国在新时代的自信。

在此前提下，本案的文书写作中重点关注了如下几个问题。

(一) 格式的规范统一

统一、规范的文书写作标准、风格甚至细微到标点符号、格式的运用，均能影响到社会公众对于裁判文书效力的认可程度。最高人民法院先后出台了多部司法解释，对于裁判文书的写作规范作出了详细规定。本案的裁判文书严格按照相关规定完成，力求通过规范裁判文书以展现司法审判的权威性。

(二) 焦点的提炼总结

案件审理主要是围绕控辩双方的诉辩主张展开。本案共计33名被告人，35名辩护人，在法庭审理阶段均完整阐述了自己的辩解及辩护意见，公诉机关针对这些意见一一答辩。经过总结控辩双方的主张，对相同的辩解及辩护意见合并归纳，不同的则分类整理，同时结合公诉机关的公诉及答辩意见，共提炼出七个争议焦点，并在裁判文书中予以概括分析，以达到提取争议焦点的精简凝练。

(三) 证据的分析审查

首先，在单一证据的"三性"，即真实性、合法性、关联性上判断是否具有证明能力。其次，对于本案这种复杂的跨境电信诈骗犯罪集团，能否形成完整的证据链条，具体指向某个特定的犯罪嫌疑人应当对某起具体的犯罪事实承担刑事责任，亦是本案文书写作的难点之一。最终，经过对所有相关证据的分析审查，在证据相互印证的基础上针对本案形成了特定的证据采信标准。

(四) 事实的扼要厘清

公诉机关向法院起诉被告人的犯罪事实是约略且概括的。例如，本案中各被告人在犯罪集团扮演的角色，参加犯罪集团的次数以及具体的犯罪数额，均需要在裁判文书中予以进一步确定。对上述事实的陈述，必须满足"排除一切合理怀疑"的刑事案件事实认定基本规则。

（五）说理的充分透彻

如前文所述，本案的审理过程中共提炼出七个争议焦点，说理部分主要围绕着七个争议焦点展开。如本案中多个辩护人突出的针对被告人参加犯罪的时间以及犯罪金额等意见，以犯罪集团的特殊性质为切入点，对于电信诈骗犯罪集团，从其组建成立后实施诈骗犯罪开始，该集团作为一个整体即完成犯罪着手。根据"部分实行，全部责任"的共同犯罪理论，此时已经进入犯罪实行阶段，故应当将被告人加入犯罪集团的时间认定为着手实施犯罪的时间，该犯罪集团在被告人加入后所实施的全部诈骗行为，均应视为被告人所参与的诈骗行为。

（六）量刑的精准适当

裁判文书的权威性不仅体现在行文的规范性、对事实的准确把握和证据的确实、充分上，而且量刑是否够精准适当也是决定犯罪嫌疑人是否认罪服法的关键因素。本案在确定被告人具体量刑的过程中，统计了北京市法院大量同类型犯罪的量刑情况，在从严惩处的大前提下，力图使本案的裁决结果与以往同类型犯罪的量刑相统一。与此同时，考虑各被告人在犯罪集团中所起的作用、犯罪的性质、情节及对于社会的危害程度，对主犯张某某、林某某以诈骗罪判处有期徒刑十五年，同时，以诈骗罪对韩某等人判处有期徒刑十四年至一年九个月不等刑罚，并处剥夺政治权利及罚金。对此，两岸民众对法院依法严惩电信网络诈骗犯罪形成共识，取得了良好的效果。同时，大多数被告人对法院判决并无异议，也未向上级法院提出上诉。

（邱波，北京市第二中级人民法院法官）

三、专家评析

本案处理的一起特大涉台跨境电信诈骗案件，该案系我国首次通过跨境司法合作，以遣返方式抓获数量众多包括我国台湾地区电信网络诈骗人员的案件，开创了司法互助的新形式，拓展了追究境外实施犯罪的人员刑事责任的新途径。本案无论是在对《最高人民法院、最高人民检察院、公安部关于办理电信网络诈骗等刑事案件适用法律若干问题的意见》的司法适用上，还是在对跨境刑事案件的事实认定和证据采信上均属首例。本案承办人在撰写本案文书的过程中，充分发挥裁判文书严谨性和精练性的特点，对一些实务、理论问题进行了新的阐释，对以后类似案件的处理有指导意义。

（一）事实认定准确，证据体例明晰，叙述脉络清晰严谨

因本案的犯罪集团曾在多国犯案，故文书的事实描述部分，以犯罪地进行区分，以被告人出入犯罪地所在国家或地区的出入境记录为分界线，综合从犯罪现场起获的电脑中获取的电子数据、被告人供述、被害人陈述及提交相关书证等证据材料，认定具体的犯罪事实，使得整个叙述过程脉络清晰，事实认定更加严谨。

（二）法律关系分析透彻，说服力强

文书的争议焦点综合评判部分，承办人在辩驳部分的析法说理层次清晰，说理部分充分透彻。对被告人辩解及辩护人辩护意见的逐一辩驳，使得本案的具体事实及各被告人应承担的法律责任可以完整地展现在裁判文书中，具有很强的说服力。

（三）具有积极正面的政治意义和良好的社会反响

本案依照我国法律审理在境外实施针对大陆居民的犯罪分子，充分展示了我国维护司法主权的坚定态度，同时也反映出我国现在已经完全有能力追究一切违反我国法律的犯罪分子的刑事责任，充分显示了我国在新时代的自信。

同时亦得到海峡两岸民众的广泛认同，实现了法律效果和社会效果的统一。该案中众多被告人系我国台湾地区居民，从开始遣返就引起两岸民众广泛关注。此次在我国大陆并适用大陆法律审理，对张某某、林某某等被告人判处有期徒刑十年以上重刑，对此，不仅广大大陆居民拍手称快，更赢得了包括我国台湾地区居民的广泛好评，取得了良好的法律效果和社会效果。

（点评人：杨子良，北京市第二中级人民法院刑事审判第二庭副庭长，北京市审判业务专家）

(2017) 京 02 刑初 55 号裁判文书原文

22. 黄某某诈骗案*

【关键词】

　　虚构　工程项目　骗取借款　工程保证金

【裁判要旨】

　　被告人未取得且无能力取得相关工程项目，虚构其取得工程项目的事实，骗取他人借款用于偿还个人债务和消费，造成数额巨大的借款不能归还的，其行为构成诈骗罪。

一、简要案情

　　2014年3月，被告人黄某某在没有获得西藏自治区拉萨市、林芝市当年供暖供气安装工程项目的情况下，向被害人任某谎称已取得该工程并将于4月份开工，虚假承诺给任某1亿元工程量的工程，要求任某先支付400万元工程保证金。任某向黄某某支付了300万元工程保证金后，联系被害人夏某某分包工程，后夏某某向黄某某支付100万元工程保证金。同年4月10日，黄某某为任某出具了借条，注明上述400万元用于承接拉萨市2014年度供暖供气安装工程。但黄某某将上述款项全部用于偿还个人债务和消费，仅退还夏某某24万元。2016年3月21日，黄某某向公安机关投案。

　　本案的焦点问题可以归纳为以下两点：（1）被告人黄某某提出与被害人任某之间存在债权债务关系，在本案之外向任某归还过钱款，还曾与任某及其债权人协商签订过代任某承担债务的三方协议，黄某某替任某承担了巨额债务，是否应从诈骗数额中扣除；（2）黄某某提出其是向任某、被害人夏某某借款，并不是收取工程保证金。

二、撰写心得

　　近年来，西藏经济、社会持续快速发展，随着城乡基础设施建设的深入

---

* （2017）藏刑终17号。

推进，以虚假工程名目实施诈骗的案件较为多发，应当给予高度关注。依法惩治发生在建设工程领域的刑事犯罪，保障公私财产安全和社会稳定，西藏刑事法官责无旁贷。

法官办理的不仅仅是案子，更是别人的人生。《尚书·大禹谟》中提出："狱者，人命之所悬也，不可以不慎。"就本案而言，上诉人黄某某所提出的上诉理由能否成立，关系其是否构成犯罪问题，必须认真给予审视和回应。经过提讯、阅卷，承办人认为认定黄某某犯诈骗罪的事实清楚，证据确实、充分，其理由如下：

1. 破案自然。2015年6月2日，被害人夏某某报案称，2014年3月，任某称其从黄某某处拿到暖气安装工程，需要交纳100万元保证金。同年3月31日夏某某经与任某商议，将100万元转账至任某提供的黄某某账户，任某为夏某某出具了收条和协议书。同年5月中旬的一天，黄某某与任某、夏某某见面后称该工程于同年5月18日就定下了。因直至同年10月底该工程仍没有消息，夏某某要求任某、黄某某退还100万元保证金，但一直未退还，遂报案。2016年3月公安机关与黄某某取得联系并耐心教育，同月21日黄某某主动到拉萨市公安局经济犯罪侦查支队投案。

2. 本案主要情节均有证据证实：一是西藏自治区地质矿产勘查开发局与四川省泸州志远建筑工程有限公司签订的合同协议书、西藏自治区林芝市住房和城乡建设局出具的证明和证人杜某某的证言证实，上诉人黄某某作案时西藏自治区拉萨市、林芝市并不存在其声称的一个亿的供暖供气安装工程，黄某某对此亦予供认。二是黄某某不是供暖安装工程的发包方、承包方，亦不具备中介身份，黄某某作案时并未承接、也没有能力承接相关供暖供气安装工程，黄某某对此亦予供认。三是被害人夏某某、任某的陈述和证人蒲某某的证言、黄某某出具的借条证实，黄某某虚构其承接了相关供暖供气安装工程的事实，并许诺承包给二被害人，以此为由骗取二被害人工程保证金。四是关于骗取的400万元。夏某某、任某的陈述及相关银行转账记录证实夏某某向黄某某转账100万元；任某的陈述、证人钟某的证言及相关银行转账记录证实任某向黄某某转账150万元；其余150万元任某陈述是自有资金或者自己所借；黄某某始终供认收到任某、夏某某的400万元，故骗取400万元的事实足以认定。五是黄某某将诈骗所得直接用于偿还个人债务和挥霍，并未用于生产经营活动。在实施诈骗行为数月后，黄某某虽然曾让杜某某了解林芝市供暖工程事宜，但在得知工程尚未立项时，未将实情告知被害人和返还财物，反而将上述款项转账给王某某、黄某某等十余人用于偿还个人债务和消费，导致任某、夏某某遭受巨额损失。上述情况有黄某某的持卡消费记录和转账记录、杜某某的证言、黄某某的供述等证据证实。

综上，现有证据能够形成上诉人黄某某构成诈骗罪的证据链。

形成内心确信是一回事，将自己对事实认定和法律适用的理解清楚地写进裁判文书之中，则又是一回事，这个过程其实并不轻松。回想起办理此案的过程，如果说让笔者记忆犹新的体会，那么首先就是必须紧紧围绕犯罪构成，精心认定事实和强化分析说理，从而赋予裁判文书独特鲜活的"精气神"。

刑法理论通说认为，诈骗罪是以非法占有为目的的犯罪。在审判实践中，认定是否具有非法占有目的，应当坚持主客观相一致的原则，既不能单纯根据损失结果客观归罪，也不能仅仅因为被告人作无罪辩解就凭供出罪。从《全国法院审理金融犯罪案件工作座谈会纪要》《最高人民法院关于审理非法集资刑事案件具体应用法律若干问题的解释》《最高人民法院、最高人民检察院关于办理妨害信用卡管理刑事案件具体应用法律若干问题的解释》等规范性文件和司法解释的规定看，认定是否具有非法占有目的，可以归纳为以下几方面情形：是否采取了虚构事实、隐瞒真相的欺骗手段获取资金；是否许诺不合理的高额回报，超出归还能力；对于获取的资金是合理使用还是肆意挥霍、抽逃隐匿，甚至用于违法犯罪活动；是否具有销毁账目、单据或拒不交代资金去向等逃避返还资金的行为等。在司法实践中，具备上述情形之一，即可认定为具有非法占有的目的。承办人在二审裁定书中，针对上诉人黄某某提出的无罪辩解，在条分缕析地阐明其辩解不能成立的同时，对其具有非法占有的目的作出了肯定性评判，在此基础上认定其行为已构成诈骗罪，结论自然更令人信服。

此外，法官不能仅仅因为案件较为普通，缺乏"创造性"因素而失去审查和评判的耐心。具体到本案，上诉人黄某某提出其与被害人之间存在着其他债权债务关系，但该事实是否存在、是否影响本案的定罪量刑，一审未明确认定。二审如果仍然置之不理，或者一笔带过，无疑将使裁判文书的说理性大打折扣。因此，本裁定书直面上述问题，在强化裁判文书说理、争取胜败皆明方面进行了积极的探索，为裁判结果获得社会普遍认同奠定了坚实的基础。

（周军，西藏自治区高级人民法院法官）

三、专家评析

本案属于近年来西藏自治区发案率较高的诈骗案件类型，就案件本身来说事实清楚，证据确实、充分，上诉人黄某某以虚假工程名目实施诈骗，获取资金并挥霍，其行为构成诈骗罪。承办人审查本案时没有固守事实清楚、证据亦很好、维持即可的思维，而是坚持认真梳理全案，针对黄某某所提上诉理由抽丝剥茧，从黄某某的主观故意到客观行为，对每个环节进行循序渐进地分析，既确保法律上的公正，又确保社会公众对其犯罪过程一目了然。

本案承办人深信，裁判文书既要体现公正审理案件的全过程，也应注重传递司法的温度和态度，因此通过个案在强化裁判文书说理、争取胜败皆明方面进行了积极的探索，并对审判结果可能在建设工程领域产生的影响进行预判。在承办人缜密的逻辑思维和精准的分析说理下，本篇裁判文书深入贯彻了习近平法治思想，以司法审判为服务西藏长治久安和高质量发展，作出了积极贡献，有效发挥了刑事审判的惩戒、震慑、预防功能，获得了各族群众的普遍赞赏。

（点评人：巴桑，西藏自治区高级人民法院审判监督庭副庭长）

（2017）藏刑终 17 号裁判文书原文

第十节　假冒注册商标罪

23. 许某某等九人假冒注册商标罪、王某销售假冒注册商标的商品罪案*

【关键词】

假冒注册商标　销售假冒注册商标的商品　犯罪金额　共同犯罪　行为定性

【裁判要旨】

化妆品从业人员明知他人生产制造假冒注册商标的商品，仍研发配方、提供主要原料的，应以假冒注册商标罪的共犯论处，且其地位作用不同于其他受人雇佣、仅为获取劳动报酬而参与犯罪的被告人，应认定为主犯。印刷行业人员明知印制注册商标应有合法手续和证明文件，仍按照注册商标样式和电子模版私下印制假冒注册商标标识的，应以假冒注册商标罪的共犯论处，并结合其主观明知程度、犯罪金额大小及社会危害性等，均衡量刑，罚当其罪。

一、简要案情

经我国原国家工商行政管理总局商标局核准，欧莱雅公司在第3类化妆品等商品上注册了"KIEHL'S"以及"科颜氏"商标。

经我国原国家工商行政管理总局商标局核准，日本株式会社DR. CI：LABO在第3类化妆品等商品上注册了"LaboLabo"商标。2017年4月20日，强生私人有限公司经核准转让取得该注册商标专用权。

1. 2015年至案发期间，被告人许某某为非法牟利，在未取得欧莱雅公司

---

* （2019）沪03刑初55号。

商标使用许可的情况下，委托被告人黄某某研发假冒"KIEHL'S"化妆品的原料配方并提供生产原料，委托被告人鲁某某印制假冒的"KIEHL'S"粘贴商标标识，委托他人提供化妆品瓶子、瓶盖、纸盒等包装材料，并陆续雇佣被告人张某1、覃某某、张某2、谢某在其租借的生产窝点广东省深圳市宝安区民主新村7巷10号内，对假冒"KIEHL'S"化妆品进行灌装、贴标、装盒、打包、收发货等，尔后将制成品发送到租借的仓储窝点深圳市宝安区流塘路河东大厦B栋×层×号。嗣后，许某某将假冒"KIEHL'S"品牌的化妆品销售给王某、李某等人。

2017年3月到案发期间，被告人许某某要求被告人钟某某为其提供假冒的"KIEHL'S"热转印商标标识。钟某某遂委托被告人宁某某按照许某某提供的正品"KIEHL'S"商标及由其委托他人制作的商标标识电子模版，印制假冒商标标识30 000个，并将商标标识热转印到空瓶上，尔后将热转印后的瓶子按许某某要求送到刘某某的深圳市泊泉化妆品有限公司进行灌装。钟某某从许某某处收取货款后将其中大部分转给宁某某，并从中获利人民币5500余元（以下币种均为人民币）。

与此同时，被告人许某某仍委托被告人黄某某研发假冒"KIEHL'S"化妆品的原料配方并生产提供原料。黄某某研发成功原料配方后，委托刘某某的公司先后共生产了假冒"KIEHL'S"系列化妆品原料9000余公斤，并灌装了部分化妆品原料。被告人张某1、覃某某、张某某、谢某受许某某雇佣在上述生产窝点和仓储点，对假冒"KIEHL'S"系列化妆品进行灌装、贴标、装盒、打包、收发货等，尔后由许某某将假冒产品销售给王某、李某等人。

2. 2017年下半年，被告人许某某从他人处购得印有"LaboLabo"商标标识的纸盒、空瓶、瓶盖等包装材料，并委托被告人黄某某研发生产原料。黄某某通过刘某某的公司共生产假冒"LaboLabo"化妆品原料400公斤，并灌装假冒"LaboLabo"化妆品3000余瓶。被告人张某1、覃某某、张某某、谢某受许某某雇佣在上述生产窝点和仓储窝点，对假冒"LaboLabo"化妆品进行装盒、打包、收发货等，尔后由许某某通过王某和其本人所开淘宝店铺"融美达商贸"对外进行销售。

3. 被告人王某为非法牟利，自2015年起至案发，从被告人许某某处购进假冒"KIEHL'S"系列化妆品，然后加价销售给陈某某、余某某（均另案处理）等多人。

经司法会计鉴定：（1）被告人许某某于 2017 年 7 月至案发期间生产、销售假冒"KIEHL'S"注册商标系列化妆品及"LaboLabo"注册商标化妆品的金额总计 4 635 656 元。（2）被告人王某于 2017 年 7 月至案发期间非法销售假冒"KIEHL'S"注册商标系列化妆品及"LaboLabo"注册商标化妆品的金额总计 4 105 259 元。（3）被告人黄某某于 2017 年 7 月至案发期间参与生产假冒"KIEHL'S"注册商标的系列化妆品及"LaboLabo"注册商标的化妆品的金额总计 4 635 656 元，违法所得 641 200 元。（3）被告人鲁某某于 2016 年 5 月至案发期间，参与生产假冒"KIEHL'S"注册商标系列化妆品的金额计 4 153 562 元，违法所得 77 500 元。（4）被告人张某 1、张某某、覃某某、谢某于 2017 年 7 月至案发期间参与生产、销售假冒"KIEHL'S"注册商标系列化妆品及"LaboLabo"注册商标化妆品的金额总计 4 635 656 元。（5）被告人钟某某、宁某某参与生产假冒"KIEHL'S"注册商标化妆品的金额总计 45 万元，违法所得分别为 5500 元和 14 727 元。

2018 年 7 月 3 日，十名被告人分别被公安机关抓获。当日，公安机关在广东省深圳市宝安区民主新村×巷×号、深圳市宝安区流塘路河东大厦×栋×层×号内，查获标有"KIEHL'S"商标的各类化妆品 16 202 瓶，标有"LaboLabo"商标的化妆品 2618 瓶，假冒"KIEHL'S""LaboLabo"商标标识 70 000 余件，以及大量制假工具及半成品等。经鉴定，查获的标有"KIEHL'S"商标的化妆品货值金额为 172 342 元，标有"LaboLabo"商标的化妆品货值金额为 26180 元。经商标权利人鉴别，上述查获的带有"KIEHL'S""LaboLabo"商标的化妆品均为假冒注册商标的产品。同日，公安机关还在被告人宁某某处查获了"KIEHL'S"热转印商标 2 桶计 6000 个及模板 4 桶。

二、撰写心得

本案是一起涉及国际知名化妆品品牌（KIEHL'S、LaboLabo 等）的假冒注册商标犯罪案件。该案涉案人员众多，社会影响大，犯罪时间跨度长，从假冒商标标识、包装材料采购、假冒产品研发、原料生产加工、窝点贴标包装、仓储存货发货等各个环节，已形成产、供、销完整的制假、销假犯罪链条和犯罪团伙，团伙成员之间分工配合，紧密合作，大量假冒侵权产品流向社会，犯罪金额特别巨大，不仅造成被侵权产品商誉严重受损和被害单位的重大经济损失，而且还严重破坏社会主义市场经济秩序，严重挑战我国对知识产权严格保护的政策。

在此背景下，要创作完成一篇以审判为中心的刑事裁判文书，以法理、事理、情理为依托，充分展现审判智慧，需要做到以下几个方面。

(一) 打好证据基础，梳理事实脉络

证据裁判是公正司法的基石，如果证据基础不扎实，案件质量就难以保障司法公正更无从谈起。刑事审判坚持"以事实为依据，以法律为准绳"，其中"以事实为依据"就是"以证据为根据"。在撰写本案裁判文书之前，笔者反复查阅案卷、梳理摘录证据，将数十本案卷、数十万页的全案证据材料分为假冒"KIEHL'S"品牌化妆品证据、假冒"LaboLabo"品牌化妆品证据、其他共同证据三大部分，全面贯彻证据裁判原则，从证明能力和证明力两个方面入手，对全案证据逐一进行分析、审查，决定取舍。经提炼、归纳、分析，形成长达80余页共44 000余字的证据内容及分析认证材料。同时，为全面理清案件事实脉络，笔者专门绘制思维导图，形成时间—人物—仓库关系图表，将犯罪团伙内部关系、上下家关系、在案十名被告人与案外人员地位作用、犯罪规模发展脉络等抽象事实具象化，既有利于后期审理报告、裁判文书的撰写，又有利于合议庭讨论时清晰展现案件事实全貌。

(二) 归纳争议焦点，确定文书结构

本案诉讼参与各方众多，12名辩护人总共提出近30项辩护意见；争议焦点较为零散，各辩护意见之间存在相互指责推诿、矛盾冲突的情况。经概括归纳诉讼参与各方的意见，发现公诉人、被害单位诉讼代理人、被告人、辩护人的争议焦点主要集中在以下几个方面：第一，关于各被告人应承担刑事责任的涉案金额。第二，关于各被告人的罪名定性，主要涉及钟某某和宁某某的行为应否认定为非法制造注册商标标识罪、销售非法制造的注册商标标识罪。第三，对各被告人的量刑，是否可减轻、免除处罚或适用缓刑。第四，王某及其辩护人提出的王某检举他人犯罪的查证情况。其中，关于各被告人行为的定性和犯罪金额认定是核心关键问题，笔者的总体思路是，本案虽然从表面上看，生产研发、商标制作、原料生产、贴标灌装、对外销售等各个环节中，各被告人之间形成了上下游卖家和买家之间的关系，但从主观故意和客观行为表现来分析，各被告人以许某某为联结点，在许某某的策划、组织、指挥、调配下，各环节的被告人有犯意勾联并相互分工配合，可以认定为共同犯罪，各成员应根据其参与犯罪的时间、在共同犯罪中所起的作用和地位，对相应的犯罪数额负责。由此，以各被告人在犯罪中的角色地位为主要依据，确立了争议焦点评判部分的七个标题，即被告人许某某的犯罪金额、被告人王某的犯罪金额和检举线索的查证情况、被告人黄某某在共同犯罪中的地位作用、被告人鲁某某的犯罪故意和金额、被告人钟某某和宁某某的行为定性及犯罪金额、本案的社会危害性及各被告人的量刑情节、关于被害单位违反商标法的问题等，力求展现审判思路，全面回应争议焦点。

（三）综合分析认定，兼顾量刑平衡

考虑到本案证据繁多，故在证据罗列部分，将证明内容指向一致的证据分组"打包"表述，避免证据列举随意、混乱、无序。同时，因各被告人均表示当庭认罪，故不再详细摘录被告人供述和辩解，体现繁简分流。争议焦点评判部分的基本写作方法是结合证据摆事实，清晰、规范、准确列举相关证据名称及证明内容，围绕审理查明的犯罪构成和量刑情节，提出证据分析意见，依据法律规范及相关法学理论得出结论，体现证据裁判原则，同时参照行业规范、社会常识辅助论证。如关于被告人黄某某在共同犯罪中的地位作用问题，认为其作为化妆品专业人员，不仅是假冒化妆品原料配方的研发者，而且是假冒产品原料的提供者和生产、灌装组织者，对侵权产品以假乱真、顺利流入市场具有不可或缺的作用，且其为自己牟取造假的违法收益而参与犯罪，时间跨度长、行为积极、作用重要、地位突出，不同于其他受人雇佣、仅为获取劳动报酬而参与犯罪的被告人，依法应认定其在共同犯罪中起主要作用，系主犯。同时，本案充分考虑各被告人作用大小、犯罪金额以及社会危害性等因素对各自均衡量刑，从严判处九名被告人实刑，并根据本案非法经营数额、违法所得数额等对各被告人判处人民币 5 万元至 220 万元不等的罚金，充分体现了量刑从严的总体原则。

（四）表明审判立场，彰显政治站位

本案庭审中，被告人许某某和谢某的辩护人当庭指责被害单位法国欧莱雅公司在国内销售相关被侵权产品时外包装及相关商标使用全英文而未标注中文，涉嫌违法经营。刑事司法实践中，对于刑事案件中的被害人过错不得任意进行扩大化理解。一般认为，刑事案件中的被害人过错，是指被害方实施的，与被告人犯罪行为的发生有着因果关系的，应受到否定评价的行为。被害方的过错行为，或者诱发被告人的犯罪意图，或者促使被告人加大犯罪力度，具有引起和激化矛盾的作用。一般表现为严重的背叛行为，当众侮辱刺激、暴力挑衅殴打被告人，出于非法目的要挟恐吓被告人等。由此，一审判决书特设专题积极回应，认为在案书证充分证实涉案的"KIEHL'S""Labo-Labo"商标均系在我国合法注册且均在有效期内的商标，均是刑法所保护的合法知识产权；辩护人指责被害单位违反商标法规所依据的是从网络下载的材料，未经合法取证且与本案犯罪事实无关联，不能作为本案的证据；即便被害单位存在辩护人所指的情形，也不属刑法意义上的被害人过错，不影响本案各被告人假冒他人合法注册商标的犯罪认定，也不足以减免被告人的刑事责任，充分发挥刑事司法保护知识产权的指引与导向作用，传递公平正义正能量，服务经济高质量发展大局。

一审判决生效后，法国驻中国大使馆外交照会上海市高级人民法院表示感谢，认为该案的判决有助于提高外国企业对中国营商环境的信心。欧莱雅（中国）有限公司写来感谢信，认为通过该案的判决看到了中国司法机关严惩知识产权犯罪、加强知识产权保护、维护企业和消费者利益、优化营商环境的决心，真正实现政治效果、法律效果与社会效果有机统一。

（顾军伟，上海市第三中级人民法院法官）

三、专家评析

党的十八届四中全会审议通过的《中共中央关于全面推进依法治国若干重大问题的决定》中明确要求："加强法律文书释法说理。"撰写以审判为中心的裁判文书，是推进以审判为中心的制度改革的客观需要，也是制度改革的着力点和落脚点。

该案刑事判决书事实要素清楚，结构清晰完整，立足证据，摆事实讲道理，围绕争议焦点有针对性地说理，严格、平等保护了国外商标权利人的合法权益，尤其对各名被告人犯罪性质、犯罪金额的认定规则和科学区分主从犯以及严格适用罚金刑的量刑原则，对于此类案件的审理具有示范和借鉴意义。

刑事判决书在事实认定部分，依照犯罪主体、犯罪性质、犯罪对象不同，将全案事实分为许某某等8人假冒"KIEHL'S"化妆品、许某某等6人假冒"LaboLabo"化妆品、王某销售假冒"KIEHL'S"化妆品三大部分。同时，分节表述司法会计鉴定结论和涉案假冒化妆品扣押及鉴定情况，并在此基础上点明各名被告人参与犯罪的具体金额，凸显各名被告人在共同犯罪中的具体地位作用和社会危害性，事实脉络清晰明了，行为结果一目了然，为之后回应争议焦点的说理部分提供事实铺垫。

刑事判决书在证据列举部分，以证明内容为主要分类依据，按照客观证据与主观证据相互印证规则，科学列举定案证据，条理清晰，符合逻辑。证据分析深入、充分，立足证据能力和证明力，注重相关证据的纵横双向比对，将对证据的关联性审查、客观性审查和合法性审查结合起来，审查结论与分析理由相互匹配，层次清晰，语言平实，让人看得清、读得懂。

刑事判决书注重释法说理，综合评判了七大争议焦点。立足证据，按照先客观后主观的证据审查原则，将微信收付款记录、银行交易记录、鉴定意见书等客观证据与相关证人证言、被告人供述等主观证据相结合，回应各辩护人关于犯罪金额重复计算的辩护意见；从行业规范出发，将化妆品行业、印刷行业专业人员的特殊要求与主观明知程度、客观行为性质相结合，分析专业人员在共同犯罪中的具体行为，回应各辩护人关于犯罪故意、行为定性、地位作用的辩护意见；围绕社会危害性，将制假销假犯罪时间跨度、犯罪链条完整性与非法经营数额相结合，回应各辩护人关于量刑情节、量刑幅度的辩护意见。

通篇来看，该文书以证据为依托，突出摆事实讲道理，结合法律规范、社会常理，围绕争议焦点有针对性地说理，根据心证形成的过程公开说理，对全面贯彻证据裁判规则也具有一定的指导意义。

［点评人：陈惠珍，上海市第三中级人民法院（知识产权法院、铁路运输中级人民法院）审判委员会专职委员，全国审判业务专家］

（2019）沪03刑初55号裁判文书原文

第十一节　侵犯商业秘密罪

24. 上海凯赛生物技术研发中心有限公司、山东源达生物科技材料有限公司侵犯商业秘密案[*]

【关键词】

商业秘密　侵犯商业秘密罪　单位犯罪　披露　诉讼代表人

【裁判要旨】

对单位与个人共同侵犯商业秘密的，应根据各自的罪责分别定罪处罚。生产技术信息是否具有秘密性，关键要看其是否包含不为公众所熟知的技术信息；权利人是否采取了保密措施，应当根据技术信息载体的特征、权利人保密的意愿、保密措施的可识别度、他人通过正当方式获得的难易程度等因素认定。

一、简要案情

涉案长链二元酸（DCA），是指碳原子数在 9 个或以上的长链二元酸，是一系列特种合成材料的基础单体原料。但由于长链二元酸发酵系统和纯化过程的复杂性，真正在工业规模实现产业化的并不多。2001 年，山东源达开始进行生物发酵法生产长链二元酸的规模化建设，上海凯赛生物技术研发中心有限公司（以下简称上海研发）提供技术支持，成立中试厂中试，投入大量人力、物力进行工艺、设备研发，2003 年 9 月建成生产线，正式投产，在 200 吨发酵罐中进行生产，经过发酵、提取、精制生产出高质量的长链二元酸产品，能够满足国际国内高端市场的需求。2004 年 5 月 22 日，上海研发与山东源达签订《技术许可及开发合同》，约定共同研发长链二元酸生产技术，所形成的商业秘密及知识产权归两公司共同所有。

---

[*]（2019）鲁 08 刑终 5 号。

被告人王某某 2001 年 7 月 1 日与山东源达签订劳动合同，2002 年 10 月 6 日被任命为副总经理，分管生产；2003 年至 2008 年全面负责山东源达 101 车间、运行车间及质量部、中试厂、研发组，主持长碳链二元酸项目一期和二期工程的设计和建设，熟知公司生物发酵法生产长碳链二元酸的生产环节和质量控制技术。2008 年 10 月 22 日正式办理离职手续。2008 年 8 月 25 日，山东瀚霖在王某某未实际出资的情况下给予其 80 万元股权，2009 年 8 月 23 日增加到 400 万元。2009 年 6 月，山东瀚霖正式投产。被告人王某某 2008 年 8 月至 2013 年 10 月期间任山东瀚霖总工程师，负责长链二元酸的生产线建设及生产管理。

公安机关于 2011 年 8 月 15 日接到山东源达、上海研发、山东凯麒生物技术有限公司（以下简称山东凯麒）的报案，经调查取证，并委托上海科技咨询服务中心鉴定后，于 2012 年立案。

本案的主要焦点问题：涉案生物发酵法工业化生产长链二元酸的 5 个生产技术信息是否符合商业秘密构成要件。经查：

1. 涉案生物发酵法工业化生产长链二元酸的 5 个生产技术信息具有秘密性。（1）2011 年 6 月 21 日，上海科技咨询服务中心出具的鉴定报告书证明：山东源达、山东凯麒、上海研发生物发酵法工业化生产长链二元酸的生产技术中含有五项不为公众所熟知的技术信息。（2）公安机关委托咨询的咨询意见书认为，涉案 "五个技术秘密及其整体在 2008 年 7 月 31 日前完整地构成了不为公众所知悉的技术信息"。上述两份鉴定意见书系公安机关依法委托，程序合法。（3）对于上诉单位委托上海硅知识产权交易中心有限公司司法鉴定所、北京紫图知识产权司法鉴定中心作出的鉴定意见书中认为 "涉案 5 项技术信息均不属于'不为公众所知悉'"的意见，不予采信，理由如下：相关鉴定系上诉单位单方委托，不符合法定程序，证据形式属于专家意见；公安机关委托鉴定的咨询意见书认定北京紫图知识产权司法鉴定中心的鉴定意见书 "是一份不专业的、存在根本性错误的鉴定文书"；山东瀚霖申请的 9 项专利能够证明涉案 5 项技术信息具有新颖性；（2013）一中民初字第 5254 号、（2016）京民终字第 315 号、（2014）成知民初字第 228 号等生效判决均佐证涉案 5 项技术信息不为公众所知悉。

2. 涉案长链二元酸的 5 项生产技术信息采取了合理的保密措施，具有保密性。人民法院应当根据技术信息载体的特征、权利人保密的意愿、保密措施的可识别度、他人通过正当方式获得的难易程度等因素，认定权利人是否采取了保密措施。《国家工商管理局关于禁止侵犯商业秘密行为的若干规定》第 2 条第 4 款规定：权利人采取保密措施，包括订立保密协议，建立保密制度及采取其他合理的保密措施。《国家工商行政管理局关于商业秘密构成要件问题的答复》认为："只要权利人提出了保密要求，商业秘密权利人的职工或商业秘密权利人有业务关系的他人知道或者应当知道存在商业秘密的，即为权利人采取了合理的保密措施，职工或他人就对权利人承担保密义务。"在案的劳动合同、保密协议、保密制度、机密文件发放记录等制度文件、操作记录、操作规程、员工证言等证据，均能证实受害单位对涉案长链二元酸的 5 项生产技术信息采取了合理的保密措施。

对于涉案技术信息的价值性，双方均予以认可，客观真实，无须论证。因此，涉案长链二元酸的 5 项生产技术属于《刑法》第 219 条规定的商业秘密。

山东瀚霖明知王某某系违反保密义务披露，通过利诱获取受害单位的商业秘密，并使用该商业秘密进行长碳链二元酸的生产经营，同时以申请专利的形式进行了披露，情节特别严重，其行为已构成侵犯商业秘密罪。王某某违反保密义务将其所掌握的凯赛公司商业秘密披露给山东瀚霖使用；全面负责山东瀚霖长碳链二元酸生产线建设及生产，系直接责任人员，其行为均已构成侵犯商业秘密罪。

二、撰写心得

"努力让人民群众在每一个司法案件中感受到公平正义"这一人民法院工作目标，要求我们在司法审判全过程中，牢牢坚持司法为民、公正司法工作主线，经常换位站在群众的角度来考量，自觉做到国法与人情有机结合，让当事人在裁判文书中切身感受到公平正义。裁判文书是审判活动的最终载体和集中体现，是向当事人和社会公众展示司法公正的主要司法作品，亦是法官办案质量和审判水平的综合反映。对法官来说，裁判文书就是法官的脸面，撰写合格的裁判文书是一项基本必备的能力。笔者感到，撰写好一份裁判文书，需要做到结构合理规范、语言文字准确流畅、事实清楚、证据充分、论证透彻、裁判结果明确具体、无歧义。下面结合本案裁判文书，谈以下三点体会。

（一）熟练掌握法律法规，把握党和国家相关政策，是撰写好裁判文书的**关键环节**

法官判案的重要工具和依据就是法律法规，一定的法律事实决定适用一定的法律，一定的诉讼请求决定适用一定的法律。论述的核心就是要阐明法律在具体案件中的适用，所以这是要求法官熟悉各种法律法规，特别是常用的法律法规，能够准确、完整、具体地适用法律法规，同时还应了解其字里行间所蕴藏的法理，达到"从法理到个案再到法理"的认识水平，才能正确适用法律判定案件。另外，及时把握相关司法政策才能使我们作出的裁判更加符合党和国家的根本要求，体现人民群众的根本利益。在撰写本案裁判文书过程中，不仅要熟练掌握《反不正当竞争法》及相关司法解释的内容，同时还要认真学习原国家工商行政管理局相关规章、《国家知识产权战略纲要》等政策性文件，保证了该判决既符合法律具体规定，又符合党和国家政策上的要求。

（二）全面掌握案情，吃透案件逻辑关系，是撰写好裁判文书的基础

法官要将整个案件中如当事人争议的焦点、证据的质证、认证及对案件事实的确认等情况完全充分掌握，为说理的写作提供充分的证据材料，打下坚实的基础。首先，要研透案卷。判定案件事实最有力的依据就是案卷，仔细研究卷宗，反复推敲证据材料，判定案件事实。其次，做好庭审工作、用好庭审笔录。庭审笔录是对庭审过程的全面记载，要想写好裁判文书，就须以庭审笔录为根据来还原和判定案件事实，所以，裁判文书其实就是来源于庭审笔录并高于庭审笔录。再次，事实认定很重要。事实清楚是公正裁判的基础。法律事实对客观事实的追求是通过一系列证据法的制度设计实现的，能否最大限度地确保法律事实与客观事实相一致，是衡量证据规则是否成功的基本标志。实践中，法律事实与客观事实可能产生不一致的情形，所以在裁判文书中认定的事实必须符合逻辑规范，通过法定程序，依照证据规则认定。事实的认定要通过当事人诉辩一致的内容、无异议证据证明的内容以及有争议证据经质证予以采信的内容进行全面科学的认定。本案一审开庭7天，二审阅卷15天，撰写裁判文书要在熟悉案件事实的基础上，将众多证据按书证、证人证言、电子数据、鉴定意见四个类别进行分别认证，既利于法官客观地认定事实，又便于公众全面了解案情。

（三）运用法治思维，依法论证说理，是撰写好裁判文书的重中之重

裁判文书的理由部分也是通常所说的"本院认为"部分，是根据已经认定的事实，将案件的性质、法律责任和如何适用法律准确清晰地表现在裁判文书上。理由部分是法官发表的权威意见，是将认定的事实与裁判的结果有机联系在一起的纽带，是裁判文书的精华所在和灵魂所依。从内容上讲，判

决书的说理部分通常包括五大要素：概括争议焦点，对争议的法律关系是否成立作出有效论证，阐述所适用的法律规定，明确双方的是非过错及责任，对双方请求或主张是否合理作出回答。如何把裁判的"理"说好，应把握以下几个方面：

1. 语言表达准确精练。简而言之，就是语言朴实，直截了当，言简意赅，明确无误。对法官来说制作一份裁判文书并不难，但要把所学的法律知识和积累的理论素养以及对法律的感悟通过文书表达出来，没有深厚的法学素养和语言文字功底是做不到的。

2. 说理透彻，增加判决的说服力。法理是理由的灵魂。法官适用法律的过程实际上是对法律进行个案解释的过程。通过解释法律，使抽象的法律条文变得具体、有效，从而揭示法律内涵与案件事实之间产生一种必然的、直观的联系，是非曲直，一目了然。

3. 心证公开，增强说理的透明度。心证公开，是法官对所有证据进行分析判断，凭借自己具备的知识和经验而形成的内心确信，公开表明法官的理性判断和取舍，以求得当事人与公众的认识、理解和支持。它是一个法律推理和法律解释过程。法官心证的公开，体现判决理由的透明度和可信度。

4. 逻辑缜密，增加说明的严谨性。说理要具有针对性，紧紧围绕个案争议焦点，针对诉辩主张是否成立，诉辩意见是否采纳，逐个展开说理论证，对于双方当事人在事实证明和适用法律方面的不同意见，应当给出明确的回答，并且说明理由，分清是非曲直、明确责任。笔者常用的逻辑方法是，以事实情节为基础，运用有关法条和法学理论，结合理论证案件事实和法律适用之间的关系，兼顾情理分析，将法、理、情交融，努力做到辨法析理，胜败皆服。在本案中，被告人对权利人持有的涉案技术信息是否是商业秘密有异议，所以要重点分析该技术信息是否符合商业秘密的秘密性；保密性与价值性"三性"特征、被告人使用的技术信息是否与涉案技术信息构成相同或实质相同。案件中对于该技术信息是否具有秘密性存在四个鉴定意见，其中两个鉴定意见为公安机关委托，认为具备秘密性；另外两个为被告人所委托，意见相左。笔者在撰写判决书时从程序和实体上全面、客观地进行了论证，排除了被告人的委托鉴定意见，得出科学结论。

只有不断强化文字表达能力，充分掌握写作规律、方法和技巧，才能不断提高裁判文书的写作水平，才能使裁判文书成为向社会展示人民法院公正形象的载体,成为法治教育的生动教材。

(陈茂华,山东省济宁市中级人民法院法官)

三、专家评析

该裁定书能够以静态的形式全面反映动态过程,客观地表达出诉辩焦点和证据的对抗,充分地阐述了裁判结果的正确性、合理性和合法性,是一篇具有高度性的裁判文书。亮点主要有以下几点:一是裁定书对证据的出示、质证、认证的过程表述清楚,对证据规则的运用比较熟练,证据分析充分。本案的证据包括书证、证人证言、电子数据、鉴定意见等多种类,裁定书对其分门别类列举,清晰明朗,证据内容具体明确,证据的述写充分、具体、清楚,质证过程详细,证据分析可谓条分缕析,透彻流畅,事实认定客观公正,为理由阐述与判决结论奠定了很好的基础。二是证据的采信与排除论证详实全面客观,逻辑性强。在排除无效、非法证据和认定事实的过程,充分运用了矛盾律等基本逻辑规律进行判断证据。从矛盾律内容上来看,在同一思维过程,相互矛盾的思想不可能同时都是真的,从而可以得出"两证相对、必有一假"的诊断。涉案诉辩双方对涉案技术信息是否为商业秘密提出了完全相反意见,裁定书从程序和实体多方面,运用辩证逻辑思维全面客观分析论证,排除无效证据,采信有效证据。三是把刑事"侵犯商业秘密罪"构成要素与民事"商业秘密"构成要件有机结合。该裁定书对侵犯商业秘密罪的主观、客观、主体、客体等构成要素进行分析,同时对商业秘密的构成要件"三性"进行了论证分析,做到了对侵犯商业秘密罪的科学客观认定。四是裁判理由条理清晰,逻辑性强,能够让人信服,体现了裁判文书的公正性、说服力、公信力,彰显了法官深厚的法学理论功底和过硬的业务素质。

(点评人:赵贵龙,山东省济宁市中级人民法院党组成员、副院长,全国审判业务专家,山东大学法学院硕士生导师,曲阜师范大学兼职教授,香港城市大学法律学院博士候选人)

(2019)鲁08刑终5号裁判文书原文

第十二节　合同诈骗罪

25. 德勤集团股份有限公司、任某某、高某某、陈某1、祖某某、陈某2、章某某、夏某合同诈骗、骗取贷款、伪造、变造金融票证、妨害作证、帮助伪造证据、违法发放贷款、非国家工作人员受贿案[*]

【关键词】

骗取贷款　非法占有目的　合同诈骗　违法发放贷款　非国家工作人员受贿

【裁判要旨】

提供虚假合同、虚假证明文件骗取银行贷款，造成银行重大损失的，构成骗取贷款罪；当事人以非法占有为目的，骗取银行贷款的，构成贷款诈骗罪，其中属于单位犯罪的，以合同诈骗罪定性。银行工作人员明知当事人骗取贷款，违反国家规定未尽审查、审核义务，违法发放贷款，数额巨大或者造成重大损失的，构成违法发放贷款罪，在此过程中收受贷款单位财物占为己有，其行为又构成非国家工作人员受贿罪。

一、简要案情

被告单位德勤集团股份有限公司（以下简称德勤集团）经营国内沿海及长江中下游普通货船运输等业务，被告人任某某系德勤集团法定代表人、总经理。

---

[*]（2019）浙刑终89号。

2008年起,德勤集团为谋求上市,虚增营业收入及利润,为此支付巨额财务成本。2011年,德勤集团上市申请被否决。因航运指数持续低迷,德勤集团主营业务大幅下滑。为再次冲击上市,任某某决定以造船为由向银行申请贷款,将贷款资金回流至德勤集团控制的相关账户,以造成运力扩张、利润持续增长的假象。2011年6月至2013年3月间,德勤集团及任某某为获取银行贷款,明知被告人陈某1实际控制的浙江三门泰鑫船业有限公司(以下称泰鑫船业)没有造船能力,与陈某1串通,签订虚假合同,并分别指使陈某1和高某某、章某某提供虚假证明文件等,以德勤集团委托泰鑫船业造船的名义,先后骗取民生银行杭州分行银团发放贷款3.375亿元、浦发银行杭州分行发放贷款1.36亿元、国开行宁某分行发放贷款1.19亿元,所得款项由任某某指使高某某从泰鑫船业账户回流至德勤集团实际控制的账户内,用于归还前债、公司经营等,至案发造成前述银行损失分别为2.6亿余元、1.23亿元、8100余万元。

德勤集团向民生银行杭州分行银团、国开行宁某分行贷款过程中,任某某、高某某共谋后,由财务部员工夏某制作虚假的银行转账凭证5000万元、电汇凭证2900万元,作为德勤集团已投入泰鑫船业的资本金,以应对贷款银行对造船资本金投入的审核。

浦发银行杭州分行业务二部总经理助理陈某2负责主办上述德勤集团向浦发银行杭州分行的项目贷款过程中,在贷款授信评估、放款审核、贷后监督等环节,未对德勤集团提交的贷款资料尽职、实地核查,明知贷款资金异动及船舶建造地变更等而未及时上报预警,仅凭德勤集团提供的付款通知书等虚假资料而上报发放贷款。该部总经理祖某某履职期间未能严格审核陈某2提交的授信报告等材料,仅作形式审查即审核通过并逐级上报发放该笔贷款,明知该笔贷款发放后资金有异动而未能及时上报预警,且未能监督陈某2向德勤集团搜集贷款用途资料等。祖某某、陈某2在经手德勤集团等单位贷款期间,以存贷挂钩为由,以支付购买存款贴息费的名义,收受贷款单位钱款。

2014年9月,任某某、高某某在德勤集团因资不抵债而破产重整期间为隐瞒前述以造船为由骗取的银行贷款已作他用的事实,谎称德勤集团支付泰鑫船业的4亿余元资金用于为集团公司造船。破产管理人代表德勤集团提起民事诉讼,起诉泰鑫船业返还德勤集团所支付的造船资本金4.0805亿元并赔偿损失 7221.62 万元。陈某 1 在法院调解过程中隐瞒资金回流的真相，同意德勤集团返还造船资金的请求，并在任某某指使下，伙同高某某出具前述相关资金已被泰鑫船业使用的虚假证明，双方达成调解协议，法院据此出具民事调解书，支持德勤集团返还资金的诉求，随后查封了泰鑫船业的相关资产。

二审期间，被告人、辩护人就事实、定性、法律适用、罪数、主从犯、自首、追赃及程序性问题提出了异议，文书针对前述意见逐一分析论证，争议的焦点主要有以下两方面：

1. 编造虚假理由、提交虚假证明材料骗取银行贷款，如何区别骗取贷款与贷款诈骗，贷款诈骗与合同诈骗的关系。骗取贷款罪是《刑法修正案（六）》增加的罪名，与贷款诈骗罪有共同点，都是以欺骗手段取得银行或者其他金融机构贷款，两者的区别在于被告人主观上是否有非法占有的故意，贷款诈骗罪的被告人主观上有非法占有的故意。

德勤集团以委托泰鑫船业建造散货船的名义向民生银行杭州分行银团、浦发银行杭州分行申请项目贷款，提供虚假造船合同以及虚假的船舶开工证明、船舶监造报告、自有资金投入证明等，骗取民生银行杭州分行银团同意授信 4.15 亿元、浦发银行杭州分行审批给予项目贷款 1.56 亿元；2012 年 7 月，在 A1 船已经停工，A2、A3 船根本没有开工建造的情况下，提供泰鑫船业租用合兴船厂（3.68 万吨）、勤丰船业（4.7 万吨）船台造船的虚假船台租赁合同，并将勤丰船业在建船舶冒充贷款项下船舶等手段通过银行的贷后检查，继续骗取银行放贷，先后骗取民生银行杭州分行银团贷款 3.375 亿元、浦发银行杭州分行贷款 1.36 亿元。前述贷款资金打入泰鑫船业账户后，被回流至德勤集团及其子公司账户，用于归还之前债务、公司日常经营支出等。德勤集团的行为构成骗取贷款罪。

2012 年 9 月德勤集团向国开行宁某分行申请贷款时，公司已负有巨额债务，船舶、房产、土地等资产之前均已设定抵押，已无力偿还借款；且因 A1 船已停工，A2、A3 船根本没有建造，没有船舶用于抵押，民生银行杭州分行银团、浦发银行杭州分行已停止向德勤集团放贷。德勤集团将曾用于向民生银行杭州分行银团骗取贷款的 A3 船合同主体变更为空壳子公司德新海运公司，以德新海运公司名义再次以建造 A3 船为由向国开行宁某分行申请项目贷款。德新海运公司向国开行宁某分行的贷款形式上提供了船舶后置抵押、应收账款质押、德新海运公司股权质押等多重担保。因 A3 船没有建造，签订的运输合同是虚假的且根本不存在应收账款质押，德新海运公司因注册资金被抽走，股权质押无价值，前述担保实质上属于虚假担保。任某某、高某某在德勤集团严重资不抵债，无力偿还贷款的情况下，虚构造船项目并提供虚假担保，非法占有的故意明显。本案属于典型的单位犯罪，而贷款诈骗罪没有单位犯罪，根据2001年《全国法院审理金融犯罪案件工作座谈会纪要》，以合同诈骗罪定性。

2. 银行被骗取贷款，银行工作人员是否构成违法发放贷款罪，以及银行工作人员收受贷款申请人财物的构成一罪还是数罪。银行被骗取贷款，银行工作人员是否构成违法发放贷款罪关键在于银行工作人员审核、放贷的工作是否违反国家相关规定。陈某2作为浦发银行杭州分行向德勤集团1.36亿元贷款的客户经理，负责项目授信调查、风险评估、资金监管及贷后检查，需实地查看贷款项目，对贷款申请人提供的资料、担保情况、履约能力的基础材料真实性负责，对资金使用异常、造船场地变化等及时预警。陈某2在贷款授信过程中没有对德勤集团提供的贷款资料真实性、担保人的担保能力、项目承接方泰鑫船业是否有造船能力等进行调查核实，贷款发放后对贷款资金监管不到位即贷款是否用于造船项目、实际造船进度与建造报告是否相符、德勤集团自有资金是否真实投入造船，以及发现泰鑫船业没有建造项目船舶、可能存在以其他企业在建船舶冒充项目船舶的情况下没有及时预警。祖某某作为部门负责人和贷款审核人，负责审核授信报告、贷款资金发放、贷后管理等。祖某某在审查陈某2的授信报告时没有核实德勤集团的贷款条件、造船厂的履约能力，在贷款资金发放至泰鑫船业账户后随即被全额转账、资金没有用于项目时没有引起重视。两人在贷款授信审查、贷款资金发放、贷后检查等环节没有执行《商业银行法》《贷款通则》及浦发银行的相关规定，使德勤集团以虚构项目、其他在建船舶顶替贷款项下船舶等手段骗取浦发银行杭州分行1.36亿元贷款，最终致1.23亿元贷款无法收回，其行为构成违法发放贷款罪。

两人在向德勤集团等单位发放贷款过程，利用职务便利，以存贷挂钩为由，要求德勤集团等单位支付高额贴息费用占为己有，其行为又构成非国家工作人员受贿罪。

二、撰写心得

案件审结、文书生效，作为该案的承办法官，笔者有以下的感触。

（一）民刑兼容审理经济犯罪案件

经济犯罪的基础是经济行为，经济犯罪刑民兼容，办案过程中须准确把握民事法律关系、刑事法律关系，并且及时准确切换，不能顾此失彼。首先，需要厘清各方的民事法律关系。本案的主线是德勤集团申请银行贷款引发的骗取贷款罪、合同诈骗罪／贷款诈骗罪，此过程中夹杂了伪造、变造金融票证罪、妨害作证罪、帮助伪造证据罪，银行工作人员构成违法发放贷款罪、非国家工作人员受贿罪，总共涉及七个罪名。德勤集团与放贷银行之间是借贷关系，与造船企业是委托造船关系，形式上相互之间有正式的合同，办案中应当审查合同的真实性、双方的权利义务，确定各自应当承担的责任。其次，在厘清民事关系的基础上，揭示被告人违法犯罪的本质。德勤集团、造船厂明知船厂没有造船能力、贷款资金不用于造船，双方签订虚假的造船合同，提供虚假的造船进度表、以其他船厂在建船舶应付贷后检查，德勤集团、船厂互相配合，骗取银行放贷，双方均应对骗贷行为承担责任。银行工作人员未尽职审核贷款申请人的贷款资料、实地了解贷款企业情况，按规定发放贷款资金、监管贷款资金用途，并从中收受贿赂，其行为依法构成违法发放贷款、非国家工作人员受贿罪。再次，经济犯罪案件除对被告人定罪量刑外，应当对民事责任作出裁判，基于合同责任、侵权责任，但仅限于被害人的直接损失，责任方式有没收违法所得、追缴赃款赃物、责令退赔等。

（二）针对检辩意见详略得当制作文书

文书是办案的体现，是人民法院向当事人和社会公众展示裁判结果的载体。二审文书不是一审文书的简单重复，而有其特殊的格式和内容要求。首先，分析一审认定事实是否清楚，证据是否确实、充分，定罪和适用法律是否正确，量刑是否适当，民事判赔是否得当，审判程序是否合法。其次，对上诉理由、辩护意见，从法律专业的角度，以一般公众能够明白的语言进行阐述说理。针对7名当事人10名辩护人对所涉的七个罪名从事实、定性、主从犯地位、自首、量刑、赃款追缴及程序等角度提出的辩护辩解意见，梳理出13个问题，按照先事实后定性再量刑、先实体后程序的顺序展开论述，如果当事人提出非法证据排除申请，应在具体论述前先确定证据的合法性。相同层次，按照事实先后、被告人顺序排序，结合思维习惯、说理逻辑循序渐进，做到说理透彻，条理清晰，言之有理。再次，分析说理做到有理有据、详略得当。裁判文书不是理论文章，可以由作者自行谋篇布局，而是有严格的格式要求，须针对检辩意见，根据在案事实、证据、法律规定，按照案件特点、争议焦点有的放矢进行论述，处处彰显着严格严谨，也体现着文书制作者和团队的风格特点。本案合议庭评议后专业法官会议讨论，文书经合议庭成员逐字逐句把关。

（三）案外有感

文书已经生效，案件已经审结，如果不是文书入围，这只是笔者二十多年法官生涯中审理的数百件案件的其中一件。德勤集团曾经是一家全国排名较前的民营海运企业，当家人任某某部队转业后创业，欲通过资金操作冲击上市，最终企业因资不抵债破产，任某某等多人因触犯多项罪名锒铛入狱。有人说，如果上市成功了，就没有本案，被告人也不会是今天的结局。但是，2008年5月后，波罗的海干散货（BDI）指数①急剧下降，海运企业低迷，德勤集团效益持续下降，公司本没有冲击上市的能力，审时度势或许可以自保，逆势搏击，最终折戟沉沙，造成多家银行、企业重大损失，连带着一干人等身陷囹圄，值得深思。

（何爱珠，浙江省高级人民法院法官）

三、专家点评

本案是一起典型的多罪名单位犯罪案件，处理难度较大。主要体现在，被告单位德勤集团股份有限公司、被告人任某某等七人合同诈骗、骗取贷款、伪造、变造金融票证、妨害作证、帮助伪造证据、违法发放贷款、非国家工作人员受贿，涉及八个犯罪主体七个罪名，是多罪名经济犯罪的集合，且案情复杂、定性疑难、各方争议较大，单位犯罪与个人犯罪相互交织，还涉及此罪与彼罪、一罪与数罪的区别、主犯与从犯的认定、实体与程序的把控等系列问题。合议庭法官严格按照"以事实为依据，以法律为准绳"的要求，准确把握，妥善审结案件，实现了司法裁判法律效果和社会效果的有机统一。

该案裁判文书充分体现了二审刑事案件的特点。一方面，充分体现了二审案件"全面审理"原则，对一审认定事实是否清楚，证据是否确实、充分，定罪和适用法律是否正确，量刑是否适当，审判程序是否合法予以分析评判。

---

① 波罗的海干散货（BDI）指数是航运业的经济指标，它包含了航运业的干散货交易量的转变，由几条主要航线的即期运费加权计算而成，反映的是即期市场的行情。散装航运业营运状况与全球经济景气枯荣、原物料行情高低息息相关。

另一方面,又突出重点,紧紧围绕案件争议的焦点,对被告人、辩护人就事实、定性、罪数、主从犯地位、自首、赃款追缴、量刑及程序性事项提出的辩护辩解意见,有理有据展开论述、回应,裁判文书的说理充分,逻辑严谨,条理清晰,详略得当。

尤其是该案裁判文书针对被告人、辩护人提出的意见,归纳梳理出13个方面的问题,根据"准确阐明事理、详细释明法理、积极讲明情理"的总体要求,逐一分析论证,值得为此点赞。其中,从德勤集团与泰鑫船业签订的造船合同真实性、银行是否为谋取高额回报自冒商业风险放贷,论述被告人是否构成骗取贷款罪,环环相扣,逻辑严密。从德勤集团的负债情况、历年贷款情况、实际造船情况,结合之前银行停止放贷、造船合同真实性、抵押合同虚置、资金实际去向等,分析被告人主观上有非法占有目的,说理全面,针对性强。对电汇凭证、网银转账凭证是否属于金融票证,被告人在骗取银行贷款过程中提供虚假金融凭证,是否属于牵连犯、想象竞合犯,虚假诉讼是否属于事后不可罚行为,银行工作人员在违法发放贷款过程中收受贿赂等一罪与数罪等法律适用疑难问题,紧扣事实证据,依据法律规定分析论证,说理透彻,论述合情合理合法,充分体现了裁判法理情的有机统一。

(点评人:陈增宝,浙江省高级人民法院审判委员会委员、审判管理处处长,三级高级法官,全国审判业务专家)

(2019)浙刑终89号裁判文书原文

26. 高某合同诈骗、诈骗案*

【关键词】

非法占有目的　合同诈骗　诈骗

【裁判要旨】

是否具有非法占有目的是认定合同诈骗罪、诈骗罪成立与否的关键，应从行为人有无履行能力、有无实际履约行为、没有履行合同的原因、履行态度是否积极以及事后态度等方面加以判断。

一、简要案情

山东省东营市人民检察院指控，被告人高某在履行厂商银协议的过程中，诱骗永盛公司将作为预付款使用的 4525 万元银行承兑汇票背书后取回自用，致使 5473 万元银行敞口未能偿还；被告人高某隐瞒其公司无实际履行能力的真相，并将通过厂商银协议开具的 2000 万元银行承兑汇票用于向永盛公司支付所欠货款，骗取永盛公司继续为其发货 579.4135 万元，被告人高某的行为分别构成合同诈骗罪、诈骗罪。

被害单位诉讼代理人提出：高某实际控制和经营的公司骗取银行信任，使银行对其进行票据承兑，给银行造成重大损失或者有其他严重情节，符合骗取票据承兑罪的构成要件。

被告人高某及辩护人提出：高某没有非法占有目的，没有采取虚构事实、隐瞒真相的手段不构成诈骗罪、合同诈骗罪；没有以欺骗手段取得承兑汇票，不构成骗取票据承兑罪，应宣告高某无罪。

山东省东营市中级人民法院经审理查明：自 2009 年高某实际控制和经营的公司与永盛公司开始进行轮胎购销业务，永盛公司共向高某实际控制和经营的公司发货 4.3 亿元，收回货款 3.99 亿元。自 2010 年 11 月至 2013 年 7

---

* （2017）鲁 05 刑初 10 号。

月，高某实际控制和经营的公司陆续与永盛公司及有关银行签订12份厂商银（保兑仓）协议，其中8份已全部履行完毕，银行敞口均由高某实际控制和经营的公司填平。12份厂商银（保兑仓）协议下共开出银行承兑汇票56 656.25万元，其中36 016.25万元经永盛公司背书后取回。

2012年11月至2013年4月，高某实际控制和经营的公司、永盛公司与有关银行签订厂商银（保兑仓）协议四份，均尚未履行完毕，协议中约定，对于协议下签发的银行承兑汇票敞口，永盛公司承担余额付款责任或连带保证责任。2013年3月1日之后，高某实际控制和经营的公司在履行上述四份协议过程中，将其通过厂商银（保兑仓）协议开具以永盛公司为收款人、作为预付款使用的银行承兑汇票4525万元，由永盛公司背书后取回使用。上述银行承兑汇票到期后，尚有5473万元敞口未能偿还。

至2013年8月9日，高某实际控制和经营的公司拖欠永盛公司货款3987.02425万元，被告人高某为使永盛公司继续为其发货，将通过厂商银协议开具的2000万元银行承兑汇票用于向永盛公司支付所欠部分货款。付款后，永盛公司继续向高某实际控制和经营的公司发货579.4135万元。

山东省东营市中级人民法院审理认为，关于被告人高某的行为是否构成合同诈骗罪、诈骗罪的问题。纵观本案：（1）从双方整体交易情况看，自2009年高某实际控制和经营的公司与永盛公司开始轮胎购销业务以来，双方购销额高达4.3亿元，永盛公司已收回货款3.99亿元；2010年11月，双方开始采用厂商银（保兑仓）协议模式进行合作，陆续签订厂商银（保兑仓）协议达12份，在厂商银（保兑仓）协议下共开出承兑汇票5.6亿余元，绝大部分敞口由高某实际控制和经营的公司填平，未归还敞口5473万元，未履行部分占总额比重较小。（2）从操作模式看，在厂商银（保兑仓）协议履行过程中，双方均未完全按照协议履行厂商银（保兑仓）协议，对于违规操作均系明知，对利用厂商银（保兑仓）协议开出银行承兑汇票亦是双方认可的付款方式。（3）从履行能力看，虽有部分证据证明2013年3月后高某实际控制和经营的公司经营困难、经济状况恶化、低于成本价销售轮胎，但公诉机关并未提供公司账目等反映资产负债情况的证据，现有证据不能全面反映高某实际控制和经营的公司的实际经营状况和资产负债情况，尚不足以证明相关公司已丧失经营能力和无履行合同能力。（4）从事后态度看，经营发生困难后，厂商银（保兑仓）协议继续履行，高某实际控制和经营的公司以厂商银协议下开出的2000万元银行承兑汇票偿还了永盛公司部分欠款，并提出用有抵押债务的土地与永盛公司协商偿还其余所欠货款，永盛公司虽拒绝，但仍能反映具有归还欠款的主观意愿。(5)从责任承担看，厂商银（保兑仓）协议虽约定在高某实际控制和经营的公司不能偿还敞口时，由永盛公司承担归还敞口责任，但在案证据显示，绝大部分敞口永盛公司尚未实际代偿，且涉案银行、高某实际控制和经营的公司、永盛公司三方均操作不规范，敞口责任是否由永盛公司承担尚不明确，故认定被告人高某具有非法占有目的的证据尚未达到确实、充分的证明标准，在客观方面亦无确实、充分的证据证实高某无实际履行能力，故高某不构成合同诈骗罪、诈骗罪。公诉机关指控的罪名不能成立，不予支持。现有证据尚不能证明高某实际控制和经营的公司采取欺骗手段取得银行承兑汇票，诉讼代理人所提"高某构成骗取票据承兑罪"的意见亦不能成立。依法判决被告人高某无罪。

二、撰写心得

刑事裁判文书既是记录刑事诉讼活动和裁判结果的载体，又是展示法官素养、显现法官形象的平台，更是"努力让人民群众在每一个司法案件中感受到公平正义"的媒介。撰写刑事裁判文书时要具体案件具体分析，针对个案采取不同的撰写方式。本案公诉机关指控被告人犯合同诈骗罪、诈骗罪，而被害单位的诉讼代理人提出了新的定性意见，认为被告人构成骗取票据承兑罪，法院经审理判决被告人无罪。在撰写该案的文书时，区别于有罪案件的文书撰写方式，而是突出"疑"字，即证明被告人犯罪的证据达不到确实、充分的证明标准，不能排除合理怀疑，无法认定被告人有罪。着重把握了以下几点。

（一）客观进行事实认定

事实是判决的基础，是判决理由和判决结果的根据，把事实叙述清楚，是制作判决书的关键。本案属于疑罪从无的案件，为了把"疑"的事实写清楚，在熟悉案情的基础上，挑选最能表达主旨意思的词汇，对于审理查明事实部分力求做到客观表述，尽量避免事实部分使用评论性用语。一是坚持"一切靠证据说话"。在认定案件事实时坚持证据裁判原则，有多少证据认定多少事实，做到认定的事实都有证据支持，并且注重事实与证据的相互对应和呼应，认定的事实在证据部分都有体现。二是注重全面客观认定事实。不仅关注了公诉机关指控的案件本身的事实，还注意关注了高某实际控制和经营的公司与永盛公司多年从事轮胎购销业务这一背景事实，用厂商银结算的交易习惯，以及大量银行承兑汇票被永盛公司背书后取回的前因后果等。

（二）精准进行证据表述

本案的证据数量大，内容庞杂，在列举证据时采取了分组方式，将散乱的证据进行归类整理，能够证明同一类问题的证据列为一组，以避免众多证据简单堆砌导致逻辑混乱、证明指向不明。在引述证据内容时，重点关注直接关乎定罪量刑的关键性信息，同时注意详略得当，对重要证人的证言、关键书证等证据详加表述，而对内容重复的证人证言等言词证据进行归纳、合并，归纳、合并时注意客观，对不重要的证据信息一笔带过，证据层次清晰。同时，关注辩护人、诉讼代理人提交的证据。辩护人、诉讼代理人为了证实自己的观点，分别提交了大量证据，并针对证据提出了支撑自己观点的分析意见。经过反复考虑，采取控辩双方意见部分写明主要观点，而具体分析意见在列明各方提交证据后直接写明分析意见，如此既避免了重复，又条理清楚，有章可循。

（三）多角度进行说理

理由是判决的灵魂，是将事实和判决结果有机地联系在一起的纽带。本案的公诉人、被告人、辩护人及诉讼代理人在庭审中针锋相对，针对被告人高某是否构成犯罪、构成何罪进行了充分的辩论。在裁判文书中对各方的意见进行了充分的阐述，积极回应了各方的意见。一是用事实说理。在事实部分把案件的来龙去脉、本来面目和前因后果交代清楚，重现案件事实的本来面目。二是抓住关键问题说理。针对决定案件法律关系的关键问题说理，不纠缠细枝末节，抓住关键问题正面说，有的放矢，一语中的。在认定被告人高某是否构成合同诈骗罪、诈骗罪时，围绕是否具有非法占有目的这一关键，着重从有无履行能力、有无实际履约行为、没有履行合同的原因、履行态度是否积极、行为人事后态度等方面加以判断。对各方提交的证据进行了充分的分析，注重发现证据的矛盾点，通过系统论述双方整体交易情况、操作模式、履行能力、事后态度、责任承担五个方面，论述被告人高某具有非法占有目的事实不清，证据不足，得出高某不构成合同诈骗罪、诈骗罪的结论。

（四）敢于回应不当诉求

本案中，控辩双方围绕诉讼程序问题展开激烈交锋，如辩护人提出管辖权异议,申请非法证据排除,证人出庭,法庭对证据的核实情况,在文书中均加以反映与回应,不仅反映了审判全貌,而且针对当事人提出的诉求和理由说理,敢于回应当事人提出的各种不合理诉求和理由。针对辩护人提出高某供述属于非法证据应予排除的意见,以现有非法证据排除的规定出发,从有无证据证明侦查机关对高某讯问时存在非法取证情形、取证主体资格是否适格、取证地点是否符合相关法律规定及高某供述的内容本身等多方面进行了分析论证,对辩护人提出的非法证据排除的申请未予支持。

(桑爱红,山东省东营市中级人民法院法官)

三、专家评析

企业间的经营活动纷繁复杂,经济交往形式多种多样,如何依法妥善处理涉及企业的刑事案件,尤其在涉及企业违规操作或操作不规范的情况下,如何区分是经济纠纷还是刑事犯罪一直困扰着司法实践。本案对如何界定企业经济交往中的违规操作与刑事犯罪具有重要的引领示范意义。本篇裁判文书有以下几个特点:一是文书逻辑结构严谨,证据层次清晰,全面展现审判全貌。二是准确概括事实,对各方意见和证据支撑均清晰地进行展现,引述证据主次详略得当。三是释法析理透彻,逐一回应争议焦点,体现了人民法院居中裁判的角色。

(点评人:蒋海年,山东省高级人民法院刑事审判第一庭副庭长)

(2017)鲁 05 刑初 10 号裁判文书原文

27. 德正资源控股有限公司、
陈某某合同诈骗、信用证诈骗案*

【关键词】

非法占有目的　主从犯　涉案财产　认罪认罚

【裁判要旨】

在合同诈骗、贷款诈骗案件中，被告单位资不抵债，无实际履行合同能力，虽将骗取资金中的大部分用于归还前期业务欠款，但其对后期骗取的资金无力归还，应认定具有非法占有目的；其中组织、策划、主要受益的被告人系主犯，其他被告人均系从犯。

一、简要案情

1997 年至 2013 年，被告人陈某 1 采取以亲属、公司员工等关系人或者实际控制的公司名义注册成立新公司，或者参股、收购、控股他人已成立公司等方式，实际控制、经营多家公司。其中，2001 年 7 月、2002 年 2 月，陈某 1 先后成立青岛新中港贸易有限公司、青岛鸿骏矿业有限公司，开始在青岛港（集团）有限公司大港分公司开展氧化铝仓储及仓储融资业务；2004 年 9 月，陈某 1 注册成立德正资源控股有限公司（以下简称德正公司），并以德正公司为基础公司逐步形成以其为实际控制人，以被告人江某、杨某、陈某 2、刘某某、袁某、王某 1、黄某及李某 1、李某 2、于某某、王某 2 等人为管理人员或工作人员，由青岛德诚矿业有限公司、青岛鸿途物流有限公司、青岛亿达矿业有限公司等境内外 69 家公司共同组成的公司集团体系（以下简称德正系公司），业务范围涉及氧化铝、铝锭、电解铜的国际、国内贸易，生产、加工、销售、仓储等。另外，德正系公司投资、入股青岛海源合金新材料有限公司、上海赛领博达股权投资基金合伙企业、内蒙古霍煤鸿骏铝电有限责任

---

* （2017）鲁 02 刑初 34 号。

公司、通辽市裕丰货运代理有限公司等19家公司。

自2008年起德正系公司出现较大亏损，为维系公司资金链，被告人陈某1组织德正系公司工作人员采取伪造货权凭证、重复质押等手段从国内外银行和企业融资，所获资金由陈某1统一调配。2012年11月至2014年5月，在德正系公司已明显不具备还款及履行合同能力的情况下，为继续获取资金，按照陈某1的指使、授意，被告人江某重复编排货物信息、代表德正系公司对外签订合同，被告人杨某夸大公司业绩、骗取担保或银行授信，被告人陈某2安排被告人刘某某私刻大港公司印章、中转联运章、烟台港集团蓬莱港有限公司（以下简称蓬莱港公司）印章等，被告人袁某保管、使用私刻的印章并模仿大港公司张某某签名，被告人王某1模仿负责人签名，被告人黄某保管、使用私刻的蓬莱港公司印章并制作仓单，共同伪造大港公司、蓬莱港公司仓单、转货证明等货权凭证，并使用伪造的货权凭证欺骗在国际上具有较高信誉的仓储监管公司出具监管仓单，或者通过贿赂被告人张某某、薛某出具内容虚假或超出库存数量的仓单、核库确认书等证明文件，并利用上述虚假的监管仓单或证明文件，以德正系公司名义与摩科瑞能源贸易有限公司、山煤煤炭进出口有限公司、万向资源（新加坡）有限公司等国内外公司签订销售、回购合同，或骗取其他公司为德正系公司提供担保等方式，共计骗取人民币123亿余元，其中2.7亿余元未遂；通过重复质押或将上述伪造货权凭证质押于银行的方式，以购买氧化铝、铝锭等货物为由骗取13家银行信用证、贷款、承兑汇票，以欺骗手段取得银行承兑汇票、信用证，骗取银行资金共计36亿余元。上述资金大部分用于归还银行借款、利息和其他到期债务。

2004年至2014年，被告人陈某1为给德正系公司谋取不正当利益，免除被告人张某某借与他人的德正系公司2200吨氧化铝（价值396万元）债务；安排被告人陈某2、王某1多次送与薛某13万元和价值5000元加油卡一张；安排陈某2、王某1为张某某报销各种费用153 494.82元；三次向毛某兵行贿830万元和港币10万元（折合10.428万元）。

案发后，被告人杨某、王某1、黄某投案自首。陈某1主动退缴88 181 104.75元，江某、陈某2、刘某某、袁某、王某1、黄某预缴了罚金。

青岛市中级人民法院经审理认为，被告单位德正公司、陈某1、江某等人分别构成合同诈骗罪、贷款诈骗罪、信用证诈骗罪、骗取票据承兑、金融票证罪、单位行贿罪，被告人张某某、薛某构成受贿罪。在共同犯罪过程中陈某1系主犯，江某、杨某、陈某2、刘某某、袁某、王某1、黄某系从犯；杨某、王某1、黄某投案自首，各被告人均认罪认罚。根据被告单位、各被告人的犯罪事实、性质、情节和社会危害程度，对德正公司判处罚金301 200万元；对陈某1判处有期徒刑二十三年，并处罚金220万元；对江某、杨某等人分别判处十年至有期徒刑三年缓刑五年不等的有期徒刑，依法并处罚金。

本案争议焦点：（1）德正系公司、陈某1等人的行为是否构成犯罪及具体构成何罪；（2）涉案财产如何进行审查及妥善处置；（3）认罪认罚制度的运用与把握。

二、撰写心得

刑事判决书是刑事案件审判活动的书面总结和最终产品，不仅记载着案件审理过程和裁判结果，而且承担着向社会民众释法说理，引导规范社会行为的重要司法功能。审判实践表明，即使完全相同的案件，不同质量的裁判文书所能实现的政治效果、法律效果和社会效果也会有明显的差异。一般而言，高质量的刑事判决书虽然各具特色，但无一例外地均应做到事实认定清楚、证据表达严谨细致、法律适用正确、裁判说理透彻，并且形式上符合规范要求。因此，要形成一篇好的刑事判决书，在严格遵守文书规范要求、准确适用法律的基础上，还应当从多个方面加以努力。

本案牵涉金融、有色金属、港口多个行业，涉案金额和社会影响巨大，办案人着眼案件事实，充分考虑办案效果，注重运用刑事司法政策，加强法律学理研究，在顺利完成庭审组织的基础上，用心制作了裁判文书。

（一）谋篇布局要全盘考虑统筹规划

本案的特点是被告人数多，犯罪事实多，涉案财物多，证据材料多，指控罪名多，审理过程曲折，法律关系复杂。裁判文书写作中，要将这些因素全部考虑周全，合理安排、纳入裁判文书，必须在吃透案情、把握整个案件审理细节的基础上，通盘考虑，使整篇文书不仅形式上符合规范要求，内容上完整呈现案件事实、审理经过，而且要结构完整严密，逻辑条理清晰，内容详略得当。比如，文书在表述公诉机关指控内容时，未原文照搬起诉书，而是对起诉书和追加起诉书进行了合理的概括总结；在表述指控意见时，对不同的被告人简要、清晰地写明了公诉机关的核心意见。在审理查明部分和评析部分，则不仅详细表述了案件事实，而且针对性地进行了评议，全文前后呼应，一气呵成。案件事实部分，文书采用总体事实与综合事实一起表述，三十多笔具体事实分别表述，相应证据分别附后的体例，全文结构清晰，主次分明。涉案财物部分，文书从审理查明、证据罗列、判决处置、清单附表四个方面进行表述，使得这一争议焦点判罚有据，一目了然。

（二）事实认定要彰显证据裁判原则

认定案件事实是司法证明的重要任务，也是正确适用法律的前提和基础。认定事实不当的判决书，无论如何都不会成为高质量的判决书。从逻辑上讲，案件的客观真实只有亲身经历案件的当事人自己才知道，而法官对案件事实的判断依赖于证据和对证据的裁判。所谓证据裁判，其基本含义是"没有证据不得认定事实"，引申出来的规则是，认定事实必须依照合格、经法定程序查证属实且达到法定证明标准的证据。刑事判决书对事实的认定，应当遵循上述规则，这是正确认定事实的前提和基础。具体到本案，由于涉案金额高达159亿余元，全案证据异常繁杂，仅侦查卷宗就多达2000余册，还有部分来源于境外的证据。在事实认定方面，本判决书严格依照证据裁判规则，无论是定罪事实还是量刑事实，均做到了有证据支撑，对于来源于境外的证据，也依照规定进行了公证和认证。判决书在认定和表述案件事实时，坚持靠证据说话，将案件事实与在案证据相对应，有效地避免了出现"事实多、证据少"或"证据多、事实少"的现象。在坚持证据裁判原则的基础上，对全案事实给予全面、客观的认定和表述，确保了案件认定事实清楚。

（三）证据表述要详略得当

如上文所述，由于本案所涉事实复杂，证据材料较多，如果证据表述不当，则会导致文书冗长繁琐，轻重不分。为此，本判决书在证据表述时，在综合考量本案特点的基础上，尤其考虑到各被告人均认罪认罚的实际情况，坚持在紧紧围绕判决书所认定的事实加以展开的同时，做到详略得当且逻辑严谨。第一，由于本案各被告人均认罪认罚，对指控的犯罪事实无异议，在这种情况下，判决书选择对相关证据从简表述，对于同种类型且证明相同事实的证据在归纳总结的基础上加以合并表述；对于各被告人的供述，在表述时也予以从简，避免出现与认定事实部分相重复的内容。第二，为呼应判决所认定的事实，判决书在摘录证据的具体内容时，重点摘录了关乎定罪量刑的关键性信息。例如，由于是公司化的犯罪，大部分被告人仅负责犯罪过程中的某个环节,其行为是仅仅履行公司的职责还是明知犯罪而参与其中,需要重点关注。为此,本判决书对能体现出被告人犯罪主观故意、主观恶性、地位作用的证据进行了重点摘录,对其无异议的部分予以从简表述。第三,对于客观证据,适当加以详述。本案的一个重要特点是私刻了相关单位的公章、模仿相关责任人员的签名。因此,对于公章、相关人员签名的鉴定意见是本案较为重要的客观证据。对于该证据,判决书选择了较为详细的表述方式,并且表述时要尽量引用原文,最大限度地保证证据内容的客观性。

(四) 裁判说理要充分透彻

所谓的裁判,其实质是要在全面倾听双方意见的基础上做出判断和选择。刑事判决书体现的是国家意志,是代表国家对控、辩双方所争讼的权利义务关系居中评价的具有法律约束力的结论性意见。实际上,在刑事判决书中,对全案进行分析并得出结论的裁判过程即是一个说理的过程。这对于实现控、辩皆服至关重要。一般而言,刑事判决书中的说理主要包括了定罪说理、量刑说理及对证据的说理等方面。本判决书在裁判说理时,力求实现控辩平等对抗,法院居中裁判,说理深入且透彻。第一,为体现控辩平等,判决书的说理除针对辩方意见和观点逐条展开回应之外,对公诉方指控意见的不妥之处也进行了评析。例如,在定罪说理过程中,对于公诉机关指控部分被告人犯盗窃罪部分,结合证据分析犯罪构成要件,指出该指控意见不当,该行为应构成合同诈骗罪。第二,在事实认定部分的说理过程中,判决书力争实现说理的彻底和透明。例如,关于薛某受贿数额部分,结合庭审举证质证、法庭辩论及查明的证据情况,判决书对控辩双方的意见均予以展开评论,指出控方意见的不当之处及采纳辩护意见的原因。第三,说理过程繁简得当。由于本案各被告人均认罪认罚,判决书对于争议不大的问题简单说理,对于争议较大尤其是被告人、辩护人比较关心的量刑情节问题,进行了重点说理。基于透彻的说理,本案宣判后各被告人均服判不上诉,公诉机关未抗诉,案件收到良好的法律效果。

写好刑事裁判文书是合格的刑事法官应当具备的能力,而刑事裁判文书的质量与法官的能力水平有着密切的联系,高质量的刑事裁判文书,离不开法官法律素养、审判业务能力及文字水平等方面的支撑。作为一名刑事法官,应当加强对刑事裁判文书特点、写作方法的研究和学习,在保证裁判文书应有的各组成部分的基础上,还应该在事实认定、证据罗列及裁判说理等方面灵活处理、仔细推敲，同时不断提高业务水平，才能写出高质量的法律文书。

（王云超，山东省青岛市中级人民法院法官）

三、专家评析

裁判文书承载着记录审判过程、固定事实证据、展现逻辑推演的重要功能，是正义得以直观展现的重要载体。优秀裁判文书应当充分展示审判程序的规范与裁判结果的公正，最大限度地得到当事人与社会公众的认可。该判决书客观反映了案件审理过程，全面展示了案件事实与证据，详尽阐释了司法裁判的法律与法理依据，是一篇具有引领性、示范性的优秀判决。

（一）审判程序记叙完整全面

审判程序是裁判公正的重要方面。该判决书详尽记叙了案件提起公诉、审查立案、公诉机关建议延期审理、上级法院延长审限、开庭、宣判等全部审理过程，客观反映了控辩双方参加庭审、发表意见等权利保障情况，清晰记载了控辩双方提出的意见，详细反映了控辩双方围绕争议焦点进行举证、质证的情况，透彻阐述双方争议的焦点，以及适用法律作出裁判的理由及推理论证过程，充分展示了依法、规范、严谨的审判程序，彰显了案件审理的程序公正。

（二）事实证据表述结构合理

事实证据是裁判文书的核心内容。该案涉及的"德正系"公司是陈基鸿控制的80余家国内外公司的统称，被告人作案时间跨度大，受害单位多，共有20余家国内外的公司和银行被骗。该判决书为便于当事人准确把握全案事实，对案件的事实表述采用了总分结构，先综合描述全案事实，展示案件事实的总体情况和基本脉络，再分项叙述单项事实，按照被告人涉及的罪名，围绕犯罪构成要件对20余家国内外公司、银行及受贿部分分别表述。在分项叙述中，先列事实再列证据，事实、证据一一对应。证据与事实之间、关键证据之间相互印证，形成完整的证明体系，充分展示出证据合法有效、证明体系完整严谨、事实认定客观准确。

（三）释法说理透彻充分

释法说理是司法公正的根本体现。该判决书对控辩双方提出的十二项意见，运用证据裁判规则、犯罪构成理论、逻辑推理方法，条分缕析，逐项进行法理情的阐释与论证，一一得出采纳与否的结论。对于陈基鸿认罪认罚，配合办案机关提供侦办其他案件的线索且积极退赃等情节,陈基鸿以外的被告人在共同犯罪中的地位、作用等,进行法律适用分析,得出对陈基鸿从轻处罚、对其他被告人减轻处罚的结论,充分体现了罪责刑相适应原则。释法说理中,专业性法律语言与社会化语言综合运用,既保持判决书的严肃性,也实现裁判语言的"接地气",易于被当事人理解接受,有利于发挥裁判文书对社会公众的教育引导功能。

(点评人:刘振会,山东省高级人民法院审判委员会委员,刑事审判第三庭庭长,三级高级法官,全国审判业务专家)

(2017)鲁02刑初34号裁判文书原文

28. 张某 1 合同诈骗案*

【关键词】

刑民交叉　非法占有目的　刑事推定　证据裁判

【裁判要旨】

对于合同诈骗等犯罪"非法占有目的"的推定必须加以限制，基础事实不清的，不能推导出待证事实。认定"拆东墙补西墙"型的合同诈骗，既要考察被告人的履约能力，又要注意考察合同约定内容、履行行为表现、双方之间经济往来是否清楚等其他因素。现有证据不能认定借款明确限制用途、还款性质，亦未能查证被告人大致履约能力，且双方还存在其他经济纠纷，不能推定被告人具有非法占有借款的目的。

一、简要案情

原审被告人张某 1 系个体煤炭经营者，报案人薄某某与张某 1 有民间借贷关系，还有合伙开办矿山的纠纷。薄某某以张某 1 涉嫌合同诈骗、职务侵占犯罪报案。

河北省唐山市人民检察院以被告人张某 1 犯合同诈骗罪、职务侵占罪提起公诉。唐山市中级人民法院审理后认为指控被告人张某 1 犯合同诈骗罪、职务侵占罪不能成立，依法宣告张某 1 无罪。一审宣判后，检察机关提出抗诉。

河北省高级人民法院经审理查明：(1) 2012 年 4 月 10 日，被告人张某 1 以其经营的唐山乾元商贸有限公司需要流动资金为由，以该公司院内电煤作质押，向薄某某借款人民币 1500 万元。薄某某分别于同年 4 月 10 日、7 月 28 日、7 月 30 日向张某 1 转款 1500 万元。同年 7 月 30 日，张某 1 与薄某某补签了《借款合同》和《动产质押合同》。后张某 1 在未通知薄某某的情况下，将质押的电煤处置。经审计，2012 年 4 月 20 日至 2013 年 7 月 1 日，张某 1 向薄

---

* (2017) 冀刑终 529 号。

某某转款1534.4万元。（2）2010年10月，张某1从张某某处购得河北省平泉县国峰灰石矿。后张某1与薄某某、李某2签订股权转让协议书，约定张某1继续任该矿法定代表人，薄某某、李某2出资入股，共同经营。但三方实际投入资金情况未能查明。后三人曾商议薄某某、李某2退股之事。2013年6月8日，张某1将国峰灰石矿部分矿区永久性承包给第三方公司，获得承包费人民币150万元。

检察机关认为：（1）张某1借款前已有巨额债务，借款后即将其中的1136.5万元归还个人债务，并擅自将质押的电煤售出后归还个人债务，债务到期后逃匿，其已构成合同诈骗罪。现有证据能够认定薄某某至少向张某1的灰石矿入股800万元，张某1在尚未退清薄某某等人股金的情况下，擅自将部分石矿转包并占有转让款，其还构成职务侵占罪。（2）张某1借款后共向薄某某转款1534.4万元，其中偿还借款利息241.875万元，其余为灰石矿退股款，与合同诈骗无关，应认定张某1合同诈骗1136.5万元。（3）一审判决认定事实错误。薄某某至少入股800万元，借给张某1 1500万元，但张某1仅向薄某某回款1534.4万元，不存在张某1既还清了薄某某借款又退清了薄某某灰石矿股份的可能性。

张某1及其辩护人辩称：其不构成合同诈骗罪、职务侵占罪。其借薄某某1500万元已经还清，现有证据也不能认定1534.4万元中有薄某某的退股款。其与薄某某、李某2合伙开矿，薄、李二人没有入股的原始凭证，薄某某的入股款已用现金和承兑汇票退清。薄某某没有交足入股款，不是该矿的合法股东。薄某某与李某2经营过矿产两年，获得了利润。没有给李某2打过1800万元的欠条。薄、李退股，张某1对外承包矿山的行为属于经营自主权。薄某某与张某1之间还有其他资金往来，不应仅以本阶段计算，根据银行账目统计，张某1给薄某某转款3800余万元，远不止1500万元借款和800万元股金。张某1不构成合同诈骗罪和职务侵占罪。

一审法院认为，银行转账记录载明张某1陆续向薄某某及其指定账户转款1534.4万元，已还清1500万元借款，无证据证明张某1具有非法占有的故意，指控张某1犯合同诈骗罪不能成立。股权转让协议证实张某1、薄某某、李某2三方约定共同投资经营国峰灰石矿及股权转让情况，但三人对于实际投入资金情况、如何分配利润等事项供证不一，对于三方何时约定退股以及具体退股情况亦供证不一，尚无充分证据证实张某1将该矿承包给他人时，该矿归三人共有。故指控张某1犯职务侵占罪亦不能成立。依照法律规定判决被告人张某1无罪。

二审法院认为,一审判决认定张某1借薄某某1500万元已还清的事实,缺乏证据支持,应当予以纠正。检察机关指控合同诈骗罪和职务侵占罪的事实不清,证据不足,一审判决的结果正确。

二、撰写心得

本案文书是一篇抗诉的二审刑事裁定书。该案报案人以受害人身份报案,侦查机关立案后,以合同诈骗罪和职务侵占罪追究被告人的刑事责任。但是纵观全案的证据情况,是否能够形成完整的证据链条、是否能够得出被告人具有非法占有他人财物的目的,不同司法机关产生了不同认识。随着社会经济的繁荣与市场交易的活跃,经济纠纷与经济犯罪常常交织在一起,难以辨识,成为司法的难点和热点。在审理本案和撰写裁判文书的过程中,承办人具有以下几点心得。

一是刑民交叉案件往往涉及罪与非罪的争议,经济纠纷与经济犯罪本质区别在于如何认定"非法占有目的",从刑法理论出发,掌握基本的分析方法很重要。这里主要涉及刑事推定、法秩序统一原理的运用。

所谓刑民交叉案件,是指既涉及刑事法律关系,又涉及民事法律关系,且相互直接存在交叉、牵连、影响的案件,① 这主要是从诉讼法角度来进行界定的。从实体法角度来讲,刑民交叉案件还应当包括刑事犯罪与民事纠纷的重合。所以,从诉讼法角度刑民交叉界定的是谁优先处置的问题,从实体处理角度刑民交叉界定的首先是罪与非罪。就合同诈骗罪与民事欺诈而言,二者之间主要是主观目的、欺诈内容与手段、欺诈的客体、法律后果、适用法律、客观表现等方面存在明显不同,本质上的区别在于行为人是否具有"非法占有目的",这往往需要进行刑事推定。刑事推定是指在刑事诉讼过程中,因现有证据能够证明的基础事实与待证事实之间存在某种常态联系,从而由基础事实得出推定事实为真的证明方法。刑事推定的要素是基础事实、待证事实、常态联系和允许反驳。当基础事实证据不足以证明时,就无法进行有效的推定。当被告人反驳推定达到优势盖然性程度时,即可以认为案件事实陷入了真伪不明的状

---

① 何帆:《刑民交叉案件审理的基本思路》,中国法制出版社2007年版,第25~26页。

态。① 也就是说，此时，如果有证据证明被告人的反驳更具有合理性，则推定的事实不能确定。如果行为人对推定的事实不能有效反驳或者反驳不能成立时，才可以认定推定事实成立。最高人民法院在许多司法解释或司法性文件中即以刑事推定的方式来认定"非法占有的目的"，如《最高人民法院关于审理诈骗案件具体应用法律若干问题的解释》《最高人民法院关于审理非法集资刑事案件具体应用法律若干问题的解释》《全国法院审理金融犯罪案件工作座谈会纪要》等，对可以推定为具有"非法占有目的"的情形进行了列举。

在刑民交叉案件中，如果既存在刑事犯罪构成要件违法性的行为，又存在民事不法的情形，要进行综合判断。这种综合判断既包括犯罪构成要件该当性或违法性和民事法律关系的形式判断，也包括实质判断。要特别注意法秩序相统一原理在区分罪与非罪中的运用。所谓法秩序相统一原理，是指各个部门法在合法化事由上具有统一的根据，在一个部门法中合法的行为，不得在另一个部门法中认定为违法，法律的价值取向应当具有统一性。如果两个部门法的认定不一致，就会造成法秩序内部的逻辑混乱。慎重判断构成要件该当性、尊重常识，对于区分刑事犯罪与民事违法至关重要，实务中，首先要基于法秩序相统一原理，考察民商法对当前案件的基本立场。② 按照我国刑法界的共识，只要存在民事纠纷，就可以阻却财产犯罪，包括某些经济犯罪的成立，因为此时不具有刑事犯罪的主观违法要素。③

二是在处理刑民交叉的案件中，应当坚持证据裁判原则，没有证据不得认定事实，更不能人为猜测和主观臆断。坚持证据裁判原则是进行刑事推定的前提。基础事实必须有证据证明。基础事实不清，则无法推定出非法占有的主观目的。

三是刑民交叉案件在不能认定具有"非法占有的主观目的"时，应当进一步明确是存疑不认定，还是本质上不具有非法占有目的。根据《刑事诉讼法》的规定，无罪判决分为法定无罪和存疑无罪，或者说依据法律本该认定的无罪和证据不足的无罪。所以，在宣告无罪的裁判文书中应当根据事实情况，充分论证案件是属于何种情形的无罪，最终给出恰当的结论，避免出现不彻底的无罪判决，让司法公正走完最后一厘米。

---

① 樊崇义、史立梅：《推定与刑事证明关系之分析》，载《法学》2008 年第 7 期。
② 周光权：《"刑民交叉"案件的判断逻辑》，载《中国刑事法杂志》2020 年第 3 期。
③ 陈兴良：《刑民交叉案件的刑法适用》，载《法律科学》2019 年第 2 期。

具体本案而言，张某1与薄某某之间长期存在资金往来，张某1借款1500万元后的还款数额超过借款额，张某1卖掉了质押的电煤归还了个人其他债务，双方入股合伙经营矿产并产生退股纠纷，刑民交叉的事实深度重合。根据法秩序相统一的原理，从体系性上思考，很难准确界定刑事推定的基础事实。

（1）关于张某1向薄某某转款1534.4万元能否认定为偿还清1500万元借款的事实。张某1向薄某某借1500万元，后分多笔共计还款1534.4的事实有证据证实，且双方认可。但是对该1534.4万元还款的性质各执一词。张某1一方的银行转账凭证并未载明每笔还款的性质，司法会计鉴定意见亦不能区分出哪些还款属于偿还本金和利息，哪些还款属于合伙矿山的退股款。证人李某1证言虽然称张某1该还款数额中有240余万元系借款利息，其余为退股款。但因该证人系报案人薄某某公司的员工，与报案一方有利害关系，其关于还款性质的证言又没有其他证据印证，故不足以采信。银行转账凭证等证据载明张某1与薄某某及其员工之间长期存在资金往来关系，且薄某某与张某1合伙开矿入股、退股资金账目混乱、缺失。二人之间的经济关系无法得到准确界定。综上，张某1向薄某某转款1534.4万元不能认定已偿还清1500万元的借款，亦不能区分其中哪些是偿还的借款、哪些是退股款。原审判决认定张某1已还清薄某某借款属事实认定错误。抗诉机关所提原判认定此情节错误的意见，应予采纳。

（2）关于张某1、薄某某、李某2三人之间合伙开矿纠纷的事实。薄某某、李某2与张某1之间签订合伙协议属实，但是各股东投入了多少入股款，合伙期间矿山经营是否赢利，发生退股后薄某某从矿山上拉走多少机器设备，张某1清退给薄某某多少入股款，均不清楚。张某1、薄某某、李某2及相关证人对入股、退股情况均有多次证言，但在一些具体情节上前后矛盾。现有证据无法认定入股与退股的实际具体情况。综上，抗诉所提"张某1在未退清薄某某、李某2在灰石矿的入股款的情况下，擅自将灰石矿部分承包出去的款用于个人开支，其行为构成职务侵占罪"的意见，证据不足，不应采纳。

（3）关于张某1是否具有非法占有借款的目的问题。薄某某证当时该笔借款约定用途为购置电煤。张某1与薄某某之间补签的借款合同载明，借款用途为张某1所经营公司的流动资金。张某1用借款还债，可以认定为"拆东墙补西墙"的情形，但这些债务是否是经营之债尚不清楚。张某1未通知薄某某即将质押的电煤私自处置，但其是否具有清偿能力也尚不清楚。这两个行为作为判断张某1是否具有非法占有目的的重要依据，前提为在合同的签订、履行过程中，其是否没有清偿能力、是否与出借方存在其他经济纠纷。根据查明的事实，张某1与薄某某之间既存在合伙开矿的经济纠纷，又存在长期资金往来关系。侦查机关查证了张某1的债务情况，但是并未对张某1承包的灰石矿价值进行评估鉴定，其清偿能力尚不清楚。张某1借款后偿还其他债务且处置质押财物的行为，是民事违约行为还是恶意占有他人财物的犯罪行为，难以仅凭客观行为表现去判断。现有证据未证实已还款性质、灰石矿的储量，张某1的还款能力及所有债务情况、合伙入股及协议撤股后的退资情况等基础事实，故不宜推定张某1具有非法占有借款的目的。检察院抗诉所提张某1的行为应当构成合同诈骗罪的意见，缺乏充分的证据支持，不应采纳。

综上，二审法院认为，现有证据不足以形成张某1犯合同诈骗罪、职务侵占罪的证据链条，指控合同诈骗罪和职务侵占罪均事实不清，证据不足。遂依法裁定驳回对张某1定罪量刑的抗诉，维持原判对张某1的无罪判决。

四是精品案件依赖精品文书，精品文书成就精品案件。作为检察机关抗诉、报案人强烈要求追究被告人刑事责任的案件，本裁判文书力求做到加强裁判释法说理，尽可能使说理通俗易懂，全面回应检辩双方的争议焦点，厘清多重事实情节的逻辑关系，从体系性的角度，阐明判决结论的形成过程和正当性理由，提高裁判的可接受性，力争把公平正义写在字里行间。案件宣判后，胜败皆服。本案作为该省保护企业家合法权益的典型案例向社会公开发布，得到了社会各界的肯定，反响良好。本案裁判文书判决结果不属于常见"驳回抗诉，维持原判"的情况，裁判结果具有一定特殊性和开创性，涉及对判决结果进行合理调整的尝试。原判决认定的事实细节上有错误，检察机关提出异议合理，应予纠正，但又并不能全盘驳回抗诉、维持原判，同时本案又是无罪案件，所以需要对裁判结果的具体表述进行适当调整。

（陈庆瑞，河北省高级人民法院法官）

三、专家评析

党的十八大以来，党中央高度重视产权和企业家合法权益的保护工作。2016年11月公布的《中共中央、国务院关于完善产权保护制度依法保护产权的意见》明确指出："准确把握经济违法行为入刑标准，准确认定经济纠纷和经济犯罪的性质，防范刑事执法介入经济纠纷，防止选择性司法。对于法律界限不明、罪与非罪不清的,司法机关应严格遵循罪刑法定、疑罪从无、严禁有罪推定的原则,防止把经济纠纷当作犯罪处理。"最高人民法院相继出台了一系列司法文件,重申和强调中央政策精神。本案的裁判过程、裁判结果和裁判文书所传递出的理念,契合了党和国家的政策精神和社会形势,符合法律规定和最高人民法院的相关司法文件要求,彰显了人民法院公正司法的态度和决心,是一个具有典型意义的案例。

除了政策宣示价值之外,本案在法律适用、裁判文书制作方面也存在着较好的示范意义:(1)司法实践中审理合同诈骗案时,经常涉及合同双方在客观上的经济往来以及被告人主观上的非法占有目的等问题,如何运用证据规则认定相关事实,并理清相关事实对于定性的影响,考验着法官的司法水平。本案判决对此做出了较好的示范。例如,关于张某1一方银行转账的还款性质,判决认为现有证据难以区分哪些是偿还的借款、哪些是退股款。关于张某1、薄某某、李某2三人之间的合伙开矿纠纷,判决认为现有证据无法认定入股与退股的实际具体情况。关于非法占有目的,判决认为现有证据未证实张某1的还款能力及所有债务情况、合伙入股及协议撤股后的退资情况等基础事实,在此情况下不能推定张某1具有非法占有借款的目的。法院判决的上述认定,能够坚持证据裁判原则和存疑有利于被告人的原则,在必要的限度内合理运用刑事推定,保证了案件的公正处理。切实做到了以事实为依据、以法律为准绳,从程序和实体上都有很大的参考作用。(2)本裁判文书制作规范,要素齐全,逻辑清晰,语言流畅,争议焦点归纳详细具体,说理透彻、充分,对争议焦点的回应准确全面,言之有据、言之有理,应当说较好体现了承办法官的良好业务素养和较高的办案水平。文书涉及抗诉、无罪、事实细节予以纠正后维持裁判结果的表述方法、刑民交叉争议的说理等,值得广大法官学习借鉴。

(点评人:车浩,北京大学法学院副院长,教授,博士生导师)

(2017)冀刑终529号裁判文书原文

29. 胡某某合同诈骗案*

【关键词】

经济纠纷　合同诈骗　非法占有目的　刑事推定

【裁判要旨】

行为人在合同签订、履行过程中是否具有非法占有他人财物的目的，是区分民事纠纷与合同诈骗的根本标准，需要对履约行为方式、履约能力、履约态度、标的物的处置、签约背景等进行整体考察，并充分考虑民事法律、刑事法律的相关规定进行合理推定。要注意部门法间的法秩序统一，不能仅以刑法规定的客观表现情形入罪。对于证据不足、法律适用不明、罪与非罪不清的，应依法宣告无罪。

一、简要案情

被告人胡某某，曾任河北省邯郸市津冀高速公路建设发展有限公司总经理，山东烟台华大药业有限公司经理。2009年11月因犯虚报注册资本罪被判处有期徒刑一年零六个月。2010年9月24日因涉嫌合同诈骗被刑事拘留，同年10月31日被逮捕，后被取保候审。2011年10月15日河北省邢台市人民检察院对其作出不起诉决定。2014年10月11日河北省人民检察院撤销不起诉决定书。

1994年11月，河北省邯郸市人民政府出具担保书载明，邯郸市外环公路项目由邯郸市津冀高速公路建设发展有限公司（以下简称津冀公司）承贷，还本付息，由邯郸市承保。津冀公司总经理胡某某遂组织开展了招商引资、项目批文等一些前期准备工作。

为引进资金，1998年10月，津冀公司与香港中天基建投资有限公司（以下简称香港中天公司）董事长徐某某签订合同，双方同意兴建与经营管理邯郸市环城路二期工程，香港中天公司承诺向该工程投资3.94亿元。

---

* （2017）冀刑终198号。

1998年11月，邯郸市城建局成立邯郸市环城路建设有限公司（以下简称环城路公司）。经过前期磋商，同年12月1日，环城路公司与津冀公司签订承建部分环城路建设项目合同，约定津冀公司在开工前将向环城路公司交纳2000万元工程建设保证金，工程竣工通车后收取的环城路行车通行费双方按投资比例分配。合同还约定，除不可抗力外，一方若变更或解除合同，须征得对方同意，并赔偿经济损失。环城路建设工程项目于1998年12月4日正式开工。

开工前，津冀公司并未依约向环城路公司交纳工程保证金。1999年1月21日，环城路公司向津冀公司发出违约告知函，要求津冀公司3日内将2000万元保证金转入指定账户，否则一切责任由违约方承担。次日，胡某某签收此函。

1999年1月27日，河北云龙路桥股份有限公司（以下简称云龙路桥公司）转给津冀公司500万元现金。胡某某称系香港中天公司委托云龙路桥公司出资。同年2月7日，香港中天公司与云龙路桥公司签订经营合作原则。双方约定合资合作经营中国境内的公路交通等项目，云龙路桥公司负责项目经营管理，香港中天公司负责境外资金的筹措、投资。香港中天公司董事长徐某某于2002年从香港出境后失联。

1999年2月8日，胡某某与邢台云龙实业集团（以下简称云龙集团）的法定代表人张某签订邯郸环城公路项目合作原则，约定前期启动资金1500万元由云龙集团指定成员企业邢台云龙经济发展有限责任公司（以下简称云龙经济公司）负责出资，指定成员单位云龙路桥公司负责完工后的经营管理。1999年2月24日，津冀公司和云龙经济公司签订经营合作合同。内容基本同2月8日与云龙集团的合同约定。同日，津冀公司和云龙路桥公司又签订经营合作合同。合同约定，环城公路项目投资总额为6.64亿元，云龙路桥公司负责4.4亿元自筹部分的投入。工程启动资金1500万元由云龙路桥公司负责落实。后津冀公司与云龙路桥公司又签订补充协议。

1999年2月至3月，云龙路桥公司将金额合计2000万元的9份银行承兑汇票通过第三方公司背书给津冀公司，后于1999年3月30日、4月27日贴现1964.81万元转入被告人胡某某担任股东的邯郸市华大企业发展公司（津冀公司的股东）。至此之后，云龙路桥公司再未向津冀公司转过投资款。

1999年6月津冀公司根据云龙路桥公司的要求向云龙路桥公司转回200万元。1999年6月21日至8月16日，津冀公司分三笔转入环城路公司1300万元。环城路公司并未主张解约，而是予以接受。1999年11月3日，云龙集团的张某、刘某前往环城路公司进行商谈，知晓了津冀公司实际转给环城路公司的资金与己方出资不符的情况。环城路公司多次催促津冀公司，津冀公司的2000万元工程保证金仍不能如数到位，胡某某与环城路公司遂协商解除了环城路建设合同。环城路公司分别于2000年9月25日、2001年4月5日向津冀公司退还了1300万元保证金。

2000年下半年，云龙路桥公司因资金紧张，刘某和张某商议后，找到胡某某要求解除合同。2001年6月，胡某某妻子王某1代表津冀公司和华大企业发展公司与云龙路桥公司签订还款合同，后两次还款共200万元。经司法会计鉴定，胡某某负责经营的津冀公司和华大企业发展公司自1999年1月至2004年给云龙路桥公司转款总计998.90万元。

河北省邢台市中级人民法院于2016年12月29日作出（2016）冀05刑初13号刑事判决，认为环城路公司发出违约告知函的内容为催缴工程建设保证金，并无解除合同的意思表示，胡某某在收到违约告知函后转入环城路公司1300万元，环城路公司予以接受，证明合同继续履行；同一天胡某某出具两份不同的《出资证明》，该书证存在多处矛盾，被害单位及公诉机关均不能予以合理解释，该两份《出资证明》不能作为定案依据；时任环城路公司法人代表王某2写的《环城路工作日志》载明胡某某不存在欺骗云龙公司的情况；胡某某及其辩护人提供的证据可证实胡某某运作前期环城路项目时做了大量的相关工作并垫付了相关费用；云龙公司转款2300万元到津冀公司后，云龙公司再无后续资金转入津冀公司。现有证据不足以证实胡某某存在挪用资金或隐瞒资金去向的目的。公诉机关指控事实不清，证据不足，指控的犯罪不能成立。故依法判决被告人胡某某无罪。

一审宣判后，检察机关以一审认定事实错误为由提出抗诉。主要理由：（1）胡某某在收到违约告知函后，隐瞒该事实，又与云龙路桥公司签订共同开发合同，未用云龙路桥公司支付费用交足工程保证金，造成因保证金没有交齐而解除合同。在收到环城路公司退还的保证金后，未将全部款项退回云龙路桥公司。（2）原审判决否认两份《出资证明》作为定案依据是错误的。（3）原审判决认定胡某某为运作该项目做了大量工作并垫付了相关费用是错误的。（4）原审判决认为现有证据不足以证明胡某某在主观上具有非法占有他人财物的目的是错误的。

胡某某及其辩护人答辩主要提出：（1）违约告知函的内容是催缴保证金，

并没有解除合同的意思表示，胡某某未向香港中天公司隐瞒事实。环城路从未发出过解约通知。保证金未交齐的原因在于云龙路桥公司后续资金不到位。（2）两份《出资证明》不应作为证据使用。（3）胡某某及津冀公司前期为环城路项目做了大量工作，并垫付了相关费用。（4）涉案2300万元，其中1500万元启动资金是胡某某应得的，用于填补项目前期垫资。云龙路桥公司没有任何后续资金到位，直接导致胡某某不能履约，项目失败。胡某某有还款意愿和部分还款行为。本案是云龙集团严重违约造成的，是典型的民事纠纷。胡某某不构成合同诈骗罪。

河北省高级人民法院于2019年8月21日作出（2017）冀刑终198号刑事裁定，驳回抗诉，维持原判。

二、撰写心得

本案是一起合同诈骗与经济纠纷难解难分的刑民交叉案件。而且，其诉讼过程复杂，从起诉到作出不起诉决定，到撤销不起诉决定，再到抗诉，最终被驳回抗诉、维持原无罪判决。可谓是一波三折。这是一起比较典型的合同诈骗无罪案件，展示了控辩审三方在刑事诉讼中的博弈过程，其裁判具有一定启发和参考意义。

（一）在案件实体处理上，本案代表了当时相当一部分经济纠纷与经济犯罪难以判断的现状

合同诈骗罪如何认定"非法占有目的"存在争议，给司法者带来诸多困惑。千案千面，很难具体抽象出普遍适用的裁判方法。正如周光权教授所言：对"刑民交叉"案件的处理，其实并不太容易发展出非常精致、体系化的理论，只要司法人员坚守罪刑法定原则，重视案件的主客观事实，尊重常识和生活经验，运用好通常的智力、情感和判断力，基本上就能作出准确的判断。[①]

所谓合同诈骗罪，是指以非法占有为目的，在合同签订、履行过程中，虚构事实、隐瞒真相，骗取他人财物，数额较大的行为。办理刑事案件，通常的裁判思路是首先要准确区分罪与非罪，然后是此罪与彼罪。司法人员首先要坚持无罪推定和疑罪从无的理念。理念付诸实践，办案中就要坚持证据裁判原则，不能简单地以"产生不能还款的结果"进行客观归罪。在考察罪

[①] 周光权：《"刑民交叉"案件的判断逻辑》，载《中国刑事法杂志》2020年第3期。

与非罪时，要区分两个层次。是单纯无欺诈行为的经济纠纷、还是民事欺诈，最后才考虑合同诈骗。民事欺诈与诈骗罪之间则应当从欺骗内容、欺骗程度和欺骗结果这三个方面加以界分。① 当从欺诈行为上无法区分民事欺诈还是诈骗犯罪时，再对行为人是否具有非法占有的目的进行考察。行为人的主观目的通常可以从以下几个方面推定：行为人有无履行能力、有无欺骗行为、有无履行合同的实际行动、违约后是否愿意承担违约责任、未履行合同的原因。② 所谓推定并非"有罪推定"之推定，是对法律事实的推定，是符合客观规律和经验法则的必要推定，要综合分析全面考虑，反复从正反对比推敲才可。不能因为具有法定的五种情形之一，就当然认定被告人具有非法占有的目的。③ 本案就是非常典型的一个案例，通过对上述方面逐项分析，不难得到宣告无罪的判决结果。有的专家认为，合同诈骗罪是利用签订、履行合同而无对价地占有他人财物；而民事欺诈是在签订、履行合同过程中，通过欺诈方法，谋取非法利益。④ 笔者认为，有对价不是合同诈骗，无对价则可能是合同诈骗、他罪或民事欺诈。⑤ 本案被告人与环城路公司的前合同是真实的，如果云龙路桥公司投资及时到位的话，三方间的合同极有可能实际履行，投资没有到位的原因部分清楚、部分不明，所以难以认定被告人是无对价地占有他人财物。

另外，在办案过程中，要注意法秩序统一原理的运用。民法中的合法行为在刑法中不能被认定为违法行为，民法与刑法在法律体系中具有前置法与后置法的关系。⑥ 类似刑民交叉案件，刑事裁判不能忽视民事法律的适用，比如本案中如何认识"违约告知函"与合同解除权的行使、"工程建设保证金"与"前期启动资金"合同条款的解释、证人认为合同已解除的证言效力等，一旦脱离民法、诉讼法等相关规定，在事实认定上可能就会出现南辕北辙的结论。

综上，如何准确区分经济纠纷与经济犯罪，要通过证据审查、判断行为

---

① 陈兴良：《民事欺诈与刑事欺诈的界分》，载《法治现代化研究》2019年第5期。
② 张军主编：《刑法（分则）及配套规定新释新解》，人民法院出版社2016年版，第883~884页。
③ 严颖婷：《"以非法占有为目的"之刑事推定——以合同诈骗罪为视角》，载《辽宁警察学院学报》2018年第1期。
④ 陈兴良：《合同诈骗罪的特殊类型之"两头骗"：定性与处理》，载《政治与法律》2016年第4期。
⑤ 陈庆瑞：《合同诈骗罪司法适用问题研究》，载《法律适用·司法案例》2017年第24期。
⑥ 陈兴良：《民法对刑法的影响与刑法对民法的回应》，载《法商研究》2021年第2期。

人是否存在"非法占有目的"。本案中，胡某某参与环城路工程项目是真实的，而且相关证据能够推定其支付了一定前期准备工作费用。其与云龙集团下属的两个公司之间签署多份合作协议，从约定内容看是在为工程施工筹措资金。胡某某虽然延期支付给环城路公司工程建设保证金，且并未足额支付，但是环城路公司因资金紧张仍然接受了其交纳的部分保证金，环城路公司发出的违约告知函未明确提出解约。云龙路桥公司通过走访环城路公司已事先知晓了胡某某并未足额交纳工程保证金。融资双方对前期启动资金与工程保证金的关系各执一词，无法说清。三方发生解约前，云龙路桥公司自身因银行拒绝转变贷款用途、负责人涉嫌犯罪在逃等原因没有继续履行投资义务。三方解约后，胡某某亦向云龙路桥公司清退了部分款项。整体来看，津冀公司胡某某很难认定存在虚构事实、隐瞒真相的情况，也无法证实其有携款潜逃、"拆东墙补西墙"等情形，其当时的履约能力亦不清楚，很难推定其具有非法占有合同预付款的目的。综上，检察机关指控胡某某构成合同诈骗罪的事实不清、证据不足，一审判决适当，检察机关抗诉理据不足，二审法院依法驳回抗诉，维持胡某某无罪的判决。

（二）难案精办，简案快办，法官要有敏感性和预见性，对具有典型性的案件要下大力办好办精

司法公正最终需要通过裁判文书来体现、固定和彰显。应当加大对疑难复杂、社会关注案件的裁判说理。加强裁判文书说理，既释明法理，又说明事理，阐明情理，才能在司法实践中锻造出一份份高质量的判决。正如胡云腾大法官所归纳的：裁判文书说理要立足事理，严守法理，引用学理，佐以情理，善用文理。① 五理融会贯通，方有助于定分止争、胜败皆服。进一步讲，裁判文书说理就是应当要符合逻辑，依据法理，遵守合法性、正当性、针对性和必要性的原则。② 本案事实经过复杂，首先需要清晰明了地梳理出案件的详细过程。对审理查证的事实表述坚持客观描述的方法，不能人为添加主观判断。在最大努力查明事理的前提下，根据法秩序统一原理，通过法理和学理，以及常识、常理，分析判断出胡某某的犯罪主观心态。

另外，刑民交叉案件的一个办案特点，就是辩护人会从其他部门法的角

---

① 胡云腾：《裁判文书说理的多维思考》，载《法制资讯》2011年第8期。
② 刘树德：《无理不成"书"——裁判文书说理23讲》，中国检察出版社2020年版，第286~291页。

度充分阐述出罪的理由。裁判文书有针对性地突出撰写的核心和重点，积极全面回应诸多争议点，从而实现裁决的功能。例如，根据《合同法》第96条，① 当事人一方依照约定或法定情形主张解除合同的，应当通知对方，合同自通知到达对方时解除。本案中如果不依据该法对于违约条款的规定，只依赖证人所提违约通知书就是解除合同的证言，很难正确地作出裁判。本案裁定书不惜笔墨和篇幅，对争议点进行了逐一回应和论述，对完善刑民交叉案件罪与非罪的裁判规则具有很大的案例指导作用。

（陈庆瑞，河北省高级人民法院法官）

三、专家评析

"刑民交叉"案件的含义并不清楚，也没有明确的范围，从约定俗成角度，主要是指案件处于刑事和民事的临界点上，构成犯罪还是民事侵权、违约难以被决断的情形。行刑衔接或交叉的案件也属于"难办"案件。如何针对这些案件形成合理和明确的裁判规则，既是学术界近年来研究的热点，也是司法实践中的难点。胡某某合同诈骗无罪一案是刑民交叉案件处理难点的一个缩影。裁判文书是司法公正的最终载体。一个案件如何实现"三个效果"的有机统一，在很大程度上依赖于制作一份精良的裁判文书。通过阅读这份裁定书，有以下几点意见。

（一）该文书较好彰显了党和国家关于依法保护市场主体、全面维护企业家合法权益的政策精神

人民法院充分发挥司法审判的职能作用，为民营企业发展提供充分的服务和保障，需要通过个案的公正裁判来实现。合同诈骗罪与民事违法行为的界限原本就比较模糊，有些案件是因为办案机关对法律适用掌握不准确造成的，还有些案件有刑事执法插手经济纠纷之嫌。严格区分经济纠纷与经济犯罪，坚决防止把经济纠纷当作犯罪处理，杜绝刑事执法插手经济纠纷，这是提高社会治理能力和治理体系现代化的应有之义。这篇文书体现了依法、平等、全面保护的原则，立场鲜明，司法敢担当、有作为。

（二）该文书体现了较为先进的办案理念

通过文书论证过程可见，本案的裁判结论是公正的。承办法官具有较为

---

① 对应《民法典》第565条。

扎实的理论素养,在办案过程中自觉运用了法秩序统一性原理、体系性思考,首先从民商法的基本立场出发,充分关注了前置法对于刑事判决的影响,研究涉案合同条款的效力,结合证据裁判原则、刑事推定方法等,通过递进式的检验逻辑,循序渐进地得出裁判结论。本案裁定即是承办法官问题思考与体系思考相结合的成果,贯彻了司法机关相互制约的诉讼原则。该案对如何准确区分经济领域的罪与非罪、统一司法尺度具有较强的借鉴意义。

(三)该文书在释法说理方面可圈可点

党的十八届三中、四中全会先后提出"增强法律文书说理性""加强法律文书释法说理"的改革思路。近年来,最高人民法院深入推动裁判说理机制改革,出台多份司法文件,贯彻落实党中央的决策部署,在裁判文书说理方面取得了长足的进步。该裁判文书就是一个非常好的司法产品,要素齐全、说理透彻、充分,特别是对辩护人与控方的争议点,归纳全面、客观、准确,回应全面、具体、精准,语言平实、流畅,没有直接引用晦涩的学理,而是遵循了事理、法理、情理统一,把道理讲得很透彻,展示了法官内心确认的过程,通俗易懂,使正义看得见,让人读后对判决结果信服,提高了判决的可接受性和社会公众的认同。这是一篇难得的优秀裁判文书。

笔者曾撰文指出关注辩护人的意见,关注那些真正说理的判决,关注法治发展的点滴进程,就是在传播司法的正能量。这些优秀的裁判文书能够为提升中国刑法学的整体水平提供有力支撑。

最后,需要指出的是,由于本文书所涉及的法律关系较为复杂,其中借用的民法尤其是合同的专业术语、基本原理较多,如何使其他部门法的术语和原理与待处理案件完美契合、"无缝衔接",将所讲的道理让被告人听懂,让公诉方接受,对于主审法官来说是一个很大的考验。

(点评人:周光权,清华大学法学院教授,博士生导师)

(2017)冀刑终 198 号裁判文书原文

30. 潘某某合同诈骗案[*]

【关键词】

合同诈骗　非法占有目的　主观要件　客观要件　无罪再审

【裁判要旨】

被告人虽然没有建筑资质，但具有建设施工的经历和能力，按承建合同要求完成了施工行为，向建设单位主张工程价款，虽拖欠部分分包人工程款，但不能认定被告人主观上具有非法占有的目的，也不能认定被告人客观上实施了非法占有他人财物的行为，不构成合同诈骗罪。

一、简要案情

1. 关于被告人潘某某与永恒公司、南开学校的纠纷。潘某某没有建筑资质，以环球公司委托代理人及代表的名义，与永恒公司签订了承建"东江御城"的《建设工程施工合同》，约定由环球公司承建施工项目，环球公司必须垫资施工到正负0层混凝土结构板后，永恒公司才支付首批工程进度款1500万元。潘某某又与南开学校签订《建设工程施工合同》，承包南开学校高中部大楼主体工程。经鉴定，"东江御城"和南开学校工程造价为12 334 701.51元。潘某某要求永恒公司、南开学校结算工程款20 333 744.24元，比侦查机关委托鉴定的工程造价高7 999 042.73元。

2. 关于潘某某与分包人的纠纷。潘某某承揽"东江御城"和南开学校工程后，将工程分包给没有资质的人施工，共获取分包人押金263万元、保证金45万元、借款60.5万元、建筑材料2 741 173.95元和施工价款2 489 626.75元（合计8 915 800.7元），鉴定机关鉴定的工程造价比该合计款项多3 418 900.81元。

3. 关于潘某某案发前的建筑施工的经历。潘某某先后挂靠湛江市住宅建筑工程公司深圳分公司、茂名市电白建筑工程总公司深圳分公司、茂名市电

---

[*] （2016）粤刑再10号。

白建筑工程总公司、深圳市洪涛装饰工程有限公司、广东开平建安集团有限公司对外承揽建设施工工程。

广东省高级人民法院再审改判潘某某无罪的裁判理由：

（1）本案证据不能认定潘某某主观上具有非法占有的目的。根据《最高人民法院关于审理建设工程施工合同纠纷案件适用法律问题的解释》的规定，承包人未取得建筑施工企业资质或者超越资质等级的，建设工程施工合同无效。建设工程施工合同无效，但建设工程经竣工验收合格，承包人请求参照合同约定支付工程价款的，应予支持。建设工程施工合同无效，且建设工程经竣工验收不合格的，按照以下情形分别处理：一是修复后的建设工程经竣工验收合格，发包人请求承包人承担修复费用的，应予支持；二是修复后的建设工程经竣工验收不合格，承包人请求支付工程价款的，不予支持。因此，即使认定潘某某不具备建筑资质，与永恒公司、南开学校签订的建筑施工合同无效，但只要其对建设工程进行施工，工程经验收合格，依法就应获取相应的工程价款。涉案工程经查机关委托的鉴定机构鉴定，确认"东江御城"、南开学校高中部工程已经完成了1200多万元的施工建设，证人钟某某作证称潘某某在"东江御城"工地做了临时设施、地下室土方开挖、边城支护、地下室人工挖孔桩等基础工程，南开中学则平整好并建好活动板房。没有证据证实潘某某已经实施的工程验收不合格或经修复后仍不合格，潘某某向曹某主张工程款的《工程造价结算书》中附有在"东江御城"和南开中学的各项工程的具体价款，永恒公司和南开中学对工程款数额如有异议，可以协商或通过民事诉讼渠道解决。潘某某与永恒公司、南开中学的纠纷应属民事纠纷范畴。

另根据辩护人提供的建筑合同等证据，可以认定潘某某从2004年至2011年多次以广东开平建安集团有限公司湛江市住宅建筑工程公司深圳分公司等单位名义对外签约承揽建设施工工程，可以证实潘某某具有建设施工的经历和能力，且一直有通过挂靠其他公司的形式承揽工程。

综上，潘某某具有一定的建设施工的经历和能力，其已按承建合同完成了部分工程，向永恒公司和南开学校主张工程款，具有事实和法律依据。即使潘某某不具备建筑资质而签订建设工程合同，要求工程结算金额偏大，结算过程中有占据工地、煽动工人上访等不当行为，但不能据此认定潘某某主观上具有非法占有工程价款的目的。

(2) 本案证据不能证实潘某某非法占有了他人的财物,潘某某的行为在客观方面不符合合同诈骗罪的构成要件。第一,潘某某已按照建筑施工合同完成部分工程项目,其主张工程款行为不具备合同诈骗永恒公司和南开学校的客观要件。根据永恒公司和潘某某签订的合同内容看,潘某某与永恒公司签订的是承包人垫资承包合同,发包方永恒公司、南开学校并没有预付工程价款,合同约定只有潘某某施工建设至合同约定的进度后,才会依约获得首期工程款。截至案发时潘某某已完成经鉴定价值为12 334 701.51元的工程项目,众多分包人也陈述根据潘某某的分包,实际对"东江御城"工地进行了施工,而潘某某未收到永恒公司和南开学校的工程款。综上,潘某某客观上履行了合同完成了部分建设工程,依法享有要求永恒公司和南开学校支付工程款的权利,其行为不符合合同诈骗罪的客观要件。

第二,潘某某在取得工程承建权后将工程分包,并将分包人的保证金、借款和赊购的建筑材料用于建设工程,其行为不具备合同诈骗分包人、供应商财物的客观要件。潘某某在与永恒公司签订建设工程合同后实际承建"东江御城"的建设项目,此后将部分工程实际分包给陈某某、张某某等人施工建设,各分包人也确实入场进行施工建设。因此,潘某某并没有虚构建设施工项目骗取保证金、借款。

分包人陈某某作证称承建工程一般要交押金,是为了保障合同如期履行。分包人丘某某作证称收到潘某某先后支付的45万元左右的工程款,徐某某、吴某某、宋某某、范某某等分包人作证称潘某某有部分支付过工程款,没有证据证实潘某某将押金、保证金、借款予以转移、挥霍或隐匿。潘某某向河源华润辉达混凝土有限公司、林某某等供货单位和个人赊购了混凝土、钢筋、胶合板等建筑材料,但这些材料确实与正在施工的建设工程有关,没有证据证实潘某某将上述建筑材料另行转移、隐匿或倒卖。潘某某虽然拖欠分包人部分施工价款,但其辩解待收到建设单位工程款后再支付余额的解释合理,此做法在建设工程分包中亦属常见。根据侦查机关委托的鉴定机关鉴定,本案"东江御城"和南开学校高中部已完成部分工程造价达12 334 701.51元,结合分包人的证言,可以认定潘某某将收取的保证金、借款和赊购的建筑材料投入到了建设工程项目中,这些财物并未被潘某某非法占有,且潘某某已建成的工程造价经鉴定比其欠分包人和供货商的价款多3 418 900.81元,这可以证实潘某某自己亦为建筑工程垫付了部分资金。

因此，本案证据不能证实潘某某实施了非法占有分包人或材料供应商财物的行为，潘某某的行为不符合合同诈骗分包人、材料供应商的客观要件。

二、撰写心得

（一）深刻认识依法平等保护企业家合法权益的重大意义，坚持谦抑、审慎的刑事司法理念，在审判中依法保护企业家的人身权、财产权

企业家是经济活动的重要主体。法治化的产权保护不仅是市场经济的重要基石，也是支持企业家做好企业经营的根本性激励。人民法院应充分发挥审判职能作用，依法平等保护企业家合法权益，为企业家创新创业营造良好法治环境，对于增强企业家人身及财产财富安全感，稳定社会预期，使企业家安心经营、放心投资、专心创业，充分发挥企业家在建设现代化经济体系、促进经济持续平稳健康发展中的作用具有重大意义。

《中共中央、国务院关于完善产权保护制度依法保护产权的意见》提出，要妥善处理历史形成的产权案件，坚持有错必纠，以发展眼光客观看待和依法妥善处理改革开放以来各类企业特别是民营企业经营过程中存在的不规范问题。最高人民法院多次发文要求全国法院充分发挥审判职能作用，切实加强产权司法保护，明确指出要客观看待企业经营的不规范问题，对定罪依据不足的依法宣告无罪。对虽属违法违规、但不构成犯罪，或者罪与非罪不清的，应当宣告无罪。对在生产、经营、融资等活动中的经济行为，除法律、行政法规明确禁止的，不得以犯罪论处。本案严格执行刑事法律和司法解释，坚持罪刑法定、疑罪从无的原则，准确把握民事纠纷与刑事犯罪的界限，坚决防止利用刑事手段干预经济纠纷，依法改判潘某某无罪。

（二）合同诈骗案要审慎认定被告人主观上是否具有非法占有的目的

认定被告人犯合同诈骗罪不能仅仅依据被告人是否实施了欺骗行为，而是要结合合同的履行情况进行整体评判。被告人潘某某虽然在签订合同过程中存在虚构事实的情况，比如其没有建筑资质但使用虚假的环球公司的名片开展工作等，但潘某某实际履行了合同，完成了部分工程，其主张的工程造价虽然比鉴定的工程造价高，但潘某某在结算书中附有各项工程的具体价款，并非虚构的金额，鉴定的工程造价未考虑其合理的利润，且有证据证实潘某某自己亦为建筑工程垫付了部分资金。在此情况下，不应机械地认为潘某某没有资质、以没有资质的公司名义签订合同就构成合同诈骗，将其主张的工

程造价与鉴定的工程造价的差价认定为合同诈骗的金额。

（三）严格区分合同诈骗罪与经济合同纠纷

要划清合同诈骗罪与经济合同纠纷的界限，主要从以下五个方面把握：

1. 行为人是否采取欺骗手段。采取欺骗手段是合同诈骗罪的前提，如果没有采取欺骗手段，由于客观原因未能履行合同的，应属于合同纠纷而非合同诈骗。

2. 行为人是否具有实际履行合同的能力。签订合同的目的在于履行合同，合同诈骗则是通过签订合同骗取财物而根本没有履行合同的能力。因此，是否具有履行合同的能力对于区分合同诈骗与合同纠纷具有一定的意义。本案中被告人潘某某在案发前多次以挂靠的形式承建建筑工程并完成施工，可以认定其有履行合同的能力。要注意的是，履行合同能力的有无，不是固定不变的，而是受主观和客观条件的制约，处于可以变化状态中。如果行为人在签订合同时，有履行合同的能力，但在签订以后，由于客观条件的变化，虽然经过主观努力，仍然无法履行，应当作为合同纠纷处理。行为人在签订合同时没有履行能力，但在合同签订以后，经过积极努力，使合同全部或者基本上得到了履行，不宜定合同诈骗罪。如果签订合同时没有履行能力，签订以后，也没有积极创造条件履行合同，即可以按照合同诈骗罪处理。

3. 行为人是否具有实际履行合同的行为。本案中潘某某已建成的工程经鉴定已达到1200多万元，可以认定其具有实际履行合同的行为。在某些情况下，行为人具有履行合同能力但并不想实际履行合同，没有实际履行合同的行为，也可能构成合同诈骗罪。

4. 如何处置合同标的物。行为人通过签订合同取得合同标的物，如果不是积极履行合同，而是将合同标的物任意挥霍，或者从事非法活动，甚至携款潜逃，则可以认定为合同诈骗罪。本案中潘某某通过签订合同从分包人分中取得的押金、保证金、借款和赊购的建筑材料都投入到了建筑工程中，不应认定其合同诈骗分包人。

5. 违约后是否具有承担责任的表现。一般来说，具有履行合同诚意的人，在发现自己违约或者经对方提出自己违约时，往往不会逃避承担责任，并且有一定的承担责任的行为。而合同诈骗的行为人在合同不能履行以后，往往会想方设法逃避承担责任，使对方无法挽回遭受的损失。

上述五个方面应当综合考察，才能正确地区分合同诈骗与合同纠纷。

（四）既要重视认定事实，也要重视释法说理

1. 客观全面认定事实。原审裁判并未采信潘某某在案发前以挂靠的形式承建多项建筑工程的证据，再审予以采信并据以认定潘某某具有承建建筑工程的经历和能力。原审裁判也未引用多名分包人关于先后收到潘某某支付的部分工程款的证言，再审补充采信了这部分证据，进一步佐证潘某某具有履行建筑合同诚意和行为。

2. 充分释法说理。一是阐明法律依据。依据《最高人民法院关于审理建设工程施工合同纠纷案件适用法律问题的解释》肯定潘某某已按承建合同完成了部分工程，主张工程款具有事实和法律依据，否定其主观上具有非法占有的目的。二是阐明事实依据。分析潘某某与永恒公司签订的是承包人垫资承包合同，潘某某已完成价值1200多万元的工程项目但未收到工程款，其将从分包人处取得的款项全部用于建设工程，其本人亦为建筑工程垫付了部分资金，否定其客观上实施了骗取财物的行为。既引用最高人民法院相关司法解释从法理上论述，又引用建筑工程分包中的预收押金、收到建设单位工程款再付分包人施工价款等常见做法，从事理上、情理上论述。既从主观要件阐述，又从客观要件上阐述，全方位、多角度地释明了再审改判无罪的事实依据和法律依据。

（莫君早，广东省高级人民法院法官）

三、专家评析

本案系人民法院落实党中央产权保护和企业家合法权益保护政策的典型案例。《中共中央、国务院关于完善产权保护制度依法保护产权的意见》要求，严格区分经济纠纷与经济犯罪的界限，准确把握经济违法行为入刑标准，准确认定经济纠纷和经济犯罪的性质，防范刑事执法介入经济纠纷。本案被告人潘某某虽然没有建筑施工企业资质，但根据法律和相关司法解释的规定，潘某某已按照合同约定完成部分工程，具有依法取得工程价款的权利。在案证据不能证实潘某某主观上具有非法占有的目的，也不能证实潘某某客观上实施了骗取他人财物的行为，潘某某与永恒公司、南开学校的纠纷应属经济纠纷，不能认定潘某某合同诈骗永恒公司和南开学校。潘某某在取得工程承建权后将工程分包，并将分包人的保证金、借款和赊购的建筑材料用于建设

工程，潘某某自己亦为建筑工程垫付了部分资金，也不能认定潘某某合同诈骗分包人、材料供应商。

该案秉承谦抑审慎理念，准确把握罪与非罪的界限，再审改判被告潘某某无罪，依法纠正涉产权冤错案件，对于强化产权和企业家权益的司法保护，加大民营企业家的人身安全保障力度和优化营商环境都具有重要意义。该案对法院把握合同诈骗案件和经济合同纠纷的区别、把握刑民交叉案件的界限、正确适用刑罚亦具有一定的指导意义。

(点评人：刘锦平，广东省高级人民法院刑事审判第一庭副庭长，三级高级法官，广东省审判业务专家)

(2016) 粤刑再 10 号裁判文书原文

第十三节　非法转让、倒卖土地使用权罪

31. 陈某某非法倒卖土地使用权案*

【关键词】

法益　社会危害程度　刑罚必要性　谦抑性

【裁判要旨】

在非法转让土地使用权罪的罪与非罪认定中，获利数额不是判断情节严重的唯一标准，不能简单套用《最高人民法院关于审理破坏土地资源刑事案件具体应用法律若干问题的解释》中的获利金额标准来定罪，而应考察法律所保护的法益是否受到侵害及其程度以决定。仅因未办理国有土地使用权证而转让建设用地，即使获利金额已达到该司法解释的量化标准的，亦不宜认定为非法转让土地使用权罪。

一、简要案情

被告人陈某某于2007年4月、2008年7月、2009年9月三次从他人手中购买三块建设用地共计16.64亩，在未办理国有土地使用权证的情况下将上述三块建设用地通过整块转让或规划分割转让的方式转卖给他人，从中获利共计121.05万元。其中，第二块土地系当地镇政府为抵顶陈某某的工程款而主动向其出售，第三块土地系由当地镇政府积极促成交易，土地被分割转让亦得到当地镇政府同意，分割受让人事后也领取到广东省阳春市建设局颁发的《建设用地规划许可证》。

根据《最高人民法院关于审理破坏土地资源刑事案件具体应用法律若干问题的解释》第2条第2款关于"具有下列情形之一的，属于非法转让、倒

---

* （2017）粤17刑终145号。

卖土地使用权'情节特别严重'"：……（4）非法获利一百万元以上的；……"的规定，广东省阳春市人民法院于 2017 年 5 月 14 日作出（2017）粤 1781 刑初 19 号刑事判决，认定被告人陈某某犯非法倒卖土地使用权罪，判处有期徒刑三年，并处罚金人民币 12 万元，没收违法所得。

宣判后，被告人陈某某提出上诉。广东省阳江市中级人民法院审理认为，陈某某的行为虽具有非法性，但其主要违反了国家土地登记管理制度，且涉案三宗土地均为建设用地，符合城乡建设规划，除未办理国有土地使用权登记手续外，暂未发现存在其他违反土地管理法规的行为，无证转卖行为对土地管理秩序未造成较大破坏，尚未达到严重扰乱土地管理秩序的程度，不具有刑罚适用的必要性，遂以"罪行显著轻微、危害不大，不认为是犯罪"为由，于 2018 年 2 月 2 日作出（2017）粤 17 刑终 145 号刑事判决，撤销原判，宣告上诉人陈某某无罪。

二、撰写心得

本案是一宗非法转让土地使用权案件，承办人查询现行法律与司法解释了解到，目前对该罪情节的认定主要依据土地面积或获利金额，但对被告人行为性质的认定却缺乏明确指引。承办人认为，"唯面积或获利金额论"的入刑标准过于单一，是否科以刑罚，应将行为性质和情节幅度相结合来综合认定。支撑承办人这一观点的主要考量在于以下几点。

（一）从责任承担的递进角度来分析

违法行为的责任承担一般由民事责任向行政责任、刑事责任递进，刑法是最终手段，刑罚规制应控制在维持社会秩序所必需的最小限度之内，如果一个行为在民事领域不被认为是非法的，就不宜在刑事领域被追究刑责。在民法领域，禁止性条款分为效力性条款和管理性条款，原则上违反管理性条款的行为不会造成民事法律行为无效，只有违反具有强制力的效力性条款才会造成民事法律行为自始无效，刑法打击的范围应比民事责任领域更收缩为宜。经查询民事领域的法律与司法解释，《最高人民法院关于审理涉及国有土地使用权合同纠纷案件适用法律若干问题的解释》第 9 条明确规定，"转让方未取得出让土地使用权证书与受让方订立合同转让土地使用权，起诉前转让方已经取得出让土地使用权证书或者有批准权的人民政府同意转让的，应当认定合同有效"。这说明，未办理权属证书而转让国有土地使用权的，属效力待定合同,只要能补齐手续,合同有效,办证只是管理性条款。对上述行为可以在民事领域追认为合法的行为,那么,就不应再给予刑罚处罚。

(二)从刑法的谦抑性角度考虑

本案是一起涉产权与市场经济秩序案件,本案所涉三宗地,均来源于广东省阳春市政府部门征收而成为建设用地,已不属于农村集体用地。一旦建设用地进入市场,就会受市场经济规律支配,面临资源配置再利用问题。随着市场经济的快速发展,生产资料快速流通是搞活经济的重要方式,要让土地作为生产资料在国民经济中的流通和利用发挥更多作用,经济自由尤为重要。刑法既要保护市场经济免遭非法行为侵扰,也要给予市场经济自由发展的空间,因此,必须保持"谦抑""审慎"的理念,准确把握经济违法行为入刑标准,让市场的行为回归市场,尽量避免用刑事处罚代替行政处罚。本案如作出有罪判决,有违刑法谦抑性原则,而且也不利于向社会传导鼓励交易、鼓励资源流通与再利用的价值导向。

(三)从规则引导与社会效果的角度看

在当前城镇化加快推进、土地增值较快的社会背景下,建设用地未办证而转让的现象较为常见,转让土地获利50万元、100万元以上者也并不鲜见,未办证而转让土地的行为一旦确定要入刑,必然带来打击面过宽、物伤其类人人自危、选择性执法等问题,也与群众的朴素正义观不相符,势必会带来不良的社会效果。毕竟刑罚是包括剥夺他人自由乃至生命的最严厉的制裁,不能仅仅从法条规定找依据,也要从法理原则、内心正义综合考虑问题。2017年3月,最高人民法院院长周强向全国人民代表大会作报告时,专门将王某某倒卖玉米非法经营案作为附件典型案例公布,也体现最高人民法院"坚持罪刑法定、疑罪从无,保障无罪的人不受刑事追究"的原则立场。王某某倒卖玉米非法经营案虽与本案不是同罪名,但均为《刑法》分则第3章"破坏社会主义市场经济秩序罪"第八节"扰乱市场秩序罪"下的同类罪名,在法益保护方面存在共通性,前案的判决意见和价值取向很值得承办人借鉴。

(四)经查询学界的研究成果,两篇有代表性的论文也支持承办人的主张

黄国盛、林莉莉写的《论非法转让土地使用权的构成要件》一文的主要观点:不是所有违法行为都要承担刑事责任。非法转让农村集体所有土地用于非农建设的,符合本罪"非法转让"要件,转让权属有争议或尚未办理使用权证的土地使用权,不构成本罪的"非法转让"要件。其中,转让未依法

登记领取权属证书的土地使用权，不应以犯罪论处。张文洋、王书娟写的《论非法转让、倒卖土地使用权罪的界定》一文的主要观点："非法转让、倒卖土地使用权罪"在立法层面存在缺失，最高人民法院司法解释仅解决定量问题没有解决定性问题。依法取得土地使用权后，不符合法定条件转让的，属于行政违法行为，而非刑事违法行为，刑法所称"非法转让土地"，应界定为"未办理建设用地审批手续，将不享有合法权利的土地转让给他人的行为"，即不是建设用地不得转让。

承办人还查阅了本市法院近年来同类案件的判决情况，确保与已生效判决无冲突。

为此，我们合议庭一致同意改判无罪，并报院审判委员会讨论后作出改判。

（徐娟娟，广东省阳江市中级人民法院法官）

三、专家评析

该判决书要素齐全、格式规范，行文流畅、用语准确，事实清晰、层次分明、详略得当，诉辩意见归纳准确、说理透彻、论证有力，最值得称道的是二审把好了终审关，将公诉指控、一审判决均认定有罪被告人，根据法律原则依法宣告无罪，裁判正确，堪称优秀。该文书有以下亮点。

（一）裁判正确

上诉人陈某某依法购买了土地，在未办理土地使用权证的情况下，又转让土地使用权并从中获利，对此应如何评价其行为的性质？起诉指控、一审判决认定构成非法倒卖地使用权罪，二审作出无罪判决，说明争议比较大。上诉人的行为是行政违法还是刑事犯罪，关键看是否侵害了相关的法益。涉案的三宗土地已由政府征收成为建设用地，不存在使土地性状改变导致农业用地资源损失；上诉人是从政府或有权处分个人合法购买取得土地，不存在严重干扰或破坏土地管理秩序；上诉人未依法登记取得权属证书即转让土地使用权，违反了国家有关土地登记管理制度。对于违反行政程序的行为，以行政责任足以规制，没有适用刑罚的必要性，刑法所称非法转让土地，应界定为"未办理建设用地审批手续，将不享有合法权利的土地转让给他人的行为"，即不是建设用地不得转让。上诉人的行为未对相关法益造成侵害，二审裁判无疑是正确的。本案是一起涉产权案件，刑法既要保护市场经济免遭非法行为侵扰,也要给予市场经济自由发展的空间,如果将上诉人的行为认定为有罪,不仅有违刑法谦抑性原则,也不利于向社会传导鼓励交易、鼓励资源流通与再利用的市场价值导向。

(二)说理透彻

判决书说理部分分层次展开:一是首先认定上诉人的行为具有违法性;二是结合在案证据的关联性分析,对上诉人的违法事实进行分别论述,确定其倒卖土地的面积和获利金额,补正和改正原审查明不足、不实的事实;三是在明确上诉人的行为具有非法性的前提下,从刑法所保护的法益、本案土地管理秩序受损害程度、上诉人主观恶意程度以及认罪态度等四个方面,论述了上诉人的非法行为尚未达到严重扰乱土地管理秩序的危害程度,不具有刑罚适用的必要性。说理充分、透彻,具有很强的说服力。

(三)逻辑清晰

判决书以上诉人陈某某通过购买获得土地,但未依法登记领取权属证书即转让土地使用权的事实为基础,论证其行为未对土地管理秩序造成严重干扰或破坏,从而认定陈某某的行为未对相关法益造成侵害。同时,二审从刑法谦抑的原则出发,既考量刑法对市场经济的保障功能,也注意发挥引领作用,认为本案以行政手段足以规制,对上诉人没有适用刑罚的必要,论据有力,论证得当,逻辑清晰。

该判决书对如何在审理同类案件时正确理解刑法法益、把握谦抑审慎原则、避免机械司法,都具有很好的参考价值。

(点评人:陈光昶,广东省高级人民法院审判监督第二庭庭长,二级高级法官,广东省审判业务专家)

(2017)粤17刑终145号裁判文书原文

第十四节 抢劫罪

32. 梁某、杨某某、王某1、王某2抢劫案[*]

【关键词】

非法占有　人身强制　抢劫罪

【裁判要旨】

被告人冒充警察，用手铐铐住被害人并"强行扣押"被害人财物的，符合"暴力、胁迫或者其他对人身实行强制的方法"这一抢劫罪的客观要件，应认定其行为构成抢劫罪。

一、简要案情

被告人梁某、杨某某经张某（另案处理）介绍联系，与青海省西宁市人王某3（经营工艺品店）欲进行黄金摆件"金凤凰"的交易，2014年1月11日，被告人王某2驾车，梁某、杨某某伙同被告人王某1从甘肃省庆阳市出发，于1月12日凌晨抵达兰州市入住城关区东岗东路华辰宾馆。当天17时许，梁某、杨某某等人商议强行劫走"金凤凰"并商定了具体分工，亦告知了王某1和王某2。后由梁某以买家身份在宾馆客房负责接洽王某3，其他人身着警服、携带手铐潜入客房卫生间藏匿。当张某将卖家王某3带至该宾馆与梁某洽谈时，杨某某、王某1、王某2从卫生间冲出，冒充警察用手铐将王某3双手铐住带离客房控制在车上，从王某3车内搜查劫取龙袍、针织对联等物，又驱车赶至兰州市南滨河东路百合花宾馆王某3住处，以、要求配合警察破案为由，从与王某3一同来兰州交易的朋友薛某处强行劫走"金凤凰"摆件。之后梁某、杨某某、王某1、王某2等人将王某3带离兰州，驱车挟持

---

[*] （2016）甘刑终66号。

至甘肃省庆城县玄马镇贾桥村一招待所内进行"审讯"近30个小时,威胁其不能报案。1月14日上午,王某3驾车离开庆城县,1月20日向兰州市公安局报案,2014年12月22日"金凤凰"摆件、龙袍、针织对联等物在梁某、杨某某北京住所被查获。

一审法院认为四被告人以非法占有为目的,冒充警察强行控制被害人并当场劫取财物,数额巨大,其行为均构成抢劫罪。根据各被告人的具体犯罪行为、犯罪情节、作用地位以及案发后赃物已追回的情况,分别判处有期徒刑十二年至五年不等的刑罚。

宣判后,四被告人均提起上诉,主要上诉理由和争议焦点:(1)各被告人是否具有非法占有"金凤凰"的主观故意;(2)各被告人的行为是否构成犯罪,以何罪(非法拘禁、强迫交易、招摇撞骗、敲诈勒索)评判最为适当;(3)三被告人身着警服、使用手铐的行为是否属于"冒充警察"情形;(4)强行铐戴手铐并将被害人挟持至陌生环境对其实施禁闭、恐吓,是否属于抢劫犯罪客观方面需具备的"暴力、胁迫或者其他对人身实行强制的方法"。

二、撰写心得

本案各方当事人及其辩护人对定性争议较大,二审承办法官根据被告人犯罪行为、主观心态以及在案证据,运用自己多年的审判功底和智慧,抽丝剥茧,逐渐厘清了犯罪构成,作出了正确的裁判。

(一)准确区分抢劫罪与招摇撞骗罪、敲诈勒索罪、强迫交易罪、非法拘禁罪的界限

抢劫罪是司法实践中常见、多发的一种犯罪,客观方面主要表现为采用暴力、胁迫或其他方法当场强行劫取财物的行为。本案客观方面与招摇撞骗罪以骗为特征使得被害人自愿交出财物、敲诈勒索罪不侵害人身权利而使被害人被迫交出财物、强迫交易罪强买强卖商品等均有本质区别。四被告人虽然在劫取财物后有非法控制和限制被害人人身自由的行为,但目的仍是为了防止被害人报案,属抢劫手段的延续,根据牵连犯原则应择一重罪处罚。

(二)正确理解"冒充军警人员抢劫的"情形

根据《最高人民法院关于审理抢劫刑事案件适用法律若干问题的指导意

见》的规定,认定"冒充军警人员抢劫"要注重对行为人是否穿着军警制服、携带枪支、是否出示军警证件等情节进行综合审查,判断是否足以使他人误认为是军警人员。本案被告人杨某某、王某1、王某2既有穿着警服、携带手铐的行为,亦有口头宣称"公安部部长、办案"、出示相关证件的行为,使被害人误认为杨某某等人是公安人员在办案。另,被告人杨某某案发前已经从某市公安局退休,根据《人民警察法》和《人民警察警衔条例》的相关规定,退休的人民警察不具备依法行使执法权和司法权的职能。故被告人杨某某、王某1、王某2"冒充警察"的事实成立。

(三) 准确把握抢劫罪中"其他对人身实行强制的方法"

本案并非典型的使用暴力、胁迫手段实施抢劫的案件,但被告人采取冒充警察、铐戴手铐、语言威胁等手段,对被害人实施精神强制,强行搜取被害人身上、车上财物,又将被害人挟持至陌生环境对其实施禁闭、恐吓,致使被害人不能抗拒,符合抢劫犯罪客观方面的"其他对人身实行强制的方法"。且上述一连串行为均是为了防止被害人反抗或报案,最终实现当场劫取"金凤凰"的目的,因此,符合抢劫罪的构成要件,原判定罪并无不当。

综上,梁某等被告人的行为在性质上具有非法占有目的,客观上实施了其他对人身实行强制的方法,构成抢劫罪。

(曹澜平,甘肃省高级人民法院法官)

三、专家评析

近年来,人民法院司法改革的一项重要内容,就是增强裁判文书的说理。具体到刑事裁判文书,说理的重点应当是事实认定的证据评判和案件定性的法律论证。随着以审判为中心的刑事诉讼制度改革不断深入,如何实现以公开促公正,应抓住两个重点:一是切实发挥庭审的实质化功能,是司法公开的内在要求;二是裁判文书的充分说理,是司法公开的外在表征。所以,一份优秀的刑事裁判文书,既有对诉讼程序的规范审查,以体现对当事人诉讼权利的保障;也有对控辩双方争议焦点的客观总结,以体现法庭审理时的公平公正;更有法官对争议焦点的法理评判,以体现法官的依法独立裁判的精神和原则。而后者,也许就是我们倡导和追求的"裁判文书说理"核心要义所在。本刑事裁定书既充分的回应了辩解辩护意见,又在格式和体例上删繁就简，体现了二审重点审查争议焦点的裁判过程，证据的列举和法律适用的论证详略得当。具体表现在，本裁定书虽然是一份维持原判的二审裁定，但最大的亮点在于充分回应了当事人及其辩护人的争议焦点，特别是法律适用的原则评判，达到了释疑解惑、令人信服的效果。首先，二审法院坚持证据裁判原则，坚守"事实清楚，证据确实、充分"的法定证明标准，通过事实认定、证据鉴别、逻辑推演和法律适用理由的全面展现，充分回应争议焦点，层层递进，有理有据。其次，通过严谨的审理程序，为裁判的充分说理、恰当的刑罚适用打下了坚实的基础，辨法析理有依据，回应关切有目标，客观、中肯地展示了案件的裁判过程、法官的裁判思路和扎实的法律功底。通过严谨的逻辑推理，得出符合法律规范的裁判结果，于平和、理性中彰显公平正义，维护法律威严。再次，坚持罪责刑相适应原则，根据案件的事实、证据、性质、情节和对社会的危害程度，综合考虑认罪认罚的具体情况，确保刑罚与罪责相适应，宽严适度、罚当其罪，取得了良好的社会效果，为类案裁判提供了一个可资借鉴的裁判思路。

（点评人：南永绪，甘肃省高级人民法院刑事审判第三庭庭长、审判委员会委员，三级高级法官，全国审判业务专家，甘肃省审判业务专家）

（2016）甘刑终66号裁判文书原文

第十五节　挪用资金罪

33. 张某某挪用资金、伪造变造国家机关公文案*

【关键词】

受委派　从事公务　国家工作人员

【裁判要旨】

受国家机关、国有公司、企业、事业单位委派筹办公益事业的人员，对于主要依靠个人集资入股、信用贷款等社会力量举办，委派单位未能提供财政性经费支持，筹建完成后涉嫌职务犯罪的，应该综合考虑所筹办单位的出资情况、注册登记性质、行为人多重身份、具体职权等方面认定其是否从事了公务活动。所筹办单位不存在国有资产投入，行为人也没有依据受委派身份履行监督、管理国有资产等职务活动的情况下，不应认定其具有《刑法》第93条第2款规定的"以国家工作人员论"的主体身份。

一、简要案情

2002年山西省运城市实验中学开始筹建实验中学东校，由校长支某某负责新校筹建工作。2003年4月山西省运城市政府为东校规划了140余亩建设用地。2004年初支某某退休后，山西省运城市教育局党组会研究决定由原审被告人张某某负责东校的筹建工作。2004年3月山西省运城市国土资源局为东校东侧的80余亩土地办理了划拨手续，2006年8月为西侧60亩土地办理了划拨手续，2008年6月又为西侧60亩土地办理了出让手续。2009年8月张某某代表东校将西侧土地以3600万元价格转让给运城磐石房地产开发有限公

---

* （2017）晋刑再2号。

司。2009年8月至2010年4月，运城磐石房地产开发有限公司陆续付给张某某2650万元。张某某未将该款打入东校财务账，而是依据东校与磐石房地产开发公司签订的协议打入张某某个人银行卡，张某某要求东校财务将该笔款项单独记账，将其中2551.5593万元用于归还东校欠款，10万元用于在北京为东校购买计算机资格培训证，剩余88.4407万元为己所用，其中2009年9月2日在北京为自己购买一辆奔驰小轿车花费35.6834万元，2010年4月至2011年年初在北京为自己开公司、跑生意、为父母看病等开支40万元，2010年元旦前后为其子结婚买家具、付彩礼、请客吃饭等开支约11万元，剩余2万余元用于个人日常开支。

本案的争议焦点在于原审被告人张某某是否具有受委派从事公务的国家工作人员主体身份，是否利用受委派的身份侵犯被委派单位的财产。

就本案案情，重点审查了如下几个问题：

1. 关于东校的性质。东校立项、审批、制定项目可行性研究报告均是按照"股份制学校"的模式运作；自2004年5月27日至2005年3月31日、2005年4月8日至2006年3月31日东校在山西省运城市事业单位登记管理局登记为自收自支的事业单位，自2006年7月14日以后东校就在运城市民政局登记为民办非企业单位；山西省运城市教育局在案发后出具说明，东校属于社会力量办学；时任运城市教育局局长李某某证明东校后来没有国家的投资，属于民办学校。

2. 关于东校的投资。东校筹办期间的资金来源主要有三部分：原校长支某某先期筹集的600余万元，其中教职工集资100余万元，武圣实业有限公司出资500余万元，但至2005年8月31日上述集资全部由张某某退还完成；张某某负责筹建阶段有个人出资；东校筹建阶段从农行贷款2000万元。在案证据显示东校不存在国家财政性经费投资。

3. 东校土地使用权的取得与转让。山西省运城市政府为东校规划了140余亩建设用地，其中东侧80余亩划拨土地的性质一直未变，用于东校正常教学。涉案西侧60亩土地，于2006年12月9日由运城市国土资源局划拨至东校，又于2009年1月8日出让给东校，后经运城市政府批准该幅土地转让给运城磐石房地产开发有限公司，2009年11月26日运城磐石房地产开发有限公司取得运城市政府核发的土地使用证。划拨土地不能视为国家对学校的投资。

4. 关于张某某的主体身份。2004年4月5日，运城市教育局召开党组会委派张某某去筹办东校。张某某随后便着手自筹资金建设东校。界定其身份性质应与其是否受委派从事"公务"相结合分析判断，根据相关法律规定，"公务"的含义主要表现在监督、管理国有财产的活动，在东校没有国家投资的情况下，张某某实质上已经不具备受委派从事公务的人员的身份。但，张某某于2009年9月开始享受副处级待遇，仍具有国家工作人员身份。

5. 关于2650万元去向的问题。涉案60亩土地转让款2650万元，除原判认定张某某贪污88.4407万元外，其余全部用于东校归还欠账、缴纳税费等支出。东校在国有土地使用权转让过程中，与运城磐石房地产开发有限公司合同约定的收款账户是张某某的个人账户；张某某要求会计将转让土地款项单独列账，绝大多数用于东校了；张某某在原审举证其在东校还有618万元债权，且其在二审上诉时提到涉案88万余元支出尚未和会计结账，其也未采取用虚假发票平账等手段贪污款项，其行为缺乏贪污罪的秘密性或欺骗性特征。

二、撰写心得

《刑法》第93条第2款规定的"以国家工作人员论"的理解存有较大难度，其中第二类受委派从事公务的人员的理解也有较大的分歧。本案一审、二审法院在判决认定时出现认识上的不同，主要在于对该款规定中"从事公务"的不当理解。公务主要表现为对公共事务和国家资产的监管上，具体到本案主要是查证原审被告人是否行使受委派的职权监管东校的国有资产，并利用职务便利侵犯东校财产。

为此，判决书需要阐明东校的性质、投资来源及财产成分等事实，但上述事实又涉及案件定性的问题，所以在事实与法律适用交织缠绕的情况下，文书撰写应灵活处理。

（一）该案再审判决书形式上的突破是以证据分析代替证据列举，力争做到有理有据

1. 本案不同于其他再审案件的是，原判决"确有错误"的情形主要是通过审查原有证据得出了新的结论。即，受委派从事公务应当是监督、管理国有资产，要依法认定原审被告人受委派从事公务，东校必然有国有资产投入。故判决书的重点是分析东校的性质、投资等事实之间的内在联系，阐明东校

从筹建到案发时的财产状况,为论理部分提供根据。在撰写案件事实、证据部分时,行文没有完全按照再审查明的事实——认定事实的证据——对证据的分析认证这一固有模式进行,而是在归纳各方意见的基础上提炼出五个方面的问题:东校的性质、东校的投资情况、东校土地使用权的取得及转让情况、主体身份、涉案款项的去向,逐一进行分析,最后在本院认为部分再次将关联事实衔接起来作整体评价,使判决书产生一种环环相扣、深入浅出的效果。

这五个问题都是对案中相关书证、证人证言、鉴定意见等证据的分析展开的,在证据的分析中展示证据,使证据的状况及证据内容清晰呈现。关于东校的性质,立项审批阶段的定位、民政局登记的属性,教育局案发后出具的说明、教育局局长及原学校负责人的证人证言均证明了学校符合"利用非国家财政性经费举办"的特点。关于东校的投资,通过对卷宗证据的深入分析,严格依照证据规则得出东校形成的资产里有原审被告人的投资、银行贷款,但没有国家财政投资的结论。经由证据的分析归纳认定事实,便于集中了解、把握案件的关键问题,效果明显。本案的难点在于第三个问题,即划拨土地能否视为国家对东校的投资,这是一个法律问题,也与案件事实交织在一起。办案法官通过调查走访,比较其他部门法规定及最高人民法院相关函件的精神,作出划拨土地是对社会办学的一种公益性质的投入,不是法律意义上的投资。经过上述三个问题的铺垫,行文就顺理成章到了第四个问题,即原审被告人的主体身份这一焦点问题。本案与常见的受委派去监督管理国有财产类的职务犯罪不同,原审被告人受委派去筹建一个新学校,并出资注册为民办非企业单位,而且一直具有国家工作人员身份。如何判断其是受委派在东校中从事公务,还是依据投资人身份在东校中行使职务?根据前文认定的事实和分析的结论,本案委派的基础已不存在,原审被告人不具有国家工作人员身份。第五个问题是土地转让款的去向,经核实,款项去向是透明的。这也与原审被告人的主观故意衔接,为裁判结论的提出打下基础。

单独看,将全案事实分成关联的小节论证,每个问题都能得出令人信服的结论。整体看,按照内部的逻辑逐步推进,丝丝入扣,让读者能够全面了解认定案件的依据,有效避免了证据列举与证据分析认证相割裂、脱节的问题。

2. 本案再审判决书在结论的认定上也开创了一个新模式。原审被告人不具有受委派从事公务的国家工作人员身份，东校财产里没有国家投入的成分，那么原审被告人是否应当宣告无罪，就成为撰写判决书的关键问题。本判决坚持了客观中立的立场，在不能认定原审被告人贪污罪的情况下，按照分析认定的事实不予认定。但从保护民办非法人单位财产的角度看，原审被告人的行为无疑属于擅自处分法人财产，侵犯了法人独立的财产权，应当承担相应非国家工作人员的法律责任，依法应处以挪用资金罪。从办案效果上说，原审被告人得到了应有的惩罚，维护了司法正义。从法律价值上说，通过个案进一步强化了证据裁判规则和主客观相统一的归罪原则，有一分的证据认定一分的罪行。

（二）裁判文书的深度公开，大大提升司法公信

最高人民法院在"人民法院改革纲要"中多次提出，一篇好的裁判文书应当充分表述当事人的意见、证据的采信理由、事实的认定、适用法律的推理与解释过程，做到说理公开。本篇文书按照上述要求做到了案件事实证据、判决理由的深度公开。

1. 案件事实和证据的公开。本案时间跨度长达8年之久，在东校筹建过程中涉及当地政府众多部门，大量的行政审批文件及筹办文件封存在卷宗资料中，其中一些是认识和分析案件的重要信息，需要在事实认定中运用，本判决书原则上做到了将案卷材料中有价值的信息内容全面、完整地列举出来，综合分析，使事实和结论之间的对照更加明显，易于形成判断，形成公信力。

2. 裁判理由的深度公开。由于本案焦点争议大，法律适用难，因此判决书写作的重点应该是案件说理部分。经查整篇判决书共计12 541字，其中论理部分9193字，占据一半以上的篇幅。无论是存有争议的证据材料，还是法律规定阙如的情形，承办法官都详细论述采信的标准和评价的依据，将与裁判结果相关的内心确信及形成过程都在裁判文书中予以阐释。例如，在论证划拨土地是否为国家出资这一问题时，审查发现我国现有法律并未作出明确的规定，但根据现有《民办教育促进法》《土地管理法》等相关条文规定，不宜认定为国家投资。该认识没有明确的法律依据，以往都是在审查报告或者合议笔录范围内讨论的观点，本次在裁判文书中大胆引入，认为它是一种公益性质的投入不是法律意义上的投资。裁判说理的程度，可见一斑。

（张华，山西省高级人民法院法官）

三、专家评析

本案在事实认定和法律适用方面存有较大的理解空间，通过阅读再审判决书，笔者认为这样的论证和处理方式无疑是最符合案件实际情况的。因为案情的复杂程度，判决书没有严格按照先事实认定后适用法律的程式展开，而是在事实与法律杂糅的情况下，将全案切分为多个独立的事实，深度说理论证。说服力强，印象深刻。可以从以下几个方面进行评价。

（一）事实陈述清晰，认定准确

正确裁判的基础首先在于清晰的事实陈述和准确的事实认定，本案无论是东校的性质、投资的认定，还是土地转让款去向的认定，判决书都以多个小标题的形式从数个角度列举证据证明，将证据内容之间的内在逻辑通过清晰的事实表述、充分的证据论证呈现出来，形成一个个完整而详尽的案件事实。例如，在分析原审被告人的客观行为时，判决书从原审被告人在转让协议中明确将自己的个人账号作为指定的收款账号，要求将土地转让款单独记账、会计、出纳证明土地转让款单独记账，以及并未使用虚假票据平账等方面分析，根据主观见之于客观的原则，得出原审被告人主观上不具有非法占有的故意。这种归纳方式紧紧抓住各个情节之间的内在逻辑，事实认定清晰而准确，避免了以往裁判文书内容过于概括，给人留下猜测空间的不足，有利于社会公众了解事实，认法尊判。

（二）法律适用准确，论证方式周密

关于"受委派从事公务"的主体身份，虽然有明确的规定，但具体到个案却又会有理解上的重大差异，结合具体案情释明法律的含义便成为承办法官的职责。笔者认为本案从委派的基础出发论证，认定原审被告人不具有受委派从事公务的国家工作人员身份，论证有力，很好地体现了条文背后的意图。同样，判决认为原审被告人侵犯了东校独立的法人财产权，应当承担相应的法律责任。此处定性需要结合全案来看，与东校性质部分的观点相呼应，论证周延，也反映了承办人公正的立场。本判决书对涉及法人财产权保护的条文进行了深入理解，并结合案件具体情况选择应当适用的法律。通过这篇判决书也能看出承办法官对全案事实证据了然于胸，对法律条文理解透彻鲜活，具有极强的司法实践能力。

（点评人：薛克昌，山西省高级人民法院刑事审判第二庭法官）

首先，我认为这篇裁判的结论是正确的，主体要件上不符合国家工作人员身份的认定标准；其次，说理部分通过证据认定、法律适用证成，层层推进，条分缕析，结论清楚明白。印象最深的是这篇判决书，逻辑结构清晰，繁简得当，重心平衡。详述如下：

1. 本案属于再审程序，但原一审、二审判决在原审被告人主体身份的认定上并不一致，一审认为属于国家工作人员，二审认为属于受委派从事公务的人员，上述分歧是本案的焦点也是难点。为突出再审争议的焦点，本案在判决书行文上基本围绕一审观点、二审观点、申诉意见、审理查明的客观事实、主观方面事实、法律适用、定罪量刑这七个方面展开，细致而严密，既保持了判决文书的基本结构，又严格遵照事实判断先于价值判断、客观判断先于主观判断的逻辑结构。

2. 这份判决书在体例上较好地处理了再审裁判与原审裁判之间的关系。针对原审被告人所犯伪造变造国家机关公文罪，再审判决在事实认定和法律适用上没有发生变化，故文书撰写时大大压缩了相关情节，定罪量刑部分也一笔带过，做到了繁简分流，重心平衡，值得同行互鉴。

3. "本院认为"部分是重头戏。主审人没有千篇一律地以原审被告人的客观行为描述为首句（客观行为对应犯罪构成的客观方面）；以该被告的行为有悖于法为次句（行为具有违法性）；以定罪量刑为尾句（行为具有有责性，依法应判处××刑罚），流于形式，落入窠臼。"本院认为"部分在具体分析法律适用的时候全面、明确回应了申诉理由，释明了案件争议的焦点问题，得出了令人信服的裁判理据，闪烁着理性的光辉，不会让人产生"凭空说理"的印象。

（点评人：郭宁，山西省高级人民法院审判监督第二庭法官）

（2017）晋刑再2号裁判文书原文

第三章 危害公共安全及妨害社会管理秩序犯罪

第一节 非法制造、买卖、运输、邮寄、储存枪支、弹药、爆炸物罪

34. 彭某某等人非法制造、买卖、邮寄枪支、弹药案[*]

【关键词】

网络 制造 买卖 气枪零配件

【裁判要旨】

被告人为逃避打击，故意不销售气枪整枪，通过网络渠道非法制造、买卖、邮寄气枪零配件的，在认定涉案气枪零部件数量时，应在查明各环节涉案数量基础上，按照有利于被告人的原则予以适当扣减，避免与查获数量重复计算。

一、简要案情

2016年上半年以来，被告人彭某某、王某某、邝某各自通过自行加工或找厂家加工的方式制造气枪散件、气枪铅弹，并通过被告人刘某1、陈某1、胡某某等人进行代理出售，由彭某某、王某某、邝某等人直接寄运发货。具

---

[*] （2018）浙02刑初32号。

体如下:

1. 2016年5月起,被告人彭某某找加工厂生产加工"秃鹰""板球"等型号的气枪散件,在网络上接收订单,通过快递寄运给买家。同年10月左右起,彭某某委托被告人唐某某等人加工气枪散件,累计加工枪身4500余件、鱼骨护套等部件1000余件。彭某某还先后租房进行气枪散件的加工、装配、寄运。

为逃避公安机关打击,2017年1月彭某某将装配气枪散件的场所转移至四川省成都市,经被告人陈某1介绍结识黄某某(另案处理)后,通过黄某某经营的阔展物流邮寄枪支散件。至同年3月,彭某某自行销售或通过陈某1等人代理销售"秃鹰"套件至少2000余套。其间,彭某某女友即被告人刘某2协助记账、转发买家收件地址等,从2017年2月至3月共记录枪支套件等销售订单2000余套。

2017年3月左右,被告人彭某某将被告人唐某1、唐某2加工好的1000件枪身寄往阔展物流,在途中被公安机关查获,经查均系以压缩气体为动力枪支的零部件。同月7日,民警在广东省惠州市惠阳区德丰天汇园查获鱼骨护套样部件192件、枪机座子样部件926件、气筒样部件230件,在东莞市查获鱼骨护套样部件173件;同时,民警在德丰天汇园查获"板球"气枪1支、手枪1支。

2. 2016年下半年起,被告人陈某1向被告人彭某某下单"秃鹰"套件1600余套,同年8月起向被告人刘某1下单枪管200余根,在网上自行销售或通过代理销售。其间,被告人段某某为陈某1转发买家收件地址或代理销售"秃鹰"套件500余套、枪管等10余件。2017年春节后,陈某1、段某某将一批彭某某的"秃鹰"套件放置于物流点进行寄运,同年3月7日民警在该物流仓库查获剩余的"秃鹰"套件6套;同日,民警在陈某1住处查获"秃鹰"气枪1支。

3. 2016年3月起,被告人刘某1向被告人王某某订购枪管,在网上自行销售或通过被告人陈某1、胡某某等人代理销售,由王某某生产枪管并通过快递直接发货给买家,至2017年3月,生产、销售、寄运枪管共计2000余根。其间,王某某委托被告人梁某某经营的模具厂进行加工,梁某某伙同他人加工枪管共计800余根。2017年3月7日,民警从王某某加工点查获"秃鹰"气枪1支、枪管207根,从模具厂查获枪管50根。

另外,被告人刘某1还向被告人陈某1下单气枪套件30余套予以销售。

4. 2016年5月起,被告人邝某开始制造气枪铅弹,并在网上自行销售或通过代理销售,通过快递寄运给买家,至同年12月共计生产、销售、寄运铅弹共计2万余发,其中被告人胡某某从邝某处下单并销售铅弹1万余发。

2016年10月,被告人胡某某接到他人购买铅弹1000发的订单,随即向被告人邝某下单,由邝某将铅弹通过快递寄运给陈某2,该批气枪铅弹共计943发被扣押。同年12月16日,民警在邝某的汽车内,查获气枪铅弹共计6210发。

另外,被告人胡某某还向被告人刘某1下单气枪套件10余套、枪管50余根进行代理销售。

被告人彭某某等人制造、买卖、邮寄的上述气枪套件中,每套有枪身等具备枪支枪机作用的零部件8件。上述被查获的枪管等散件均系以压缩气体为动力枪支的零部件,被查获的气枪系以压缩气体为动力发射弹丸的枪支,具有致伤力。

综上,被告人彭某某制造、买卖、邮寄枪支散件折合660余支枪支,其中被告人刘某2协助买卖、邮寄枪支散件折合60余支枪支;被告人王某某制造、买卖、邮寄枪支散件折合70余支枪支及整枪1支;被告人刘某1买卖、邮寄枪支散件折合70余支枪支;被告人陈某1买卖、邮寄枪支散件折合430余支枪支及整枪1支;被告人段某某买卖、邮寄枪支散件共计4000余件,折合130余支枪支;被告人邝某制造、买卖、邮寄气枪铅弹2万余发;被告人胡某某买卖、邮寄气枪铅弹1万余发,买卖枪支散件共计130余件,折合4支枪支;被告人唐某1制造枪支散件4800余件,折合160余支枪支;被告人梁某某制造枪支散件800余件,折合20余支枪支。

被告人彭某某犯罪部分,浙江省宁某市中级人民法院审理认为:唐某1、唐某2等人对彭某某制造、买卖、邮寄气枪套件、微信联系方式等事实予以证实,且有快递单材料及协查材料、微信往来记录、账本和查获的气枪零部件、鉴定意见等证据予以印证,彭某某亦曾对其犯罪事实予以供述。为避免制造、销售与查获数量可能存在重复计算的问题,在折合枪支数量时,参考查获的数量,涉案气枪零部件数量已按照有利于被告人的原则予以计算。

(被告人王某某等人犯罪部分从略。)

浙江省宁某市中级人民法院于2019年5月9日作出(2018)浙02刑初

32号刑事判决：对被告人彭某某等人以犯非法制造、买卖、邮寄枪支罪，分别判处有期徒刑十五年至有期徒刑三年，缓刑四年不等刑罚。宣判后，被告人彭某某、王某某、刘某1、邝某、梁某某不服，分别提出上诉。浙江省高级人民法院于2019年9月26日作出（2019）浙刑终191号刑事裁定，驳回上诉，维持原判。

二、撰写心得

刑事裁判文书集事实查明、法律适用和程序保障于一体，是刑事审判活动的重要载体。好的刑事裁判文书作为司法的终端载体，要将司法公平正义以看得见的方式展示出来。文章千古事，得失寸心知。写出一篇好的裁判文书确实不易。下面从文书撰写的角度，结合自身实际，谈谈自己的一些认识与体会。

（一）通晓律例，善于作稿

清代刑部秋审处司官是当时公认业务能力最强的司法人员，其选取标准是"通晓律例，善于作稿"。"作稿"就是指写裁判文书。可见，能写出好的裁判文书，在历史上就是对审判人员的基本要求。如何"善于作稿"，见仁见智，笔者以为可以从以下四个方面入手：一是查明"是怎么样"，确立案件的证据、事实基础。事实、证据部分往往占据了裁判文书重要篇幅。只有准确查明案件事实，正确认定案件证据，才能为裁判文书的撰写提供坚实的基础。这既需要强化对证据本身的审查，也需要结合自身的生活阅历，得出符合经验、逻辑的结论。二是分析"是又怎么样"，做好案件事实向法律评价的转化。事实清楚了，并不意味着对事实的法律评价也就清楚了，由于对法律的理解各有侧重，对各方无异议的事实，法律评价却可能各不相同，如对被告人是否属于如实供述，能否认定为自首等。此时就需要法官熟悉对自首认定的相关规定，了解典型案例，掌握本地司法实践的具体情况，根据本案事实作出认定。三是阐明"我能怎么样"，提出能兼顾各方的处理意见。定罪与量刑应当在法律层面尽可能地体现出对被告人行为的否定性评价，避免因为定性不当而导致量刑失衡的情况。同时，合议制决定了只有成为多数意见才有效的裁判意见，应当考虑合议庭成员的意见和本院的审判实践做法，否则就会出现承办人是少数意见，文书作者与文书意见不一致的情况。四是回应"不这样会怎么样"，分析、评判不同的处理意见。对案件存在不同的看法是常有的事，但裁判意见具有收敛性的特点，即裁判结论难以包含各方的意见，这就需要通过分析、说理，对相关意见能否成立、是否采纳予以说明，阐明在证据、事实、法律以及结果层面其他意见在采纳上的障碍。

（二）取长补短，勤于积累

善于吸取他人裁判文书的亮点与长处，对于提高文书质量很有帮助。如对于被告人、证人对同一事实可能存在相互冲突、矛盾言辞证据，对此如何评述是文书撰写的一大难题。在同事的文书中的一段表述，就给予笔者极大的启发，其认为，由于可能存在的被告人在案发时的观察角度、注意重点以及因时间导致的记忆流失、供述时的避重就轻、相互推诿，被告人间的供述存在不一致之处也属该类证据中的常见状况，不应仅因为存在不一致之处就对相关供述予以否定。此种表述体现了主客观相统一的特点，对此类证据矛盾具有较好的回应效果。通过有针对性地借鉴他人的有益经验、成熟做法，可以在较短的时间内提升自己的写作能力，避免一些明显的短板与不足。

文书写作能力的提高是一个长期积累的过程。可以说想写好裁判文书是每个法官的愿望，但能将愿望变为现实却需要一个长期的过程。人人心中有，个个笔头无。自己心中的奇思妙想在落在笔尖时却可能难以下笔。他人裁判文书的写法、表达也不是简单地复制一下就能用在自己的文书之中，人家的好词好句放在自己的文书中却有些突兀、碍眼。克服这些问题，都需要通过长期的积累，一步一个脚印地不断攀登。这种积累，既包含自身法律认识、素养这些软实力的积累，开阔视野、提升层次；也包含对规定、案例等硬基础的积累，使自己的观点有相应的依据，不使文书的论理成为单纯的"我以为"；还包含写作文字运用、材料取舍技巧等技能的提升，用字如洗，惜字如金。

（三）问题导向，长于思考

裁判文书可以看作是对一系列问题的回答。文书的各个部分需要准确回答案件事实、证据、定罪量刑以及程序等方面问题，这种回答又是前后呼应，服从服务于文书的整体目标。例如，有的被告人前科、劣迹较多，这能反映出其主观恶性较大；其作案手法一贯性也有助于说明其惯犯的特征；多次受到打击、处理，说明被告人对相关法律规定是有认识的，对其行为的危害性是明知的。如对于案件事实复杂，证据数量、类型众多的情形，就应当依据争议的焦点组织证据，使不同类型的证据发挥出整体性功能，增强证据的证明力。如在组织、领导、参加黑社会性质组织罪中，被告人往往对罪名提出异议，否认组织的性质，这就需要围绕黑社会性质组织的四个特征，特别是在某些特征不是特别明显时，合理使用证据材料，强化分析说理，为认定罪名提供支持。

裁判文书就是一个审判流程的终结，但也可能是下一个审判流程的起点。被告人、辩护人会对裁判文书提出种种意见，二审、再审审查的重点往往就是前一个阶段的文书。所以，应当思考如何让后续案件的承办人认可、支持自己的观点。提前思考被告人、辩护人可能就文书提出的意见，在文书的表述中保持必要的包容度，对相关意见的取舍上予以技术性处理，如避免使用过于绝对化的表述、避免歧义。同时，要善于通过刑罚梯度、刑期长短来回应对事实、情节的认定质疑，充分阐明刑期对事实、情节的整体包容度，表明即便被告人、辩护人的意见成立，也应当判处这样的刑罚。

（陈靖，浙江省宁波市中级人民法院法官）

三、专家评析

本案系公安部督办的全国性通过网络贩卖气枪零配件、气枪铅弹系列案之一。各被告人关系交叉，案件事实、证据较为复杂，部分事实控辩双方争议较大，被告人申请非法证据排除，案件审理期间相关司法解释对涉气枪、铅弹案件的处理原则作出重大调整，这些都给本案的依法妥善处理和文书撰写带来一定的难度。从裁判文书的写作，本篇文书具有以下三个特点。

（一）排非申请评析准确得当

证据的合法性审查是刑事审判中的重点与难点。一审判决书根据被告人的排非申请理由以及线索，从取证过程、被告人自身供述、办案机关说明以及非法证据的认定标准等方面分析、判断，通过庭前会议和当庭调查，认定被告人所提情形缺乏证据支持，与查明的事实和非法证据排除标准不符，排非申请不能成立，为庭审的顺利进行提供了保证。

（二）事实证据认定清晰明了

针对本案的争议焦点和案件特点，一审刑事判决书全面准确概括事实和证据，清晰展现案件事实的层级、架构，完整、准确地展现了审判的全貌。按照涉枪犯罪特点，依据证人证言勾勒出犯罪基本框架，通过查扣的物品及鉴定情况确定涉案气枪零配件的法律性质，从快递单、微信聊天记录和资金流向进一步说明各被告人通过网络贩卖气枪零配件、铅弹的相互关系与地位、作用，结合被告人的有罪供述，准确认定了各被告人的犯罪事实。

（三）争议焦点评判突出鲜明

对焦点评判部分在文书结构中专项列明，突出辨法析理的重要地位，为深度回应各被告人及其辩护人的辩解、辩护提供了空间，也便于了解争议以及评析内容。在此基础上，准确简明概括被告人、辩护人主张，针对争议焦点，依据查明的事实、证据予以逐一回应，不回避问题，对驳回意见和采纳意见均作出详细阐述，体现了依法惩治涉枪犯罪的坚强决心和鲜明态度。针对被告人为逃避打击，故意不卖整枪，仅制造、运输、贩卖装配整枪所需要气枪零部件的实际情况，对作用大、价值高的零配件按照30件折算1支气枪的标准进行折算，符合打击该类涉枪犯罪的现实需要和司法解释的规定。本案依据在案证据，对被告人彭某某等人的犯罪数量作了有利于被告人的认定，既采纳了被告人邝某及其辩护人意见中合理部分又驳回其不当意见，展现了人民法院居中裁判的角色，彰显了依法行使审判权的职能。

本篇刑事判决书文字表达流畅，分析推理合乎事理、情理、法理，论证透彻，前后呼应，较好地解决了关系复杂的多被告人案件的定罪、量刑问题，充分展示了裁判文书的释法说理功能。

（点评人：周步青，浙江省高级人民法院刑事审判第一庭庭长）

（2018）浙02刑初32号裁判文书原文

第二节 危险驾驶罪

35. 黎某某危险驾驶案[*]

【关键词】

危险驾驶 道路 鉴定意见 取证程序

【裁判要旨】

特定机关院内,允许办事群众车辆和社会车辆临时停放的,具有"通行"功能,属于《道路交通安全法》规定的道路。被告人醉酒后在前述场所挪动机动车的行为属于危险驾驶的行为,但主观上对于可能造成的危害结果并非积极追求,行为动机与社会危害性显著区别于酒后长途驾驶,情节显著轻微危害不大,依法可不认为构成犯罪。

一、简要案情

2017年6月5日23时许,被告人黎某某饮酒后到绵阳市涪城区成绵路一巷绵阳市公安局涪城区分局城北派出所(以下简称城北派出所)院内(内有居民楼房)欲挪动其事先由他人停放在此处的小型轿车,在倒车时与院内住户停放的另外三辆小型轿车发生碰撞,造成四车受损的事故。后经公安交警部门认定,黎某某承担此次事故的全部责任。经四川民生法医学司法鉴定所鉴定,黎某某血液中乙醇浓度为241.2mg/100ml。

争议焦点:(1)案发地点城北派出所院内是否系《道路交通安全法》规定的"道路"。(2)本案抽血过程是否符合规定,黎某某血液内乙醇浓度的鉴定意见能否采信。(3)本案取证程序是否合法。(4)本案证据的采信问题。(5)原审被告人黎某某是否构成危险驾驶罪。

二、撰写心得

此案从一审、二审及再审,法、检两家都存在较大的分歧,案件本身极

---

[*] (2019)川刑再18号。

具争议，也引起了社会广泛关注。本案争议的核心问题在于案发地点城北派出所院内是否属于《道路交通安全法》所规定的"道路"。首先，派出所作为公安系统的基层组织，担负着户口管理、法制宣传、特种行业管理、预防制止犯罪等社会管理职责和对外管理职能。基于其社会管理职能，派出所直接面对社会公众办理业务、处置案件，客观上存在办事群众车辆及社会车辆停放的需求。其次，从本案证据来看，虽然相关证人关于城北派出所是否允许外来车辆停放的证言相互矛盾，但证明派出所不允许外来车辆停放的证人安娜系黎某某的朋友，客观上与黎某某存在利害关系；住在城北派出所家属区的住户文某及付某某的证言均证实派出所院内允许社会车辆进入，其中证人付某某所作两次证言虽然不一致，但其在第二次证言中对其两次证言不一致的原因作出了合理说明；并且，与原审被告人无利害关系的案涉场地管理者城北派出所及该所干警出具的情况说明更具有客观性，足以证实由于占用了公共道路停车位，城北派出所允许办事群众车辆和社会车辆在派出所院内临时停放。故案发地点城北派出所院内具有"通行"功能，属于《道路交通安全法》规定的道路。

辩护人提出血样被污染，黎某某血液内乙醇浓度的鉴定意见不能采信。我们认为：首先，根据给黎某某抽血的护士及其他急诊科护士的证言，证实案发时间段，四川省绵阳市人民医院对交警带来的酒驾人员抽血均使用安尔碘消毒棉签进行消毒，该院使用的安尔碘消毒棉签不含乙醇；其次，四川省绵阳市人民医院采购科主任证言及相关采购清单、消毒物品发放汇总表等书证证实在案发时间段，绵阳市人民医院只采购了一种安尔碘消毒棉签，急诊科也只领用了一种安尔碘消毒棉签，即利康公司委托贝加尔公司生产的安尔碘消毒棉签；再次，根据《医疗器械注册登记表》载明的产品性能结构及组成内容，可知安尔碘消毒液分为Ⅰ型、Ⅱ型、Ⅲ型三种类别，其中Ⅰ型、Ⅱ型含有乙醇成分，Ⅲ型安尔碘消毒液不含乙醇成分，而该院采购的贝加尔公司生产的安尔碘消毒棉签所采用的消毒液为原卫生部颁发的具有卫生许可批件的安尔碘Ⅲ型皮肤消毒液。上述书证、证人证言相互印证，已经形成证据锁链，足以认定对黎某某进行血样提取时使用的消毒棉签所含消毒液为安尔碘Ⅲ型皮肤消毒液，不含有乙醇成分，故辩护人关于血样被污染，鉴定意见不能采信的辩护意见不能成立，本院不予采纳。

辩护人还提出本案取证程序不合法，交警部门作为行政机关不具备刑事案件侦查的主体资格。我们认为，依照《刑事诉讼法》的相关规定，行政机关在行政执法和查办案件过程中，收集的物证、书证、视频资料、电子数据等证据材料,在刑事诉讼中可以作为证据使用,故交警部门在行政执法过程中收集到的部分证据在本案中使用,并不违反相关规定,不存在取证不合法的问题;同时,取证的警察朱某与本案及本案当事人均无利害关系,其虽见证了医院对黎某某的抽血过程,但并非本案的鉴定人、证人,不属刑事诉讼法规定的应当回避的情形,故辩护人关于朱某在再审中所取证据不合法的辩护意见缺乏法律依据,不能成立。

关于证人贾某、李某的证言是否应当采信的问题。本院认为,虽然贾某、李某不是案发当天给黎某某抽血的护士,但二人作为急诊科的护士知晓急诊科的工作流程和操作规范,能够证明案发时间段绵阳市人民医院急诊科对酒驾人员抽血时使用的消毒物品情况,与本案待证事实具有关联性,故二人的证言应当作为证据使用;关于消毒使用的是安尔碘消毒液还是消毒棉签的问题,根据查明的事实,本案使用的消毒物品为安尔碘消毒棉签,而棉签上所含消毒液即为安尔碘消毒液,与《血液提取登记表》中反映的"消毒液名称"为安尔碘并不矛盾,故辩护人关于相关证人对使用的消毒物品为消毒棉签的证言不能采信的意见,本院不予采纳。

一份优秀的刑事裁判文书,不仅要做到事实认定清楚,定性准确,量刑适当,还应该能透过案件本身起到一定的释法说理作用,能带来一些警示和思考,对普通民众的日常行为起到正确的引导和示范作用。关于原审被告人黎某某是否构成危险驾驶罪的问题。我们认定黎某某醉酒后在城北派出所院内挪动机动车的行为属于危险驾驶的行为。但从其行为的社会危害性、刑事违法性和应受惩罚性方面分析评判,认为黎某某选择在深夜、进出人员稀少的时间段在相对封闭的小区停车场挪动车辆,其对危险驾驶行为可能造成的危害结果并不持积极追求的主观心态,其行为对社会公共安全造成危险的可能性亦显著降低;从行为目的及客观行为上看,黎某某系为了避免阻挡其他车辆进出而主动前往停车地点,仅在小区内短距离挪动机动车,并未驶离停车场,其行为的动机及社会危害性与酒后长距离驾驶机动车明显有所区别;从行为结果上看,黎某某醉酒驾驶机动车的行为仅造成车辆轻微擦剐的财产损害后果,并未造成人员伤亡,损害结果显著轻微;黎某某积极赔付,取得被撞车主的谅解,真诚悔过。最终认定原审被告人黎某某虽然实施了酒后挪车的行为,但鉴于其行为情节显著轻微危害不大,依法可不认为是犯罪。

总的感觉,要写好一份裁判文书法官必须对这个案件有一个明确的全局性的把握,对主次关系、案件性质、争议焦点都要成竹于胸。法律文书尺寸之间凝聚着自己的汗水、法官的职责,记录着法律的正义、社会的公平,规范的裁判文书更能体现法律的威严和法官的尊荣，更包含着群众的期待、法治的要求。在今后的工作中，我们将继续以庭审活动为抓手，落脚于每一件案件的裁判文书制作，进一步落实文书规范化、实质化，只有精益求精、追求卓越，努力让每一位当事人都感受到公平正义。

（蒋艳，四川省高级人民法院法官）

三、专家评析

　　裁定书对原审法院和抗诉机关就黎某某是否构成危险驾驶罪的主张概括简明准确，相关证据列载清晰。说理内容主要由两部分构成：首先，裁定书分析了黎某某案的相关争议事实及证据，包括案发地点是否属于《道路交通安全法》所规定的"道路"；案件抽血过程是否符合规定；黎某某血液内乙醇浓度的鉴定意见能否采信；行政机关所取证据能否作为刑事案件证据使用；黎某某血样的提取时间；以及涉案部分证人证言和物证能否采信的问题。裁定书对上述需要证明的争议问题表达准确，对相关证据的认定说明充分，审理查明案件事实清楚。其次，在黎某某是否构成危险驾驶罪的问题上，裁定书分别从被告的主观故意、行为目的及具体行为、行为结果及事后积极赔付等方面论证了对被告适用《刑法》第13条"但书"的理由。整个说理过程逻辑严谨，层次清晰，分析说理符合法理精神，对适用"但书"的理由阐释合乎常情常理，论证充分有力，相关法条适用和引用正确，无遗漏。裁定书主文表述规范，表达准确无歧义。裁定书合乎最高人民法院关于裁判文书的统一规范要求，诉讼参与人排列正确，案件由来及审理经过表述完整，符合文书样式要求，语言流畅、用语规范。

（点评人：冉鼙，西南民族大学法学院教授）

（2019）川刑再18号裁判文书原文

第三节 重大责任事故罪

36. 邹某某、赵某某重大责任事故、李某1、李某2过失损坏交通设施案*

【关键词】

严重超载 重大责任事故 过失损坏交通设施

【裁判要旨】

以生产、作业为目的的交通运输,其本身作为生产、作业的一种,属于生产、作业过程。因违规造成交通设施严重损坏的,管理人员和直接责任人员应当根据各自的客观行为表现和主观过失内容来确定行为性质,并根据各行为人对危害后果形成的原因力大小进行刑事责任的分配。

一、简要案情

2016年5月22日23时许,被告人李某1、李某2分别驾驶装载80余吨水泥预制管桩的货车(核载32吨)从本区泗泾镇出发,前往本市杨浦区国泓路一建筑工地送货。至次日0时10分许,两被告人驾驶车辆经沪嘉高速先后驶入限重30吨、大货车禁行的中环高架道路。当两车行驶至桩号ZN0834-ZN0835路段时,因两车相距过近,且均严重超载,超过桥体的荷载重量,致桥体发生轻微翻转并损坏,同时造成途经该路段的四辆社会车辆不同程度受损(物损评估共计28 228元),而被告人李某2驾驶车辆所装载的水泥预制管桩部分掉落至路面。事故发生后,相关部门为修复受损路段,共支付抢险、围封及抢修工程、钢箱梁复位工程、监控与检测费用共计9 725 822元。

该事故就是当时引发社会广泛关注的"中环路桥损坏案"。事发后,公安机关不仅马上控制了两名涉事驾驶员,而且控制了两车所在公司建景物流公司的总经理邹某某和当天安排装货的调度员被告人赵某某。经查,邹某某在

---

* (2017)沪0117刑初279号。

担任公司总经理期间，为降低公司运营成本、追求经济效益，长期要求、鼓励驾驶员严重超载，并对行驶路线疏于监管。最终，检察机关以被告人邹某某、赵某某涉嫌重大责任事故罪、被告人李某1、李某2涉嫌过失损坏交通设施罪向法院提起公诉。

被告人邹某某及其辩护人认为其只是按照建华物流公司要求执行，相当于建华物流公司的运输部经理，其并不负责全面管理。其经常对公司人员进行安全管理和教育，并不存在长期鼓励驾驶员严重超载的情况，对于驾驶员违规驶入中环道路的情况也并不知晓，因此对于2016年5月23日的中环道路事故并不负主要责任，不构成重大责任事故罪"情节特别恶劣"，本案认定为交通肇事罪并判处有期徒刑3年以下更为合理，且本案四名被告人都是打工的，在严重超载已成为运输行业普遍现象的情况下，对其等进行严惩并不能改变行业现状，没有现实意义。

被告人赵某某及其辩护人对起诉指控的事实及罪名并无异议，但认为其只是按照公司的要求调度并安排货物装载，即使存在超载情况也是为了工作迫不得已。而本案中环事故的发生主要是由于超载车辆违规进入中环道路，赵某某并不对事故负主要责任，不构成重大责任事故罪"情节特别恶劣"，依法应在三年以下有期徒刑判处。

被告人李某1及其辩护人对起诉指控的事实及罪名亦无异议，但认为不管是严重超载还是违法上中环，都是根据公司要求进行的，被告人李某1只是为了工作不得已为之。且本案事故除了严重超载和违法上中环之外，还有一个重要原因就是两车相距太近，也就是后车跟车太紧，因此作为前车驾驶员的被告人李某1其责任相对较小。

被告人李某2及其辩护人对起诉指控的事实及罪名没有异议，但认为被告人李某2系在公司要求下严重超载并违法上中环，且本案中环道路的损坏先是由前车李某1驾驶造成，被告人李某2只是加重了损坏程度，其马上采取了制动措施避免了更为严重后果的发生，故其责任相对李某1较小。而且被告人所在单位的货车多次严重超载并违法上中环，不能排除对中环道路已经造成损害并引发本案事故的可能性。

二、撰写心得

写好裁判文书的前提是要准确查明事实，而事实的查明要"以庭审为中心"，因此做好庭审准备，提高庭审质量，是写出好判决的基础条件。本案中环路桥事故案，事发后就引起了社会的广泛关注。虽然从案发到法院受理已经时隔一年，但其社会影响却并未消退，该案所涉及的货车超载、违规上中环、中环路桥质量等社会问题均与民众生活密切相关，也广受社会公众密切关注。因此，该案的处理需要兼顾法律效果和社会效果，不仅在事实法律上要经得起历史的检验，在社会效果上也要经得起舆论的监督。综合庭前会议上控辩双方的意见，笔者发现有一个事实问题不仅控辩双方争议较大，而且各被告人之间也有分歧，那就是事故的直接成因到底是什么？这个问题不仅涉及案件因果关系的认定，也影响到各被告人的责任大小和具体量刑，更是社会公众最为关心的。为了更好地查明该事实，笔者建议公诉机关申请参与本起事故调查的专家组成员同济大学桥梁专家石雪飞教授作为有专门知识的人出庭，石教授用他丰富的专业知识进行逻辑严密的分析和深入浅出的讲解，清楚明白地解释了事故的原因，并解答了控辩双方的疑问，让控辩双方就该事实问题消除了分歧，取得了较好的庭审效果，也为后面裁判书的撰写打下了坚实的基础。

撰写一份好的判决书，认真仔细的阅卷钻研、逻辑严密的分析、扎实深厚的法律知识、条理清晰的说理、准确简练的文字功底，这些都是必不可少的。笔者觉得其中有三点特别需要大家注意：一是要有结构意识，判决书的结构要规范严谨。结构是一个判决书的骨架，骨架完整一般就不会跑偏了。最高人民法院发布的裁判文书样式中刑事普通程序案件判决书一般包括首部、案件由来、公诉意见、辩方意见、查明事实、证据罗列和本院认为几个部分，这其实也体现了一般的审判思路和判决逻辑，一个案件的审理都是先听取双方意见，根据双方的意见确定争议焦点，然后依据证据解决事实问题，在事实的基础上进行法律分析，最后结合各种情节进行精准量刑。有了这个规范的结构意识，就会潜移默化地形成正确的审判思路和逻辑。当然，这个是基本结构，具体可以根据案情做微调。比如本案中，笔者就根据罪名将事实问题分解为两个部分，逐段进行证据罗列和分析论证，这样使得重点更为突出、分析更有针对性、条理也更为清晰，而且判决书的结构也更协调更有美感。二是要有整体意识，判决书的内容要前后联系前后呼应。判决书虽然有多个部分，但各部分不是相互割裂前后脱节的，而是一个有机的整体，撰写判决书的时候一定要有整体意识。比如撰写控辩意见的时候就要想到突出双方的争议焦点，查明事实的时候就要知道哪些是争议事实？认定事实证据有哪些？罗列证据的时候就要根据是否有争议进行详略裁剪，而撰写本院认为部分更要根据争议焦点、根据事实、根据证据进行综合分析，不能天马行空，无的放矢。只有这样才能保证整个判决书前后呼应，逻辑严谨，不出差错。三是要有放空意识，就是写判决书千万不能有固有成见和先入为主，而是在撰写过程中需要根据案件情况不断打磨自己的想法。刑事普通程序案件在撰写判决书前，甚至在撰写过程中肯定要翻阅卷宗，这个时候就要放空自己脑袋，摒弃之前的想法和认识。这里要摒弃的不仅是控辩双方之前发表的意见，甚至是自己之前对案件作出的初步考虑和判断。而是根据对卷宗的阅读和梳理，通过深入、综合、全面的考虑和研究，不偏不倚地重新得出自己最终的判断和结论，不能让之前的成见限制了自己的思考。比如，本案中有一个细节，就是被告人李某2所驾驶车辆的载重问题，由于当时其车辆上的管桩全部滑落，故没有实际进行称重，公诉机关根据其当晚装载管桩的规格、型号以及数量，再对照《国家建筑标准设计图集》的内容计算出理论重量应为94 800公斤，并考虑到误差酌情认定载重为90余吨。应该说这个认定从逻辑上说没有什么问题，也符合经验和情理，笔者庭审之后也是这么觉得的。但是在翻阅卷宗撰写判决书时，笔者发现当时还有一辆货车装载管桩的规格、型号、数量与被告人李某2所装载的完全一样，但实际称重仅为82 220公斤。但公诉机关对这十几吨的误差无法作出合理的解释，按照证据存疑有利于被告人的原则，我只能将李某2当晚的荷载改为80余吨。虽然这个改动对其定罪量刑并无实际影响，但却体现法官严谨细致的工作态度和疑罪从无的司法理念，最终被告李某2未提起上诉，表示服判息诉，未必与这态度和理念没有关系。

最后，这个判决书中有段当时写的时候最为纠结写完却又颇为得意的内容，就是对运输行业超载问题的分析和评价，这段类似于服判教育的内容其实与本案的定罪量刑并无太大关系，并非判决书的必要内容。撰写这段是因为看到庭审中几位被告人及其辩护人或多或少流露出来的那种漠不关心和不以为然，觉得不吐不快。严重超载这种行业乱象的产生本身就是所有的行业从业者都有责任，而对其进行治理也需要所有从业者的参与，千万不能有法不责众的侥幸心理，因此写下了那一段，结果效果还不错。笔者觉得这不仅仅是对被告人的教育，更是对运输行业全体从业者的教育和对潜在违法者的震慑，是法院参与到社会综合治理的一种方式，也是判决社会价值引导功能的体现，更是法官社会责任感的体现。

（张华，上海市松江区人民法院法官）

三、专家评析

本案系上海2016年"5·23"中环路桥事故案，该案造成重大社会影响，全国各大新闻期刊、电视媒体、门户网站等持续报道，引起社会各界广泛关注。本案案情复杂,各方关注度高,法律适用争议较大,如四名被告人均被以交通肇事罪刑事拘留,又以过失以危险方法危害公共安全罪被逮捕,最后分别以重大责任事故罪和过失损坏交通设施罪提起公诉,仅罪名就变化了三次,法律适用争议之大,由此可见一斑。

  本篇判决书很好地应对了上述难点、争点。首先,结构布局合理。判决书根据指控的两个罪名分别进行事实认定,然后进行法律分析,最后阐述量刑,整个结构条理清晰、逻辑严谨,具有可读性。其次,分析论证严谨透彻。判决书说理全面,在事实认定上既有根据证据的论证,也有依照社会经验的推理,两者结合得非常好;在罪名和量刑情节的分析上,根据法律规定和法学理论,结合事实层层分析,前后呼应,逻辑严密,具有说服力。最后,本篇判决书的最大亮点就是不仅对事实、罪名、量刑进行了深入地分析、论证,而且还从严重超载这个运输行业的"潜规则"入手,对被告人"不服和委屈"的心态进行了回应,这种服判教育不仅针对被告人,其实也针对整个运输行业,是对整个行业从业者共同参与行业治理的呼吁,也是对具有侥幸心理潜在违法者的震慑,体现了判决的社会教育意义,也体现了法官高度的社会责任感。

  (点评人:罗开卷,上海市浦东新区人民法院党组成员、副院长,三级高级法官)

(2017)沪 0117 刑初 279 号裁判文书原文

第四节 聚众斗殴罪

37. 刘某1、胡某1等聚众斗殴案*

【关键词】

恶势力 犯罪集团 成员

【裁判要旨】

1. 恶势力集团犯罪中,犯罪分子参与违法犯罪活动较少,但知道或者应当知道与他人经常纠集系为共同实施违法犯罪,仍按照纠集者的组织、策划、指挥参与的,应当认定为恶势力犯罪集团成员。

2. 由多名集团成员共同实施,或部分集团成员实施的违法犯罪,首要分子事后赔偿对方损失、安排人员报复对方、安排己方人员道歉的,均应当认定为犯罪集团实施的违法犯罪行为。

一、简要案情

四川省丹棱县人民检察院以被告人刘某1、胡某1、胡某2、罗某1、陈某1、王某1、陈某2、祝某1、杨某某、邓某某、李某1、李某2、代某、刘某2、黄某1、雷某某、林某某、彭某1、鲁某某、王某2、王某3犯聚众斗殴罪,被告人刘某1、胡某1、胡某2、罗某1、陈某1、彭某、付某某、王某1、陈某2、张某、牟某某、祝某2、彭某2、李某3、李某2、李某4、何某某、符某某犯寻衅滋事罪,被告人刘某1、周某某、胡某1、胡某2、罗某1、陈某1、彭某、付某某、陈某2、何某、杨某、黄某2、黄某3犯敲诈勒索罪,被告人刘某1、瞿某某、闵某某、黄某1、陈某1犯开设赌场罪,被告人刘某1犯偷越国境罪,被告人宋某某、杨某某犯窝藏罪,被告人周某某、李某与犯聚众扰乱社会秩序罪,被告人代某、符某某犯容留他人吸毒罪,被告人何某犯故意伤害罪,向四川省丹棱县人民法院提起公诉。

---

* (2019) 川1424刑初91号。

四川省丹棱县人民法院经公开审理查明：被告人周某某系被告人刘某1师父，被告人胡某1、胡某2、罗某1、彭某、陈某2、牟某某系被告人刘某1徒弟，被告人杨某、杨某某、宋小军、邓某某、祝某1系被告人刘某1亲家，被告人陈某1、付某某、王某1与被告人刘某1互称兄弟，被告人何某系被告人胡某1徒弟，被告人张某系被告人付某某表兄。被告人刘某1在被告人周某某的帮助下逐渐有了一定的经济实力，通过收徒弟、打亲家、称兄道弟的方式聚拢社会闲杂人员为共同实施犯罪而组成了较为固定的组织，组织成员经常在一起吃饭、唱歌、喝酒，费用基本由被告人刘某1支出，被告人胡某1、胡某2、罗某1、彭某、王某1等人还在被告人刘某1开设的赌场工作并领取工资。自2011年以来，上述被告人以四川省丹棱县城区为核心区域，在该地区为非作恶、欺压百姓，在四川省丹棱县及周边县城多次共同实施了2起聚众斗殴犯罪、7起寻衅滋事犯罪、1起敲诈勒索犯罪、3起开设赌场犯罪、1起窝藏犯罪、1起偷越国境犯罪、8起违法行为，违法犯罪次数多、作案人数众多，扰乱经济、社会生活秩序，造成较为恶劣的社会影响。形成了以被告人刘某1为首要分子，被告人周某某、胡某1、胡某2、罗某1、陈某1、彭某、付某某、陈某2、王某1为主要成员，被告人杨某、杨某某、宋小军、邓某某、何某、祝某1、张某、牟某某为一般成员的恶势力犯罪集团。被告人瞿某某、闵加林、黄某2、某3、李某1、彭某2、祝某2、李某3分别参与该集团实施的开设赌场、敲诈勒索、聚众斗殴、寻衅滋事犯罪。

四川省丹棱县人民法院对指控各被告人的罪名依法予以认定，并对40名被告人分别判处二十四年至一年不等的有期徒刑和罚金。一审宣判后，刘某1等15名被告人不服判决提出上诉，四川省眉山市中级人民法院裁定驳回上诉、维持原判。

主要争议焦点：（1）被告人牟某某仅参与一起犯罪，无其他违法犯罪，是否认定为恶势力犯罪集团成员；（2）首要分子未亲自实施的犯罪是否承担刑事责任；（3）聚众斗殴犯罪中，一方已经聚众到达约定地点，对方因害怕不敢赴约，犯罪形态如何认定。

本案中，被告人牟某某虽只参与了2012年8月12日寻衅滋事犯罪，无其他违法犯罪，但其于2007年拜首要分子刘某1为师傅，从刘某1处学会吸食冰毒，与集团主要成员胡某1、胡某2、罗某1等人以师兄弟相称，经常在一起吃饭喝酒，其主观上明知与他人经常纠集在一起是为了共同实施违法犯罪，仍按照纠集者的组织、策划、指挥参与违法犯罪活动，应当认定为恶势力犯罪集团成员。

2012年8月12日寻衅滋事案、2013年2月3日寻衅滋事案、2013年4月7日寻衅滋事案、2015年10月17日寻衅滋事案，首要分子刘某1虽未实施殴打他人行为，但上述四起犯罪均有胡某1、胡某2、付某某、陈某1、罗某1等多名犯罪集团主要成员共同实施，且2012年8月12日寻衅滋事案，刘某1即时到达现场善后处理，并在事后到医院威胁被害人；2013年2月3日寻衅滋事案，刘某1在场适时制止团伙成员继续殴打被害人并赔偿KTV老板财物损失；2013年4月7日寻衅滋事案，刘某1即时到案发现场安排团伙成员先行离开由其善后处理，后又安排胡某1、胡某2等人到竹海酒店向对方道歉；2015年10月17日寻衅滋事案，事后刘某1到医院看望胡某1、胡某2时，安排胡某1联系宋某某纠集人员找对方寻仇、向对方展示实力，之后组织双方进行调解。该四起案件均系恶势力犯罪集团实施的犯罪，刘某1作为恶势力犯罪集团的首要分子，应当对该四起犯罪承担刑事责任。

2012年4月聚众斗殴案，刘某1等人与对该约定斗殴，且已为斗殴而实施了聚众行为，因已方人数众多对方不敢赴约没有实施斗殴行为，属于已经着手进行犯罪，对首要分子和积极参加者应以聚众斗殴罪（未遂）认定。

二、撰写心得

裁判文书是人民法院诉讼活动的最终载体，一份优秀的判决书应当是能够让广大人民群众感受到公平正义的判决书，应当是取得良好政治效果、法律效果和社会效果的判决书，围绕这个目标，笔者作了许多努力。本案是四川省丹棱县人民法院审理的首起黑恶案件，涉案被告人40人（其中恶势力犯罪集团成员18人），违法犯罪事实31起，社会各界广泛关注。公诉机关于2019年9月20日移送起诉，并于2019年10月21日补充起诉，丹棱县人民法院于2019年11月15日至17日公开开庭审理，于2019年12月26日宣告判决。丹棱法院刑庭仅有一名员额法官，用不到一百天的时候审结一起如此重大的刑事案件，制作篇幅205页的刑事判决书及时向党和人民报告扫黑除恶专项斗争战果，背后是审判人员"5+2""白+黑"的辛勤付出，在该案的审判中笔者担任审判长忍住颈椎疼痛坚持主持了三天三夜的庭审，倒排工期高效率审结案件，向社会各界展示了人民法院干警在扫黑除恶专项斗争中的担当作为，展示了眉山法院"公正提速"行动成果，笔者审理本案的经历入选"四川扫黑优秀英雄故事榜单"，获三万多名群众点赞。

恶势力犯罪集团案件通常存在被告人数量多、违法犯罪事实和罪名多的特点，有些案件不仅有涉恶被告人还有不涉恶的被告人，不仅有涉恶违法犯罪事实还有个人犯罪事实,在事实归纳、证据列举、文书规范方面存在一定难度。本案判决书查明事实分为两大部分:一是恶势力犯罪集团实施的违法犯罪事实,二是个人实施的犯罪事实。对于恶势力犯罪集团实施的违法犯罪事实部分,首先概述恶势力犯罪集团的综合事实,之后叙述恶势力犯罪集团实施的每起犯罪事实,最后叙述恶势力犯罪集团实施的每起违法事实。对于恶势力犯罪集团实施的每起犯罪事实,将相同罪名的犯罪事实放在一起叙述,如聚众斗殴的事实下面罗列两起聚众斗殴犯罪事实、寻衅滋事的事实下面罗列七起寻衅滋事犯罪事实。证据罗列方面,考虑到恶势力犯罪集团的认定主要以具体违法犯罪事实作为支撑,故概述恶势力犯罪集团的综合事实下面不罗列证据,首先在每起违法犯罪事实后面单独罗列证据,最后罗列认定恶势力犯罪集团的其他证据。每起违法犯罪事实存在争议的详细罗列证据,不存在争议的简化罗列证据,争议问题少的注重繁简得当,如2007年5月11日聚众斗殴,该起犯罪争议事实只有两个:刘某1有无使用钢管殴打彭某1、胡某2是否参与斗殴,判决书中先简要罗列证明该起事实的全部证据名称,再详细罗列其中争议事实刘某1使用钢管殴打彭某1的证据内容、胡某2参与斗殴的证据内容。针对本案辩解、辩护意见较多的情况,判决书在"本院认为"前面对辩解、辩护意见逐项进行评判。在"本院认为"部分,首先开门见山明确被告人涉恶构成恶势力犯罪集团,明确首要分子、重要成员、一般成员,其次每个自然段叙述一个罪名以及该罪名的加重处罚、既未遂、主从犯情节,之后用一个自然段叙述被告人应当数罪并罚的情况,之后叙述被告人其他量刑情节,以上体例可为同类案件裁判文书制作提供参考。

本案对恶势力犯罪集团首要分子和成员,根据所犯具体罪行的严重程度,依法从严惩处。审判过程中人民法院严格掌握取保候审、缓刑适用条件,审理期间对14名被告人作出了逮捕决定,对40名被告人分别判处有期徒刑二十四年至一年不等的刑罚,无一人适用缓刑。其中判处有期徒刑十年以上5人,五年以上十年以下6人,三年以上五年以下8人。加大"打财断血"力度,共计判处罚金70余万元,判处追缴违法所得38万元,本案的审判充分彰显了人民法院依法严厉惩处黑恶犯罪的决心。本案中很多违法犯罪均在多年以前实施,现在仍然追究法律责任,有效打击了黑恶势力的嚣张气焰,增强了人民群众同黑恶势力斗争的信心和勇气。本案审判后四川省丹棱县社会治安环境显著改善,人民群众安全感、幸福感不断提升。

本案坚持了宽严相济刑事政策,如首要分子刘某1具有立功、坦白情节,在庭审中多次痛哭悔罪，受其影响除一人以外所有被告人在庭审中都有认罪悔罪表现，庭审取得了良好的效果，对其最高可以判处25年有期徒刑，法院依法对其从轻处罚判处有期徒刑24年。对其他被告人量刑也坚持了罪责刑相适应原则，还对25名被告人依法稳妥适用认罪认罚从宽制度。笔者制作了表格形式的被告人参与违法犯罪示意图，表格包含31行违法犯罪事实，40列被告人姓名，如果被告人参与某起违法犯罪则在其姓名所在列与该起违法犯罪所在行之间标记，还制作了各被告人量刑表格，确保对被告人准确定罪量刑，做到司法公正。

  本案审判严格按照庭审实质化要求进行，确保案件能够经得起法律、历史和人民的检验。依法为未委托辩护的16名被告人指定辩护，实现了辩护全覆盖。最大限度为律师辩护提供便利，收到委托辩护材料后即向律师发放了包含全案卷宗材料影印件的光盘，并在庭前会议前三天向律师开放查阅书面卷宗材料。召开庭前会议将可能导致庭审中断的程序性事项在庭前解决，同时明确控辩双方在事实、罪名、量刑情节等方面的争议焦点，为庭审的持续、高效进行奠定了基础。庭审中对每起违法犯罪事实逐一进行法庭调查，公诉人对争议事实详细举证，对无争议事实简化举证，法庭对争议问题重点审理，对无争议问题简化审理，法庭充分听取了被告人、辩护人对事实、证据、罪名、量刑情节的意见。判决书中载明了公诉机关量刑建议，详细载明了被告人、辩护人的辩解、辩护意见，对于控、辩双方有争议的事实详细罗列证据，对于无争议事实简要罗列证据，体现了证据裁判。坚持写老百姓看得懂的判决书，用通俗易懂的话归纳证据，部分证据原文原话引用，让人民群众更充分地了解该犯罪集团涉恶的事实，从而提高人民法院的判决的认同。判决书注重说理，对于控辩双方争议通过61条评判意见予以回应。该案被告人、辩护人的诉讼权利得到充分保护，充分展现了以审判为中心的刑事诉讼体制的改革成果。

  综上，本案判决书作为一个载体，能够向社会各界展示人民法院扫黑除恶专项斗争战果、庭审实质化改革成果、司法体制改革队伍建设成果，能够展示案件审判取得的政治效果、法律效果和社会效果，能够让人民群众感受到公平正义。

（汪成虎，四川省丹棱县人民法院法官）

三、专家评析

  该案判决书中查明事实部分首先概述恶势力犯罪集团综合事实，再逐一详述恶势力犯罪集团实施的每起违法犯罪事实,在每起具体违法犯罪事实后面单独列示证据,之后列示认定恶势力犯罪集团的其他证据,该体例可供其他法院制作犯罪集团案件裁判文书时参考。

该案实现了辩护全覆盖,判决书中完整、精炼归纳了各被告人、辩护人的辩解、辩护意见并作出 61 项评判意见予以回应,是一份注重说理的裁判文书,对于争议事实的证据进行详细列示体现了证据裁判,办案过程中充分保障被告人、辩护人的诉讼权利,确保了案件办理能够经得住法律和历史的检验。

该案最高量刑二十四年,40 名被告人无一人适用缓刑,审理期间对 14 名被告人进行了逮捕,充分彰显人民法院依法严厉惩处黑恶犯罪。

该案作为四川省丹棱县人民法院审结的首起涉黑恶案件,涉案被告人数量众多、违法犯罪事实多,在公诉机关补充起诉的情形下仅用 96 天时间即审结,高效率向人民群众展示扫黑除恶专项斗争战果,展现了人民法院干警在专项斗争中的担当和作为。

综上,该案判决书作为一个载体,能够向社会各界展示人民法院扫黑除恶专项斗争战果、庭审实质化改革成果、司法体制改革队伍建设成果,能够展示案件审判取得的政治效果、法律效果和社会效果,能够让人民群众感受到公平正义。

(点评人:乔劲松,四川省眉山市中级人民法院刑事审判庭庭长)

(2019)川 1424 刑初 91 号裁判文书原文

第五节　寻衅滋事罪

38. 张某1恶势力团伙犯罪案*

【关键词】

恶势力　团伙犯罪　审查认定要点　认定思路

【裁判要旨】

审查恶势力这一犯罪组织形态是否成立，首先应当进行形式审查，即组织特征、行为特征、危害性特征（非法控制特征）应当同时具备，缺一不可，这是认定恶势力的必要条件，经济特征则不是恶势力成立的必要条件和基本特征；对具备恶势力基本特征且具备经济特征的犯罪组织形态，应对照黑社会性质组织的各基本特征进行实质性审查，从而准确界定区分恶势力与黑社会性质组织。

一、简要案情

被告人张某1在北京市延庆区康庄镇副处级干部侯某某等人帮助下，通过编造虚假入党材料，于2013年9月违规加入中国共产党，并于2014年9月转正。2015年4月，被告人张某1将党组织关系转至北京市延庆区延庆镇石河营村（以下简称石河营村）党支部，并利用党员身份参与村党支部换届选举。经群众举报，被告人张某1未能当选石河营村党支部书记，后于2016年3月担任石河营村经济合作社专职社长。2014年以来，在北京市延庆区形成了以被告人张某1为纠集者，被告人徐某某、赵某某、林某某、张某2、尤某、李某、朱某某、高某、董某为重要成员的恶势力犯罪团伙，自2014年至2017年，以暴力、威胁等手段，多次共同实施犯罪活动，具体事实如下：

1. 破坏生产经营。被告人张某1、蒋某为非法取得位于北京市延庆区延庆镇石河营建材城东南角4000平方米土地的使用权，未经合法程序与石河营

---

* （2018）京0108刑初2644号。

村委会签订土地租赁协议。后为迫使被害人王某1（男，时年62岁）等原承租商户搬离，2014年2月19日至28日间，被告人张某1、蒋某通过使用车辆及卸载砂石料堵门，纠集被告人徐某某、赵某某、林某某、高某等人聚众造势的方式，影响包括被害人王某1在内的多家商户正常经营。2014年6月，被害人王某1被迫搬离后，被告人张某1、蒋某在实际未出资的情况下与焦某某在上述土地合作经营建材城，后以"借款"名义分别从焦某某处取得钱款人民币120万元、130万元。

2. 故意伤害。被告人张某1为非法取得石河营村村委会大院内的部分土地使用权，与时任石河营村村委会主任贾某某产生矛盾。2014年4月25日15时许，被告人张某1纠集被告人徐某某、赵某某、林某某、朱某某、刘某、高某（已判决）在北京市延庆区北关养老院内，持刀将贾某某之子被害人王某2（男，时年35岁）砍伤，造成王某2鼻外伤、头面部外伤，经鉴定为轻伤二级。后被告人张某1赔付被害人王某2人民币30万元。

3. 寻衅滋事。（1）被告人张某1、蒋某为非法取得被害人常某某（男，时年55岁）租赁的位于石河营村的123亩土地的使用权，于2014年4月、10月先后两次纠集被告人赵某某、林某某、张某2、高某等人在石河营村委会大院内威胁和殴打常某某，事后赔付常某某人民币1万元；后又于2015年间由蒋某、张某2纠集多人前往被害人常某某租赁的土地处，威胁、恐吓正在进行正常耕种的工人，迫使被害人常某某无法继续使用该土地。2015年至2016年间，被告人张某1、蒋某将上述土地占用。经查，涉案土地的年租金为人民币14 760元。（2）2017年3月10日23时许，被告人张某1纠集被告人尤某、董某在北京市延庆区延庆镇星光之都KTV，持砍刀随意殴打被害人马某某（男，时年26岁），致马某某头皮挫裂伤、左肘部皮肤损伤、脑外伤神经反应等伤，经鉴定为轻微伤。后被告人张某1等人赔偿被害人马某某现金人民币4万元。（3）2017年11月21日18时许，因被告人段延旭与被害人吕某某发生纠纷，被告人张某1指使被告人尤某携带凶器前往本市延庆区北京泰达兴业典当有限责任公司，伙同被告人段延旭、李某等人持砍刀、斧子殴打被害人吕某某，并打砸物品，致被害人吕某某右颊部皮肤划伤，经鉴定为轻微伤。案发后，被告人段延旭赔偿被害人吕某某人民币10万元，赔偿北京泰达兴业典当有限责任公司人民币5万元，北京泰达兴业典当有限责任公司的负责人王同对被告人段延旭表示谅解。

北京市海淀区人民法院于2019年8月27日作出（2018）京0108刑初2644号刑事判决，认定被告人张某1犯破坏生产经营罪，判处有期徒刑三年；

犯故意伤害罪，判处有期徒刑二年六个月；犯寻衅滋事罪，判处有期徒刑八年，罚金人民币30万元，剥夺政治权利二年；决定执行有期徒刑十三年，罚金人民币30万元，剥夺政治权利二年。被告人李某、董某、尤某、赵某某、林某某、徐某某、朱某某、高某、张某2分别被判处十年至三年不等的有期徒刑。宣判后，被告人张某1等多名被告人提起上诉，检察院未提起抗诉。北京市第一中级人民法院于2019年11月22日作出（2019）京01刑终560号刑事裁定，驳回上诉，维持原判。

本案最核心的争议焦点：是否存在以被告人张某1为首的恶势力犯罪团伙？

二、撰写心得

涉黑涉恶的案件审理相较于其他普通刑事案件，最突出的特征就是存在一个"二次审查"的过程，也就是说在认定相关个罪成立的基础之上，还必须判定相关个罪是否统摄于同一犯罪组织之下实施，要对该犯罪组织的相关特征进行刑法上的评价，以保证对犯罪组织的评价既不降格处理，也不人为拔高。相关司法规范性文件对于恶势力的定义，实际体现出该形态的犯罪组织与黑社会性质组织在诸多特征上都有着千丝万缕的联系，恶势力往往是黑社会性质组织的前期形态或低端形态。

本案最核心的争议焦点为是否存在以被告人张某1为首的恶势力犯罪团伙，这恰恰也是涉黑涉恶犯罪案件"二次审查"的焦点和难点所在。因此，本案裁判文书的写作重心立足于上述争议焦点，通过在案证据事实与相关法律、规范性文件规定的有机结合，夹叙夹议，从将裁判者审查认定恶势力的思路和要点，清晰地予以展现。

笔者认为，在认定恶势力的基本框架规则上，既应当从相关规范性文件对于"恶势力"这一概念的界定出发，同时也应当借鉴、参照对黑社会性质组织认定所应具备的"组织特征""经济特征""行为特征"和"危害性特征（非法控制特征）"这一模式加以分析，使司法机关对恶势力的识别、认定更具可操作性，更易于与一般性的犯罪团伙进行区别；其中，"组织特征""行为特征"和"危害性特征（非法控制特征）"这三个特征应当是认定恶势力成立的必要形式要件，换而言之，恶势力是否成立，首先应当从其是否具备必要的形式要件这一角度进行审查。

依照《最高人民法院、最高人民检察院、公安部、司法部关于办理恶势力刑事案件若干问题的意见》，恶势力是指经常纠集在一起，以暴力、威胁或者其他手段，在一定区域或者行业内多次实施违法犯罪活动，为非作恶，欺压百姓，扰乱经济、社会生活秩序，造成较为恶劣的社会影响，但尚未形成黑社会性质组织的违法犯罪组织。该规范性文件对于"恶势力"的界定，实际上可以分解为"组织特征""经济特征""行为特征"和"危害性特征（非法控制特征）"来加以看待的。

"经常纠集在一起"和"多次实施违法犯罪活动"的表述体现出恶势力的组织特征，而在组织特征方面，又可细化为三个特征：一是犯罪组织的人数特征，即包括纠集者在内，人数要达到三人以上；二是违法犯罪行为实施的时间段和数量特征，即该犯罪组织的成员在二年以内多次实施违法犯罪行为；三是违法犯罪行为的领导性特征，即实施违法犯罪行为的纠集者相对固定，该犯罪组织的违法犯罪行为是在该纠集者的组织、策划、指挥下以共同犯罪的形式出现。在本案中，2014年以来，被告人张某1以经济手段为依托，在其周围陆续拉拢、聚集了被告人徐某某、高某、赵某某、林某某、张某2、朱某某、尤某、董某、李某等人，且以张某1为固定的纠集者，选定较为固定的场所商量、策划违法犯罪活动。在2014年至2017年间，上述人员在张某1的纠集之下实施了五起犯罪行为。由此可见，张某1等人的行为已满足了恶势力的组织特征。

"在一定区域或者行业内多次实施违法犯罪活动"和"扰乱经济、社会秩序"的表述体现出恶势力的经济特征，即恶势力实施违法犯罪行为主要是以谋取经济利益为目的，并以谋取的经济利益维系该犯罪组织的生存、发展，同时其实施违法犯罪行为的目的也不仅限于谋取经济利益。在本案中，被告人张某1通过编造虚假入党材料违规入党，在欲当选村党支部书记未果后，被任命为石河营村经济合作社专职社长，实际把持了石河营村的经济大权。在这期间，无论是强占石河营建材城、常某某承租土地，还是殴打、挟持王某2的行为，目的均是获得相应土地的经济利益；殴打马某某、吕某某以及打砸典当行物品的行为，则反映出该犯罪组织经历了初期发展阶段之后，利用获取的经济利益聚拢更多的违法犯罪人员，实施规模更大的破坏社会秩序的犯罪行为，扩展该犯罪组织的影响力和控制力。

"以暴力、威胁或者其他手段"的表述体现出恶势力的行为特征，即恶势力犯罪主要体现为暴力、威胁的手段，同时还包括以暴力、威胁为基础，进行所谓的"谈判""协商""调解"，以及滋扰、哄闹、聚众等其他干扰、破坏正常经济、社会秩序的非暴力手段。需要注意的是，在恶势力犯罪中，无论是暴力手段或是软暴力手段，均体现出有组织性的特征，或者表现为众多恶势力成员共同实施，或者表现为某个恶势力成员为了该组织的利益，在利用组织势力和影响对他人实施，上述实施方式均可对他人形成心理强制和威慑。在本案中张某1团伙实施相关犯罪行为时，常常是软硬兼施，迫使被害人违心接受相关要求，符合恶势力的行为特征。

"为非作恶，欺压百姓"和"造成较为恶劣的社会影响"的表述体现出恶势力的危害性特征，这一特征实际是恶势力区别于一般犯罪团伙的本质特质，即恶势力实施的违法犯罪活动并不是简单地停留在违法犯罪行为本身，而是主观上积极追求或者客观上造成对某个行业或地域内的正常经济、社会秩序的破坏，形成了对经济、社会秩序的非法控制，这种非法控制也是社会影响恶劣性的直接体现。在本案中，张某1团伙殴打王某2的犯罪行为以及张某1本人担任石河营村经济合作社专职社长的作为，是该犯罪组织非法控制性特征初步建立的标志性事件。该犯罪组织精心策划，持刀入室伤人，从处警民警面前将被害人带离案发现场，带至外省荒郊野地拍摄下跪视频并发布在微信朋友圈，导致被害人及家人长期躲藏外地，强迫被害人前往公安机关撤案，上述恶劣行径使得石河营村的村民人人自危，对被告人张某1及其团伙成员心生畏惧，该犯罪组织达到了"以打立威"的目的。张某1被任命为村经济合作社社长后，为达到其个人目的，对村两委会、村民代表会议的召开进行干涉，甚至指使张某2随意拿走村内相关会议记录，使得基层党组织、基层群众自治组织的正常管理秩序形同虚设，造成极为恶劣的政治影响。张某1团伙殴打马某某、吕某某以及打砸典当行物品的行为则体现出该犯罪组织强烈的扩张性，其犯罪活动的地域范围不再局限和满足于石河营村，已蔓延至延庆城区，并以"地下执法队"的面目出现，采用暴力方式插手他人纠纷，进一步扩大了该犯罪组织的势力影响范围，反映出该犯罪组织积极寻求对社会秩序的控制。同时，该犯罪组织通过指使团伙某一成员顶罪，掩盖团伙犯罪真相以及逼迫被害人接受所谓调解并前往公安机关撤案等方式，逃避公安机关打击，确保其所寻求的地下非法秩序不被摧毁。因此，张某1团伙也符合恶势力的危害性特征。

综上，从张某1团伙的基本特征来看，其具备了"组织特征""经济特征""行为特征"和"危害性特征（非法控制特征）"，应当被认定为恶势力团伙。但需要注意的是，在四大特征中，组织特征、行为特征、危害性特征都是恶势力的共性特征，也就是恶势力成立所必备的形式要件，缺一不可，只不过可能在具体的恶势力团伙中，这三个特征表现的强弱程度有所不同而已；而经济特征则不是恶势力成立所必备的形式要件，因为回看相关规范性文件对于恶势力的定义，可以看到恶势力的违法犯罪行为所危害的客体既可能只包括经济秩序、也可能只包括社会秩序，或者两者兼而有之，因此，在司法实践中也表现为某些恶势力犯罪的经济诉求、恶势力成员之间的经济组带、恶势力的经济基础并不直接，也不明显，难以查证，但在其他三大特征具备的情况下，不妨碍对恶势力的认定。

在认定张某1团伙具备恶势力的基本形式要件后，还应当将其与黑社会性质组织的各基本特征进行对照，进行"量"与"质"的实质性审查，未达到黑社会性质组织各基本特征实质要求的，只能以恶势力加以认定。

关于组织特征方面，黑社会性质组织不仅有明确的组织者、领导者，骨干成员基本固定，而且组织结构比较稳定，并有比较明确的层级和职责分工。在本案中，形成了以张某1为首的犯罪团伙，张某1的中心地位非常明确，但其他成员之间层级与职责分工并不明确，在实施具体的犯罪时，有关职责分工具有一定的随机性，而且随着时间推移，骨干成员也在不断发生变化。因此，通过对张某1团伙组织严密性、稳定性方面的实质审查，可以得出该团伙尚不完全具备黑社会性质组织所要求的组织特征的结论。

关于经济特征方面，黑社会性质组织应当具备一定的经济实力，以支持该组织的活动。黑社会性质组织敛财方式多样，不仅通过违法犯罪活动获取经济利益，而且往往会通过开办公司、企业等方式"以商养黑""以黑护商"。在本案中，证明张某1团伙经济实力具体规模以及支撑该团伙生存、发展资金来源的证据较为欠缺，难以从规模和数量上认定该犯罪组织的经济实力。因此，通过对张某1团伙经济实力的实质审查，发现该团伙在是否具备黑社会性质组织所要求的经济特征这一问题上，是存在疑点的，现有证据是不足的。

关于行为特征方面，张某1团伙的犯罪行为与黑社会性质组织的犯罪行为没有本质的区别。

关于危害性特征方面，张某1在石河营村担任了经济合作社专职社长，属于在基层群众自治组织中担任职务的情形，并结合其指使团伙成员在石河营村实施的多起犯罪行为，可以认定该犯罪组织在石河营村这一区域内形成了非法控制，具有与黑社会性质组织类似的危害性特征。

综上，由于张某1团伙在组织特征、经济特征方面距离认定黑社会性质组织的要求尚有较大差距，故只能按照恶势力犯罪组织予以认定。

本案中，裁判者的司法审查认定过程实际体现出"形式审查在先，实质审查在后"的思路，即先以形式审查判断确立某一具体犯罪团伙是否可以纳入恶势力团伙认定的范畴，然后在认定该犯罪团伙可以认定为恶势力团伙的前提下，再以实质审查来排除或者确立该犯罪团伙是否完全具备黑社会性质组织的基本特征，如此才能达到不枉不纵、罚当其罪的效果。

（张鹏，北京市海淀区人民法院法官）

三、专家评析

本案是一起恶势力团伙犯罪案件，涉案人员众多，涉及多笔事实，且证据复杂；同时，恶势力这一概念也刚在相关的司法规范性文件中得以确立。如何在裁判文书中，通过合理的论证说理，将在案事实、证据与法理评析相结合，以充分揭示恶势力的刑法特征，从而展现裁判者对于恶势力团伙的认定思路，是本案文书撰写者面临的首要问题。

判决书在恶势力团伙犯罪论证说理部分，采用了先分后总的结构，即先论证多名被告人所实施的破坏生产经营、故意伤害、寻衅滋事等多起共同犯罪是否成立，之后再论证前述多起共同犯罪是否系同一犯罪组织实施，该犯罪组织是否构成恶势力的问题。判决书在分别论证相应个罪是否成立的部分，对于相应的辩护意见，包括行为不构成犯罪、没有参与实施犯罪行为、涉案行为构成其他犯罪（轻罪）等，均紧密结合在案证据，有针对性地阐明了裁判者的观点，并加以论证，具有很强的说服力。在此基础上，判决进一步点出前述犯罪具有的暴力特征和谋求经济利益的特征，凸显被告人张某1在共同犯罪中的核心作用，从而为之后论证有组织犯罪的成立做好必要的铺垫。

判决书在论证相关犯罪系恶势力团伙实施的部分，基于前述共同犯罪成立的事实基础，清晰地指出该犯罪组织的纠集者、积极参与者，让人对其组织结构一目了然。之后以时间为序，判决书阐述了相关犯罪在该犯罪组织形成初期、发展过程中所起的作用，使以张某1为首的多名被告人有组织地通过暴力手段欺压百姓、谋求经济利益、危害一方的特征得以呈现，从而水到渠成地得出该犯罪组织系恶势力团伙的结论。整个判决书的写作层次分明，重点突出，说理充分，逻辑严密，语言简洁，结论正确，对于实务中识别与认定恶势力犯罪具有借鉴、指导作用，实属判决书中的佳作。

依法严惩"村霸"，稳固基层政权，做好乡村治理，推进乡村振兴，是此次扫黑除恶专项斗争的重点所在。这份判决文书能够有机地将政治效果、法律效果与社会效果相统合，体现人民法院积极回应群众呼声、为社会治理助力的基本立场。

(点评人:劳东燕,清华大学法学院教授,博士生导师)

(2018)京 0108 刑初 2644 号裁判文书原文

第六节 组织、领导、参加黑社会性质组织罪

39. 陶某1等组织、领导、参加黑社会性质组织罪*

【关键词】

黑社会性质组织 四个特征 新变化 软暴力

【裁判要旨】

认定黑社会性质组织，应同时具备"组织、经济、行为、危害性"四个特征。实践中，对于前述特征不明显、与传统涉黑组织相比呈现新特点的涉黑组织案件，应结合事实证据，严格根据立法标准，认真审查分析"四个特征"之间的内在联系，准确评价涉案犯罪组织所造成的社会危害，确保不枉不纵。

一、简要案情

2009年以来，被告人陶某1、陶某2先后聚集被告人刘某1及赵某某等社会闲散人员，通过非法承接工程，形成一定原始积累。2010年开始，被告人陶某1、陶某2为进一步扩大组织影响，攫取更多的非法利润，又先后聚集被告人李某某、刘某2、王某1、郭某某、王某2、刘某1、张某1、徐某等人，逐渐形成了以赵某某、被告人李某某、王某1、刘某2为骨干成员，被告人刘某1、王某2、郭某某、张某1、徐某及梁某某、张某2等人为一般成员的较为稳定的犯罪组织。该组织通过明确分工、制定纪律，又通过拉拢、腐蚀政府及基层组织人员，在非法从事房地产经营、非法采矿过程中，有组织地实施寻衅滋事、聚众斗殴、强迫交易、非法采矿、破坏军事设施、故意伤害及违法拆迁等大量违法犯罪活动，非法攫取巨额利益。其中，违规建设商铺及住房计40 000余平方米；非法开采矿石计182 222.8吨，价值510余万元。被

---

* (2017) 苏0324刑初955号。

告人陶某1、陶某2将上述违法所得用于向组织成员发放工资、福利、高档消费、旅游以及提供作案经费、购买作案工具等,并在组织成员受伤后提供医疗费和补偿,在组织成员出事时,为组织成员摆平事端,寻求非法保护,以维系该组织的发展与稳定。

该组织以暴力、威胁等手段,有组织地实施争抢建筑工程或土地、违法拆迁、违规开发房地产、非法采矿等违法犯罪活动,为非作恶、欺压、残害群众,称霸一方。其非法拆迁行为导致当地50余户村民长达6年没有居所,导致村民多次到镇、区政府及市信访中心等部门集访,并在西祠胡同等网络论坛发帖,引发舆情,徐州电视台行风热线栏目及淮海网等媒体跟踪报道。其非法采矿行为,造成矿产资源损害及生态环境恶化。其上述行为,严重破坏了当地经济、生活秩序和生态环境,在徐州市铜山区张集镇及周边地区形成重大影响。

本案的争议焦点有:陶某1等十余人组织、领导、参加黑社会性质组织案是当前比较有代表性的农村黑社会性质组织案件,与传统黑社会性质组织相比,该组织在"四个特征"方面均出现了一些新的变化,表现为以下几个方面:一是"组织特征"方面,开始通过开办公司、企业等,披上合法化外衣进行伪装,犯罪组织的组织管理形式与公司的组织管理形式出现交织;二是"经济特征"方面,从建筑业到房地产、再到采矿业,侵害的行业向经济领域不断扩展,并在农村地区大肆占用、掠夺农业资源;三是"行为特征"方面,暴力色彩有所下降,以暴力、威胁为基础的欺骗、纠缠、滋扰、谈判等软暴力手段明显增多,但暴力犯罪或以暴力、威胁为基础的犯罪始终充斥在该组织的发展过程中;四是"危害性特征"方面,通过拉拢腐蚀基层群众自治组织和主管部门的基层公务人员,大肆进行房地产开发和非法采矿,其违法强拆导致当地50余户村民长达6年没有居所,严重破坏了当地的经济和社会生活秩序,其非法采矿行为造成当地生态环境的严重破坏。公诉机关指控该犯罪组织构成组织、领导、参加黑社会性质组织罪。

相关辩护人以该组织表面特征出现的新变化,否认该组织为黑社会性质组织的性质,提出涉案人员均不符合黑社会性质组织的组织特征、经济特征、行为特征和危害性特征,不构成组织、领导黑社会性质组织罪,具体理由有:(1)本案不存在以陶某甲、陶某乙为首的成员基本固定,组织结构稳定,有明确层级和职责分工的黑社会性质组织,相关人员在房地产公司的任职和分工不能等同于黑社会性质组织中的分工;(2)该组织在房地产开发和工程建设过程中虽然有一定的违法和犯罪行为,但不足以证实所获取的经济利益用于违法犯罪活动或维系犯罪组织的生存发展；（3）该组织有一定的暴力犯罪，但也有许多违法犯罪表现为"软暴力"形式，其暴力性特征不明显；（4）该组织的影响力、危害性相对有限，未达到严重破坏社会经济、社会生活秩序。

本案判决在充分理解和认识相关立法、司法解释的基础上，将该组织随着时代的变化而出现的上述新特点准确纳入了黑社会性质组织的"四个特征"，认为该犯罪组织与传统黑社会性质组织相比，虽然在组织形式、经济实力、暴力性犯罪数量等方面有了一定变化，但仍完全符合黑社会性质组织的四个特征，尤其是其本质特征即"社会危害性"巨大，应当依法严惩。

二、撰写心得

陶某1等十余人组织、领导、参加黑社会性质组织案是徐州地区自扫黑除恶专项斗争开展以来宣判的农村黑社会性质组织第一案。陶某黑社会性质组织长期盘踞在城乡接合部和农村地区，通过实施大量暴力违法犯罪活动和拉拢腐蚀乡镇主管部门和村（居）委会人员，非法从事房地产经营、非法强拆农民房屋和侵占农民土地，大肆掠夺农村矿产资源，是一起典型而又发生了许多"新变化"的农村黑社会性质组织案件。一审合议庭克服该案涉案人数众多、案情复杂、社会影响大的重重困难，准确、快速、高效地审结了此案，依法打击了黑社会性质组织的嚣张气焰，取得了良好的政治效果、法律效果和社会效果。该案上诉后，经徐州市中级人民法院审理，认为一审判决书认定事实清楚、证据充分、适用法律正确、程序合法适当，依法予以维持，并面向社会公开宣判，被中国日报、人民法院报、中国法院网、新华网等数十家媒体报道、转载。该案刑事判决书定罪量刑准确，层次清晰，结构合理，说理充分，现将该判决书的撰写心得总结如下。

（一）事实表述要清楚，证据举证、质证要充分

"事实清楚、证据充分"，是认定刑事案件犯罪事实的法定标准。本案判决书全文约170页，11.6万余字，按照如何认定该组织为黑社会性质组织、该组织实施了哪些犯罪和违法活动的基本顺序，进行叙述事实和展示证据，使案情一目了然，且每一项事实均有相应的被告人供述、证人证言或被害人陈述以及相关书证等予以证实，据以定案的相关证据均经过控辩双方当庭举证、质证，证据之间能够相互印证，达到了认定犯罪事实的证据标准。

（二）定罪、定性准确是作出刑事判决的基础

法院是守护公平正义的最后一道防线，因此定罪准确是对刑事判决的基本要求。定罪准确，即要求刑事判决书对被告人在罪与非罪、此罪与彼罪、

轻罪与重罪之间做出准确的认定和判断。在黑社会性质组织犯罪中，还包括对被告人是否能够认定黑社会性质组织成员以及在组织中的地位作出准确认定。一方面，本案判决充分发挥了把关作用，对公诉机关指控有误的部分，依法予以纠正。判决书依据事实和法律，根据各被告人的参与时间、参与程度以及在该组织中的实际作用和地位，对被告人是否为该黑社会性质组织的成员、在黑社会性质组织中是属于首要分子、骨干成员还是一般成员，进行了明确的界分，对于公诉机关已经指控为黑社会性质组织成员的被告人，但经审理查明不应认定为黑社会性质组织成员的，依法进行了纠正。同时对于公诉机关指控的相关罪名和违法行为进行了调整和梳理，定罪定性准确。另一方面，在案件整体定性上，陶某1黑社会性质组织是当前比较有代表性的农村黑社会性质组织案件，与传统黑社会性质组织相比，该组织在"四个特征"方面均出现了一些新的变化，例如"组织特征"方面，开始通过开办公司、企业等，披上合法化外衣进行伪装，犯罪组织的组织管理形式与公司的组织管理形式出现交织；"行为特征"上，暴力色彩有所下降，以暴力、威胁为基础的欺骗、纠缠、滋扰、谈判等软暴力手段明显增多，但暴力犯罪或以暴力、威胁为基础的犯罪始终充斥在该组织的发展过程中等，本案判决在充分理解和认识相关立法、司法解释的基础上，将该组织随着时代的变化而出现的上述新特点准确地纳入了黑社会性质组织的"四个特征"，认为该犯罪组织与传统黑社会性质组织相比，虽然在组织形式、暴力性犯罪数量等方面有了一定变化，但仍完全符合黑社会性质组织的四个特征，尤其是其本质特征即"社会危害性"巨大，应当依法严惩。

（三）宽严相济，量刑适当

量刑适当是对刑事判决的又一基本要求，即在准确定罪的基础上，根据各被告人的地位、作用、主观恶性、危害程度以及各种从严、从宽处罚情节，同时结合相应的刑事政策，对其作出轻重适当的判罚。本案中，对于黑社会性质的组织成员，尤其是对于黑社会性质组织的首要分子和骨干成员，依法从严从重惩处，充分发挥刑罚的打击和威慑作用和财产刑对剥夺黑社会性质组织经济基础，防止其死灰复燃的功能。对于黑社会性质组织中参与时间较短，确有认罪、悔罪表现的，以及非组织成员的一般被告人则按照事实和情节，依法从轻处罚。

（四）文书格式规范，布局合理、详略得当

刑事判决书的严谨性，要求它不仅要符合文书的规范性要求，还要布局合理、详略得当。本案判决书对于认定黑社会性质组织以及对认定案件犯罪事实具有重大影响的证据，进行详细表述、归纳和举证；而对于认定案件事实影响较小及被告人无异议的事实和证据部分进行简单陈述和罗列，使整篇文书，布局合理，行文流畅，逻辑性较强。

（五）辨法析理透彻，说服力强

周强院长在最高人民法院工作报告中指出裁判文书要兼具国法、天理、人情，以严谨的法理彰显司法的理性，以公认的情理展示司法的良知。对于刑事判决而言，同样也要不断增强裁判文书的说理能力，罪名定与不定都要有充分的依据，量刑轻重都要有合理的理由。本案判决中，针对控辩双方的关键意见，均一一进行了回应。文书针对本案控辩双方争议的焦点部分即黑社会性质组织的认定，结合案件事实，从黑社会性质组织罪的"组织、经济、行为、危害性"四个特征，进行了全面详实客观的分析，以事实和法律明确了陶某1、陶某2为首的黑社会性质组织的性质，同时对辩护人避重就轻和故意混淆事实的不合理辩护意见亦予以回应，意思表达严密，说理充分。

（王震，江苏省睢宁县人民法院法官）

三、专家评析

（一）案件事实清楚，证据确实、充分

本判决书定性准确，适用法律正确，量刑适当，罚当其罪，体现了司法公正的基本要求。

（二）该判决书语言精练，表述严谨，逻辑清晰，布局合理

案涉被告人20余人，犯罪事实、违法事实达30余起，罪名众多，按照黑社会性质组织罪和组织成员实施的"组织犯罪"和"个罪"的顺序进行叙述；按照黑社会性质组织犯罪四个特征的要求进行证据展示，个罪在每起犯罪事实后精炼列举证据，与说理分析呼应，文书脉络清楚、详略得当。

（三）裁判文书归纳焦点准确，论理全面、说理透彻

对于黑社会性质组织犯罪中常见的法律问题作了全面、精彩的回应，特别是对如何界定黑社会性质组织的组织成员与非组织成员等问题，对类案具有指导意义。控辩双方争议焦点归纳准确，论证充分。同时对各辩护人的辩护观点综合归纳在说理部分一一回应，并充分从证据及法律适用等方面辨法析理、思维缜密。

（四）裁判文书取得了良好的政治效果、法律效果和社会效果

陶某1黑社会性质组织案，是一起典型的农村黑社会性质组织案件，涉及强抢建设工程，非法占地强拆，掠夺农村矿产资源等扫黑除恶专项斗争中的重点治理领域,该案审理后向社会公开宣判,相关涉案人员被依法严惩,被人民法院报、中国法院网、新华网等数十家媒体报道、转载,取得了良好的政治效果、法律效果和社会效果,增强了人民群众的安全感和政府的公信力。

(点评人:陈浩亮,江苏省徐州市中级人民法院刑事审判第一庭副庭长,四级高级法官)

(2017)苏 0324 刑初 955 号裁判文书原文

第七节 污染环境罪

40. 王某某、陆某某与孙某某污染环境、诈骗案*

【关键词】

污染环境罪　其他有害废物　公私财产损失　后果特别严重

【裁判要旨】

1. 对于太湖流域一级保护区和生态红线二级管控区的水质保护标准应按照国家《地表水环境质量标准》Ⅱ类水质标准执行。据此标准，在违法倾倒垃圾渗滤液中检出挥发酚严重超标情况下，依据《江苏省固体废物污染环境防治条例》的相关规定，可以被认定为"有害废物"，并纳入《刑法》第338条规定的"其他有害物质"范畴。

2. 因清理处置垃圾及时，未对环境造成显著破坏，但为清理处置垃圾，造成公私财产损失巨大的，属于司法解释明确列举的污染环境"后果特别严重"的具体情形。

3. 违法倾倒垃圾全部清运处置后，继续对被污染场地进行覆土复绿所产生的费用，属生态环境修复费用，应与公私财产损失相区分。

一、简要案情

2016年2月，被告人王某某、陆某某在拟通过孙某某介绍承接太湖戒毒所西山岛宕口填埋工程无果的情况下，于2016年3月上旬，拟稿打印了"土方量"为空白的接收土方证明，经孙某某电话联络获太湖戒毒所盖章。后两被告人自行在该证明"土方量"一栏填写了"叁佰万立方"字样。同年5月底，为便于供应商提供垃圾，两被告人再次变造该证明，在尾部通过打印、书写方式添加上"其中建筑装潢垃圾约捌万立方"字样，并先行联系了两船

---

* （2017）苏05刑终933号。

垃圾，堆放在太湖戒毒所码头。经鉴定，该接收土方证明上的手写字迹均系被告人陆某某所写。同年 6 月，两被告人在未签订任何填土协议，且前述两船垃圾如何进一步处理尚未得到太湖戒毒所明确答复的情况下，为赚取接收垃圾费，继续联系垃圾供应者。同时，经变造的接收土方证明照片通过微信流传后，部分中间商陆续将垃圾从外省、市多个码头用船运至太湖戒毒所码头。两被告人明知上述垃圾系建筑垃圾及生活垃圾的混合物，仍以每吨约 7 至 10 元的价格接收，并未经处理直接倾倒至案发地点。

垃圾堆放地点位于江苏省苏州市西山岛戒毒所宕口堤岸，涉案垃圾堆体南侧直接与宕口水体相连，且有地表水流经倾倒区域，冲刷垃圾堆体后汇入宕口水体。涉案垃圾受到宕口水体浸润、高温雨淋，至案发时，垃圾堆放地周边水体颜色变深且有垃圾漂浮，堆放区域有异味散发。经检测，现场垃圾堆体中采集的 11 个渗滤液样品均检出挥发酚超标，部分样品超标高达 50 至 185 倍。另倾倒区域地表水样品中挥发酚浓度高于背景地表水浓度 20% 以上，倾倒区域的生态环境已遭损害。2016 年 7 月 14 日至 21 日期间，涉案垃圾被清运至生活垃圾填埋场处置，经称重合计约 23 336.3 吨。涉案污染行为造成公私财产损失 828 万余元，另因对被污染场地进行覆土复绿产生 22 万余元环境修复费用，两者共计人民币 850 余万元。另有 8 艘载有垃圾的船只因被及时查获而未倾倒，已运回原处。

另查明，涉案宕口距太湖水体直线距离不超过 600 米，距江苏省苏州市吴中区金庭镇取水口直线距离仅 2 公里，且邻近太湖寺前取水口，属于太湖流域一级保护区。西山岛属于太湖风景名胜区西山景区，全岛及周边岛屿皆为生态红线二级管控区域，以自然、人文景观保护为主导生态功能。

本案在法律适用方面的争议焦点主要有两个方面：一是涉案垃圾是否属于污染环境罪中的"其他有害物质"，即依据国家《地表水环境质量标准》Ⅱ类水质标准进行检测，因涉案垃圾渗滤液中挥发酚严重超标，将其纳入污染环境罪所规定的"其他有害物质"是否适当；二是涉案垃圾因清理及时，未对环境造成显著污染，是否仍构成污染环境罪。

二、撰写心得

苏州作为江南水乡的代表城市，除了小桥流水、园林深巷，还有烟波浩渺、景色宜人的太湖。太湖作为母亲湖，滋养了苏州人，孕育了吴文化，它的美更是为世人倾慕。"太湖美，太湖美，美就美在太湖水"。这首我们儿时就耳熟能详的民谣歌曲，之所以脍炙人口、经久传唱，就在于它不仅唱出了太湖的万般风情,还唱出了人们心中对江南水乡的美好印象和无限向往。然而,2016年7月5日,在太湖西山发生的垃圾跨省倾倒案,让人们对太湖美的无尽遐想蒙上了一层阴影。案件经网络曝光后,迅速传播,引发社会各界的广泛关注和极大震惊,在社会上造成非常恶劣的影响。本案引发的舆论高度关注和强烈谴责,从一个侧面反映出生态环境保护问题已经成为当前人民群众最为关切的问题,我们每个人都不希望"太湖美"在未来只能作为民谣流传。污染环境犯罪不仅严重破坏生态环境建设,更对人民群众和子孙后代的身体健康带来严重危害。但社会舆论并不能代替司法审判,案件的处理仍需要法律的最终评定。

案件发生后,当地政府第一时间组织力量、研究应对方案,并对涉案垃圾进行了及时、有效地处理,把对环境的影响降到了最低。但本案如何追究涉案人员的相关责任,成为一道棘手的难题。本案涉案垃圾堆积成山,现场环境满目疮痍、触目惊心,但由于政府处置及时,相关检测机构出具的检测报告显示,本案超标的污染因子种类不多,对环境的污染程度也远不及其他环境污染案件,这种实践中的新情况,一度困扰办案人员。对涉案垃圾是否是污染物,涉案人员的行为是否构成犯罪,以及如何认定相关量刑情节,曾存有一定分歧。随着案件的深入和对法律理解的深化,办案机关的认识逐步统一。本案涉案人员在太湖流域一级保护区、生态红线二级管控区大肆倾倒、填埋垃圾的行为已经完成,对环境法益的侵害已经实现,对环境的污染后果也必然会随之产生并逐步加深。虽然由于政府处置及时,避免了污染因子的种类增多以及污染程度的加深,但这不应当成为涉案人员从轻处罚甚至脱罪的理由。根据当时的检测结果,超标的污染因子种类即便不多,但还是客观存在的;对环境的污染程度即便不深,但也还是造成了一定程度的污染。因此,对涉案垃圾必须立刻清除,清理处置涉案垃圾所产生的费用,应当计入公私财产损失范畴。如果公私财产损失达到污染环境罪中的相应标准,涉案人员还需为此承担污染环境罪的相应刑事责任。这一认识的深化,不仅体现了我们司法机关对污染环境犯罪"零容忍"的态度,也为以后此类案件的处理树立了标杆。通过刑罚对污染环境的犯罪行为进行惩处,不仅是制裁犯罪、警示他人,更是为子孙后代留下绿水青山、生存之本。

通过对案件的审理,如何将相关的法律术语解释清楚,如何将审判的内在逻辑传达给当事人和社会公众,如何有效回应控辩双方争议的焦点问题和社会的关切,是作为法官特别是二审法官必须要面对的问题。既要紧扣上诉理由,又要从不同角度回应;既要深入分析、充分阐释,又要深入浅出、通俗易懂，这对二审文书的说理提出了较高要求。不仅如此，本案二审文书的制作也存在较大难度。本案的证据材料多，一审判决书对 30 本卷宗的证据进行了有效地概括和归纳，仍有 2.2 万余字，若二审裁定书在此基础上写作，势必会造成文书的冗长、拖沓。因此，二审文书应对案件事实和证据进行大刀阔斧地压缩，把重点放在控辩双方争议的焦点问题和说理上，既要做到全面、有序，又突出重点、详略得当，这对归纳能力和文字功底提出了较高的要求。

在案件办理过程中，我们愈发地感觉到，随着绿色发展理念的深入人心，人民群众对清新空气、清澈水质、清洁环境等生态产品的需求越来越迫切。"人民对美好生活的向往，就是我们的奋斗目标"。在二审庭审中，苏州市中级人民法院院长、苏州市人民检察院检察长亲自出庭并当庭宣判，充分彰显出苏州市司法机关对生态文明建设的重视，和守护绿水青山的决心。本案终审判决后，中央电视台《朝闻天下》《新闻联播》栏目、中央教育台《法治天下》栏目，以及多家省、市主流媒体纷纷予以报道，苏州市强化生态环境司法保护的做法受到充分肯定和广泛好评。

（姚一鸣，江苏省苏州市中级人民法院法官）

三、专家评析

习近平总书记指出，必须把生态文明建设纳入制度化、法治化轨道，要加大环境督查工作力度，严肃查处违纪违法行为，着力解决生态环境方面突出问题，让人民群众不断感受到生态环境的改善。[①] 本案正是落实习近平总书记号召，用法律之剑来惩治环境污染不法分子的典型案例。本案证据认定全面，完整地展现了案件发展的过程及环境污染的事实；适用法律准确，对具体法律条文的援引进行了细致、精到的分析；裁判说理透彻，逻辑清晰，语言流畅，堪称国内法院裁判文书的范本。对于本案裁判的示范性、典型性，可以从以下几个方面进行解读。

（一）事实认定全面，案件裁判建立在坚实的证据基础之上

本案在事实认定上的成功之处在于：第一，客观展现了环境污染的事实。文书对于案件的起因、经历的过程、造成的结果都条分缕析地予以叙述，言简意赅，文辞优美，使文书阅读者对案件事实的了解有身临其境的效果。第二，重视权威鉴定机构的鉴定意见，保证事实认定的科学性与权威性。在本

[①] 参见习近平：《关于做好生态文明建设工作的批示》，载《人民日报》2016 年 11 月 28 日。

案中，大量采纳了南京环科所等权威鉴定机构出具的鉴定报告，从科学上佐证了当事人污染环境的犯罪事实。第三，区分不同事实，如对公诉机关指控的其中约225 128元费用，认定为"系因对被污染场地进行覆土复绿所产生的覆土取土工程涉及资金、覆土工程费用，属生态环境修复费用，应与公私财产损失相区分"。

（二）适用法律正确，在法律适用方面具有新颖性和典型性

本案法律适用上的主要争点，一是涉案垃圾是否为"有害废物"，二是污染环境罪是否为"结果犯"？就第一个问题，法官结合法学方法论上的类型思维方法，根据涉案垃圾必然污染周边水体，且在涉案垃圾渗滤液中检出挥发酚严重超标的事实，认定涉案垃圾属于《刑法》第338条可以包含的"其他危险废物"。就后一个争点来说，裁定书根据《刑法（修正案）》对相关法条的修改与完善、"两高"司法解释不以造成实害后果作为环境污染罪入罪标准的规定，以及本案实际后果确已达致"严重污染环境""后果特别严重"的事实，有理有据地反驳了上诉人及其辩护人的出罪意见。

（三）裁判效果明显，具有较强的法律意义和社会意义

从法律意义来说，一是本案提供了如何理解《刑法》第338条"其他危险废物"的实例，对今后法院处理同类案件具有较强的借鉴意义；二是本案明确了污染环境罪并非结果犯，只要对被保护的环境及区域构成现实威胁即可入罪；三是本案量化了"严重污染环境""后果特别严重"的法律标准，有利于司法实践中对同类案件的要件把握。

从社会意义来说，本案警示人们，破坏环境可能面临严重的法律后果，即便当事人承担行政责任也不排斥其刑事责任的承担。必须充分发挥刑法作用，正确运用刑事制裁手段打击污染环境犯罪行为，使一切破坏环境、污染环境的犯罪分子都受到应有的惩处。

（点评人：胡玉鸿，曾任苏州大学法学院教授、博士生导师、院长，现任华东政法大学教授、博士生导师）

(2017) 苏 05 刑终 933 号裁判文书原文

第八节　危害珍贵、濒危野生动物罪

41. 刘某某、谢某非法收购、运输、出售珍贵、濒危野生动物、珍贵、濒危野生动物制品案*

【关键词】

珍贵、濒危野生动物　人工驯养繁殖　法定刑以下量刑

【裁判要旨】

出售人工驯养繁殖的野生动物构成犯罪，但量刑时可以从宽处罚。

一、简要案情

王某从 2014 年 4 月开始非法收购、繁殖珍贵、濒危的鹦鹉并出售牟利。2016 年 4 月初，王某将其孵化的 2 只小太阳鹦鹉以 500 元/只卖给原审被告人谢某某。经鉴定，该 2 只鹦鹉系列入《濒危野生动植物种国际贸易公约》附录 II 的绿颊锥尾鹦鹉（人工变异种）。

2016 年 5 月 10 日，民警在广东省深圳市宝安区沙井街道沙井花卉世界谢某某经营的田福水族馆中查获 10 只鹦鹉（包括上述 2 只鹦鹉）。同年 5 月 17 日，民警在宝安区石岩街道麻布新村自力大道 1 号 301 房王某的租住处查获 45 只珍贵、濒危的鹦鹉，经鉴定，该 45 只鹦鹉系 35 只绿颊锥尾鹦鹉（人工变异种）、9 只和尚鹦鹉、1 只非洲灰鹦鹉。上述非洲灰鹦鹉被列入《濒危野生动植物种国际贸易公约》（CITES）附录 I，其余鹦鹉均被列入《濒危野生动植物种国际贸易公约》（CITES）附录 II。

广东省深圳市宝安区人民法院于 2017 年 3 月 30 日作出（2017）粤 0306 刑初 323 号刑事判决，判决：一、被告人王某犯非法出售珍贵、濒危野生动物罪，判处有期徒刑五年，并处罚金人民币 3000 元；二、被告人谢某某犯非

---

* （2017）粤 03 刑终 1098 号。

法收购珍贵、濒危野生动物罪，判处有期徒刑一年六个月，缓刑二年，并处罚金人民币3000元。

王某不服，提起上诉。广东省深圳市中级人民法院于2018年3月26日作出（2017）粤03刑终1098号刑事判决，依照《刑法》第341条第1款、第23条、第52条、第53条、第67条第3款、第72条第1款、第3款、第73条第2款、第3款、第63条第2款，《最高人民法院关于审理破坏野生动物资源刑事案件具体应用法律若干问题的解释》第1条、第2条、第3条、第10条，《刑事诉讼法》第225条第1款第1项、第2项，《最高人民法院关于适用〈中华人民共和国刑事诉讼法〉的解释》第325条第1款第2项之规定，判决：一、维持广东省深圳市宝安区人民法院（2017）粤0306刑初323号刑事判决第（二）项对被告人谢某某的定罪量刑部分，即被告人谢某某犯非法收购珍贵、濒危野生动物罪，判处有期徒刑一年六个月，缓刑二年，并处罚金人民币3000元；二、撤销广东省深圳市宝安区人民法院（2017）粤0306刑初323号刑事判决第（一）项对被告人王某的定罪量刑部分，即被告人王某犯非法出售珍贵、濒危野生动物罪，判处有期徒刑五年，并处罚金人民币3000元；三、上诉人王某犯非法收购、出售珍贵、濒危野生动物罪，在法定刑以下判处有期徒刑二年，并处罚金人民币3000元。本判决依法层报最高人民法院核准。

2018年4月28日，最高人民法院委托深圳市中级人民法院宣判，依法向王某送达了最高人民法院核准在法定刑以下判处王某有期徒刑二年的刑事裁定书。本案正式生效。

二审法院生效判决认为，上诉人王某非法收购、出售珍贵、濒危的野生鹦鹉，其行为已构成非法收购、出售珍贵、濒危野生动物罪。原审被告人谢某某非法收购珍贵、濒危的野生鹦鹉，其行为已构成非法收购珍贵、濒危野生动物罪。王某及谢某某均自愿认罪。公安机关根据谢某某的供述抓获王某，谢某某虽不构成立功，但量刑时可酌情从轻处罚。谢某某犯罪情节较轻，有悔罪表现，再犯可能性小，故可对谢某某宣告缓刑。王某非法收购、出售野生动物情节特别严重，论罪应判处十年以上有期徒刑，并处罚金或没收财产。王某家中查获的45只鹦鹉系待售，因其意志以外的原因而未得逞，是犯罪未遂，可比照既遂犯从轻或减轻处罚。鉴于多数涉案鹦鹉系人工驯养繁殖，其行为的社会危害性相对小于非法收购、出售纯野外生长、繁殖的鹦鹉，故对王某可在法定刑以下量刑，并依法报请最高人民法院核准。综上，原判认定的事实清楚，证据确实、充分，审判程序合法。对谢某某定罪准确，量刑适当。但未认定王某构成非法收购珍贵、濒危野生动物罪不当,检察员所提王某构成非法收购、出售珍贵、濒危野生动物罪的意见成立,本院依法予以采纳。原判对王某量刑过重,本院依法予以纠正。王某所提请求从宽处罚的上诉理由成立,本院予以采纳。其辩护人所提王某无罪等辩护意见不能成立,本院依法不予采纳。检察员所提对王某应维持原判的量刑意见,本院依法不予采纳。

2018年3月30日,广东省深圳市中级人民法院对该案进行二审宣判,依法以非法收购、出售珍贵、濒危野生动物罪,在法定刑以下判处王某有期徒刑二年,并处罚金人民币3000元。本判决依法层报最高人民法院核准。

二、撰写心得

追求"三个效果"的统一,撰写党和人民满意的判决。本案是一宗社会高度关注的敏感案件,如何平息社会争议、定分止争,对承办人乃至整个法院都是高难度的挑战。而撰写一份说理充分的优秀裁判文书,无疑就是法官对社会热点问题最好的回应。承办人在撰写文书时,首先就考虑到"三个效果"的统一,力求将社会关注的热点案件做到情、理、法的统一,在论述部分情理交织,注重说理,书写规范;在格式体例方面严格遵循最高人民法院的文书样式;在事实叙述方面言简意赅,不偏不倚,准确描述全案基本事实;在裁判理由方面充分结合刑法条文和司法解释以及事实、证据,说理充分;在裁判结果方面综合考虑到被告人犯罪事实与认罪情节,作出合理判决;在语言文字方面论述详细但不枯燥,文字流畅优美。

(一) 裁判文书必须追求和坚守政治效果

"深圳鹦鹉案"是全国媒体与舆论高度关注的案件被评为2018年全国法院十大刑事案件。

承办人在撰写该案文书时,始终保持了高度的政治敏锐性,并透过现象看本质,严格按照"三同步"的要求,保持政治定力,不为舆论炒作所动,不被外界带节奏,坚持用裁判文书的撰写,来说明事实真相、论证法律关系,合理引导舆论。

裁判文书公开宣判后,没有产生负面的政治影响或舆情,主流媒体对判决书的说理性和政治效果,给予了高度评价。案件在法定刑以下量刑,得到最高人民法院核准生效,强有力地维护了最高人民法院司法解释的权威,取得了较好的政治效果。

（二）优秀的裁判文书还须遵循社会效果

政法工作必须放在党和国家工作大局中谋划，坚持社会效果。体现在裁判文书撰写工作中需要注意的是，应当时刻切记文书对社会的正面引导作用，避免引发不良社会舆论。因此，承办人在撰写文书时，着眼于文书的社会功能，力求以案说法，起到教育公众的法制宣教作用。

本案宣判后舆情稳定，社会效果良好。一方面，王某的辩护人虽做无罪辩护，但认为判决结果符合预期，且期待推动相关司法解释的修改。另一方面，各大主流媒体均能比较客观地报道案件，澎湃网以《深圳"鹦鹉案"：司法尊重民意，但也不会被带歪楼》为题，点评说"司法部门对法律底线的严守，充分考虑现实民意，又不轻易被喧闹嘈杂甚至乱带节奏的网络声音影响，需要对法治精神的坚守，也需要专业自信"。法制网还以《深圳"鹦鹉案"让民意与国法得到兼顾》为题，赞扬"二审改判无疑更好地兼顾了国法、常识与民情"，认为"二审法院在听取民意的基础上，并未被这些情绪化的声音带偏，而是做到了灵活性与原则性的统一"。

（三）裁判文书的基本要求是坚守法律效果

辩护人声称出售人工繁育野生动物对生态没有破坏，承办人通过梳理案件的焦点问题，认为本案的法律焦点是野生动物保护的法律适用问题。因此撰写本案文书需要解决的基本法律问题就是解决野生动物保护的法律适用问题，阐明人工繁育野生动物对生态的破坏原理，唯此才能坚守法律效果，同时对国内争议案件的处理起到一定的指导意义。

1. 明确野生动物案件的法律适用问题。首先，我国是成文法国家，最高人民法院的司法解释是我国司法机关应当适用的办案依据，这是基本常识。《最高人民法院关于审理破坏野生动物资源刑事案件具体应用法律若干问题的解释》正是评判本案的成文法条。其次，该司法解释明确规定，刑法所指的珍贵、濒危野生动物包括驯养繁殖的物种。这一司法解释无论是从形式上还是实质上都是标准的司法解释，是在"解释刑法"，实质上阐明了刑法所指的野生动物就是包括驯养繁殖的相应物种，不是随意扩大野生动物的概念，不是违反罪刑法定的扩大解释。

如果一定要认真审查司法解释是否对刑法条文进行了超越解释，或者是"不当的扩大解释"，那就应当参照理论共识。而学术界的通说也正是将野生动物界定为了"凡生存在天然自由状态下，或者来源于天然自由状态的虽然已经短期驯养但还没有产生进化变异的各种动物"。最高人民法院的司法解释符合学术界的通说，并未将刑法条文扩大解释，更未违反罪刑法定的原则和

《立法法》。罪刑法定原则作为刑法的基本原则,既要求我们严守入罪的门槛,厘清刑罚与行政处罚的界限,也要求我们守住法制的底线,不要为了某种考虑随意罔顾司法解释明确的规定。

习近平总书记强调:"在生态环境保护问题上,就是要不能越雷池一步,否则就应该受到惩罚。"[①] 《刑法》第341条将非法猎捕、非法杀害濒危野生动物同非法收购、非法运输、非法出售濒危野生动物甚至及其动物制品同等量刑;特别是《最高人民法院关于审理破坏野生动物资源刑事案件具体应用法律若干问题的解释》第1条按照数量和其他情节划分了三档量刑幅度。刑事立法对犯罪情节的区分、对犯罪客体的表达,对基本罪状的描述以及对量刑上下限的充分弹性规制,真正体现了严而不苛,科学立法以惩罚和制止此类犯罪的精神要义。

2. 关于人工繁育野生动物对生态的破坏原理。辩护人提出野生动物通过人工繁育反而增加了数量,从而使物种得到保护,该论断没有科学依据,违法科学原理。

一方面,对野生动物的人工繁育需经评估与许可。只有人工繁育技术成熟、稳定的物种才可能实现不依赖于野外种群的规模化生产性养殖。而没有成熟技术、稳定,或无法实现生产性养殖的物种可能会造成相反的效果。养殖者不得不从野外持续性获得种源,在养殖过程中也会出现较高的死亡率,对资源造成直接破坏。我国采用驯养繁殖许可证制度和商业化养殖物种目录制度。对养殖者进行技术、条件等方面的评估,对物种的人工繁育成功与否进行评估,当所需条件满足后,由政府主管部门核发驯养繁殖许可证。凡是未取得驯养繁殖许可证的单位无权繁育野生动物。凡是未列入允许商业化养殖的物种名单的物种,均不得开展商业化养殖。本案中,绿颊锥尾鹦鹉、和尚鹦鹉、非洲灰鹦鹉的人工繁育是否成功未经科学评估,也未列入《商业性经营利用驯养繁殖技术成熟的陆生野生动物名单》(林护发〔2003〕99号)以及《人工繁育国家重点保护陆生野生动物名录(第一批)》(国家林业局公告2017年第13号)。

另一方面,世界各国通过濒危野生动植物种国际贸易公约(CITES)这一政府间组织来联合控制濒危物种的国际贸易,打击针对野生动物的犯罪。中国在国内法(《野生动物保护法》《濒危野生动植物进出口管理条例》等)中

[①] 参见习近平:《在十八届中共中央政治局第六次集体学习时的讲话》,载《人民日报》2013年5月25日。

对域外物种的进出口进行规范管理，CITES 附录 I 和附录 II 的物种等分别同于 I 级和 II 级国家重点保护野生动物。本案中所涉及的绿颊锥尾鹦鹉就是 CITES 附录 II 物种，国内有责任对其进行保护，将其纳入国内野生动物保护法规体系当中。非法引种不仅会破坏原产地野生资源，还会给国内带来疫病和外来物种入侵等风险。不科学、不规范的养殖也会严重影响动物福利。这样的人工繁育不仅不具有保护意义，而且还有明显的破坏性，所以在国内立法中予以禁止。

（四）追求"三个效果"的统一

通过上述分析可知，最高人民法院的司法解释是我们审理案件的法律依据。而根据《最高人民法院关于审理破坏野生动物资源刑事案件具体应用法律若干问题的解释》规定，《刑法》第341条第1款规定的"珍贵、濒危野生动物"，包括列入国家重点保护野生动物名录的国家一、二级保护野生动物、列入《濒危野生动植物种国际贸易公约》附录 I、附录 II 的野生动物以及驯养繁殖的上述物种。因此，虽然本案所涉的鹦鹉均属于法律规定的"珍贵、濒危野生动物"，被告人王某收购、出售涉案鹦鹉的行为已经违反了《刑法》的规定，构成非法收购、出售珍贵、濒危野生动物罪。承办人认为，确认被告人构成犯罪的同时，也应认真回应人民群众的关切，仔细分析本案一审的量刑是否存在偏重之嫌，以便消除民众对于司法的疑虑。根据在案证据反映的情况，王某非法收购、出售野生动物，间接繁殖驯养的居多，直接伤害野生的很少；而非法收购、出售驯养繁殖的"野生动物"同非法收购、出售完全直接源自野外环境的野生动物，其社会危害性毕竟有所不同；且王某在二审庭审之上仍表示认罪悔罪，其家属也提供了家庭困难的情况。因此，一审对于王某判处有期徒刑五年，没有考虑到人工驯养繁殖野生动物与纯野外生长野生动物的差别，也超出了社会公众的法感情，在量刑方面确实存在偏重的问题，二审有必要予以纠正。

原判虽已在法定刑幅度内对王某处以最低刑有期徒刑五年，但法院并不能机械司法。如果某项相关立法对于现时阶段已经显示过于严苛，特别是针对某个案更有情有可原之处，我国的刑事法律也有救济的途径和出路，那就是"根据案件的特殊情况，经最高人民法院核准，也可以在法定刑以下判处刑罚"。综合上述原因，二审对上诉人王某在法定刑以下改判有期徒刑二年，并依法报请最高人民法院核准。

综上，承办人在撰写本案文书时，追求"三个效果"的统一，努力撰写让党和人民满意的判决。裁判文书在定性方面做到准确定罪，维护司法权威；

在量刑方面考虑到政治效果、法律效果和社会效果的有机结合，避免了机械司法。因此，该文书的撰写践行了让人民群众在每一个司法案件中感受到公平正义的指示精神。

（涂俊峰，广东省深圳市中级人民法院法官）

三、专家评析

按照《刑法》第52条第2款的规定，犯罪分子虽然不具有本法规定的减轻处罚情节，但是根据案件的特殊情况，经最高人民法院核准，也可以在法定刑以下判处刑罚。

本案即是对特殊减轻制度的运用。本案判决有两方面的意义：一方面，贯彻了《刑法》第5条所规定的罪刑相适应原则，做到了罚当其罪。本案中，被告人王某1知道涉案鹦鹉为法律禁止买卖的国家重点保护的珍贵、濒危野生动物，但为了牟取不法利益而非法收购、出售国家重点保护的珍贵、濒危的鹦鹉，结合其危害行为、违法性认识足以认定被告人构成犯罪且情节特别严重。但是，考虑到被告人自愿认罪，出售的是自己驯养繁殖而非野外捕捉的鹦鹉，社会危害性相对较小，且有45只鹦鹉尚未售出等"案件的特殊情况"，最高人民法院核准在法定刑以下判处刑罚，这一处理结论是正确的，避免了轻罪重罚。另一方面，能够对下级人民法院在被告人具备哪些犯罪情节可能适用这项制度有一定指导作用。由于特殊减轻在程序上必须经最高人民法院核准，从而使得刑法关于本制度的规定在实践中适用率较低，地方人民法院对于上报到最高人民法院的案件，是否能核准特殊减轻，没有把握，所以不会轻易启动特殊减轻制度。最高人民法院对本案核准特殊减轻，也提示地方人民法院在具体个案确有特殊情况时能积极启动特殊减轻程序，以"激活"这项制度，避免把特殊减轻的条件掌握得过分严苛。

（点评人：周光权，清华大学法学院教授，博士生导师）

（2017）粤03刑终1098号裁判文书原文

第九节　走私、贩卖、运输、制造毒品罪

42. 蒙某某、刘某1贩卖毒品案*

【关键词】

贩卖毒品　非法持有毒品　特情介入　控制下交付　犯罪引诱

【裁判要旨】

1. 仅有被告人供述，缺乏其他证据证实，且不能排除系为吸毒或其他目的出现在贩毒现场的，不能认定构成贩卖毒品犯罪共犯。

2. 受购毒者委托，联系介绍他人与购毒者直接见面，并提供交易场所，经手毒品和资金的交易过程，钱货当场两清的，不符合为吸毒者代购毒品的基本特征，应认定为贩卖毒品的共犯。

3. 联系介绍他人向以特情身份作掩护继续从事毒品犯罪的特情人员售卖毒品时，既不知道特情人员身份，也不具有为特情人员提供帮助主观意图的，不属于特情证人。

4. 通过对持毒待售者采取特情贴靠、接洽等方式破获案件的，属特情介入的控制下交付，不属于犯罪引诱。

一、简要案情

广东省佛山市高明区人民法院一审判决认定：2015年1月24日，被告人刘某1通过电话联系，介绍刘某2、欧某某向黎某某（已判刑）购买毒品海洛因。当日18时许，黎某某来到刘某1位于广东省佛山市高明区荷城街道存心村×号的住宅，以人民币4000元的价格向刘某2、欧某某出售一包毒品海洛因。后公安人员在荷城街道文昌路将刘某2抓获，并在其身上缴获一小包毒品海洛因，净重0.14克。

---

* （2018）粤刑再19号。

2015年1月28日,被告人刘某1通过电话联系,介绍刘某2、欧某某向黎某某(已判刑)购买毒品海洛因。2015年1月29日凌晨,黎某某在其位于广东省佛山市高明区杨和镇杨梅社区紫荆路×号的×房,以人民币4000元的价格向刘某2、欧某某出售一包毒品海洛因。后公安人员在荷城街道显洲村将欧某某抓获,并在其身上缴获一小包毒品海洛因,净重0.06克。

2015年2月2日至3日,原审被告人刘某1电话联系、介绍被告人蒙某某向刘某2、欧某某贩卖毒品海洛因30克、甲基苯丙胺100克。2月3日18时许,蒙某某携带毒品来到刘某1位于佛山市高明区荷城街道存心村×号的家中,在贩卖毒品给刘某2、欧某某时被公安人员当场抓获,公安人员现场缴获毒品海洛因三包,净重29.82克,毒品甲基苯丙胺四包,净重97.55克,并在刘某1及蒙某某身上各缴获作案手机两部。

另查明,在被告人刘某1被抓获后,表示愿意配合民警前往抓捕同案犯黎某某,当晚民警带上刘某1前往杨和镇杨梅社区紫荆路×号×房抓捕黎成良,因黎某某跳入防盗网以死拒捕,民警为防止出现意外放弃抓捕。后民警于2015年6月30日在该地址将黎某某缉捕归案。黎某某被广东省佛山市高明区人民法院以贩卖毒品罪判处有期徒刑十个月,并处罚金人民币1万元。

又查明,购毒人刘某2、欧某某是公安机关于2014年4月发展的涉毒特情人员。

一审判决认为,被告人蒙某某、刘某1无视国家法律,向他人贩卖毒品,已被缴获毒品海洛因30.02克、甲基苯丙胺97.55克,其行为均已构成贩卖毒品罪,且系共同犯罪。公诉机关指控被告人蒙某某、刘某1犯贩卖毒品罪的犯罪事实清楚,证据确实、充分,罪名成立。被告人刘某1在共同犯罪中起辅助作用,系从犯,依法对其予以减轻处罚。被告人刘某1归案后能够如实供述自己的罪行,积极配合办案机关的工作,有一定的知罪认罪表现,依法对其予以从轻处罚。依法判决:被告人蒙某某犯贩卖毒品罪,判处有期徒刑十五年,并处没收财产人民币10万元,剥夺政治权利三年;被告人刘某1犯贩卖毒品罪,判处有期徒刑八年,并处罚金人民币4万元。

蒙某某、刘某1不服上述判决,提出上诉。

广东省佛山市中级人民法院二审认为:原审判决认定基本事实清楚,证据确实、充分,审判程序合法,但部分事实不清、证据不足,定罪不当,量刑过重,应予纠正。鉴于本案存在特情介入,涉案毒品海洛因29.82克、甲基苯丙胺97.55克已被起获,可以酌情对上诉人蒙某某、刘某1予以从轻处罚。依法改判:上诉人蒙某某犯非法持有毒品罪,判处有期徒刑九年,并处罚金人民币 9 万元；上诉人刘某 1 犯非法持有毒品罪，判处有期徒刑四年，并处罚金人民币 3 万元。

判决生效后，广东省人民检察院以原判认定罪名错误，量刑不当为由，向广东省高级人民法院提出抗诉。刘某 1 及其辩护人提出本案存在犯罪引诱，应当对其从轻处罚。

广东省高级人民法院再审查明事实与一审基本一致。判决：一、撤销广东省佛山市中级人民法院（2017）粤 06 刑终 89 号刑事判决。二、维持广东省佛山市高明区人民法院（2016）粤 0608 刑初 26 号刑事判决的第一项、第二项对原审被告人蒙某某、刘某 1 的定罪部分。三、原审被告人蒙某某犯贩卖毒品罪，判处有期徒刑十五年，并处没收财产人民币 10 万元。四、原审被告人刘某 1 犯贩卖毒品罪，判处有期徒刑七年，并处罚金人民币 4 万元。

二、撰写心得

本案是一起检察机关抗诉、控辩双方和一、二审法院在案件事实认定证据采信、罪名和量刑情节认定以及刑罚裁量等方面均有较大争议的涉毒再审案件，做好裁判文书的释法说理有一定难度。笔者作为本案的审判长和承办人做了一些新尝试，得到了广泛认可。该裁判文书被评为广东省高级人民法院十佳裁判文书和第三届全国法院百优裁判文书。主要体会如下。

（一）充分体现司法公开要求

本案再审判决书全面客观地展示控辩双方和一、二审法院的裁判意见，以及再审认定事实的全部证据，让本案各方争议的问题和裁判依据、理由、论证过程及结论全部公开，接受各方及社会公众监督。为使控辩双方及社会公众阅读方便，笔者在遵循裁判文书基本逻辑和必备要素的前提下，将本裁判文书用序号明确划分为一审裁判要点，二审裁判要点，再审抗诉和辩护辩解意见，再审认定的事实和证据，事实争议焦点及分析认定意见，法律适用争议焦点及评判意见，再审裁判理由、依据及结果等七个部分，努力做到程序与实体、形式与实质同步公开，让司法公正看得见。

（二）充分贯彻证据裁判原则

本案被告人及同案人供述反反复复，前后不一，相互矛盾，而在案能够证明被告人及同案人之间存在贩卖毒品事实的客观证据手机短信，没有按要求提取、固定和指认，致使本案事实难以认定。再审基于本案的实际情况，将经过原审和再审庭审宣读、出示和质证并查证属实作为定案依据的全部证据补充到裁判文书中，特别是对被告人及同案人的历次供述和他们之间与本案相关联的短信内容全部客观展示出来,让被告人及同案人供述中相互印证的事实和无法排除的矛盾、不能作出合理解释的疑点自然呈现,为裁判文书的证据分析、事实认定和争点评判提供了素材和依据,做到事实认定水到渠成、客观公允。

(三) 充分展示争议事实的认定依据

笔者根据控辩双方提出的事实主张和举证、质证意见,确定本案事实的四个争议论点,然后针对每个争议焦点,列出相关证据,并运用证据规则和经验法则进行审查认证,最后再综合进行证据分析,得出评判结论,在基础上,还针对原审被告人及其辩护人所提辩解、辩护意见,明确查证意见及结论,做到针锋相对、有理有据。如关于焦点一,即原判指控蒙某某于2015年1月24日、29日与黎某某共同向刘某2、欧某某贩卖毒品的事实是否确实、充分的问题。本裁判文书先列举并分析了五个方面的证据,再以"本院认为"为起领,得出"上述在案证据只有刘某1的供述曾明确指认蒙某某是2015年1月24日、29日毒品交易的货主,且后来又供称不能确定,没有其他证据证明蒙某某是该两次毒品交易的货主或与黎某某共同进行毒品贩卖活动,蒙某某两次虽然均在场,但不排除其为了吸毒或者其他目的与黎某某在一起。检察机关指控蒙某某于2015年1月24日、29日贩卖毒品的事实不清,证据不足,不予认定"的结论。再如关于焦点二,即指控蒙某某于2015年2月3日通过刘某1联系介绍向刘某2、欧某某贩卖毒品的事实是否确实、充分的问题。本裁定文书列举并分析了四个方面的证据后,以"本院认为"为起领进行综合证据分析:"原审被告人刘某1关于此宗毒品交易的供述是直接证据,前后较为稳定,并有证人刘某2、欧某某的一致供述予以相互印证,中国移动公司出具的通话记录、公安机关提取的短信记录等客观证据予以佐证,形成稳固的证据体系,在没有证据证明侦查机关对刘某1、刘某2、欧某某等存在串供、逼供、诱供等非法取证的情形下,足以作为定案依据。原审被告人蒙某某的辩解缺乏证据证明,且对于其改变供述的理由无法作出合理解释,本院不予采信。"最后得出"检察机关指控蒙某某于2015年2月3日通过刘某1联系介绍与刘某2、欧某某进行毒品交易的基本事实清楚,证据确实、充分;蒙某某及其辩护人辩称该宗指控事实不清,证据不足的意见理据不足"的结论。之后再针对原审被告人及辩护人就相关问题所提四个方面辩护意见明确查证意见和结论。另外两个争议焦点也采纳了类似的分析论证方法。

(四) 充分阐释定罪量刑的裁判理由和依据

本案控辩双方、原一审、二审和再审、原审被告人与辩护人对本案定性量刑各抒己见，争议较大。本再审判决书从定性和量刑两个方面，明确再审意见后，针对原审被告人及辩护人所提应宣告无罪的意见、原二审判决认定罪名正确的意见、为吸毒人员代购毒品的意见、本案存在犯罪引诱、犯意引诱、数量引诱、特情介入、控制下交付的意见等，逐项进行分析评判，阐明理由依据，释明了贩卖毒品与非法持有毒品，为吸毒人员代购毒品与贩卖毒品的共犯，以及特情介入、控制下交付、犯意引诱、数量引诱等涉毒案件量刑情节的认定依据和区分界限，在此基础上，明确再审裁判的最终结论，既没有完全支持抗诉机关的意见，也没有完全维持一审裁判的意见，而是兼顾原判情况和维护监管秩序的实际需要依法作出再审判决，体现了人民法院客观公正的立场。

（魏海，广东省高级人民法院法官）

三、专家评析

本案是一起疑难复杂的刑事抗诉再审案件，一审认定两被告人构成贩卖毒品罪，二审以"现有证据不足以认定构成贩卖毒品罪"为由改判两被告人构成非法持有毒品罪。经检察机关抗诉后，再审在充分审查一、二审查明的事实和证据的基础上，结合毒品犯罪认定的证据规则进行了改判。审理过程可谓一波三折，尤其是在一、二审判决在定罪和量刑方面存在较大分歧的情况下，再审需要对一、二审在事实认定和法律适用两个问题上都要作出详细的、有针对性的回应和评析。在现代刑事诉讼理念深入人心，疑罪从无（从轻）、"存疑有利于被告人"作为刑事诉讼和刑事司法基本原则的时代背景下，再审依法作出有罪（重罪）判决在某种程度上比作出无罪（轻罪）判决更需要司法勇气和司法智慧。本案再审判决就充分体现出司法人员的这种司法勇气和司法智慧，真正实现了"不枉不纵"的刑事诉讼目标，同时也实现了刑法保护法益和保障人权的两大机能的有机统一。

本案再审判决书具有以下突出优点：

一是简明扼要地概括了一、二审的事实认定和法律适用过程，要言不烦但又完整清晰地展示了一、二审司法人员的裁判观点，从而为再审在事实认定和法律适用方面的充分展开奠定了良好的基础。再审判决书全面展现了案件的程序过程、控辩双方的意见、理由和证据材料，充分彰显了程序公正的刑事诉讼价值。

二是全方位、多角度阐释裁判理由，法理与情理相结合，彰显刑事实体公正的价值。在本案一、二审对事实认定存在重大分歧的情况下，再审裁判的说服对象不仅是被告人，还有作为专业人员的两级检察机关的检察人员和两级法院的审判人员。本案再审判决书以较大的篇幅梳理了查明的事实与证据，抽丝剥茧，层层深入，充分运用法理，有效结合情理，最后水到渠成地得出裁判结论，让被告人和一、二审司法人员在事实、说理和逻辑面前心服口服，"胜"得清清楚楚，"败"得明明白白。

三是准确概括争议焦点，逻辑严密地辨析证据，充分彰显了"以事实为根据，以法律为准绳"的法治原则和"证据裁判"的司法原则。本案再审判决书将争议焦点概括为层层递进又相互关联的四个方面，并针对每个焦点，结合查明的事实和证据，针对证据的"三性"（真实性、合法性、关联性）展开详细的阐述并得出再审结论。

四是对区分贩卖毒品罪与非法持有毒品罪，"控制下交付"与"犯意诱发""数量引诱"等涉毒案件量刑情节的界限划分具有普遍的指导意义。

五是全文要素齐全、条理清晰、逻辑严密、语言准确、繁简得当，真正做到了让公平正义以"看得见的方式"得以充分展现，并且实现了"努力让人民群众在每一个司法案件中感受到公平正义"的司法目标。本案再审判决书贯彻了司法人员严格忠实于法律，运用法治思维和法治方式，努力以法治凝聚司法共识、规范发展行为、促进矛盾化解、保障社会和谐的社会主义法治理念。

（点评人，邓定永，华南农业大学人文与法学学院法律系副主任，刑法教研室主任，刑法学博士）

（2018）粤刑再 19 号裁判文书原文

43. 被告人金某、蔡某贩卖毒品案*

【关键词】

贩卖毒品　证据审查　重大立功

【裁判要旨】

1. 虽未查获被告人已贩卖的部分毒品，但根据现有电子数据、查获毒资、被告人供述、证人证言等证据，能证明被告人已出售了该部分毒品给他人，可以认定为未查获的部分毒品数量已查证属实，计入被告人贩卖的毒品数量。

2. 被告人供述了犯罪事实，但在诉讼阶段翻供，不仅应当根据查明的定案证据进行正面评析，还可以运用常识、常情、常理等从反面评析其翻供内容和理由不成立。

3. 被告人有重大立功表现，但综合被告人贩卖数量已远超死刑立即执行的标准等全部案情，对被告人从轻处罚而不是减轻处罚。

一、简要案情

1. 被告人金某贩卖毒品、非法持有枪支，被告人蔡某贩卖毒品事实。经通讯联系，2015年11月6日中午，被告人金某等人驾车到江西省九江市，在九江市城投国际酒店（以下简称九江城投酒店）停车场，金某贩卖3622.17克甲基苯丙胺给另案被告人刘某1。当日下午，在九江城投酒店停车场，金某贩卖1800克甲基苯丙胺给被告人蔡某，蔡某支付毒资3.6万元现金。当日晚上，蔡某驾车到九江市区附近一村庄，蔡某将刚从金某购买甲基苯丙胺留下146.19克，将其余的甲基苯丙胺贩卖给"阿水"（身份不详），蔡某开车返回九江城投酒店，再支付金某毒资2.3万元现金后离开。2015年11月7日凌晨，侦查人员在九江市城投国际酒店抓获金某，当场查获甲基苯丙胺28.52克、氯胺酮16.45克、手枪1支等。同日凌晨，侦查人员在高速公路江西省宜丰县收费站抓获蔡某，当场查获甲基苯丙胺151.53克，氯胺酮17.07克。

---

* （2017）赣刑终81号。

2015年11月8日，公安人员抓获刘某1后，在其九江市居住地内查获其从金某处所购买的甲基苯丙胺3622.17克等毒品。金某归案后，提供贩毒人员陆某某有关毒品犯罪线索，公安机关据此抓获陆某某，并查获甲基苯丙胺3000余克。

2. 被告人蔡某贩卖毒品事实。2015年6月至11月上旬，被告人蔡某以每克40元的价格，在江西省宜丰县城贩卖甲基苯丙胺给被告人况某某4次，每次7克，合计贩卖甲基苯丙胺28克，蔡某均收取了相应毒资。

3. 被告人况某某贩卖毒品事实。2015年10月至11月，在江西省上高县，被告人况某某向4人共9次贩卖甲基苯丙胺。

本案争议焦点：（1）被告人金某出售给另案被告人刘某1的物品是否系毒品。一审认定被告人金某贩卖甲基苯丙胺3622.17克给另案被告人刘某1；被告人金某辩称其出售给刘某1的物品系"808化学药品"。（2）被告人金某出售给被告人蔡某的物品是否系毒品。一审认定被告人金某贩卖甲基苯丙胺1800克给被告人蔡某；被告人及其辩护人认为金某出售给蔡某的物品系假货而非毒品。（3）被告人金某贩卖给被告人蔡某甲基苯丙胺数量是否准确。一审认定被告人金某贩卖甲基苯丙胺1800克给被告人蔡某；被告人金某、蔡某及其辩护人认为应以查获的146.19克甲基苯丙胺计算毒品数量。（4）关于本案定性。一审认定被告人金某、蔡某犯贩卖毒品罪；被告人金某、蔡某及其辩护人认为金某、蔡某犯非法持有毒品罪。（5）对具有重大立功表现的被告人金某是否应当减轻或处罚。一审依法对具有重大立功表现的被告人金某从轻处罚；被告人金某及其辩护人认为金某具有重大立功表现，可减轻或者免除处罚。

二、心得体会

本案毒品数量大；被告人金某、蔡某在侦查阶段口供反复，有罪供述和无罪辩解并存，二审期间不认罪；被告人金某、蔡某及其辩护人对本案诸多程序和实体问题提出异议，案情复杂。

为了把本案办成"铁案"，笔者认真做到了以下几点。

（一）思想上高度重视，一份好的裁判文书就是人民法院裁判正当性的最好说明

刑事案件关涉被告人的生命、自由和财产，因此，要树立"铁案"意识，做到严把案件的证据事实关、法律关、程序关，以惩罚犯罪分子，保障无罪的人不受刑事追究。

裁判文书是作为诉讼过程的全面体现和审判活动的最终结果，是法律灵魂在个案中的展示，是衡量办案质量的重要标志；是正确实施国家法律的重要工具，是国家的专业档案；是向社会公众展示法院文明、公正司法的载体，是人民法院与社会公众联系的纽带，是进行法制教育的生动教材；是法官办结一件案件的最后"结晶"，法官的"名片"，是考察法官素质的重要尺度。

（二）认真阅案、做好笔录是全面掌握案情，制作好裁判文书的基础和前提

通过阅案、做好笔录，对全部案情尤其是重点、争议焦点，做到心中有数；在裁判文书中的认定事实、分析论证等部分做到有的放矢。笔者带着问题反复查阅8宗案卷、查看案件28张案件光盘，不放过任何一个疑点。注重审查被告人及其辩护人在诉讼阶段尤其是二审期间所提的理由、意见是否成立；注重审查被告人在诉讼阶段尤其是一审庭审中全部供述、辩解内容，存在的矛盾是否能得到合理解决；注重审查一审法院采信的证据是否符合刑事证据的合法性、客观性、关联性。

（三）做好提审被告人工作，掌握本案争议焦点

根据全部案情和被告人的上诉理由，制作讯问提纲。携带案卷到看守所提审，认真听取上诉人金某、蔡某、原审被告人况某某对一审判决的意见。针对金某、蔡某翻供，出示案卷中的有罪供述，了解其二人为何在侦查阶段作有罪供述，翻供理由。同时，对被告人解释法律问题，如证据综合审查的规定，关于重大立功的规定等。

（四）做好评议工作，严把案件质量关

评议前，合议庭成员查阅案卷，熟悉案情。评议时，全面审查案情，逐一评析被告人提出的本案程序和实体问题，重点分析被告人金某、蔡某的有罪供述能否采信，其二人行为是否构成犯罪，是否已形成完整的证据链，综合全案证据，对所认定事实能否排除合理怀疑。

（五）精心制作裁判文书，让当事人和社会公众感受"看得见的公平正义"

在制作裁判文书时，遵循最高人民法院、本院制定的裁定文书格式并有创新，借鉴最高人民法院等公布的优秀裁判文书写作方法，如《刑事审判参考》刊登的裁判文书等。充分认识到审理查明的事实证据是裁判的基础，严格贯彻证据裁判原则；理由是判决的灵魂，是对前面犯罪事实、证据等概括总结，"加强法律文书释法说理"。认真修改、核对好裁判文书，避免出现错别字。做到精益求精。

1. 表述查明的事实内容层次清楚。裁定书中表述编辑三个标题，即（1）上诉人金某贩卖毒品、非法持有枪支，上诉人蔡某贩卖毒品事实；（2）上诉人

蔡某贩卖给原审被告人况某某毒品事实；（3）原审被告人况某某贩卖毒品事实。

2. 首先归纳认定三被告人毒品犯罪的总数量。这属创新之举。裁定书中分别表述三被告人甲基苯丙胺等毒品犯罪的总数量，并表述已查获的毒品。这样，对三被告人的犯罪事实有一个基本了解，起到提纲挈领的作用。

3. 根据犯罪构成表述犯罪事实。如第一起事实，表述上诉人金某将毒品贩卖给上诉人蔡某，并收取毒资；上诉人蔡某将毒品贩卖给"阿水"，并收取毒资，体现了被告人的行为符合贩卖毒品罪的全部构成要件。其中，蔡某贩卖给"阿水"的毒品未被查获，但综合被告人供述、证人证言等全案证据，可以认定查证属实。从而认定为毒品犯罪数量。

4. 有逻辑性排列证据顺序。以案情发展为主线列举证据。关联性证据如主证据和辅助证据，列为一项证据或列为上下项。如裁定书中表述另案被告人刘某1的供述后列举其辨认金某、蔡某的辨认笔录。

5. 注重表述客观性证据。客观性证据包括物证，书证，鉴定意见，现场勘验、检查笔录，视听资料，电子数据等。与主观性证据相比，客观性证据最为突出的特点就是可靠性和稳定性较强，不易失真，证明力较强。

裁定书中如表述侦查机关的搜查笔录（现场酒店房间、金某身上及其车辆）、称重笔录和物证照片、同步录音录像、扣押清单，证明侦查人员2015年11月7日，当着被告人金某的面，查获九江市城投酒店×号房间，金某身上，停放在现场酒店停车场的金某驾驶车辆的毒品，现场进行毒品称重，扣押毒品等相关物证的情况。该客观性证据如实反映了有关毒品被查获的情况，证明力较强。

注意表述证据的来源。如公安机关调取新余移动公司通信客户详单，证明案发期间，被告人金某、与被告人蔡某、另案被告人刘某1的通讯情况。

6. 评析顺序按照程序、证据、事实、量刑展开。这符合诉讼内在逻辑。只有先解决程序是否合法、证据能否采信的问题，才能解决事实能否认定，量刑是否适当的问题。

7. 根据法律规定，本案的证据等评析被告人及其辩护人提出的问题。先表述相关法律规定，其次扼要表述证据内容，然后据此进行评析。其中，还运用常识、常情、常理等从反面评析被告人翻供内容和理由不成立，属创新之举。

8. 引用《刑法》总则规定分析对原判对被告人金某的量刑是否适当。根据全部案情和《刑法》第5条规定，刑罚的轻重，应当与犯罪分子所犯罪行和刑事责任相适用；第68条规定，犯罪分子有重大立功表现，可以减轻或者免除处罚，评析认为原判对金某从轻处罚，符合法律规定。

9. 本院认为部分体现了证据裁判原则。对被告人先定性，后量刑。注重表述量刑情节，按被告人毒品犯罪数量，从重情节、从宽情节次序表述。

总之，制作好一篇优秀裁判文书，首先要树立"铁案"意识，严把案件质量关，努力让人民群众在每一个司法案件中感受到公平正义。在具体制作中，要做到全面阅案，"吃透"案情；审查双方意见，把握重点、焦点；综合审查证据，去伪存真；认定事实，根据犯罪构成表述；评议问题，正反分析到位；裁判理由，加强释法说理；体例上遵循格式，力求创新，以达到逻辑严密、论理透彻、层次清晰、详略得当的优秀裁判文书要求，让当事人和社会公众感受"看得见的公平正义"。

（彭济晓，江西省高级人民法院法官）

三、专家评析

该裁判文书归纳一审审理情况和二审辩方理由、意见简明准确。其中，上诉人金某、蔡某及其辩护人对本案的毒品鉴定程序、毒品犯罪事实，一审定性和量刑均提出异议，裁判文书对此概括得当，法律关系表述清楚，层次清晰。

（一）裁判文书表述查明的毒品犯罪事实清楚、层次分明

首先归纳三被告人毒品犯罪的总数量，具有总纲作用，属创新方式。编辑三个标题，分别表述三起犯罪事实，能提纲挈领表明被告人的犯罪内容。根据犯罪构成表述犯罪事实，反映被告人的毒品犯罪事实，金某还犯有非法持有枪支事实。其中，未查获蔡某贩卖给"阿水"的毒品，但综合全案证据，认定为毒品犯罪数量，符合有关法律规定。查明的事实为本案定性、量刑奠定了事实基础。

（二）裁判文书列载证据清晰，结构合理

以案情发展为主线列举各项证据，判断证据的证明力准确。表述的证据来源清楚，如案发期间，被告人通讯话单系公安机关调取新余移动公司而来的。注重表述客观性证据，如查获毒品的情况，如证明被告人犯意联系的客观性证据手机短信息、微信、陌陌的"聊天"内容截图。表述关联性证据如主证据和辅助证据，列为一项证据或列为上下项，结构合理。如先表述查获的毒品，接着表述毒品鉴定情况。表述某一证人或被告人的证言、供述，将其辨认笔录列入一项证据，逻辑性强。

(三) 裁判文书论理透彻，论证充分

按照程序、证据、事实、量刑的逻辑顺序，对争议问题逐一评析，讲事实、摆道理、析法理，有的放矢，重点突出。先表述相关法律规定，再扼要表述证据内容，然后分析论证。其中对被告人金某翻供称贩卖的物品是"808化学药品"或自制化学药品、假货的问题，还运用常识、常情、常理等，从反面评析金某翻供内容和理由不成立，富有特色。对金某具有重大立功的问题，表述"根据全部案情和《刑法》第5条、第68条之规定的立法精神以及法律逻辑，对金某从轻处罚，符合法律规定"，适用法律准确、全面。裁判文书释法说理充分，具有很强的说服力和可接受性，体现了裁判的正当性。

本院认为部分对被告人的定性、量刑相对分开表述，是裁判文书一个"亮点"。除准确表述定性外，全面分析三被告人量刑情节，评析到位，符合有关注重审查被告人量刑情节的法律规定，体现了裁判结果的公正性。

(四) 裁判文书格式规范

该裁判文书内容符合最高人民法院的统一规范要求；裁判文书内容表述语法正确、语言流畅。

总之，该裁判文书严格贯彻证据裁判原则，列载证据清晰，论理透彻，法律关系表述清楚，逻辑严谨，层次清晰，格式规范，语言流畅，具有创新特色。该裁判文书"可复制"，是处理毒品犯罪的经典案例，具有较高的裁判价值。

(点评人：周小军，江西省高级人民法院刑事审判第三庭庭长)

(2017) 赣刑终 81 号裁判文书原文

第十节　非法持有毒品罪

44. 刘某非法持有毒品上诉案*

【关键词】

非法持有毒品罪　自首　公安机关　情况说明

【裁判要旨】

1. 侦查机关多份情况说明中显示的抓获及搜查时间不同,且与视频照片等客观性证据存在矛盾的,应依据客观性证据确认搜查时间;确认侦查人员在搜查前未掌握被告人确切犯罪证据或线索的,被告人属于形迹可疑人员而非犯罪嫌疑人。

2. 被告人在罪行尚未被司法机关发觉,仅因形迹可疑,被司法机关盘问、教育后,主动交代自己的罪行,且所交代的藏毒地与其被抓获地有一段距离,不属于与其人身紧密相关的场所。其主动交代的犯罪事实对确定犯罪嫌疑人和节约司法资源具有实质意义,应视为自动投案,构成自首。

一、简要案情

2014年7月31日晚,侦查人员在上诉人刘某在江西省南昌市象湖新城幸福时光二期的租住地×栋×单元×室缴获刘某藏匿的甲基苯丙胺2527.14克。经鉴定,在上述地点缴获的结晶状物中均检出甲基苯丙胺成分,含量为60.55%~65.68%。

本案的争议焦点在于:上诉人刘某是否构成自首?

原审法院认为,抓获经过及情况说明证实公安人员经前期侦查工作,已掌握刘某在该小区还租用了×栋×单元×室和×室,在现场突审过程中,刘

---

* (2017) 赣刑终240号。

某最终交代了上述二住处也系自己租用，进而在×室搜查到大量毒品，系坦白，但刘某非法持有毒品数量巨大，不足以从轻处罚。

二审法院认为：（1）根据法庭对侦查机关庭外核实取得的《情况说明》，及一审庭审中亦未质证的刘某抓获及称重视频照片，可以确认侦查人员抓获刘某及搜查其住处的时间为2014年7月31日晚上7到8时许，这与搜查证记载时间"2014年8月1日3时向刘某宣布"不一致，不能确定侦查人员上门抓捕刘某时已经锁定其为犯罪嫌疑人。庭外调查核实查明，侦查人员系因刘某与犯罪嫌疑人高某交往频繁，而将刘某纳入侦查犯罪，并未掌握其确切犯罪证据或线索，此时刘某属于形迹可疑人员而非犯罪嫌疑人。（2）侦查人员进入刘某住房后未获得有价值犯罪线索，经盘查教育，刘某交代并配合侦查人员搜查另两处出租屋，在侦查人员搜查到毒品前主动交代了藏匿毒品的事实，根据《最高人民法院关于处理自首和立功具体应用法律若干问题的解释》（法释〔1998〕8号）第1条规定，罪行尚未被司法机关发觉，仅因形迹可疑，被司法机关盘问、教育后，主动交代自己的罪行的，视为自动投案。刘某交代的藏毒地与被抓获地尚有一段距离，不属于与其人身紧密相关的场所；刘某交代上述藏毒地和藏毒事实对侦查人员查获毒品仍具有实质意义，故不适用《最高人民法院关于处理自首和立功若干具体问题的意见》（法发〔2010〕60号）规定的"罪行未被有关部门、司法机关发觉，仅因形迹可疑被盘问、教育后，主动交代了犯罪事实的，应当视为自动投案，但有关部门、司法机关在其身上、随身携带的物品、驾乘的交通工具等处发现与犯罪有关的物品的，不能认定为自动投案"之规定，刘某构成自首。

二、撰写心得

党的十八届四中全会通过的《中共中央关于全面推进依法治国若干重大问题的决定》明确提出"要加强裁判文书的释法说理"。裁判文书的重要性不言而喻，它是人民法院在法律规则与社会生活事实之间架设起的桥梁，是人民群众眼中活生生的法律规则，集中再现了司法活动和裁判的整个过程，呈现了司法公正与司法公信力的具体形象。对于法官个人而言，"法官除裁判之外无言"，裁判文书折射了法官的职业素养、司法技能、经验阅历和司法良知，是法官个人司法形象与司法能力的名片。因此，每位员额法官都应当牢固树立精品意识，将裁判文书写作作为寻找事实真相、维护司法公正、树立司法权威、展示个人能力的重要工作。

承办人在办理本案和写作本案判决书过程中有以下两点体会。

（一）裁判文书应当全面反映"两个过程"

裁判文书"两个过程"，即有形的裁判活动过程和无形的法官心证过程。一是反映有形的裁判活动过程。裁判文书作为司法活动的缩影，应当动态反映包括案件受理、庭前会议、庭审、附带民事诉讼调解及裁判的所有程序，记录控辩对抗和观点交锋，载明合议庭对控辩双方行使程序性权利的处理结果。例如，本案对辩护人提出的证人到庭作证和调取新证据的申请进行了依法审查，依法不予准许后在裁判文书中说明了理由，既全面反映了诉讼过程，也体现了司法中立立场及对辩护人诉讼主体地位的尊重。二是反映无形的法官心证过程，即最高人民法院院长周强指出"寻找事实、寻找法律"的过程。在本案中，侦查机关的《情况说明》表明刘某是被抓获的，一审判决未认定自首，但上诉人刘某坚称其系主动向侦查人员交出毒品，构成自首。面对扑朔迷离的案件事实，承办人经认真阅卷，发现侦查机关出具的抓获经过和六份《情况说明》上记载的抓获被告人时间出入较大，经初步推理，存在搜查证为侦查机关抓获被告人后补正的可能性，这对于确定刘某被抓获前是否被锁定为犯罪嫌疑人，从而判断其是否系主动交出毒品构成自首，具有一定辅助意义。因此，承办人专门向侦查机关进行了庭外核实，证实刘某因与其他毒品案件嫌疑人来往频繁才被纳入侦查范围，侦查人员蹲守时被刘某警觉，才在未持搜查证的情况下提前将其抓捕，刘某系被盘查教育时主动交出的毒品。承办人在裁判文书中记录了庭外核实取得证据的情况，反映了承办人寻找客观真相、建构法律事实的心证过程。

（二）裁判文书应当充分进行"两种说理"

裁判文书说理的内容包括事理、法理、学理、情理、文理。审查采信证据和适用法律是法官的两项重要任务，裁判文书说法理的重点应当包括认证说理和适用法律说理。但在实践中存在重适用法律说理轻认证说理的现象。就本案而言，一是进行了充分的认证说理，依法全面审查了侦查机关就抓捕刘某出具的抓获经过和六份《情况说明》，认定上述证据材料相互之间、与刘某供述、搜查证记载时间及抓获刘某视频照片记载的时间存在多处矛盾，对抓获经过和两份《情况说明》依法不予采信。一直以来，侦查机关出具的《情况说明》存在法律属性之争议，实践中也有随意性的乱象。《情况说明》一般而言是侦查机关证明其取证合法性的单方面说明，2012年《最高人民法院关于〈中华人民共和国刑事诉讼法〉的解释》第101条规定："公诉人提交的取证过程合法的说明材料，应当经有关侦查人员签名，并加盖公章。未经受有关侦查人员签名的，不能作为证据使用。上述说明材料不能单独作为证明取证过程合法的根据。"承办人根据客观证据和庭外核实的情况，对侦查机关出具的七份相互矛盾的说明材料进行了审查，依法对抓获经过和两份《情况说明》不予采信。二是围绕争议焦点进行了法律适用说理，围绕刘某是否构成自首，二审审理查明，侦查人员因刘某与其他涉毒犯罪嫌疑人交往频繁而将其纳入侦查范围，在搜查前并未掌握其确切犯罪证据或线索，刘某属于形迹可疑人员而非犯罪嫌疑人。侦查人员进入刘某租住房后未获得有价值犯罪线索，经盘查教育，刘某交代另两处租住房并主动交代了藏匿毒品的事实。刘某藏毒地与其被抓获地有一段距离，不属于与其人身紧密相关的场所，刘某主动交代犯罪事实对确定犯罪嫌疑人和节约司法资源具有实质意义，应视为自动投案，构成自首，而不适用《最高人民法院关于处理自首和立功若干具体问题的意见》（法发〔2010〕60号）中"有关部门、司法机关在其身上、随身携带的物品、驾乘的交通工具等处发现与犯罪有关的物品的，不能认定为自动投案"的规定。

中国古训有云："势服人，心不然，理服人，方无言。"一篇刑事裁判文书只有取得社会公众和当事人的规则认同、法理认同和情感认同，才有利于促进被告人息诉服判、悔过自新。在二审庭审中，刘某认为其主动交出毒品，但一审未对其认定自首，对其判处无期徒刑，认为司法不公而对司法、对社会充满了怨愤情绪；二审依法认定自首，改判有期徒刑十五年，为下一步刑罚执行中对其进行教育矫正奠定了基础。

（汤媛媛，江西省高级人民法院法官）

三、专家评析

本案案情并不复杂，能入选全国首届百篇优秀裁判文书，体现了小案件亦可以有作为的导向。本案判决书适用法律正确，论理充分、用词得当、表述准确，是一份优秀的裁判文书。具体而言，有以下值得肯定之处。

（一）体现了刑事法官寻找事实的能动性

2019年11月6日，最高人民法院院长周强在清华大学讲座时指出，"司法解决纠纷的过程，本质上讲就是寻找事实、寻找法律的过程"。寻找事实"不仅指法律真实，还要最大限度接近客观真相"。尽管刑事法官应当保持中立消极的裁判立场，不承担证明责任，但却负有查明真相的职责。正如陈瑞华教授指出："法官在法庭外进行的调查核实证据活动，是法官主动发现案件事实的查明活动,是带有对司法证明的补充和替代性质的活动。"① 在我国控辩双方诉讼地位和能力不对称的现实下,法官必要时应当行使刑事诉讼法授予的庭外调查核实权,纠正控辩双方基于自身诉讼立场可能出现的偏差,最大限度查明案件事实,使判决书构建的法律事实尽可能接近客观真相,实现公平正义。在本案中,面对侦查机关出具的多个《情况说明》和抓获经过相互矛盾的疑点,承办人没有不作辨析地照单全收,而是通过依法开展庭外调查核实,查明了被告人系未被锁定为犯罪嫌疑人时,经侦查人员盘查教育,主动交出毒品的案件事实,支持了上诉人称其构成自首的上诉理由,纠正了一审未认定自首及没收财产的错误做法。这种寻找事实、查明真相的能动性,也充分体现了承办法官审慎的办案态度。对于刑事法官而言,案头千端,鲜活的是社会百态和他人的命运悲欢;笔下万钧,沉甸甸的是他人的财产、自由和生命权利。每一个案件都是你与人生"艰难的时刻"(秋山贤三语)②的当事人的一场相遇,应当时时刻刻自警自省,克服受到控方影响产生先入为主的结论,防止形成职业麻木心理后对办案中存在的问题熟视无睹。唯有用心用情办好每一起案件,努力让人民群众在每一个司法案件中感受到公平正义,才能把以人民为中心的根本立场真正落到实处。

(二) 判决书说理繁简得当

裁判文书说理不是文字多多益善、篇幅越长越好,而应根据案情进行繁简分流,确定说理重点和程度。有的案件需要从实体到程序进行全面说理,有的仅需就某一个问题进行重点说理;有的需要系统、细致的释法说理,有的可以简单释法说理。对于当事人争议较大、法律关系复杂、社会关注度较高的案件要"繁案精说",对事实清楚、证据确实充分、被告人认罪的轻微案件可以"简案简说"。裁判文书说理应以必要性为原则,围绕案件争议焦点和控辩双方主张进行说理;既不能是简单粗暴、千篇一律式说理,也不能是下笔万言、天马行空式说理,更不提倡"掉书袋""炫技式"说理。本案判决书围绕案件焦点,对于侦查机关出具的抓获经过和《情况说明》之间的矛盾进行了充分的认证说理,对上诉人提出的其构成自首、犯罪中止的上诉理由进行了详细的回应,且对每一个争议问题均采用了"辩方主张(上诉理由)——控方意见(检察院出庭意见)——法官回应"的说理模式,立场中立,逻辑清楚,令人信服。例如,在认定刘某属于形迹可疑人员,经盘查教

---

① 陈瑞华:《刑事证据法学》,北京大学出版社 2012 年版,第 242 页。
② 周光权:《刑法学习定律》,北京大学出版社 2019 年版,第 6 页。

育如实供述其犯罪事实后,针对检察员的出庭意见,进一步论证说理刘某交代的藏毒地是否属于司法解释所规定的"身上、随身携带物品、驾乘交通工具"等场所;指明司法解释的精神在于,是否构成自首应判断与人身紧密相关的场所发现与犯罪有关的物品,对打击犯罪和节约司法资源有无实质意义,最终认定刘某构成自首。

(点评人:居国屏,江西省高级人民法院党组成员、副院长)

(2017)赣刑终240号裁判文书原文

第四章 贪污贿赂及渎职类犯罪

第一节 贪污罪

45. 司某某、李某某、曾某某贪污、诈骗等案*

【关键词】

证据收集　合法性审查　共同犯罪　同一犯罪手段

【裁判要旨】

同一犯罪事实中，国家工作人员为获取非法所得，伙同他人采取伪造申报资料等手段，利用职务便利，骗取国家财政奖励的，根据不同主体的身份，分别按其行为认定为贪污罪、诈骗罪。

一、简要案情

被告人司某某原系湖北省枣阳市发展和改革局党组成员、副局长，2010年6月因工作关系获知国家对合同能源管理项目资金支持等政策内容，经与妻子李某某（同案被告）商议于同年7月以李某某及二人女儿的名义注册成立了宝斯达公司，该公司的经营范围即是对节能改造项目进行投资、提供技术服务、信息咨询等。同年9月，李某某聘请被告人曾某某到宝斯达公司工作。后经司某某安排，李某某找到枣阳泰昌公司商谈由宝斯达公司为泰昌公司申报国家合同能源管理财政奖励资金项目，并提出由泰昌公司自行投资进行节能改造，宝斯达公司仅负责申报奖励资金，取得奖励资金后与泰昌公

---

* （2019）鄂06刑终263号。

分成等不符合国家政策规定的条件。2010年10月双方签订《节能服务合同》，为规避政策，双方在合同中作出了宝斯达公司实际投资及与泰昌公司效益分享等虚假约定。为满足申报条件及通过上级部门检查验收，司某某和李某某还安排曾某某伪造了相关资料。之后，司某某利用职务便利使该项目得以上报并通过验收，骗取国家财政奖励资金45万元。

2010年9月至2011年12月，三被告人还采取上述同样手段，分别找到南漳宏联公司、襄九公司、荆州亚泰公司、长乐公司、荆门荆工公司等进行合作，在与对方签订的合同中作出虚假约定并伪造资料，通过当地主管部门使项目得以上报并通过检查验收，共计骗取国家财政奖励资金450万元（其中既遂394万元，未遂56万元）。

此外，被告人司某某负责2010年国家节能技术改造财政奖励备选项目申报的组织遴选和审查工作，枣阳北极星建材有限公司申报项目时，司某某安排他人查看现场后，在明知该公司实际生产情况不能达到上级文件所要求的标准申报条件下，仍向上级主管部门呈报该项目。由于初始资料造假，该项目得以通过上级主管部门审核和检查验收，北极星公司获取国家财政奖励资金348万元，致使公共财产遭受重大损失。

本案争议的焦点主要有：（1）证据收集是否合法；（2）被告人是否有骗取国家项目奖励资金的行为以及对行为性质的认定；（3）原审对三被告人的量刑是否适当。

二、撰写心得

个人认为提升裁判文书质量是一个长期积累的过程，法官如果想写出优秀的裁判文书必须具备三个方面的素养：一是有追求精品的意识。案件只有繁简之分，没有大小之别，虽然办案任务繁重，但对每一个案件都要慎之又慎，对每一份文书都要字斟句酌。二是有良好的文学基础。裁判文书是法官评判案件呈现给社会公众的载体，很难想象一份在语言表述甚至标点符号的运用上有瑕疵的文书能让社会公众信服。因此法官要具备良好的文字表达能力，裁判文书在表述上更要注重精准、练达。三是有娴熟的专业技能。裁判文书的优劣体现在对证据的审查判断、对案件性质的说法论理、贯穿整篇文书的逻辑思维，因此需要法官既有法学理论又有实践经验。

承办人接手本案后，认真阅卷，全面了解案情，厘清争议焦点，围绕焦点问题重点审查证据收集的合法性以及与案件相关联的国家政策性文件，在此基础上准确认定案件事实，通过查明的事实分析被告人是否有非法占有的故意以及滥用职权行为，后依照法律规定作出裁判。在撰写裁判文书时，结合二审案件的特点，做到详略得当、重点突出，对争议的问题一一评析，并体现对案件程序审查和实体处理的逻辑性。

（刘宇，湖北省襄阳市中级人民法院法官）

三、专家评析

这份裁判文书结构清晰、逻辑严谨、条理有序，行文流畅，用语规范、准确，论证充分有力，适用法律正确。文书在两个方面给人印象深刻，一方面是体现了法官的责任，另一方面是体现了法官的专业。

本案一波三折，公诉机关及被告人多次提出抗诉、上诉，足以反映案件在事实认定、证据审查以及法律适用上都存在较大分歧。承办法官沉着冷静、条分缕析、正本澄源，一是对抗诉、上诉意见的每一个观点都有回应，这不仅体现了作为法官审理案件的责任，更体现了司法机关公正司法、法治宣传、法治教育的使命和对公平、正义的追求。二是对抗诉、上诉意见的回应并非简单的认可和不认可，而是结合事实与法律规定展开充分的论证分析，对支撑抗诉、上诉意见的每一个理由都逐一进行梳理和解评，一一作出专业的裁判，这是对法律的敬畏和对人民的敬重。

优秀的裁判文书不仅是对法治的最好诠释，也是法官职业素质与职业操守的集中表现。这份判决书，在专业、细致的说理中向人们传递着法治的信息，传播着法治的力量。

（点评人：苑立志，湖北文理学院政法学院教师）

（2019）鄂 06 刑终 263 号裁判文书原文

46. 郭某某贪污案*

【关键词】

国有公司　贪污债权　获取利息　未遂

【裁判要旨】

对于行为人是否属于"委派到国有控股或参股公司的国家工作人员"身份的认定，既要考虑委派的主体和委派形式，还要考虑被委派人员是否负责组织、领导、监督、经营、管理公司事务等因素；对于贪污罪的既遂和未遂的认定，既要考虑国有财产的"失控"状态，也要考虑被告人是否对贪污财物实际"控制"，国有控股公司法人以债权的形式贪污公司应得利益，至案发前未实现债权，应属贪污未遂。对基于前述债权获取的利息应予没收，但不影响对于贪污未遂的认定。

一、简要案情

2009年年底吉林省经济贸易合作局（以下简称吉林省经合局）决定组织吉林省内各开发区出资组建担保投资公司，指派时任吉林省经合局开发区处处长的被告人郭某某负责协调筹备成立公司。2010年2月20日，吉林省经合局通知吉林省内各开发区在规定时间内向担保投资公司验资账户内注资。同年3月10日，担保投资公司召开第一次股东大会，时任省经合局副局长的冷某、郭某某及开发区主要负责人参加会议，并推荐选举郭某某为执行董事兼总经理。同年4月26日，吉林省经合局向吉林省工信厅申请核准担保投资公司增加自有资金投资业务，公司注册资本4亿元，吉林省内29个开发区及企业实缴资本8900万元，郭某某个人实缴资本200万元，其余注册资本登记在郭某某名下。同年5月20日，省经合局发出通知要求吉林省内各开发区按照国家级开发区不低于1000万元、省级开发区不低于500万元、工业集中区不低于200万元的标准向担保投资公司增资。2010年7月，辉南县合兴投资有限公司以土地使用权作价1.6亿元入股担保投资公司，新增资公司股份均无

---

* （2019）吉刑终87号。

偿从郭某某名下股份中转让。2011年10月20日、12月15日，郭某某分两次将名下实缴的担保投资公司200万元股份分别转让给柳河兴柳经济技术开发有限责任公司、辉南县合兴投资有限公司。2014年7月5日，吉林省审计厅对担保投资公司进行审计后提出担保投资公司同意辉南合兴公司以土地使用权作价1.6亿元注入注册资本，违反了《融资性担保投资公司管理暂行办法》中要求融资性担保投资公司的注册资本为实缴货币出资的有关规定，并责令担保投资公司整改。2014年10月8日，担保投资公司股东会决定辉南县合兴投资有限公司退出其以土地使用权出资所占的担保投资公司1.6亿元股份，并将上述股份转回给郭某某认缴。2014年12月19日，担保投资公司股东会同意郭某某将名下认缴的2.6亿元股权转让给吉林省平安种业公司有限公司，吉林省平安种业有限公司以办公楼和种子品种权作价1.6亿余元实缴出资，剩余出资5年内缴足。同日，郭某某私下与吉林省平安种业有限公司与签订股权转让协议，约定郭某某以2000万元的价格将其认缴的担保投资公司2.6亿元股权转让给吉林省平安种业有限公司（以下简称平安种业公司），双方将股权转让款2000万元约定为借款，年利息20%。2015年4月24日，郭某某收取了当年股权转让款的利息400万元。（无争议的其他贪污事实略）

　　争议焦点：（1）被告人郭某某是否属于被委派到国有控股公司从事公务的国家工作人员；（2）公司工商登记中郭某某名下认缴的股份是公司财产还是郭某某个人财产；郭某某将名下认缴股份以2000万元出售给平安种业公司是否侵害公司利益；（3）平安种业公司将应支付给郭某某的2000万元股权转让款约定为向郭某某借款，并支付一年的利息400万元，是贪污的既遂还是未遂。

二、撰写心得

　　本案被告人主体身份复杂，案涉担保投资公司的成立过程、公司性质更为复杂，同时因为《公司法》的修订，又涉及股权认缴方式的合法化、被告人郭某某在企业工作期间提出辞职等因素，给被告人的身份认定带来很大困难，也给辩护人留下充足的辩护空间。另外，郭某某仅以债权的形式占有股权转让款2000万元，又获得一年的利息400万元，是属于贪污的既遂还是未遂，又属于情节认定上的难点。加之一审庭审中对改变指控罪名预判不足，在辩论时未考虑改变罪名后辩论权的保护问题，使被告人、辩护人在程序上提出质异，以上问题给判决书的撰写带来一定难度。当然作为承办法官，案情越复杂，困难越大，越具有挑战性。为写好本案的判决，承办人首先是吃透案情,对全案卷宗进行细致地查阅,对全案的证据体系进行梳理,形成高质量的审理报告;其次,通过公开开庭审理,引导控辩双方在二审庭审中充分发表意见,通过庭审解决了一审的程序瑕疵;再次,承办人反复研究《最高人民法院、最高人民检察院关于办理国家出资企业中职务犯罪案件具体应用法律若干问题的意见》(以下简称《意见》)的相关规定,结合在案证据确定涉案企业的性质;最后,针对贪污罪既遂、未遂的认定,查阅了大量的理论文章、相关案例,还向资深法官进行讨论。在做了大量准备工作后,笔者才开始撰写本案二审判决书,在撰写判决书过程中承办人更加体会到涉及国有控股公司、参股公司的职务犯罪的复杂性,在论述被告人委派的主体身份时,笔者体会到在认定企业性质时,工商登记的企业性质往往是不可靠的,必须严格按照《意见》中确定的原则,根据公司资金投入及运行方式综合判断。同样,涉及"委派"性质的国家工作人员,委派的实质性要件和被委派人员的公务行为更是重中之重,不能因为履职过程公职身份的变化而改变。关于贪污贿赂犯罪既遂和未遂情节的认定问题,更是职务犯罪中的难点,在理论上有"控制说""失控说"和"控制+失控说"的分歧,以及司法实践中的参考案例几乎没有的情况下,合议庭经过反复认真研究,并借鉴了受贿罪未遂案例的认定,最终采用"控制+失控说"的理论,认定郭某某以债权形式侵占公司应得利益,未达到对贪污对象的实际控制,应属犯罪未遂。在撰写裁判文书的过程,笔者多次与合议庭成员进行研究讨论判决书的写法和论述角度,合议庭成员参与修改数易其稿,才形成最终的二审判决书。希望本判决文书能对同类案件的裁判文书有借鉴意义。

(赵星天,吉林省高级人民法院法官)

三、专家评析

本篇刑事裁判文书,格式规范,结构合理,用词准确、语言流畅精练,说理深入浅出,内容丰富,既完整陈述并评判了案件事实和法律关系,又分析和阐明了事实和法律背后的法理关系,树立了同类案件的裁判标杆和尺度。该篇文书不仅全面反映了全部的审理程序,在针对争议焦点问题上作者下了大工夫,通过庭审解决一审程序上的瑕疵,结合司法解释、理论文章及相关判例对争议问题进行了缜密的论述,体现出对证据规则的科学运用,并且将举证、质证和认证的全过程充分体现了出来,凸显审判程序的合法、公正。

本篇裁判文书论证清楚、透彻,在综合评判部分,紧紧抓住争议焦点,围绕上诉理由和辩护意见进行了缜密地论证,逻辑严谨、层次分明。对上诉理由和辩护意见作出了一一回应，尤其是关于贪污贿赂犯罪既遂和未遂情节的认定上，该情节是理论研究中的难点，也是在司法实践中争议比较大的问题，在公开发表的参考案例中找不到相关论述。对此，作者作出了充分说理，并借鉴了受贿罪未遂案例的认定，最终采用"控制+失控说"的理论，体现了作者对该案争议焦点的深入分析和研究。面对案件被告人主体身份复杂的情况，作者充分发挥司法能动性，将法官的论证过程真实、准确、全面地公开在文书中，从而使得完整的论证过程成为文书的最大亮点。

该篇文书做到了理由与事实、事实与证据、证据与法律一致，结论归纳完整、简洁。裁判结果做到了明确、具体、无歧义，判决条款内容明确、具体，实体处理公正，社会效果好。文书在事实认定上为下一步说理夯实了基础，体现了作者相当的文字功底和细致的工作作风；证据及论证脉络清晰，事实认定严谨，作者对综合论述部分的用心难能可贵，也给今后类似的案例提供了样板，体现了法官的专业水平和责任担当，确系一篇优秀的刑事裁判文书。

（点评人：刘洪宇，吉林省高级人民法院审判委员会专职委员）

（2019）吉刑终 87 号裁判文书原文

47. 王某某贪污案*

【关键词】

贪污　非法经营同类营业

【裁判要旨】

行为人以非法占有为目的,利用职务之便,未进行实质经营活动,仅通过虚增中间环节截留国有公司应得利益的,实系侵占国有财产,其行为不属于非法经营同类营业犯罪,应构成贪污罪。

一、简要案情

2009年11月至2014年6月间,上诉人(原审被告人)王某某在担任南京广播电视集团(以下简称南京广电集团)某部门领导职务时,利用其从事、负责相应频道广告经营的职务便利,在代表南京广电与交通银行股份有限公司江苏省分行、宁波银行股份有限公司南京分行、光大银行股份有限公司南京分行、兴业银行股份有限公司南京分行、中国工商银行股份有限公司江苏省分行、上海浦东发展银行股份有限公司南京分行、江苏银行股份有限公司等7家金融机构洽谈广告业务的过程中,虚增交易环节,谎称南京中汇广告有限公司、南京博川广告有限公司系南京广电的代理公司,先以中汇公司、博川公司等公司名义与上述7家金融机构签订广告发布合同,后向南京广电隐瞒合同的真实价款,再以中汇公司、博川公司等公司的名义与南京广电签订广告发布合同,截留广告款共计人民币1024.63万元。

案件审理中,对以下问题形成较大分歧意见:(1)王某某截留广告差价款是否利用了其在南京广电的职务便利,被截留的广告差价款是否为南京广电的财物,王某某的行为是民事行为应该判决无罪,还是构成贪污罪;(2)王某某的行为构成贪污罪还是非法经营同类营业罪。

二、撰写心得

裁判文书直接反映了案件的裁判过程、依据、理由和结论,也是诉讼活

---

* (2016)苏刑终304号。

动接受法律、社会和历史检验的重要材料。因此,法官应将裁判文书的撰写作为案件审理中的重要环节,通过一份格式规范、语言精练、说理透彻的裁判文书体现自身的专业技能与素养,释明法律规范和法治精神,传导正确的社会价值导向。

(一) 根据证据准确认定案件事实

事实是判决的基础,是判决理由和判决结果的根据。这里的事实既包括审理查明的事实,也包括当庭举证、质证的证据。裁判文书中"审理查明的事实"部分应做到叙述全面、客观,要做到这一点并不容易。实践中,刑事案件二审文书对该部分的表述往往采取以下两种做法:一是全文照搬一审文书事实和证据,并表述"二审审理查明的事实与一审一致";二是对一审认定的事实和证据予以简写,详写二审认定事实和证据。本裁判文书采取了第二种方式,优点在于不仅能在一审基础上更全面地反映二审庭审举证、质证情况,而且可体现出二审合议庭对证据材料作出的认证和取舍,更便于二审法官对一审文书中出现的瑕疵和问题予以纠正和完善。同时,本裁判文书对事实的表述采用了先概括后分述的方式,充分体现了贪污罪的特征。

证据裁判是刑事诉讼的一项基本原则,事实认定必须依据有关证据作出,没有证据不得认定案件事实。因此,如何列举证据也是值得研究的问题。本裁判文书在列举证据时采用了证据分组的方法,即将能够证明同一或同一类的问题的证据列为一组。此种证据列举方式适用于证据种类繁多、证明事项庞杂、案件事实复杂的案件。充分利用证据分组方式,能够对散乱的证据进行归类整理,并在基础上分别进行综合分析和评价,以避免产生众多证据简单堆砌、逻辑混乱、证明指向不明等情况。

(二) 围绕焦点深入阐明法律依据

裁判文书中,法官不仅要对认定的事实加以全面论证,还要对控辩双方所提的证据及事实主张、法律适用意见等是否采纳予以全面、充分地评析、判定,并作出确定性的裁决。

说理评判的首要任务是对辩解和辩护意见进行归纳总结,找准焦点,做到既准确、全面,不失原意,不遗漏观点和意见,又要尽可能地简洁明了、层次清楚。本案经过开庭审理,争议焦点无疑是明确的,即是属于民事纠纷还是刑事犯罪,是认定为贪污罪还是非法经营同类营业罪两个方面。当然,除此之外,上诉人和辩护人还围绕这两个焦点,提出了许多辅助性的辩解和辩护观点。

在全面、客观反映检辩双方意见的基础上,本裁判文书坚持中立的裁判立场,对每项意见进行了评判,作出了采纳与否的确定性的评判意见。在说理部分,裁判文书注重了以下方面:一是结合证据进行说理,即针对某一焦点问题,围绕证据之间是否存在印证关系,是否能够形成证明体系证明案件事实来进行说理。例如,针对上诉人及辩护人提出的"王某某并无广告经营职责,其获利与南京广电具体职务无关"的上诉理由和辩护意见,裁判文书结合了相关证人证言、书证等证据,得出"上诉人与涉案银行洽谈广告业务、签订广告发布合同,是其基于广告经营职责履行职务的行为"的结论。二是结合法律适用进行说理,即当检辩双方对案件法律适用存在争议或者法律含义需要阐明时,裁判文书应说明选择的理由。例如,针对辩护人提出的"本案应认定为非法经营同类营业罪"的辩护观点,裁判文书阐明:"中汇公司、缇升公司、博川公司均未就涉案银行在南京广电的广告发布开展过实质性的经营活动,上述三家广告公司与涉案银行签订广告合同这一环节并非客观存在,而是王某某为了实现截留南京广电应得广告款而虚增的环节。故王某某的行为不属于经营同类营业的行为,而是增设中间环节截留国有财产的贪污行为。"三是分层次进行说理。针对本案上诉理由和辩护观点较多的特点,裁判文书对上诉理由和辩护观点进行了分类和归纳,对第一点上诉理由和辩护意见进行分析并说明是否采纳后再谈第二点。同时,也注重详略得当,对涉及案件定性的关键性问题进行详细论述,对其他辅助性观点略写,做到层次清晰、语言精练、观点鲜明。

（三）立足审判着力指引价值导向

从根本上说,裁判文书是案件审理过程的体现,诉讼活动质量的高低会直接投影于裁判文书。公平、公正、公开的审理活动无疑是一篇高质量的文书的根本基础。因此,在制作裁判文书时,首要的是关注案件本身的审理过程,即程序与实体是否合法,法律适用是否准确,案件判决是否公正。

在此基础上,裁判文书还关注了以下方面:一是全面反映诉讼过程。裁判文书是反映诉讼过程和裁判结果的最终载体,从立案到审理再到裁判,每个诉讼阶段、每项裁判活动都应在裁判文书中有所体现、有所记载,以彰显整个案件审理过程、审理结果的公开、公正。二是传递社会主义核心价值观。本裁判文书载明:"王某某作为南京广电的广告从业人员,其单位授权给其处理一定范围事务的权利。基于这种授权,单位与员工之间本应形成一种信任关系,但王某某基于非法占有的目的,未将所获广告款全部如实交给南京广电,而是自己成立广告公司或利用他人公司,虚增不必要的交易环节,截留本应属于南京广电的合法财产,其行为符合贪污罪的构成要件。"法官正是以裁判文书说理的方式，通过个案的审理来倡导公平、诚实、守信的社会价值理念。三是精心打磨遣词造句。裁判文书是具有法律效力的文件，包含可能剥夺和限制被告人权利和义务的内容，同时也是司法活动经受法律、世人和历史检验的重要凭证。这些特征决定了裁判文书用语必须精准、内容必须严谨。因此，裁判文书写作时，承办法官从文书结构到文字表述，从逻辑顺序到理据分析，都进行了认真研究、精心打磨，力求做到语言规范、表达准确、逻辑清晰，力求用人民群众易于接受的表达方式，说清裁判的依据和思路，讲明裁判的道理和规则。

（凌霄，江苏省高级人民法院法官）

三、专家评析

该案系一起新类型的职务犯罪二审案件，从犯罪的手段来看，是通过增设交易环节的方式来达到占有单位财产的目的；从侵害的对象来看，是被害单位应得的确定利益而非既有财产；从犯罪的过程来看，存在着民事合同关系和刑事犯罪的交叉。法官从案件审理实际出发，明确将检辩双方的争议焦点确定为能否认定贪污犯罪以及是构成贪污罪还是非法经营同类营业罪。

（一）关于贪污罪的认定

贪污罪以单位所有的公共财物为侵犯的对象，不仅指已在单位实际掌握中的财物，例如已经入账、入库的财物，而且包括单位所有权已经确定但尚未到手的财物，如单位已经订购的货物、尚未收回的债务等，也包括本应属于单位的收入。如果国家工作人员利用职务之便，占有上述财物，即构成贪污罪。现代刑法理论通说认为，犯罪的本质在于法益侵害。虽然该案中，中汇公司、博川公司与涉案银行均签订了民事合同，表面上看南京广电对各银行广告差价款不享有权利。但从刑事犯罪的角度分析，这些广告差价款的产生与上诉人作为南京广电广告从业人员的职权和职务行为有着密切关系，截留的广告款属于南京广电应得的收入。

（二）关于非法经营同类营业罪与贪污罪的区分

虽然获取购销差价的非法经营同类营业行为与增设中间环节，截留国有财产的贪污行为，在增设中间环节、获取购销差价上具有共同性，但仍在是否存在实质性的经营行为、中间环节是否有存在的必要性、是否存在经营性利润等方面有区别。本案中，在中汇公司、博川公司并无实质性的经营活动，中汇公司、博川公司这个环节并无客观存在的必要性的情况下，被截留的"利润"并非经营行为的对价，而应属于南京广电集团的应得利益。故上诉人的行为不是非法经营同类营业的行为,而属于截留国有财产的贪污行为。

法官对该案争议焦点的梳理和认定无疑是准确的,也为裁判文书的撰写奠定了根本基础。在此前提下,此份裁判文书形式要素齐全、结构完整、详略得当,对事实、证据的表述逻辑清晰、语言精练,对上诉理由和辩护意见提炼准确、全面。最值得一提的是,该裁判文书紧紧围绕该案的争议焦点,对上诉理由和辩护意见进行逐一分析、论述,说理透彻、依据充分,体现出法官较强的法学功底,彰显出法官对公平、诚信等社会价值观的引导。最终裁判结论定罪准确,量刑适当,判项齐备。

(点评人:毕晓红,江苏省高级人民法院审判委员会专职委员)

(2016)苏刑终 304 号裁判文书原文

第二节 挪用公款罪

48. 吴某某挪用公款案*

【关键词】

同一账户 反复挪用 法益侵害 罪刑相适应

【裁判要旨】

行为人短期挪用公款并归还后,再行反复短期挪用同一账户款项的,其主观恶性低于"多次挪用公款不还""挪用后笔归还前笔"等情况,行为本质上未造成更多公有财产占有损害,犯罪数额应当以同一时间段对公款实际造成的法益侵害数额认定,不宜累计计算。

一、简要案情

被告人吴某某于 2013 年 10 月至 2017 年 9 月间,利用先后担任江苏省如东县某乡镇农村经济服务站现金会计、副站长兼现金会计,管理村级资金的职务便利,先后 53 次通过网上银行转账的方式,擅自将江苏省如东县某乡镇财政所村级资金专户、农村经济服务站账户内公款累计人民币 2564 万元转至其家庭参股经营的某公司账户,用于偿还经营贷款、购买原料、设备等经营活动。先后挪用款项 53 次,其中单笔最高金额 195 万元,单月累计最高金额 226 万元,均于当月月底归还。被告人吴某某自动投案并如实供述了自己的犯罪事实,且主动退出挪用款项同期银行利息 8900 元。

本案公诉机关指控被告人挪用公款 2564 万元,用于经营活动,构成挪用公款罪,情节严重,应当在有期徒刑五年以上量刑。被告人及辩护人对犯罪事实没有异议,提出"犯罪数额应当以单笔最高额 195 万元计算,不属情节严重"。本案争议焦点,被告人犯罪数额的认定,江苏省如东县人民法院认为:

---

* (2019)苏 0623 刑初 365 号。

对于行为人多次挪用同一账户公款并及时归还每笔挪用款项,其犯罪数额如何认定,《刑法》和司法解释没有明确规定。而犯罪数额、犯罪次数、犯罪后果等犯罪事实的认定,直接影响到本案的量刑。

第一,从法益侵害性角度来看。法益侵害性,是指犯罪对法益的侵害以及侵害程度。法益侵害性对于罪刑均衡有一个基本的衡量作用,犯罪的法益侵害性决定了刑罚的轻重。本案中,被告人每次挪用公款均于当月月底归还,显而易见,其行为的社会危害性要比《最高人民法院关于审理挪用公款案件具体应用法律若干问题的解释》第4条规定所列举的"多次挪用公款不还"的社会危害性小,对公款造成的不能归还的风险更低,对公款占有使用权的法益侵害程度更低。如对挪用公款后归还的行为与多次挪用公款后不还的行为,均采"数额累计计算"的方法,显然是对两种具有不同法益侵害性的行为做出相同的刑法评价,有违刑罚目的,导致量刑失衡。同样,《最高人民法院关于审理挪用公款案件具体应用法律若干问题的解释》第4条规定所列举的"挪用后笔归还前笔"的社会危害性,要比本案多次挪用后自己主动退还的社会危害性大,前者"挪用公款数额以案发时未还的实际数额认定",本案更不应采取"数额累计计算"的方法,否则会造成司法解释因存在体系性矛盾而欠缺合理性。

第二,从罪刑相适应原则角度来看。罚当其罪,罪刑均衡,对被告人的惩治要根据犯罪的性质、情节以及对社会的危害程度来进行。罪刑的均衡需要通过刑事责任为中介,即罪行直接决定刑事责任的轻重,然后通过刑事责任的轻重决定刑罚的轻重。但从根本上说,刑罚轻重主要是由罪行轻重所决定。罪刑相适应原则,要求在同罪适用上应当罪刑均衡,而对多次挪用同一账户公款并及时归还的行为一律按"数额累计计算",将违背该原则要求。如行为人单笔挪用公款99万元用于营利,两年后才归还,抑或不归还,其犯罪数额仅为99万元,在有期徒刑三年左右量刑。而如果行为人挪用99万元用于营利活动,短期内全部归还,两年内反复10次挪用该账户公款,每次挪用99万元且均主动归还,其犯罪数额如果累计计算为990万元,在有期徒刑五至六年量刑。根据举重以明轻的刑罚原理,两种行为社会危害性,前者重于后者,但后者的量刑要重于前者,明显违背了罪刑相适应原则。

综上,挪用公款罪的犯罪客体,决定了对其行为社会危害性的判断,应当为行为人对公共资金因占有、使用而产生的实际侵害。行为人将被挪用的公款归还后,并未创设公共资金新的、更大的风险。在已归还的情况下,尽管占有型犯罪在实际控制使用财物后,即已达到犯罪既遂,回复行为不改变行为的刑法评价，但是，行为人将所挪用款项归还后，再行挪用同一账户款项，则仅为原始的款项本身，并未创设新的财产占有的损害。这也正是1998年《最高人民法院关于审理挪用公款案件具体应用法律若干问题的解释》第4条的原理所在。本案被告人反复挪用同一账户中的公款，其犯罪数额应当以同一时间段对公款实际造成法律上侵害的数额认定。被告人每月挪用的公款，当月月底归还，应当以一个月内挪用金额最高的数额确定犯罪数额，即2017年6月份挪用的两笔合计226万元，属"情节严重"。

江苏省如东县人民法院认为，被告人吴某某利用职务上的便利，挪用公款，进行经营活动，情节严重，其行为已构成挪用公款罪。被告人主动投案并如实供述自己的罪行，系自首，可以减轻处罚。被告人自愿认罪认罚，可以从宽处理。被告人案发后主动退出所挪用款项的利息，可酌情从轻处罚。据此，判决被告人吴某某犯挪用公款罪，判处有期徒刑三年缓刑五年。

二、撰写心得

在本案中公诉机关认为被告人挪用公款2564万余元，用于经营活动，构成挪用公款罪，情节严重，建议在有期徒刑四年六个月至五年六个月之间量刑，被告人被采取逮捕措施。被告人及辩护人对犯罪事实没有异议，提出犯罪数额应当以单笔最高额195万元计算，不属情节严重的辩护意见，建议法院判处缓刑。本案争议焦点就是被告人犯罪数额的认定。而犯罪数额、犯罪次数、犯罪后果等犯罪事实的认定，直接影响到本案的量刑。

笔者在审理过程中，一直有个疑问，如果被告人2013年就挪用100万元直到2017年才归还，该怎么量刑？其有自首情节，没有造成国家经济损失，按照正常量刑，有期徒刑三年可以考虑缓刑。如果被告人贪污了100万元，有自首、退赃情节，其正常量刑也在有期徒刑三年左右。但其中间多次归还、多次重复挪用，反而刑期加重，感觉有悖于罪责刑相适应原则。认真学习、研究了相关法条和司法解释，但刑法条文和司法解释没有明确规定。

挪用公款罪，是指国家工作人员利用职务上的便利，挪用公款归个人使用，进行非法活动，或者挪用公款数额较大、进行营利活动，或者挪用公款数额较大、超过三个月未还的行为。其侵犯的客体是公款的占有、使用、收益权以及国家工作人员的职务廉洁性。1998年4月29日《最高人民法院关于审理挪用公款案件具体应用法律若干问题的解释》第2条规定：挪用公款数额较大，归个人进行营利活动的，构成挪用公款罪，不受挪用时间和是否归还的限制；在案发前部分或者全部归还本息的，可以从轻处罚，情节轻微的，可以免除处罚。第 4 条规定：多次挪用公款不还，挪用公款数额累计计算；多次挪用公款，并以后次挪用的公款归还前次挪用的公款，挪用公款数额以案发时未还的实际数额认定。第 4 条解释的原理在于，行为人后次挪用的公款又归还了单位账户，并未使公款的占有、使用、收益权受到新的侵害，挪用行为所侵害的公款数额只能是行为人实际占有、使用和收益的部分。但对于行为人多次挪用同一账户公款并及时归还每笔挪用款项，其犯罪数额如何认定，刑法条文和司法解释没有明确规定。

这个时候，本案的如何认定，笔者确实难以把握。这让笔者想起前几年判决的案件，被告人以 5 元一本的价格向他人出售非法制造的发票（手撕车票）110 本计 11 000 份，票面金额 220 000 元，被告人违法所得 550 元。公诉机关认为被告人构成出售非法制造的发票罪，且属情节严重，建议量刑有期徒刑三年。该罪立案追诉标准为发票 100 份以上或者票面额累计 40 万以上，但对于何为"情节严重"《刑法》没有明确规定。如果按照 5 倍计算上升法定刑档次，即出售非法制造的发票 500 份以上或者票面额 200 万以上为"情节严重"，那么该案发票份数达到了 500 份，但票面额远低于立案标准的 40 万元。如果以发票份数来考量，应该认定为"情节严重"，处二年以上七年以下有期徒刑，但以票面额计算，本案被告人不构成犯罪。此时，我们应当回归法条本身，准确理解其内涵和立法本意。罪名标准中使用了"或者"这一选择性词语，同时因两种行为的法定刑相同，因此应理解为两种行为具有大致相同的社会危害性。显然本案被告人虽然发票份数远超过立案追诉标准的 100 份，但票面额远低于追诉标准所规定的 40 万元，且被告人非法所得 550 元，社会危害性较小，不属于"情节严重"，最终判决被告人有期徒刑一年适用缓刑。

用数量或者金额作为立案追诉标准、"情节严重"认定标准，具有较强的操作性，便于司法机关实现执法的统一性。我们在定罪量刑时，往往会对照《刑法》及司法解释规定的数额确定是否入罪、刑期档次、刑期幅度。但司法者如果机械地适用法条，片面割裂犯罪数量、犯罪金额、行为次数等各种因素与社会危害性之间的因果关系，容易造成罪刑不相适应的裁判结果。近年来，最高人民法院、最高人民检察院关于以压缩气体为动力的枪、气枪铅弹定罪量刑的《批复》，以及关于利用网络云盘制作、复制、贩卖、传播电子信息牟利行为定罪量刑的《批复》中，均明确规定，在追究刑事责任时，不应单纯考虑数量、数额，而应结合案情进行综合评价，确保罪刑相适应。2016 年最高人民法院、最高人民检察院关于办理贪污贿赂刑事案件适用法律若干问题的解释，未将多次挪用公款明确列举为"情节严重"的情形，原因就在于司法实践中出现了依据1998年的解释将数额刚达到追诉标准但具有多次挪用的情形即被认定为情节严重、在有期徒刑五年以上判处刑罚的不当判决。

笔者深谙职务犯罪案件的刑罚适用直接关系反腐败工作的实际效果，深刻认识到职务犯罪的严重社会危害性，同时又要正确贯彻宽严相济刑事政策，当严则严，该宽则宽，罚当其罪，确保法律效果与社会效果的统一。最终，笔者经过深思熟虑，从法益侵害性角度、罪刑相适应原则两个方面进行剖析论证，提出自己个人观点，既不采纳公诉机关认定的犯罪数额2564万元，也不采纳辩护人提出的单笔挪用最高数额195万元，而是认定以一个月内挪用金额最高的数额确定犯罪数额，即2017年6月份挪用的两笔合计226万元，属于"情节严重"。审判委员会经过讨论，采纳了笔者的意见，认为犯罪数额应以单月累计最高金额226万元计算，也属情节严重，且多次挪用，应从重处罚，但考虑到被告人具有自首情节，且于2017年9月以后未再挪用，并退出了同期银行利息，没有给单位造成实际经济损失，判处被告人有期徒刑三年，适用缓刑。公诉机关未抗诉，经过与纪委部门沟通，亦接受了本院裁判观点。

（郁宏军，江苏省如东县人民法院法官）

三、专家评析

本案核心的法律问题是关于多次反复挪用同一个账户的款项数额如何认定问题。承办法官通过从犯罪行为侵犯的法益、罪刑相适应原则角度进行分析，并结合《最高人民法院关于审理挪用公款案件具体应用法律若干问题的解释》中关于挪用公款数额相关规定背后蕴含的法理，通过该解释第4条规定所列举的"多次挪用公款不还""挪用后笔归还前笔"两种情形的社会危害性进行比较，认为多次反复挪用同一账户的款项的行为社会危害性更小，不应累积计算的结论。笔者认为这一分析符合法律规定。同时，裁判中采取了以单月占用最大数额确定犯罪数额的认定方法也具有合理性。挪用公款罪的犯罪侵犯的客体是公共财产的占有、使用、收益权，就同一犯罪人反复挪用同一账户而言，其反复的挪用、归还的行为侵犯的数额应当理解为系处于"动态"变化之中，其数额的认定应为"极大值"，即对款项占有、使用的最高数额。因此，该判决以一个月内挪用金额最高的数额确定犯罪数额是妥当的。此类案件，司法实践中各地法院裁判标准不一，该份生效判决值得大家司法裁判时借鉴。

（点评人：杜开林，江苏省南通市中级人民法院审判委员会委员、执行局负责人，四级高级法官，全国优秀法官，全国法院刑事审判先进个人，江苏最美法官，江苏省审判业务专家）

（2019）苏 0623 刑初 365 号裁判文书原文

49. 佟某某、牛某某私分国有资产，佟某某挪用公款、受贿案*

【关键词】

  国企改制　私分国有资产　挪用公款　以借为名的受贿

【裁判要旨】

  1. 在企业改制期间隐匿国有资产，转入国家参股、众多经营管理人员和职工持股的改制后企业的行为，应以私分国有资产罪论处。

  2. 经集体研究决定，使用单位定期银行存单质押，贷款供他人使用的行为，不构成挪用公款罪。

  3. 国家工作人员向具有职务隶属关系的下属或业务单位负责人借款，具有偿还能力仍长期不归还，并为他人谋取利益的，实质系以借款之名敛财，依法构成受贿犯罪。

  4. 办理国家出资企业中的职务犯罪案件，应综合考虑历史条件、企业发展、职工就业、社会稳定等因素，具体情况具体分析，严格区分犯罪与一般违法行为的界限。

一、简要案情

  1. 阜汽总公司系国有企业，长期主要从事公路客运、货运、房地产开发等业务，至2000年上半年共有在职职工约5800名，被告人佟某某担任该公司法定代表人。在经营期间，该公司因从事客运跨区业务，利用所管理的内部银行资金向下属单位、承包车主等发放有偿贷款，代交通行政部门收取交建基金，由此形成客运跨区、内部银行利息和交建基金等三个资金账户，截至2000年3月31日，客运跨区科目贷方账户余额为472.983836万元，内部银行利息差异账户余额为303.2251万元，交建基金科目账户贷方余额为2339.419176万元。

  2000年初，经阜阳市政府批准，阜汽总公司决定改制为国家参股，内部

---

*（2016）皖刑终7号。

职工以工会为代表集体持股，经营管理层控股的阜汽集团。在公司管理层商议改制事宜时，佟某某数次强调公司管理层要多持股、持大股，鉴于企业职工经济状况普遍不佳，评估时尽量把国有资产评低些，既便于实现管理层控股，也给改制后企业留点后劲，在与中亚评估公司商谈经营性国有净资产评估事项时，也提出了类似要求，中亚评估公司表示尽量满足。被告人牛某某负责将相关财务报表及资料报佟某某审签后提供给资产评估小组后，牛某某向佟某某汇报称内部银行账户共有300余万元的贷款利息在公司总账目没有反映，贷款所形成的呆坏账、税金等尚未处理，建议不向资产评估小组提供相应财务资料，佟某某决定不予提供，由此内部银行利息差异账户没有被纳入资产评估。

同年5月，中亚评估公司初步评估阜汽总公司经营性国有净资产数额为1000多万元。佟某某在与牛某某、张某1等人听取通报后，当即表示初评的国有净资产数字太大，阜汽总公司职工工资都不高，如果国有股份比例过大，将无法实现市政府关于改制公司由公司管理层控股的目标，要求在场人员共同想办法降低国有净资产数额。评估公司负责人称此时只有增加负债，把能用的政策用上、用足。牛某某提出阜汽总公司原把客跨科目贷方余额作为欠兄弟单位的负债申报，而评估公司将之评估为收入，其实还是以负债评估比较好，对外解释为与兄弟单位对开班线形成，结算后还需对外支付，众人都认可牛某某的说法，佟某某便提出按照企业负债评估。接着，佟某某提出能否再计提部分交建基金，牛某某称交建基金已经计提并按月定额上缴至阜阳市交通局，不便再计提，佟某某决定按照省交通厅文件规定的每月每座60元的标准再次计提2000年1~3月交建基金，并安排牛某某配合评估小组负责人原审被告人张某2落实重复计提事宜。后资产评估小组将客运跨区贷方余额调整为负债，重复计提交建资金382.296万元作为负债，出具了阜汽总公司经营性国有净资产为267.55万元的资产评估报告。阜阳市国有资产管理局对此评估报告确认后，决定将经营性国有净资产267.55万元折为国有股，投入新组建的股份制企业，并委托改制后企业的法定代表人为产权代表，负责国有资产的保值增值。

同年6月20日，阜汽集团改制委员会相继颁布了公司募股章程、股份制改制方案，佟某某担任改制委员会主任，全某、于某等9名公司高管担任副主任或成员，牛某某、张某1等人担任办公室成员；注册资金除国有资产外，只允许本公司干部职工持股，国有股由市政府委托集团公司持有，职工股以工会为单位持股，职工入股坚持自愿认购原则，最高额不超过3000元；阜汽总公司领导、基层领导、管理人员必须入股，鼓励经营管理人员多持股，集体控股，法人代表持大股，出资不足部分，以个人资产做抵押贷款入股。为解决募股困难问题，阜汽总公司班子例会研究决定，对认购股份的管理人员，要求认购股份的普通职工按 100% 的现金到位，公司领导按 10%、助理按 20%、正科按 30%、副科按 50% 的现金到位，其余部分实行贷转股，后研究实施了企业内部专项贷款方案。同月 30 日，阜阳市政府批复同意阜汽总公司改制为阜汽集团，由阜汽总公司资产评估折股后，联合 45 个股东（普通职工以工会名义集体持股）出资共同设立，股本总额为 3000 万元，其中国有经营性净资产折股 267.55 万元，占股本总额的 8.92%；个人股 2732.45 万元，占股本总额的 91.08%。同日，阜汽集团成立并召开第一届股东代表大会，通过公司章程并选举佟某某、全某等 18 人为阜汽集团董事、监事，佟某某担任董事长。

2002 年 8 月底，阜汽集团财务部长牛某某安排财务人员将内部银行利息差异余额 448.7 万元调入阜汽集团新设立的股金账户。2006 年 1 月底，阜汽集团财务部长杨某某安排财务人员将内部银行利息差异 303.2251 万元作收入转入阜汽集团的财务账户。

2. 2000 年上半年，阜汽总公司改制时，按照阜阳市政府关于改制后的企业经营管理层控股、法人代表持大股的要求，规定副科级以上的经营管理层必须认缴数额不等的股份。其中，时任公司总经理的被告人佟某某需入股 200 万元，副总经理尚某、于某等其他 9 名高管需分别入股 80 万元，基层、中层管理人员需分别入股 2~25 万元不等。因募股困难，阜汽总公司于同年 6 月 30 日召开领导班子例会，研究决定对认购改制公司股份的管理人员，按照不同级别，部分股金现金到位，其余部分实行贷转股，同日阜汽集团第一次股东大会决议通过企业内部贷款方案，明确规定"按政府批示精神鼓励经营管理人员多持股、控股，法人代表持大股，出资不足部分，以个人资产作抵押入股"的精神，在集团募股阶段，副科级以上经营管理人员入股资金不能一次性到位的，集团决定对其在按一定比例出资后与规定股本间的差额给予贷款入股；阜汽总公司将在账的银行借款与其他借款的一部分按缴纳现金的一定比例转借股东作为股本，由股东承担还本付息义务，股东以其所持股份对集团承担责任；申请参与贷转股的人员，必须具备 5 年内还本付息能力，五年内还讫借款有困难的，可申请不超过 2 年的延期。同年 7 月 1 日，佟某某、于某、全某等 10 名公司高管分别与阜汽集团签订内部专项贷款合同，对借款的期限、利息支付、担保等内容，作了同"企业内部贷款"方案精神相同的约定。

2004年,阜阳市纪委调查阜汽总公司改制问题时,发现阜汽集团对企业管理层实行内部专项借款,入股资金并没有完全到位,便要求相关人员限期缴纳到位。阜汽集团随即向相关人员提出相应要求,但大家仍普遍反映经济困难,补缴部分缺额股金后,纷纷表示即便卸任职务,也无力全额补缴,催缴工作陷入困境。佟某某提议由10位高管自行筹资缴纳50%的股金,剩下50%由阜汽集团提供贷款担保,各高管私人从银行贷款缴纳并支付本息,大家都表示同意或默许。之后,佟某某安排阜汽集团相关人员用阜汽集团460万元的定期存单作为质押,共为包括佟某某在内的10名集团高管担保贷款429万元,同时另一公司还为佟某某的99万元贷款提供了担保。经计算,该笔贷款本息共计450.189545万元,后均由贷款的高管偿还。

3. 2002年至2012年间,被告人佟某某利用其担任阜汽集团党委书记、董事长、总经理的职务便利,为他人谋取利益,以借款为名,通过现金或转账的方式,向他人索要145.8万元,以现金或接受他人赠与的高档礼品、豁免债务等方式,收受他人44.0148万元和二幅书法作品。

本案的争议焦点主要有以下内容:(1)佟某某作为改制后的阜汽集团法定代表人,是否符合挪用公款罪、受贿罪的主体身份要件。(2)一审判决认定佟某某、牛某某在企业改制期间重复计提交建基金、故意把本应列入收入的客跨资金贷方余额评估为负债、故意隐匿内行利息的事实是否清楚;这三种资金是否属于国有资产,这种隐匿行为是构成贪污罪还是私分国有资产罪。(3)佟某某用存单质押贷款供公司管理层用于缴纳股金,被质押的款项是否属于公款,此举系佟某某的个人决定还是集体研究决定。(4)佟某某利用职务便利为他人谋取利益,为了补交股金或购买房产向他人借款后,在有归还能力的情况下长期没有归还,是否构成受贿。

二、撰写心得

二审合议庭讨论本案时,立足服务大局,严格依照法律、司法解释及规范性文件关于贪污罪、私分国有资产罪的界限,挪用公款罪、受贿罪的犯罪构成特征,在综合全案证据、全面查清案件事实的基础上,一致意见决定予以改判,判决内容详见二审判决书。作为承办人,如何在判决书中准确再现合议庭的集体智慧,客观全面地反映整个判决形成过程,即如何运用证据裁判原则认定案件事实,准确理解适用法律规定认定罪与非罪、此罪与彼罪,以及行为人的主观心理等,通过深入细致的分析论证进行说理,增强二审判决的说服力,显得非常重要。为此,笔者在二审裁判文书的制作上花费了很大精力，总的说来主要有以下几点。

（一）认真研究在案证据、努力吃透案情是写好裁判文书的根本

判决认定的法律事实是裁判者根据经庭审调查属实的证据，对之前发生的客观事实所作出的概括描述，因此，基础证据的客观性、合法性、关联性尤为重要。本案是一起涉及国企改制、国家出资企业中的国家工作人员职务犯罪案件，共涉及数个罪名，犯罪数额大、时间跨度长，可能存在罪与非罪、此罪与彼罪等问题，控辩双方、一二审法院均存在较大分歧，审理难度很大。在案证据来源不一、种类繁杂。在整个审理期间，笔者作为承办人，坚守裁判者的中立地位，不偏不倚，认真查看卷宗材料，全面听取各方意见，仔细分析证据，去伪存真，去芜存菁，整理并形成完整的据以认定案件事实的证据体系，为合议庭讨论案件并作出决议、写好裁判文书提供了根本保障。

（二）准确认定案件事实，尽可能地还原事情原貌是写好裁判文书的基础

判决认定的法律事实永远无法完全符合客观事实的原貌，但尽最大可能还原事情真相，以此作为案件定性、对被告人定罪量刑的基础，是每个裁判者必须坚守的根本原则。一审判决基本沿袭了公诉机关指控内容及逻辑体系，在认定贪污、挪用公款事实时失于客观、公正且过于简略，在认定受贿事实时过于简略，作为二审承办人，笔者在制作该份判决书时，针对前述问题作了很大的改动或增加。主要表现在：（1）关于私分国有资产的事实部分。一是简要表述了阜汽总公司的历史沿革、内行利息、交建基金和客跨资金三个账户的由来。二是较为客观全面地表述了阜汽总公司改制的历史背景及要求管理层控股、佟某某在与管理层商讨改制事宜时要求低估国有资产，决定隐瞒内行利息账户、重复计提交建基金、要求评估公司将客跨资金账户资金评估为负债，以及为解决管理层认缴股金困难，阜汽集团改制委员会决定实行企业内部专项贷款方案，改制后阜汽集团股份结构等内容。三是简要表述了内行利息的最终流向。相应事实均由相应证据予以充分支持。（2）关于挪用公款的事实部分。客观全面地叙述了阜汽总公司改制时实行的企业内部贷款方案、2004年当地纪委要求阜汽集团管理层补缴股金时，佟某某经联系相关人员后，决定用阜汽集团存单质押为管理层提供贷款担保，由实际用款人偿本付息的整个过程。相应事实均由相应证据予以充分支持。（3）关于受贿的事实部分。主要对部分受贿事实作了较为详细的叙述，如佟某某利用职权为财物给予者、借款提供者相关人员谋利，数次向具有业务往来的单位负责人、阜汽集团的下属借款或收受财物，有归还能力时不归还，出借方暗示还款时不予理睬等情况。相应事实均由相应证据予以充分支持。这些事实的认定为

本案的判决结果以及判决书的论证说理提供了坚实基础。

(三) 全面概括、分析控辩意见，充分论证采纳与否的理由是写好裁判文书的关键

除庭审时认真听取控辩双方的意见外，笔者对佟某某、牛某某提交的厚达数十页、长达数万字的上诉状及辩护人提交的十余万字的辩护意见认真查阅、概括总结，在二审判决书较为全面地叙述。另外，二审判决书中对一审判决的依据、安徽省人民检察院的出庭意见也一并予以叙述。综合看来，控辩双方、一二审法院的意见分歧是明显的，不仅涉及罪与非罪，还涉及此罪与彼罪，以及案件发生的历史背景、行为人主观恶性的大小等因素，如何在判决书中全面体现，意见采纳与否及相应理由，直接决定了判决的说服力和裁判文书的质量。二审判决书对上述问题的处理，主要体现在以下几点：(1) 坚持以事实为依据、以法律为准绳，分析采纳控辩意见。如二审判决书中对定案证据合法性的审查；坚守证据裁判规则认为一审判决认定佟某某、牛某某明知客跨资金贷方余额系公司收入证据不足，不能认定为犯罪；依法认定佟某某、牛某某共同商议后决定隐匿内行利息、佟某某决定重复计提交建基金虚增债务，降低国有资产数额，转为国家参股、众多经营管理人员和职工持股的改制后企业的行为构成私分国有资产罪而非公诉机关指控、一审判决认定的贪污罪；依照挪用公款罪犯罪构成要件，依法认定佟某某经单位集体研究决定，使用单位定期银行存单质押，贷款供他人使用的行为，不构成犯罪等。(2) 严格区分犯罪与一般违规行为、违法行为的界限。如对牛某某不承担重复计提交建基金刑事责任的处理；结合历史背景、阜汽总公司改制遗留问题等，对佟某某使用单位银行存单质押为管理层贷款提供担保，不构成挪用公款罪的处理等。(3) 对相关问题进行说理时坚持天理、国法、人情的融合。如对部分言词证据与相关人员在接受阜阳市纪委调查时的相应询问材料不一的问题，对经阜阳市相关行政部门批准，阜汽总公司改制前没有严格按照相关文件规定代提交建基金的问题，以及佟某某、牛某某在改制期间，通过虚列债务、隐瞒收入手段降低国有资产数额的主要目的，体现了单位意志，并在阜汽总公司内部具有一定的公开性，一审判决认定构成贪污犯罪不当等问题的处理，均很好地体现了情理法的交融。

(四) 做好谋篇布局，斟酌文字是写好裁判文书的必备环节

本案涉及三大块事实，其中私分国有资产行为与使用单位定期银行存单质押贷款行为均涉及企业改制或与改制有历史渊源，佟某某受贿行为也发生在其担任改制后的阜汽集团法定代表人期间，三者之前存在不同程度的牵连关系。控辩双方的意见繁杂,分歧明显。对此,如何做好裁判文书的谋篇布局,合理确定文书结构层次、繁简处理等,就显得非常关键。为此,笔者结合本案具体情况,确定一审判决认定的事实证据及裁判理由简写、二审判决相应内容详写,并力求繁简得当;确定了论证说理的顺序,即主要按照诉讼程序、法律适用、性质认定的顺序,依次对本案证据的合法性、相关司法解释及规范性文件的溯及力、原判认定的贪污行为、挪用公款行为、受贿行为逐一论述,对罪与非罪、此罪与彼罪问题作出明确回应,力求层次清晰、论证充分。另外,制作裁判文书初稿时,笔者作为承办人数次修改,反复推敲重点事实、理由的文字表达,力求语言准确、洗练,既不能言过其实,也不能词不达意,个别地方甚至斟酌许久。初稿形成后,笔者交合议庭其他两位成员审核,根据他们提出的建议和具体修改意见,笔者对裁判文书作了再次修改、润色,充分体现了集体智慧。

(陈华舒,安徽省高级人民法院法官)

(2016)皖刑终 7 号裁判文书原文

第三节 受贿罪

50. 王某1受贿案[*]

【关键词】

情人关系　收受财物　受贿　排除合理怀疑

【裁判要旨】

行贿人与受贿人系情人关系，在情人关系存续期间收受财物的，对于收受财物行为与接受请托事项间是否存在明确对应关系，应结合全案证据综合判断，不能排除系出于情感因素，为共同生活等目的自愿给付的合理怀疑的，不应认定构成行贿罪。

一、简要案情

（一）王某1收受王某2给予钱款的事实

2007年，被告人王某1与时任中国光大银行（以下简称光大银行）太原分行行长助理的王某2相识。2009年7月至8月，王某1与王某2确定情人关系，双方约定各自办理离婚手续后结婚。王某2还把其银行卡交给王某1，将工资、奖金等收入转入该银行卡中供王某1使用。

2009年年底至2010年年初，王某1应王某2的请托，利用其担任中央汇金投资有限责任公司（以下简称汇金公司）综合部光大股权管理处主任、光大银行董事一职所形成的便利条件，分别向中共光大银行委员会书记、光大银行董事长唐某，中共光大银行委员会副书记、纪委书记林某请托，为王某2在职务晋升中谋取不正当利益。其间，王某1收受王某2给予的钱款共计189.5万元。

---

[*] （2018）京刑终61号。

2010年9月,王某2向朋友借款120万元,汇入由王某1掌握的其名下的银行卡中。王某1应王某2的要求,将该款汇入王某1母亲的账户后提取了现金。

2009年2月至2010年11月,光大银行济南分行下属支行在办理两笔业务过程中违规操作,造成16.7亿元资金损失风险和案件风险(以下简称"齐鲁事件")。2010年12月,公安机关调查相关案件时,"齐鲁事件"爆发,光大银行随即开展调查工作。时任中共光大银行济南分行委员会副书记(主持工作)的王某2面临被追究相关责任的风险。王某2遂向王某1请托向唐某、林某及银监会股份制银行部处长孙某说情,在"齐鲁事件"的处理中对其免于或从轻追责。王某1应王某2的请托,帮助王某2向上述人员说情,并将其参加相关会议得知的"齐鲁事件"的调查处理信息实时告知王某2。2012年1月,王某2因"齐鲁事件"受到通报批评,扣减绩效工资3万元的问责处理。

2011年8月,王某2向王某1转账汇款30万元;同年10月,王某2向王某1转账汇款40万元。

2011年和2012年,王某2先后两次起诉离婚,但均以撤诉告终。2012年9月,王某2向他人借款230万元,通过转账方式给予王某1。2012年10月,王某1与王某2结束情人关系。

(二)王某1经王某2介绍,收受马某给予钱款的事实

2005年7月,光大银行聘请毕马威会计师事务所从事年度审计工作。此后,光大银行每年都对毕马威会计师事务所年度工作进行评价,并根据评价结果,经管理层、董事会审议后决定是否续聘。2007年,王某1作为汇金公司派驻的董事进驻光大银行,毕马威会计师事务所合伙人宋某定期向董事汇报审计工作时与王某1相识。

2011年,王某1经王某2介绍,接受马某的请托,向宋某打招呼,安排请托人马某的亲属进入毕马威会计师事务所工作,为此,收受马某给予的钱款20万元。

2016年3月22日,被告人王某1被抓获归案。

在一审期间,被告人王某1的家属代为退缴案款209.5万元。

一审法院经审理后仅认定上述两起事实中,王某1于2009年11月和12月收受王某2给予的共计189.5万元的行为构成受贿罪,判处王某1有期徒刑三年,缓刑三年,并处罚金20万元;在案扣押的209.5万元中的189.5万元作为违法所得予以没收,剩余20万元并入罚金刑执行。后王某1未上诉,检

察机关提起抗诉。

检察机关认为,王某1虽然与王某2具有一定的情感关系,但王某2在二人相处期间多次向他人借款后给予王某1大额财物,并请托王某1为其职务晋升和减免领导责任提供帮助,王某1亦实施了利用其担任光大银行董事所形成的便利条件向相关领导进行推荐、说情等行为,王某1的行为构成受贿罪。一审判决未能准确评价王某1的整个行为性质,造成减少部分犯罪事实。同时,王某1利用其对毕马威会计师事务所年度工作进行评价及是否续聘上的一定决策权,经王某2介绍,帮助马某亲属入职毕马威事务所,并收取20万元财物,亦应认定为受贿罪。此外,一审判决对于王某1使用受贿款项购买的房屋及理财所得,未按照司法解释的规定,对相关财产及收益予以追缴,系对涉案款物处理不当,依法应予纠正。

二审法院经审理后认为,王某1收受王某2给予609.5万元钱款的行为不应认定为受贿;王某1身为国家工作人员,利用职务便利,非法收受马某一方给予的感谢费20万元,为请托人马某的亲属谋取利益,符合受贿罪的犯罪构成;一审量刑并无不当,因尚无充分证据证明查封房产系受贿罪的违法所得,且该房产实为王某1、王某2二人共有,故依法不应予以没收。最终判决维持对王某1的定罪量刑,部分采纳检察机关的抗诉意见;在案扣押的209.5万元中,20万元作为违法所得予以没收,20万元并入王某1的罚金刑执行,剩余钱款发还王某1。

二、撰写心得

作为司法公开的一项重要举措,每年中国裁判文书网上会公布成千上万的裁判文书。可以说,撰写裁判文书是法官的看家本事。但是,如何撰写一篇优秀的裁判文书,却并非易事。为全面落实司法责任制,进一步推动提升全国法院裁判文书制作水平,积极营造制作精品文书的良好氛围,不断促进法律适用标准统一,最高人民法院自2018年起,已连续组织开展了三届全国法院"百篇优秀裁判文书"评选活动。经严格评审,选拔出了一批制作精良、说理充分、质量上乘的优秀文书,取得了良好的法律效果和社会效果。本人撰写的王某1受贿二审刑事判决书有幸入选其中。回顾自己撰写的过程,笔者有三点突出感受。

(一)撰写文书要层次清晰、繁简得当

该文书针对是一起刑事二审抗诉案件,二审裁判文书与一审裁判文书的格式体例是否应当相同、二者的关系如何衔接,司法实践中可能关注的还不多。事实上，这必须考虑一二审各自的审级功能与定位。在我国，一审是基础、是关键，重在审查证据、查清事实，故在适用普通程序审理的一审裁判文书中必须列明法院作为定罪量刑依据的全部证据内容。但二审的功能与定位与一审不同，应当就第一审判决认定的事实和适用法律进行全面审查，重在监督和纠错。考虑到一二审文书是衔接互补的有机整体，二审文书就不应简单地照搬一审文书的格式体例，否则很容易造成叠床架屋的繁琐效果。具体而言，对于一审文书中已经列明的证据内容，二审期间如果没有新的变化，完全可以简化；如果出现了新的证据，或者对一审的证据有不同的审查意见，再予以详细说明。根据裁判文书上网的相关规定，无论二审判决是否改判，一审文书都应当在判决生效后上网公布。换言之，倘需要研究特定的案例时，并不会缺少一审的基础证据材料。研究人员结合一二审文书，更能了解两级法院不同的审判思路。王某1受贿二审刑事判决书就很好地注意到这点。因二审查明的事实与一审法院所认定的事实一致，也未出现新的证据，故在二审判决中对具体证据的内容不再详列，而将主要精力放在对争议焦点的梳理与论证上，极大地精简了篇幅，让公众一目了然。

（二）准确适用排除合理怀疑原则，逻辑要严谨

排除合理怀疑原则是刑事诉讼的证明标准，大家耳熟能详，但在司法实践中如何有效运用，尚缺乏充足的案例可以借鉴。本案中最大的争议焦点是，情人之间给付的财物能否认定为贿赂？如果能认定为贿赂，那是将其中的一部分认定为贿赂，还是将全部数额均认定为贿赂？即认定为贿赂的具体标准是什么？对此，检察机关和一审法院都有不同的理解。而王某1受贿二审刑事判决书抓住了受贿罪的本质是不同利益主体之间的权钱交易这一关键，认为不能在不考察受贿罪的法益是否被侵犯的情况下，仅以国家工作人员受财就一概认定为受贿罪。该文书列举了大量王某1与王某2长达三年以结婚为目的共同生活的事实，经过分析论证后认为，王某1受财行为与王某2请托事项之间的对应关系并不清晰、明确，在王某1收受王某2钱款的真实原因问题上，根据现有证据不足以排除合理怀疑，得出具有唯一性的结论。这一分析过程可以说是，顺理成章、水到渠成。

（三）要重视涉案财物处置，保障当事人合法权益

我国的刑事诉讼长期以来，有重定罪、轻量刑的传统。自从认罪认罚从宽制度推行以来，量刑问题也越来越引起重视，以至于成为当下的热门话题。但事实上，刑事诉讼中还有一个"角落"长期缺乏关注，即涉案财物处置问题。这个问题无论是在程序上，还是在实体上，其实都非常复杂，尤其是涉及案外人的情况下。比如,究竟哪些属于涉案财物?哪些属于被告人的合法财产?哪些属于犯罪的违法所得、作案工具和违禁品?在赃物发生转化、灭失、被第三人善意取得的情况下,如何追缴或者责令退赔?共同犯罪人是否承担连带退赔责任?如何保障案外人的知情权、参与权和异议权?诸如此类的问题,目前还缺乏全面系统的梳理,导致司法实践中不统一。所幸,最高人民法院关于刑事诉讼法的司法解释,已对涉案财物处置问题有所关注,强调要适应时代发展,树立对定罪量刑和涉案财物处理并重的理念,重视做好涉案财物审查处理执行工作。司法解释的多个条文对涉案财物的审查处理执行问题作了充实和完善。例如,在立案审查阶段,要审查涉案财物是否随案移送并列明权属情况,以及是否有证明相关财物系涉案财物的证据材料;在庭前会议中,可以就涉案财物的权属情况和处理建议听取意见;要强化对涉案财物的当庭调查,规范涉案财物的判决处理和执行。在王某1受贿二审刑事判决书中,也注意到了这个问题。检察机关认为,一审判决对于王某1使用受贿款项购买的房屋及理财所得,未予以追缴,系对涉案款物处理不当。二审法院就此进行了审查,最终查明所查封房产实为王某1、王某2二人共同出资购买,系二人共有,且无充分证据证明查封房产系受贿罪的违法所得,故依法不应予以没收。虽然王某1受贿案的涉案财物处置问题相对简单,但法院对此认真负责的审查态度仍然值得在其他刑事案件中予以借鉴。

(朱锡平,北京市高级人民法院法官)

三、专家评析

本案是一起二审抗诉刑事案件。《最高人民法院关于加强和规范裁判文书释法说理的指导意见》规定,"二审裁判文书应当针对上诉、抗诉的主张和理由强化释法说理""针对一审已经详尽阐述理由且诉讼各方无争议或者无新证据、新理由的事项,可以简化释法说理"。在本案中,因二审法院查明的事实与一审法院所认定的事实一致,且未出现新的证据,故二审判决书对具体证据的内容不再详列,而将说理的重点聚焦在对争议焦点的梳理与论证上,从而很好地体现了裁判说理繁简得当的原则要求。

该案二审判决书经过整理后将抗诉的主要理由集中归纳为以下三个方面:一是如何看待王某1收受王某22 609.5万元钱款的性质;二是如何评价王某1收受马某钱款的性质;三是一审量刑是否适当、涉案财物处置是否合法。针对三个焦点问题,同样贯彻详略得当的理念,第一个问题即被告人王某1案发前系中央汇金投资有限责任公司银行机构管理二部副主任，其收受情人王某2钱款的行为可否认定为受贿，既涉及排除合理怀疑规则，又与王某1的量刑息息相关，因而进行了深入地分析论证，其所占篇幅最大。具体论证如下：

本案中，检察机关认为王某1与王某2之间虽然具有情人关系，但并不排斥权钱交易的存在，属于"多因一果"。具体到个案中，要综合考虑二人间的情感背景、经济往来情况、请托事项与收取财物的对应关系等多方面因素。一审判决也认为，在案证据证明王某1与王某2存在情人关系期间，王某1同时具有基于二人感情因素收受王某2钱款及基于受贿故意收受王某2钱款的可能性。据此仅认定二人交往初期，王某1于2009年11月和12月收受王某2给予的189.5万元构成受贿罪。

但二审判决既未采纳检察机关的思路，也未支持一审判决的结论，而是回归受贿罪的本质即不同利益主体之间的权钱交易和受贿罪的保护法益即国家工作人员职务行为的不可收买性的基础上予以展开说理论证。原则上，不能在不考察上述法益是否被侵犯的情况下，仅以国家工作人员受财就一概认定为受贿罪。从本案客观事实来看，在2009年8月至2012年10月长达三年时间内，王某1与王某2二人从恋爱交往、约定各自离婚、购置"婚房"后同居、为子女出国筹备留学费用直至最后分手，除已经指控的涉案大额资金外，王某2交予王某1使用的两张银行卡中，王某2共转入98.86万元，对此检察机关并未指控。这恰恰说明，王某1受财行为与王某2请托事项之间的对应关系并不清晰、明确，不能排除二人以结婚为目的共同生活的合理怀疑。倘若最终王某1与王某2结为夫妻，双方间的财物往来就会成为二人的共同财产，二人就成为真正的利益共同体，对外可视为一人，就更不存在权钱交易。在王某1收受王某2钱款的真实原因问题上，根据现有证据不足以排除合理怀疑，得出具有唯一性的结论。显然，本案判决是排除合理怀疑规则适用的典型个案，具有较强的指导实践价值。从裁判说理角度而言，该二审判决书同样较好地体现了《最高人民法院关于加强和规范裁判文书释法说理的指导意见》"要针对诉讼主张和诉讼争点、结合庭审情况进行说理，做到有的放矢"的要求。针对重要的争议焦点，该判决书都进行了环环相扣、细致入微的释法说理，既体现了经验法则与逻辑规则的准确适用，又体现了证据与法理之间的融会贯通，尤其是对如何理解并把握"排除合理怀疑"这一证明标准提供了示范性的说理论证模板，从而不仅产生了让本案的受众（包括抗诉的检察人员、一审法官）信服的裁判说理效果，也为未来类似案件的裁判文书说理提供了参考样本。

(点评人：刘树德，最高人民法院审判管理办公室副主任)

（2018）京刑终 61 号裁判文书原文

51. 容某某受贿、滥用职权案*

【关键词】

受贿　请托事项　索贿　滥用职权

【裁判要旨】

1. 国家工作人员接受请托人给付财物时，请托人未提出请托事项，但在请托人此后提出请托事项并继续收受财物，其接受请托前收受财物数额在1万元以上的，应当一并计入受贿数额。

2. 受贿人虽存在主动索贿行为，但该索贿行为并未违背行贿人行贿意愿的，不以索贿论处。

一、简要案情

2003年至2014年间，被告人容某某先后利用其担任广西壮族自治区马山县县长、隆安县委书记、南宁市邕宁区委书记、南宁市委副秘书长、南宁市委常委、统一战线工作部部长等职务上的便利以及职权和地位形成的便利条件，为他人在承揽工程、拨付工程款等事项上谋取利益，非法收受顾某、吴某某、韦某某、黄某某、梁某某、陈某、虞某某、宁某送给的财物共计人民币492.4161万元。

2004年上半年，时任马山县县长的被告人容某某违反关于任何单位和个人均不得减免和挤占挪用土地出让金、租金等土地收益的国家规定，在挂牌出让马山县城东农贸市场土地使用权过程中，超越职权违规决定将广西中星环宇房地产开发有限公司缴纳的土地出让金257.6万元返还给该公司，造成国有土地资产257.6万元的重大损失。

二、撰写心得

该案是厅级领导受贿、滥用职权案，是广西壮族自治区高级人民法院指定桂林市中级人民法院管辖的大要案。笔者作为本案的主办人兼审判长，办

---

* （2017）桂09刑初27号。

理好此案既有压力也有动力。在接到案件后，笔者就想到要把该案办成经得起历史检验的铁案，要办成精品案件，也要撰写高质量的裁判文书。因为裁判文书作为审判活动的主要载体，是展示审判机关对犯罪案件的事实认证和实体裁判过程，也是直接展示司法过程、体现公平正义的司法成果，更是最能体现主办法官的深厚理论功底和专业素养。因此，制作一份说理透彻、论证缜密、认定事实准确且适用法律恰当的裁判文书至关重要。对于写好这份判决书，笔者从这几方面下手。

（一）犯罪事实叙述明确具体，证据列举全面准确

撰写刑事一审判决书，首先要把审理查明的案件事实叙述清楚、准确、恰当，这就要有一定的概括能力和书面语言表达能力，要使用"法言法语"，紧紧依据法律规定来组织文书语言。且案件事实叙述以及论证要讲究层次性、逻辑性，同时也需要作者具有较强的逻辑思维能力。对于本案而言，笔者将被告人的八笔受贿犯罪事实和一笔滥用职权犯罪事实——叙述，证据则按照"证人证言＋书证＋被告人供述"的模式进行列举，明确具体，逻辑严密，一目了然。并且在八笔受贿犯罪事实后面进行综合证据分析，从被告人的任职文件、相关项目的中标通知书、工程施工合同等书证、证人证言及被告人供述等证据相互印证，充分证实了本案被告人受贿的犯罪事实。通过客观叙述事实，简明扼要，突出争议焦点，确保被告人一目了然，认罪服判。

（二）裁判理由要讲究论理透彻，逻辑严密，说服力强

裁判理由是判决的灵魂，在判决书中起着承上启下的作用，是将查证的犯罪事实与审判处理结果有机联系、结合在一起的桥梁和纽带，其重要性不言而喻。而论理写作是刑事裁判文书制作的难点。

1. "论理透彻"要求论理必须清楚，说理必须彻底，力求高度透明。对案件实体处理的各个方面要进行全方位的论证、说理，不能有遗漏。同时，针对性要明确，重点放在控辩双方的论辩焦点上，有主有次地展开。阐述理由要遵循以事实为基准点的原则，根据事实来进行分析和评判。法官认证和采信证据以及裁判的理由、依据应当明明白白地体现出来，使人可以清楚地了解法官办案的逻辑过程特别是据以下判的道理。回归到本案，本案的争议焦点在于这几个：第四笔、第五笔受贿事实是否证据不足？部分行贿人在逢年过节送钱时没有具体的请托事项，事后才有请托事项是否构成受贿罪？第二笔、第五笔被告人是否构成索贿？被告人是否滥用职权，造成的损失是多少？滥用职权罪是否过追诉时效？被告人在受贿罪及滥用职权犯罪中是否具有自首情节？被告人是否具有立功表现等7个争议焦点。针对争议焦点，本人运用证据规则有主有次地展开。阐述理由以事实为基准点，根据事实和证据来进行分析和评判，明明白白地呈现出来，让被告人一目了然，心服口服。

2. "逻辑严密"则要求对于任何判断进而推出的结论被确认时，应当有充足的理由作为论据，推理与结论必须能够高度一致，阐述法理及引述法律要准确、合乎规范，切忌自相矛盾。论证、论理要环环相扣，层层推进，防止出现断裂。整个司法推理的逻辑推导过程应当清晰可见，一目了然，符合规则常理。

3. "说服力强"就是通过对案件证据的分析、判断与确认，在正确再现案件事实的基础上，经过严密的司法推理，推导出无懈可击、令人信服的结论，从而使得整体论证、论理极具感染力和说服力。其旨在使控辩双方能够接受法官对证据和理由的剖析、论述以及对案件实体处理的结论。努力做到凡接触判决书的人都能够对法官的论证、论理看得懂，看得明白，从而对被告人的服判起到十分积极的作用。从这个角度讲，说服力强的论证、论理，不仅能够直接教育被告人认罪服法，同时对减少上诉率、申诉率，节省司法资源亦具有重要意义。事实证明，本案被告人不仅在法院审理阶段全部退清余下未退的赃款292万多元，在案件宣判后虽被判处十年以上有期徒刑亦服判未上诉，案件达到了三个效果的有机统一，该案判决书亦入选了全国法院首届"百篇优秀裁判文书"。

（三）要加强文书校对、审核工作，确保最后关口不出纰漏

写好裁判文书不仅需要反复酝酿、斟酌，还需要反复校对，不仅自己校对，合议庭成员要校对，书记员也要求认真校对，把好裁判文书印制的最后关口，确保文书不出纰漏。

（温文，广西壮族自治区玉林市中级人民法院法官）

三、专家评析

一是该裁判文书格式体例规范。格式规范、结构分明、层次严谨，要项齐备，事实叙写明确具体，证据列举全面准确，质证过程充分，焦点揭示简明扼要，是非辨析分明，理由阐述充实有力，针对性强，逻辑严密，文字通顺，语言准确、引据叙事，由事而理，法理互现，事理呼应、有理而断的逻辑顺序，体现了言之有理、以理服人的文本风格。

二是证据规则运用熟练，对控辩双方意见均完整列举，证据内容具体明确，分析论证充分，事实认定清楚，质证过程详细，证据分析条分缕析，透彻流畅，事实认定客观公正。

三是案件的审理程序和实体处理合法、正确。被告人认罪悔罪,退出全部赃款,法律效果和社会效果好。

(点评人:韦宗昆,广西壮族自治区高级人民法院刑事审判第二庭副庭长,全区审判业务专家)

(2017)桂 09 刑初 27 号裁判文书原文

52. 姚某某受贿案*

【关键词】

人情往来 利用职务之便 受贿罪

【裁判要旨】

行为人利用职务之便，有能力支付相应钱款而未支付，在他人代为支付后亦未及时返还的，不属于个人之间借款，其行为应认定构成受贿罪。

一、简要案情

经审理查明：2010年9月，时任内蒙古银行董事长的杨某某（另案处理）让呼伦贝尔炎黄置业有限公司（以下简称炎黄置业公司）法定代表人刘某以炎黄置业公司名义从内蒙古银行贷款3500万元，归自己使用。因炎黄置业公司无此贷款的相应抵押物，杨某某让时任行长的被告人姚某某代表内蒙古银行与炎黄置业公司董事长刘某签订虚假的商品房买卖合同，便于炎黄置业公司以对内蒙古银行应收账款为质押申请贷款。姚某某明知该笔贷款系杨某某个人使用、商品房买卖合同系虚假合同的情况下，因考虑杨某某系自己的领导及杨对自己的培养、提拔和重用，仍按照杨某某的授意签订了商品房买卖合同。在该笔贷款提交业务审查委员会研究过程中，个别委员提出异议时，姚某某授意时任风险管理部总经理的鲍某某先发放贷款，其事后补签字。2010年10月，内蒙古银行发放了3500万元贷款，杨某某安排将该款转入张某1任法定代表人的内蒙古天亿煤炭运销有限公司公积板分公司账户，准备将此款用于张某2与张某1合作开办小额贷款公司，后小额贷款公司未成立。2011年，经刘某催要，杨某某安排张某1两次归还炎黄置业公司2500万元，至2012年10月，炎黄置业公司将其余贷款本息还清。

1999年，被告人姚某某被时任呼和浩特市商业银行行长的杨某某调入呼和浩特市商业银行（内蒙古银行）工作后，历任该行办公室主任、监察室主任、副行长、行长、董事长、党委副书记、党委书记等职务。姚某某为了感

---

* （2016）内04刑初46号。

谢杨某某对自己的提拔重用，2007 年上半年，姚某某到杨某某办公室，送给杨 1 万美元（折合人民币 7.6238 万元）；2008 年下半年，姚某某到杨某某办公室，送给杨某某 1 万美元（折合人民币 6.8203 万元）；2012 年春节期间，姚某某到杨某某的家中，送给杨某某人民币 1 万元；2013 年春节期间，姚某某到杨某某家中送给杨某某 1 万美元（折合人民币 6.2816 万元）；2014 年杨某某在海南省三亚市过春节，姚某某到三亚市送给杨某某人民币 2 万元。以上合计人民币 23.7257 万元。

被告人姚某某个人及家庭有现金、存款、房产、贵重物品共计折合人民币 3705.784404 万元，其个人及家庭在购买房产、子女教育、家庭理财等方面的支出折合人民币 1137.372843 万元，总计折合人民币 4843.157247 万元。姚某某能够说明来源的共计 3161.139686 万元，其中，合法性收入共计人民币 1889.798586 万元，受贿所得合计人民币 1139.1018 万元（不包含 1600 万干股），非法所得折合人民币共计 132.2393 万元。扣除合法性收入、受贿、非法所得部分，姚某某的家庭财产中仍有价值人民币 1682.017561 万元的财产不能说明来源。

案件争议的焦点为姚某某及辩护人认为指控的部分受贿行为系正常的人情往来，并非为谋求利益实施的犯罪行为；收受李某某为姚某办理投资移民支付的 50 万美元，属个人之间的借款，而非受贿；姚某某利用职务便利挪用公款 3500 万元归杨某某使用，未谋取了个人利益，不构成挪用公款罪；姚某某给予杨某某、汤某某钱款，属于一般的人情往来和感情投资，不应认定构成行贿罪。

二、撰写心得

赤峰市人民检察院指控姚某某犯受贿罪、挪用公款罪、行贿罪、巨额财产来源不明罪一案，于 2016 年 7 月 4 日向赤峰市中级人民法院移送起诉。因该案件的被告人身份特殊、涉案数额大、社会关注度较高，院里选派笔者作为案件承办人带领刑一庭、刑二庭的业务骨干办理该案件。书记员们将 118 册卷宗、221 张光盘分装在五个储物箱中，用小车推进了办公室，本不宽敞的办公室更加拥挤，随之而来的还有"山大"的压力。案件无大小，每一个案件都关乎被告人的切身权益，关乎一个或数个家庭的聚散离合，关乎社会的公平正义，尤其是社会关注度较高的案件，对社会价值观的影响尤为显著。如何将这个案子查明、断清，使被告人定罪有据、罚当其罪，让案件成为违法犯罪的警示牌、成为办理同类案件指南针才是真正要静下来思考的问题。

收案后，笔者组织合议庭成员及法官助理召开了动员会，说明案件情况，进行任务分配，要求集中全部精力务求将案件办理成标杆案件。2017年1月15日，经过了赤峰市人民检察院的一次建议延期审理，申请内蒙古自治区高级人民法院延长了审限2个月，历时6个月完成了一审审判的全过程，形成了161页、141 313字的刑事判决书。案件的顺利审结离不开高院的有力督导、市委政法委的保障协调、院党组的高度重视以及合议庭成员、庭室干警的辛苦付出。故而，优秀裁判文书的撰写绝非一人之功，其间凝结的汗水来自每一名踏实工作、认真负责的政法干警。现就审理案件的一点心得体会与大家分享。

（一）分组阅卷、定期汇总、研讨疑难、以证断案

该案件证据较多，庭内安排专人管理卷宗，任何一次卷宗的流转都要有登记有签字；该案件证据繁杂，卷宗分组不清晰，仅姚某某一人的供述就多达243次，指控的犯罪事实在多次供述中穿插交杂；又因姚某某是银行工作人员，多起犯罪的起因或经过涉及银行业务的专业知识，厘清弄懂，分类整理是当务之急。合议庭成员按照公诉机关指控的罪名进行分工，查阅卷宗整理报告，请教专家务求弄懂做细。要求每周合议庭成员汇报案件办理进展，对于发现的问题及时研判，对于证据瑕疵绝不将就，集中整理后通过发函要求公诉机关补齐补证。证据是判案的唯一准则、是查清事实的唯一前提，严把证据关才是办好案、好办案的不二法宝，以审判倒逼侦查才能形成案件高质量的良性循环。

（二）告知权利、明确焦点、稳控情绪、有的放矢

充分发挥庭前会议的作用，保障庭审的顺利进行。2016年12月6日召开了庭前会议，公诉人、被告人姚某某及辩护人到庭参加会议，法庭告知了被告人和辩护人享有的诉讼权利、庭审的顺序，听取了控辩双方对举证方式、举证顺序的意见，为庭审的顺利进行提供了保障。庭前会议的最重要作用便是解决程序性的问题，在该会议之前，承办人给姚某某送达了起诉书，了解其对案件的看法、认罪的态度、身体的状况、情绪是否稳定。庭前会议时也充分尊重和保障姚某某和辩护人的诉讼权利，了解了控辩双方的争议焦点，达成了对于争议事实详细举证，没有争议的事实简化举证的一致意见。通过提审和庭前会议，形成庭审繁简的内心预判，制定了预防和处置法庭内外可能发生的各种危害性突发事件、群体性事件的稳控方案，围绕案件审判的宣传需要和防范、应对不良舆情制定了宣传方案，为庭审做好准备。

(三) 把握节奏、保障诉权、依法审判、程序完备

2016年12月8日至12月9日，姚某某涉嫌犯受贿罪、挪用公款罪、行贿罪、巨额财产来源不明罪一案在赤峰市中级人民法院一号法庭公开开庭审理。姚某某在庭前会议中已经了解自己的诉讼权利，再次询问时不申请回避，未提出非法证据排除的申请，不申请新的证人到庭或申请重新勘验或鉴定，对于已知有异议部分如有无挪用公款的行为、李晓兵为姚某办理投资移民提供的50万美元属于受贿款还是借款，收受贾伟给予的手表一块属一般人情往来和感情投资等指控进行一证一质，充分听取控辩双方的质证意见、辩论意见。在最后陈述阶段听取姚某某对自己行为的认识，认罪悔罪的忏悔。法官居中裁判，既要审查公诉机关的指控也要听取被告人的辩解，听取辩护人的辩护意见，因此在法庭审理过程中必须保持中立随和，态度端正，不能偏袒也不能压制任何一方，要能够听取不同的观点，吸收不同意见，同时法庭应当是法官的主场，引导和把握节奏依法依规地带动庭审的步调，才能保持清醒的头脑，做出正确的判断。

(四) 核查证据、听取意见、评判是非、论理清晰

庭审结束后，合议庭成员根据在庭审中的所听、所见，结合举证质证的情况进行合议，对于姚某某和辩护人提出的辩解和辩护意见再次核查卷宗，发表意见，最终通过证人证言、转账记录并结合姚某某的辩解得出了姚及辩护人提出的意见不能成立的结论。在判决书的撰写上，由承办人对合议庭成员撰写的部分进行汇总，整体把握判决的结构，力求语言规范、用词精准、论理清晰、释法明确，对有争议的事实逐一评判，考虑从重情节亦要考虑主动退还受贿款等从轻处罚的情节，合议结果以受贿罪、挪用公款罪、行贿罪、巨额财产来源不明罪，拟判处姚某某有期徒刑十八年，并处罚金人民币410万元的刑事处罚。该意见上报本院审判委员讨论后，一致同意合议庭意见。宣判后姚某某上诉，内蒙古自治区高级人民法院驳回上诉，维持原判。

笔者从1991年进入赤峰市中级人民法院从事刑事审判工作，至今三十余年，少年已白发。回望来时路，窃喜初心尚在。踏踏实实地办好经手的每一起刑事案件，认认真真地写好每一份裁判文书，才不辜负三十余年的光阴，对得起历久弥坚的为民初心。

(黄世东，内蒙古自治区赤峰市中级人民法院法官)

三、专家评析

本案一审宣判后，姚某某提出了上诉，二审法院驳回上诉，维持原判，

判决已发生法律效力。该判决的主要特点有以下四个方面。

（一）严格坚持以证据为中心，叙述事实层次分明，条理清晰

该判决涉及被告人姚某某24起受贿犯罪及挪用公款、受贿、巨额财产来源不明3个罪名，时间跨度大，判决书的篇幅也很长，但判决书叙述事实、罗列证据繁简得当。通篇读起来，逻辑严明。

（二）判决书结构详略得当、突出重点

针对上诉人姚某某及其辩护人提出的收受李某某50万美元是个人之间借款，辩护人提出的收受刘某2、谢某某等人的款物没有明确请托事项，不构成受贿等辩护意见。判决书将姚某某供述及相关证人证言详细列出，强化了对上诉事实认定的根据。

（三）说理充分，用语规范

该案涉及受贿、挪用公款、行贿等多个罪名，文书中对被告人姚某某的辩解、辩护人的辩护意见，一一作出具体回应。

（四）贯彻宽严相济的刑事政策，量刑客观公正

被告人姚某某到案后，如实供述自己的罪行，主动交代侦查机关未掌握的部分受贿事实，在2011年5月主动退还了要建新给予的1600万干股，认罪悔罪，积极退赃，赃物已全部追缴，具有法定、酌定从轻处罚情节，依法可以从轻处罚。对被告人姚某某数罪并罚，决定执行有期徒刑十八年，符合罪刑相适应原则。

（点评人：郭云楼，内蒙古自治区高级人民法院刑事审判第一庭副庭长）

（2016）内04刑初46号裁判文书原文

53. 黄某某受贿案*

【关键词】

借款　索贿　自首　量刑

【裁判要旨】

国家工作人员为他人谋取利益后向他人借款并表达了还款意愿，但在他人明确表示不需归还，国家工作人员具备还款能力却长期未还款，并继续利用职务便利为他人谋取利益的，应认定为收受他人贿赂；国家工作人员案发前被动退还行贿人财物的，不影响受贿性质的认定。

一、简要案情

公诉机关指控，2004年至2014年期间，黄某某利用职务便利，为他人谋取利益，收受他人所送现金共计560万元，还索取詹某某贿赂100万元，共计非法收受他人贿赂660万元，且具有索贿100万元从重情节。一审判决认为，黄某某利用国家工作人员职务上的便利，收受他人所送现金共计560万元，但指控黄某某索要詹某某100万元应是黄某某家人与詹某某之间的借款，且具有自首情节。本案的争议焦点有：（1）100万元的性质系借款还是受贿款；（2）黄某某是否具有自首情节；（3）量刑是否适当。

二、撰写心得

笔者现将自己在制作本案二审判决文书的一些感想体会作以下分享。

（一）做足做实相关工作

"基础不牢，地动山摇"，要起草好一份刑事裁判文书，笔者认为，除文书格式严格按照规范格式的要求制作外，文书的内核还必须要力求硬核独特并经受住检验。如果想做好以上内容，则必须要阅好卷、开好庭、汇好报，把基础工作一步一步扎扎实实做在前面。首先在受案后结合抗诉意见及理由、上诉意见及理由认真全面阅卷，同步做好翔实的阅卷笔录，对阅卷中认为需

---

* （2016）川刑终385号。

要注意的重点做好记录，了解吃透案情；努力贯彻"四个在法庭"，所有开庭准备工作就绪后，拟定庭审提纲及相关方案，明确庭审重点；二审开庭中，充分运用和发挥好庭审查明事实的独特功能价值、引导抗辩双方围绕焦点展开辩论，让二审庭审实质化最大化彰显；庭审后，要求抗辩双方及时提交书面意见，对庭审中未进一步展开说明的理由，可以在书面意见中详细阐释；合议庭评议时，严格按照相关规定，对本案事实、定性、情节、量刑等逐一研究评议，发表观点，明确意见；拟写详细的审理报告，提出需要提请审委会讨论的问题，如实记录审委会的最终意见结论，为制定起草二审裁判文书做好充足的准备工作。必要时，对从前期阅卷到审委会讨论决定的整个过程，再进行一次完整的系统梳理，让案情、争点、难点了然于胸。然后，由个别到全局通盘考虑，对从拟起草整个文书的架构、内容、重点等整体谋划思考、列出提纲。

（二）尽量客观展示反映诉讼全貌

由于本案系一起因抗诉、上诉进入二审的案件，因此在文书通篇结构设计上首先要注重全面、准确、客观反映诉讼整个过程，如实反映出诉讼全貌和双方的观点，如一审公诉意见、辩解辩护意见、一审认定事实、适用法律、裁判理由、裁判结果和抗诉意见、上诉意见、辩方意见，以及二审查明事实、适用法律、裁判理由、裁判结果均作了客观展示，尽量给人全面、直观印象而又不显拖沓累赘。

（三）注意文本的繁简详略分配

在证据罗列和事实叙写上，遵循客观、准确、中立、全面和对应匹配认定案件事实原则。注意详略分配，该详则详，当简则简，如对无异议的证据及证明事实，尽量高度概括；对于二审查明证据、事实与一审相同的，则以"经二审审理查明的其余事实和采信的证据与原判认定相同，本院予以确认"进行表述，避免不必要的重复。对涉及有争议的事实、定性、情节、量刑等则详细审查认定并抓取固定，如对二审查明事实与一审查明事实截然相反的，则注重详细叙述，并对采信证据证明的案件事实、量刑情节事实也一并详细罗列叙写固定，为下一步紧扣双方争议焦点详细阐述说理论证打下事实和证据基础。

（四）注重结合事理情理法理强化裁判文书说理

本案系一起人民检察院针对一审刑事判决提起抗诉和被告人不服一审刑事判决提起上诉的案件，焦点集中于对案涉100万元性质的认定，以及由此引发的对被告人是否具有索贿、自首情节的认定和量刑是否适当等问题。审判实践中,如何准确具体界定国家工作人员正当、合理的借款行为与以借为名非法收受财物为他人谋取利益的受贿行为,因情况复杂、表现形式多样,适用上亦存在法律、司法解释尚无明确规定之处,因此分歧争议较大,成为困扰审判实践的突出疑难问题。一审判决没有支持人民检察院提出的被告人索贿100万元的指控,而认定系正常的借款性质。

习近平总书记在2019年1月中央政法工作会议上强调指出,要坚持以法为据、以理服人、以情感人,既要义正词严讲清"法理",又要循循善诱讲明"事理",感同身受讲透"情理",让当事人胜败皆明、心服口服。最高人民法院院长周强在第七次全国刑事审判工作会议上明确要求"正确适用刑事法律,兼顾国法天理人情"。对此,笔者在制作裁判文书时采取兼顾"三重三理"原则,即重事理(从遵循通常生活经验逻辑出发进行评判分析,如借款用途、还款能力、借条出具后一般谁保管等)、重法理(对借款与受贿行为性质的法律界限)、重情理(同学之间正常借款金额、归还时间、对在无归还情况下交付的大量现金的保管等)来加强说理评析:(1)归纳提炼抗、辩双方主要争议焦点,树立驳辩靶子。尽量做到全面无遗漏而又重点突出,为文书接下来的评判和说理奠定基础,增强评判说理的针对性、实效性,让文书整体的条理性和层次感更清晰自然。(2)严守中立,统筹兼顾。在评判说理时对双方争点均予以回应,防止顾此失彼,此轻彼重,最后给出是否采纳的明确结论。(3)说理自然层层递进,符合逻辑和经验法则。评判分析各方意见时,紧紧结合案件事实、证据、法律、情理和正常逻辑等展开,如被告人与行贿人的特殊关系、出具借条却自行保管而不交予债权人、紧急召集统一口径订立攻守同盟以及后续还款邮寄借条等系列反常表现,根据常情常理常识逐渐深入,抽丝剥茧,穿透表象直指本质,用客观行为、主观心态综合辨法析理,自然得出最终结论。(4)依法改判简洁明了。固定案件事实、证据之后,针对双方在法律适用、情节认定、主刑附加刑判处等上的不同诉求意见及理由,专门归纳阐释裁量的具体事实依据、法律依据,如是否存在索贿、是否构成自首、主刑及罚金判处是否适当等一一作出相对完整分析。在全面呈现、层层递进、抽丝剥茧、条分缕析基础上,最后综合判定案涉100万元已由最初的借款性质转化为受贿性质,但不属索贿,并由此认定被告人系坦白而不具有自首情节,主刑量刑不应在法定刑以下减轻判处刑罚,附加刑一审判决在决定罚金数额时的方法不当,本院将综合考虑黄某某的犯罪情节决定罚金数额。改判主文呼之欲出,再分层叙写具体判项。

综上,承办法官在裁判文书中围绕抗、辩双方所提争议焦点,充分运用证据梳理还原固定的事实，从被告人与出借人双方的关系、借款发生的特定时间、借款后还款意愿的表达、是否具备还款能力、未归还原因及时间周期、借款期间是否继续为出借人谋取利益、后续还款的原因及特定表现（如有无订立攻守同盟等）系列客观事实，准确认定受贿性质，并由此认定相关量刑情节，让争议焦点至此均得到一一回应，支持与否也清楚明白。笔者在撰写文书过程中，努力让整个二审判决文书从形式结构到内容完整清晰、自然流畅、水到渠成、详略得当、逻辑谨严。

（王明奎，四川省高级人民法院法官）

三、专家评析

本案系一起人民检察院针对一审刑事判决提起抗诉的案件，焦点集中于对案涉100万元性质的认定，以及由此引发的对被告人是否具有自首情节的认定和量刑是否适当的问题。审判实践中，如何准确具体界定国家工作人员正当、合理的借款行为与以借为名非法收受财物为他人谋取利益的受贿行为，因情况复杂、表现形式多样，以及法律、司法解释尚无明确规定之处，因此分歧争议较大，成为困扰审判实践的突出疑难问题。

本判决书围绕抗、辩双方所提争议焦点，充分运用证据梳理还原固定的事实，从被告人与出借人双方的关系、借款发生的特定时间、借款后还款意愿的表达、是否具备还款能力、未归还原因及时间周期、借款期间是否继续为出借人谋取利益、后续还款的原因及特定表现如有无订立攻守同盟等系列客观事实，采取全面呈现、层层递进、抽丝剥茧、条分缕析的方式，最后综合判定案涉100万元已由最初的借款性质转化为受贿性质，并由此认定被告人系坦白而不具有自首情节，量刑不应在法定刑以下判处刑罚。本判决书全文如实反映诉讼全程，详略得当、逻辑严密、说理透彻、适法准确。

（点评人：陈进科，四川省高级人民法院刑事审判第三庭四级高级法官，法学博士）

(2016) 川刑终385号裁判文书原文

54. 马某某受贿案*

【关键词】

受贿　庭审实质化　金额认定

【裁判要旨】

行为人已经完成受贿行为，其事后通过隐秘方式向廉政账户上缴的钱款，应认定为受贿金额，对该上缴行为应认定为退赃；行为人为非法律意义上的特定关系人通过打招呼方式，帮助他人获得不确定金额的购房优惠，但行为人最终对具体优惠金额不知情、不受益的，该优惠款项不宜认定为受贿犯罪的犯罪数额。

一、简要案情

2004年至2015年期间，被告人马某某先后利用担任中共都江堰市委组织部部长、温江区人民政府常务副区长、都江堰市人民政府市长的职务便利，在项目推进、土地拆迁、工程款拨付等方面为成都市智业房地产开发有限公司、成都利贞实业有限公司、巨龙国际投资（香港）公司、成都天来房地产开发有限公司、程某某、周某1等单位和个人提供帮助，个人或伙同他人非法收受、索取上述单位及个人的财物折合人民币共计3235余万元。

争点焦点主要有：（1）马某某是否伙同张某某共同收受安某1贿赂2000万元。（2）指控马某某单独收受安某1210万元中的200万元是借款还是贿赂款的问题。（3）关于收受程某某的30万元人民币和周某1的4万美元应否计入受贿犯罪数额的问题。（4）关于周某2是送钱还是送房的问题。（5）李某某享受的房屋优惠款20余万元应否计入马某某受贿犯罪数额的问题。（6）上缴廉政账户的11.5万元应否从受贿数额中扣除的问题。（7）马某某是否有自首情节的问题。

二、撰写心得

习近平总书记指出："必须牢牢把握社会公平正义这一法治价值追求，努

---

* （2016）川01刑初108号。

力让人民群众在每一项法律制度、每一个执法决定、每一宗司法案件中都感受到公平正义。"① 司法机关是维护社会公平正义的最后一道防线，要肩扛公正天平，手持正义之剑，以实际行动守护好公平正义的生命线。裁判文书是裁判者公平正义观的全面展示。

（一）坚持裁判文书基本要件

裁判文书是庭审过程的再现，在审好案件的同时，更要写好裁判文书，程序正当、实体公正非常重要，在裁判文书中应当予以充分体现。制作一份优秀的刑事裁判文书，必须充分遵守刑事裁判文书基本要件。马某某受贿案的裁判文书，立足庭审过程，用简明的语言、详实的记载，按照裁判文书的行文逻辑要求，呈现庭前会议、侦查情况、延期审理等程序性事项，保障了文书格式规范、基本要素齐全，文书架构及制作中遵循"规矩定方圆"的总体要求。

（二）积极回应控辩双方关切

争点归纳必须客观、准确、具体，清晰争议各方的意见及理由，评判裁判文书时要充分展现法官的居中裁判思维，语言平实，要程序正当与实体正义并重，法学理论坚实，论理充分，严谨不出纰漏，不歧视任何一方。马某某受贿案文书制作，始终围绕争议的问题，采取夹叙夹议的方式，及时回应控辩双方的关切。如，关于指控马某某伙同张某某共同收受安某 12 000 万元事实的认定问题。针对行贿人安某 1 将 2000 万元送给张某某，当时在场的仅有其二人，安某某陈述详细，但张某某否认，拒不供述；且张某某将其中的一半即 1000 万元分给马某某，张某某零口供，马某某作有罪供述后改变口供，否认从张某某处分得 1000 万元。裁判文书说理过程，严格按照合议庭意见，从"在案证据足以证实马某某、张某某客观上为天来公司获取酒店宗地提供了帮助，牟取了利益；在案证据足以证实 2010 年上半年张某某当着马某某的面就天来公司购买土地一事向安某 2 等人索要 2000 万元贿赂；在案证据能够证实安某 1 分三次（600 万元、800 万元、600 万元）向张某某行贿 2000 万元以及马某某从中获得 1000 万元的事实"等三个方面，有效论述了看似孤证的两个重要事实证据的关联性、客观性，认定其共同受贿 2000 万元的指控事实成立。又如，将关于上缴廉政账户上的资金应否从受贿金额中扣除、应否计入退赃金额的问题。裁判文书立足合议庭的意见，从辩方提供的 13 张交款凭据，交款人的记载，以及交款时间，账户开户人以及证人证言等充分分

---

① 习近平总书记 2018 年 8 月 24 日在中央全面依法治国委员会第一次会议上的讲话。

析论述，具体阐述不支持辩方的理由，详细论证支持控方不扣减受贿数额的意见，同时对该款作出了视为退赃的性质认定。再如，关于购房优惠款能否计入受贿犯罪金额的问题。在充分分析论证的基础上，裁判文书最终认定本案这种通过打招呼帮助非法律意义上的特定关系人获得不确定额度购房优惠，且在案证据不能证明行为人对具体优惠额度知情并从中受益的，优惠款不应计入受贿犯罪数额，由此创立了一项独特的裁判标准和原则。

（三）充分把准重要证据

证据是根，吃透证据，是写好裁判文书的前提和基础。证据梳理是法官的基本功，梳理要有目的性，明确证据是用来证明案件事实的，做到有所取舍，这是文书简练的重要环节。因此，裁判文书行文查明的事实必须做到每一个事实点都有证据或相关依据支持，每一句话都有其价值，要围绕定罪要件、量刑事实、财产处置等与判决结果紧密相关的内容来书写。前文叙述的马某某受贿一案中，涉及行为人向廉政账户上缴的钱款和打招呼帮助他人获得购房优惠款项是否认定为犯罪金额的问题。合议庭充分落实了以审判为中心和刑事证据裁判原则，庭审中围绕行为人两种行为形态和两笔涉嫌犯罪的金额作出举证、质证，通过充分抗辩后，作出区分认定。

（杨中良，四川省成都市中级人民法院法官）

三、专家评析

这是一份"加强型"的一审刑事判决书，文书长达99页、近5万字。该份裁判文书要素齐全、思路清晰、说理透彻、论证到位，充分体现以审判为中心的刑事庭审实质化，对争点、重点内容不惜笔墨，对无争议的该简必简，用语精准平实，裁判过程及判决结果都彰显了社会主义核心价值观，展示了撰写主审法官深厚的刑事法学理论功底和驾轻就熟的审判水平。

首先，该判决书各项写作要素齐全。特别是对在长达4年期间该案件所经历的庭前会议、侦查情况、延期审理等程序性事项描述准确清楚。此外，该案在审理过程中，严格按照庭审实质化的要求，召开了庭前会议，并在庭前会议中明确了有争议事项和无争议事项，确定了8项法庭重点调查内容，其中有2个争点是受贿类犯罪中争议较大的问题。判决书用简洁明了的语言对庭前会议的具体情况进行了记载，避免了庭审实质化改革中容易存在的庭前会议实效不大且与判决书最终认定的内容不对应的问题。

其次，该判决书抓住重点，紧紧围绕庭前会议确定的争点展开证据调查，对被告人供述、证人证言等证据进行客观、完整的描述，用语平实、准确。

值得一提的是，该判决书除了对被告人受贿数额方面作为庭审证据调查的重点之外，还对案件的立破案情况、被告人主体身份、归案情况、赃款去向等事实进行了调查，确保了证据调查的完整性。

最后，该判决书的精彩之处在于，对证据调查所呈现出来的争点问题进行了清晰透彻、逻辑严谨的说理分析。尤其是对房屋优惠款和上缴廉政账户这两笔争议最大的款项进行了分析，最后得出了准确的结论，树立了本案的两个裁判规则，对同类案件的审理具有示范价值。

（点评人：胡东飞，西南财经大学法学院教授，四川省法学会刑法学研究会副会长）

（2016）川 01 刑初 108 号裁判文书原文

第四节　行贿罪

55. 王某1、傅某某行贿、伪造公司印章及王某1受贿案[*]

【关键词】

违法所得　行贿　企业资质　扣押财产　从旧兼从轻

【裁判要旨】

1. 因行贿取得企业经营资质并实际经营获取的营业收入，与行贿行为无必然因果关系的，可以不认定为违法所得。

2. 在判决确定前，司法机关不能将扣押财产进行实体处理。

3. 案涉行为涉及新旧《刑法》选择适用，对于法定刑相同，但修正后《刑法》对最低刑从宽处罚规定设置了严苛条件的，属处罚更重，应依据"从旧兼从轻"原则，适用修订前《刑法》。

一、简要案情

湖南省有色地质勘查局原局长王某2于2006年至2013年期间，在王某1、傅某某夫妇二人工作安排、职务及岗位调整、利用中南建设集团有限公司（以下简称中南公司）资质对外开展业务等事项上给予了关照，为表示感谢，王某1分别于2009年5月、2013年9月先后安排傅某某为王某2支付长沙某小区购房款35.79万元、现代牌越野车购车款30.5万元。夫妻二人于2010年至2013年承包经营中南公司东莞分公司，经司法鉴定，以中南公司资质对外承建项目取得经营净收益经确认为7 797 855.66元，侦查机关遂从银行账号扣押现金人民币560万元。

一审法院认为：被告人王某1身为国家工作人员，利用职务上的便利，

---

[*] （2017）湘06刑终397号。

非法收受他人财物，数额较大，为他人谋取利益；为谋取不正当利益，伙同被告人傅某某给予国家工作人员财物；被告人王某1的行为已构成受贿罪、行贿罪，被告人傅某某的行为已构成行贿罪。王某3利用担任地勘局局长的职权，让王某1利用地勘局下设中南公司的资质承包经营东莞分公司，期间承包经营的收入应当认定为行贿取得的不正当财产性利益，司法鉴定意见书证明王某1在该期间的经营净收益为7 797 855.66元，故已扣押的560万元应当依法没收。据此，并经审判委员会讨论研究决定，判决：被告人王某1犯行贿罪、受贿罪、伪造公司印章罪，三罪并罚，决定执行有期徒刑一年十个月，并处罚金人民币10万元（已缴纳）。被告人傅某某犯行贿罪、伪造公司印章罪，二罪并罚，决定执行有期徒刑一年七个月。没收被告人王某1、傅某某因行贿取得的不正当财产性利益共计人民币560万元，上缴国库（已执行）。

王某1、傅某某上诉称，将承包东莞分公司错误认定为是通过王某3谋取了不正当利益，并将王某1调入地勘局期间的家庭收入认定为不正当财产性利益，据此没收被扣押的钱款560万元不当；故请求依法退还经营收益560万元。

针对上诉请求，二审归纳为两个焦点：一是对王某1在省地勘局任职后通过王某3的职权获取的企业承包经营资格如何识别并处理；二是对王某1利用企业承包经营资格进行承包经营取得的营业收入能否认定为违法所得。

1. 王某1利用王某3的职务行为获取的企业承包经营资格，属于因行贿犯罪取得的不正当非财产性利益，诸如经营资格、资质等通过受贿人职务行为获得的，仅仅是实现现实利益的资格、机会、条件等，属机会性不正当利益范畴，转化为实在性的物质利益尚需行贿人付出劳动并实施一系列的生产经营活动，是否转化为实在性利益，具有或然性；类似资格等其本身亦无法换算为可计量的金钱和实物，故属非财产性利益。针对类似不正当非财产性利益司法机关无权径直处理，只能建议有关部门在刑事诉讼之外依据相关规定进行适度处理；是否及如何处理依据法律及相关司法解释规定，概与司法机关及刑事诉讼程序无关。综上，王某1利用公司资质对外承包，该经营资格属于机会性不正当非财产性利益，依法不能用货币来进行等价计量，故不能适用财产追缴等非刑罚方法来处理。且因该经营资格已过托管期限，无再行专门处理必要；而利用中南公司违规经营问题，业经湖南省委巡视组调查并按要求进行整改。

2. 王某1利用企业资格进行承包经营取得的营业收入不能认定为违法所

得。违法所得通常是指行为人从事违法活动直接获取的非法财物,包括因实施犯罪活动而取得的全部财物及其孳息;涉案财产的范围应为犯罪嫌疑人非法持有的违禁品、供犯罪所用的本人财物;没收违法所得是针对与犯罪相关联的特定物的处置,亦是因犯罪行为引发并可归责于被告人的一种责任追究。违法所得与犯罪行为存在必然的联系,除违禁品、用于犯罪的本人财产等涉案财产外,没收违法所得的财产范围是指通过犯罪行为所取得的财物及其孳息,应与犯罪嫌疑人、被告人的犯罪行为本身存在实质性的紧密关联。利用行贿获得企业资质等有利的经营条件,定性属于不正当非财产性利益,应由相关机构在刑事诉讼外依规处理,因经营资格等非财产利益非诉讼化地处理及阻隔,该合法经营的收益与行贿等犯罪行为之间无实质性的紧密关联。综上,王某1利用企业承包经营资格进行承包经营所取得的营业收入既不属违法所得及其他涉案财产范围,亦非违法所得形成的衍生利益,且与犯罪行为之间无必然的联系,依法不能认定为违法所得,并以不正当财产性利益而予以没收。

二审法院认为,原判对两上诉人的行为定性准确。检察机关于侦查期间以收缴违法所得的名义责令缴纳并扣押人民币560万元,并在一审判决前上缴国库,检察机关的扣缴行为违反涉案财物实行涉案财物强制执行与保管相分离原则,且在刑事诉讼程序终结前对涉案财产作出实体处理,明显违法。一审法院将利用企业经营资格进行承包经营取得的营业收入错误认定为违法所得及其他涉案财物,并对被扣押的560万元予以没收,二审予以纠正。

针对一审适用法律存在的问题,二审法院认为:上诉人王某1、傅某某的行贿行为发生于《刑法修正案(九)》2015年11月1日实施前,对比修订前后的刑法,《刑法》第390条对行贿罪每个量刑幅度均增设并处罚金刑的规定,且对比《刑法》修正前后对行贿罪从宽规定的变化,《刑法》对从宽处罚条件增设了从轻处罚的量刑幅度,对可以减轻或者免除处罚设置了诸如"犯罪较轻的,对侦破重大案件起关键作用的,或者有重大立功表现的"等更严格的从宽处罚之前置条件;根据"从旧兼从轻"原则,对王某1、傅某某的行贿行为应当适用1997年修订的《刑法》。王某1分4次受贿6万元,该受贿行为发生于2015年11月1日前,对比《刑法》修正前后对贪污及贿赂犯罪规定的变化,修正后的《刑法》比修正前的刑法处罚要轻,故对王某1的受贿犯罪行为应当适用刑法;一审法院未作裁判释明,二审予以纠正。鉴于王某1、傅某某均已被变更强制措施,且一审法院对行贿罪的量刑亦在量刑幅度内,故二审法院对行贿罪的量刑不再调整。王某1在被提起公诉前如实供述自己的罪行、真诚悔罪、并于2016年6月27日积极退赃六万元，而王某1与行贿人肖某某的业务联系，亦属于王某1在承包经营期间的自主经营方式，综观全案，对王某1的受贿犯罪可从轻处罚；一审法院遗漏《刑法》分则法定的从宽情节，且对已退缴受贿赃款六万元遗漏而未作处理，二审依法予以纠正。

二审法院经审判委员会讨论决定，判决：维持原判对王某1、傅某某犯行贿罪的定罪与量刑，撤销原判所谓没收王某1、傅某某因行贿取得的不正当财产性利益共计人民币560万元；对上诉人王某因受贿犯罪违法所得的现金人民币6万元予以没收，上缴国库（已缴纳）。

二、撰写心得

刑事诉讼保障人权，惩治犯罪；要想审理好案件，背后是埋头阅卷、法理深研，实质是法官全年无休地甘愿付出。这种付出最好的诠释，当然是通过一份份制作精美的裁判文书予以呈现。

裁判文书制作是老生常谈的内容，也是因人而异、常说常新的话题。当事人承担法律责任，同时可能面临着人生的重要选择。从这个意义上讲，裁判文书作为传递裁判结果的重要载体，如何尽于至善，其重要性不言而喻。如何制作裁判文书，很多专家与同行主要从格式、叙事、逻辑、说理，以及释明、引导诉求以化解争议等微观要素分析，均让人有所启迪并获得新知。

裁判文书是反映诉讼过程和裁判结果的最终载体。从根本上讲，裁判文书是案件审理过程的集中体现，诉讼活动质量的高低会直接投影于裁判文书。没有公平、公正、公开的审理活动，裁判文书形式、逻辑再完美，亦无法获得当事人内心由衷的认同。因此，在讨论如何制作裁判文书时，笔者首先关注案件本身的审理过程，即程序与实体是否合法，裁判文书质量优劣就是案件审理质量好坏的直接对标。

"汝果欲学诗，工夫在诗外。"要撰写优秀的裁判文书，关键是裁判者如何公正地审理案件。正因如此，笔者尝试转换思维角度，不再从文书制作技艺的微观出发，而是选择从案件审理的宏观视域分析，探究一篇优秀裁判文书究竟应当怎样产生。

一篇优秀裁判文书必定是对循法、公正的诉讼活动完美呈现。唯有秉持实体公正与程序优先理念、坚守廉洁底线，方能写出"干净"的裁判文书。反之，哪怕争议焦点说理与文书格式皆无可挑剔，但只要不廉洁，或者遗漏对部分抗辩理由、观点的回应，必然让人产生合理怀疑，程序存在瑕疵甚至违法，那绝对不是一篇好的裁判文书。相反，势必启动再审，纠错则是大概率事件。

司法理念看似宏大而虚无，但在实践中，它与具体诉讼制度相结合，却如影随形、无处不在，如程序正义、存疑利益归属于被告人、证据裁判、非法证据排除、罪刑法定、无罪推定、罪责刑相适应等。一旦与具体个案相连，则能对案件走向包括被告人能否获得公正裁判，将会产生强大的司法效能。唯有坚守司法理念，裁判之轨方能走正道、不跑偏；在撰写裁判文书时，亦必然时时处处充满着法律至上的司法公正"基因"。

眼力即眼界与洞察力，抽象而言就是司法能力。任何裁判者面对重大疑难复杂案件，皆拒绝办错案，都想办成精品案件，这是人性尚美的常情常理。实务学习更需持之以恒地钻研，通过参审个案，不遗漏一个哪怕是常识性问题，对可能出现在实体、程序上的任何关键问题，应吃透法理，做到心中有数。而通过裁判说理一一呈现，虽是烧脑，也最为考验裁判者的专业素养。

司法担当是一种能力，更是一种品格与精神。面对重大疑难复杂或可能引发舆情的案件，如果没有迎难而上的勇气与直面诉讼参与人的坦然与底气，想要抽丝剥茧地化解纠纷与公正高效地裁判案件，这是一件非常困难的事情。打铁还需自身硬，唯有司法能力提升，方能锤炼出担当品格与奉献精神。在实践中担当品质则时常反哺灵魂，召唤并警醒要高标对己，并对学习保持一种如饥似渴的状态。反之亦然，相辅相成，相得益彰，最终让青涩的法科学子成长并锤炼为艰难跋涉、公道老成、自成风尚与内心淡泊的裁判者。

司法工作的目的，不是逻辑性的综合，而是实现某种妥协。司法本质是对利益的折中，司法文明是一种说服与妥协的艺术，这种语言交流在裁判者对诉讼参与人或者对审判组织其他成员时，均无处不存、无时不在。以员额制为显性标志的此轮司法改革开启以来，司法责任终身制是一个经久不息的话题，亦让裁判者在办案紧要关口常常陷入沉思。无论司法环境如何变迁，刑事裁判权事关人命、自由与名誉，相比其他诉讼种类，民意与组织对刑事法官的要求更高、更严，舆情亦重点关注并聚焦刑事个案。全民关注的背后，大多是案件本身与常情常理相悖离，故刑事裁判权的神圣与庄重感再怎样强调都不为过，对法官高标准要求再怎么强调亦不算过分。刑事法官应当有这种无时不在的压抑与庄重感，而一份好的裁判文书首先要求裁判结果公道，论理透彻。主审法官为让他人接受主审意见，必定努力阐释法理，并尝试说服审判组织与诉讼参与人接受；递交裁判文书时，亦尝试说服他人认可裁判文书的表述方式。以理服人，裁判者既要保持谦逊与低调的心态，又要在规则内穷尽努力,即使意见被否决,但审理活动坚守了司法民主原则,裁判结果亦应被认为是适法、公正的。主审法官应恪守本职,做到问心无愧,在承受挫折后,首要的是自我心态纠偏及抚慰心灵,保持淡定。从这个意义上讲,一份优秀裁判文书的产出,其实是一件非常不容易的事。文书实质是公正裁判活动的体现,最终能否产出却仍有诸多不确定性。人的认知不断向前,并由懵懂逐渐迈向理性、公道与成熟,每位参与者能自豪地说,自己认真并竭诚地参与过每一个案件,就足够地心安了。

往后余生,当然交由法律验证并由当事人诉说。裁判者做到至诚至真、明法慎断,真正对标"公正、为民、良知、担当",仍是不懈的追求与坚守的承诺;絮絮低语,是一线普通法官之陋见,当不负韶华,奋力向前再出发。

(黄启宇,湖南省岳阳市中级人民法院法官)

(2017)湘 06 刑终 397 号裁判文书原文

第五节 滥用职权罪

56. 周某某、胡某某滥用职权案[*]

【关键词】

滥用职权　渎职犯罪　刑事司法认定　行政认定

【裁判要旨】

渎职犯罪中,因行为人滥用职权,致使他人违规取得国家财政奖补资金,直至审判阶段,行政机关仍未对资金取得行为是否违规作出认定,但依据现有证据足以认定构成渎职犯罪的,法院可依法直接认定。

一、简要案情

经审理认定,2013 年 6 月,时任江安县经济商务信息化和科学技术局副局长的被告人周某某、时任该局局长的被告人胡某某在办理四川省整顿关闭煤矿补助(奖励)资金过程中,将违规建设后因发生事故已经关停的江安县红桥镇江远煤矿作为生产能力为 9 万吨/年的在建矿井上报。该矿业主被告人钱某某与周某某约定获得奖补资金后给予周某某、胡某某相应感谢费。钱某某分别于 2013 年 11 月至 2015 年 4 月共领取了财政关闭煤矿补助(奖励)资金共 960 万元。在此过程中,钱某某先后送给周某某现金 49 万元、送给胡某某现金 44 万元。

该案的争议焦点:钱某某领取奖补资金后,相应省、市行政机关均未认定江远煤矿不符合领取奖补资金条件,法院是否能够在刑事判决中直接认定。

经审理认为,依照四川省煤矿兼并重组工作领导小组下发的《四川省整顿关闭煤矿补助(奖励)资金管理办法》规定,获得煤矿关闭奖补资金的煤矿必须为主动退出和直接关闭或兼并重组关闭的"合法生产矿井和在建矿

---

[*] (2017)川 15 刑终 30 号。

井",且不属于《四川省人民政府关于推进煤矿企业兼并重组的实施意见》规定的非法违规煤矿。

其一,江远煤矿虽于 2007 年经四川省人民政府批准与五阁煤矿进行兼并重组,并于 2008 年取得了四川省国土资源厅的划定矿区范围批复,但其并未取得初步设计、安全专篇的行政审批。该煤矿于 2008 年 3 月擅自进行技改施工,属非法建设,在此过程中揭穿矿井含水层导致发生透水事故致使井下全部被淹。经采取各种治理方案后均治理无效,该煤矿的采矿许可证等证件截至 2010 年已相继过期,预留的矿区范围期已到期,钱某某已将该煤矿关停。因此,江远煤矿违规实施技改,不属于合法的在建矿井;其采矿许可证已经过期,无法进行生产,不属于合法的生产矿井。相应行政机关的工作人员的证言及被告人在侦查阶段的供述也分别印证了江远煤矿并非合法生产、建设煤矿的事实。同时,《四川省煤矿企业兼并重组工作领导小组办公室 2014 年 12 月 10 日主任会议纪要》载明,"在审查奖补资金申报材料中,发现采矿许可证过期失效等不符合奖补条件的问题",亦证实江远煤矿不是合法矿井,不符合领取奖补资金条件。

其二,《四川省人民政府关于推进煤矿企业兼并重组的实施意见》规定的非法违规煤矿中第 7 类为"存在水害威胁等重大安全生产隐患,经论证在现有技术条件下难以有效防治的"。江远煤矿发生水患后,经抽水治理造成周边地面塌陷而无法进行抽水。后其委托了四川省煤田地质工程勘察设计研究院编制了地面钻孔注浆治理方案,但依照该方案治理后依然失败。该方案经过了相应专家的审查,且上诉人钱某某供述其先后去北京、成都等地找专家意图治理水患无果。上诉人周某某也曾将江远煤矿作为上述情形的非法违规煤矿上报,因此可以认定江远煤矿属于上述规定的非法违规煤矿。

因此,上述证据足以证实江远煤矿在关闭时采矿许可证已经过期,不属于合法的生产矿井和在建矿井,且属于非法违规煤矿,不符合领取财政奖补资金的条件。刑事司法认定不以行政认定为前提,且刑事司法认定具有优先性、独立性与权威性。刑事司法认定不但可以审查行为的违法性,还审查刑事犯罪性。如刑事案件中均需行政机关先行认定。则可能出现刑事案件受制于行政机关,不利于司法权的独立行使。且有可能出现行政机关推诿、不作为等行为,延误刑事案件的处理甚至导致刑事案件无法处理,放纵犯罪,妨害司法公正。经法院向相应行政机关发函后,行政机关依然未对江远煤矿是否符合领取奖补资金的条件进行正面回复,故法院依法作出上述认定。

二、撰写心得

该案证据较为繁杂，案件争议较大。二审判决书从事实认定、证据罗列以及文书说理三个方面着力，以达到事实清楚、证据明晰、逻辑严密、论理透彻。

（一）事实认定清楚，表述条理清晰，层次分明

本案系多名被告人、多个罪名，事实较为复杂。事实认定涉及被告人的职务情况、其职务与本案履职的联系、被告人滥用职权的事实、行贿及受贿的事实，其中滥用职权的事实与行受贿的事实间又有交织。承办人力求将上述事实表述清晰，且与其犯罪构成相呼应，又能够化繁为简，清晰明了。在撰写时依照被告人的"职务情况""基本犯罪事实""被告人到案及退赃等情况"三个部分进行表述，逻辑清晰，层次分明。其中，"职务情况"不仅仅简单罗列被告人的职务情况，还重点描述了其职务与本案涉及的职权行为"负责全县煤炭产业结构调整、煤炭资源整合、技改和关闭淘汰工作"相呼应。"基本犯罪事实"部分紧密围绕犯罪构成进行描述，表述规范、客观、中立、完整；"基本犯罪事实"部分分为四段，第一段主要描述了涉案的江远煤矿的基本情况，并着重叙述了其在煤矿资源整合过程中相关手续未获审批的情况下违规施工，造成透水事故导致井下被淹，其相应证照过期，已被关停的事实。同时，阐明了行贿人钱某某作为该矿业主亲自参与、主导了上述过程，政府建议关闭该煤矿的事实。第二段主要描述了省政府下发文件要求关闭"非法违规小煤矿"后，被告人周某某在履职过程中明确将江远煤矿作为该文件规定的违规煤矿予以上报，后该煤矿已经关闭。该事实承接上一段事实，同时表明周某某明知该煤矿系非法违规煤矿，并与下一段其滥用职权的事实呼应，承上启下。第三款事实描述了在该煤矿关闭后，省政府下发了文件要对煤矿进行整顿关闭的文件，并对符合条件的煤矿进行奖励、补助，并明确表述了符合条件的煤矿为"主动退出和直接关闭或兼并重组关闭的合法生产矿井和在建矿井"。此后周某某将该煤矿又作为生产能力为9万吨/年的在建矿井上报，与其先前认定该煤矿系非法违规煤矿相矛盾。同时描述了周某某安排钱某某修改煤矿图纸时间、胡某某明知该煤矿不符合条件而予以审批的事实，表明上述人员明知该煤矿不符合领取奖补资金条件，同时与其犯罪构成相呼应。另外还描述了钱某某与周某某有行受贿的约定，与下一段事实相衔接。第四段事实是行受贿的

事实。上述四段事实依照时间先后顺序描述，前后衔接得当，各自间相互独立又互相呼应，逻辑清晰，让人一目了然。"被告人到案及退赃等情况"部分独立成段，与上述事实不相互干扰，既是量刑的事实，也与量刑部分相呼应。上述相应事实均与相应证据紧密联系，并与文书"本院认为"内容相呼应。

（二）证据归纳繁简得当，证据罗列逻辑分明，多而不乱

本案证据较多，特别是相应书证如行政机关出具的规范性文件较为繁杂，如罗列不当则必然会杂乱无章。判决书依照证据所证明的内容，与审理查明的事实相呼应的程度，依照时间先后、证明力强弱、先客观后主观等原则，分组对证据进行罗列，确保证据逻辑分明，一目了然。证据归纳繁简得当，语言精练。特别是对于本案的基本犯罪事实部分，该事实系本案关键事实，事实复杂、交织，证据繁杂。承办人在罗列证据时采取分为五个部分的方式进行罗列，每一个部分先归纳该部分的证据能够证明的关键事实，再一一罗列该部分的证据，在罗列时按照证据的种类、证明的内容根据案件的情况又进行分组罗列，力求做到多而不繁，杂而不乱。其中前三个部分分别为认定江远煤矿违规施工造成事故后关停的证据、周某某将该煤矿作为非法违规小煤矿上报，该煤矿已被关闭的证据、煤矿奖补资金的规定下发后，江远煤矿的关闭原因又予以更改，并作为符合奖补资金条件的煤矿上报的证据，该三部分与该笔事实前三段相呼应。第四部分为江远煤矿是否属于合法矿井、是否符合奖补资金条件的证人证言。通过该部分独立罗列，更能表明该煤矿在行政机关工作人员等人员的认识中是否符合相应条件，突出该煤矿的非法性。最后一部分为被告人的供述。在罗列时简化、囊括了该笔事实的全部要件，既是对前述所有证据的印证，也同时证明被告人对该煤矿是否符合领取奖补资金的认识。因行受贿的事实并无大的争议，故未单独罗列证据，以免简繁不当，无法突出重点。

（三）论证严密、说理透彻，定罪准确，量刑公允

本案被告人及辩护人均作系无罪辩护，争议较大。判决书根据相应辩护意见，归纳为事实认定、法律适用、量刑情节三个方面并依照相应顺序，分别归纳为不同的争议焦点，逐一进行回应。首先围绕本案最大的争议焦点、也是被告人是否构成犯罪的前提即"江远煤矿是否违规获得奖补资金"进行论证。首先写明了政府文件规定的煤矿符合奖补资金领取的条件，即"获得煤矿关闭奖补资金的煤矿必须为主动退出和直接关闭或兼并重组关闭的'合

法生产矿井和在建矿井',且不属于《四川省人民政府关于推进煤矿企业兼并重组的实施意见》规定的非法违规煤矿。"以便下一步依照该条件进行论证。其后通过列举该煤矿违规建设发生事故后关停、证照过期的事实、分析在案证人证言、被告人供述、政府会纪要等表明其不属于合法的在建矿井,不符合相应的条件。同时,通过论证其属于文件规定的违规建设的非法矿井,从正反两个方面反复论证,充分证明该煤矿不符合领取奖补资金的条件。之后再以该论证为前提,论证被告人周某某、胡某某是否构成滥用职权罪、被告人钱某某是否构成行贿罪。在论证时严格依照犯罪构成要件进行分析论证,根据各被告人具体实施的行为,分情况针对性进行阐述。最后根据审理查明的事实确认各被告人相应的量刑情节。上述论证逻辑清晰、严密,一步紧接一步,环环相扣,用语规范准确,说理清晰透彻,定罪准确,量刑恰当。通过释法说理,增强了裁判行为的公正、透明度,提升了司法公信力和司法权威。

(康艳秋,四川省宜宾市中级人民法院法官)

三、专家评析

一是事实认定清楚,表述层次分明。该判决书依照被告人的"职务情况""基本犯罪事实""被告人到案及退赃等情况"三个部分进行表述,逻辑清晰,层次分明。其中,"职务情况""基本犯罪事实"部分紧密围绕犯罪构成进行描述,表述规范、客观、中立、完整;"基本犯罪事实"部分将滥用职权与行贿、受贿事实一并表述,力求还原客观真实情况;"被告人到案及退赃等情况"部分对量刑事实予以明确。上述相应事实均与相应证据紧密联系,并与文书"本院认为"内容相呼应。

二是证据归纳繁简得当,罗列逻辑分明。该判决书依照证据所证明的内容,与审理查明的事实相呼应的程度,依照时间先后、证明力强弱、先客观后主观等原则,分组对证据进行罗列,确保证据逻辑分明,一目了然。证据归纳繁简得当,语言精练。

三是论证逻辑严密,说理透彻清晰。该案被告人及辩护人均系作无罪辩护,争议比较大。判决书根据相应辩护意见,归纳为事实认定、法律适用、量刑情节三个方面并依照相应顺序逐一进行回应。首先围绕该案争议焦点"是否违规获得奖补资金"进行论证,再依照犯罪构成对各被告人是否构成犯罪进行分析认定,最后根据审理查明的事实确认各被告人相应的量刑情节，论证逻辑严密，用语规范准确，说理清晰透彻，定罪准确，量刑恰当。通过释法说理，增强了裁判行为的公正、透明度，提升了司法公信力和司法权威。

（点评人：何劲松，四川省宜宾市中级人民法院刑事审判第一庭庭长）

（2017）川15刑终30号裁判文书原文

57. 王某某滥用职权案*

【关键词】

滥用职权　受贿　非法证据排除　证据裁判　经验法则

【裁判要旨】

被告人故意不履行审核职责，致经济损失的发生未被有效防止的，其渎职行为对该经济损失的发生具有原因力，即便经济损失的成因系多因一果，仍应认定与渎职行为之间具有刑法意义上的因果关系，依法构成渎职犯罪，但在量刑时，可根据案件具体情况酌定处理。

一、简要案情

2005年6月至2010年9月，王某某任国土资源部矿产开发管理司（以下简称开发司）副司长，分管矿业权审批工作，依法对申请材料填写是否完整准确，内容表述及结论是否符合规定进行审查，对经初审人、处长审查签字的《探矿权申请审查表》初审意见进行审核后提交司长审签。2006年9月，王某某在审核怀化佳怡资源开发有限公司（以下简称佳怡公司）将湖南省沅陵县五强溪金矿田东矿区（以下简称田东矿区）、五强溪金矿田西矿区（以下简称田西矿区）探矿权协议转让给北京金瑞石科技发展有限公司（以下简称金瑞石公司）的过程中，在缺少矿产资源勘查情况报告等材料的情况下，不按规定要求审核协议转让的条件，违反规定签署同意转让的审核意见；在相对人未提出探矿权延续申请的情况下，违反规定签署同意延续的审核意见。2008年2月16日和6月20日，王某某在明知田东、田西矿区探矿权年度检查不合格，湖南省国土资源厅没有在其2007年度矿产资源勘查项目年度报告上签署年检合格的结论性意见的情况下，违反规定签署同意田东矿区、田西矿区探矿权延续两年的审核意见。2009年12月9日、2010年4月26日，王某某再次签署同意田东矿区、田西矿区探矿权延续的审核意见。王某某的上

---

* （2017）湘05刑初83号。

述行为，导致不符合转让、延续条件的田东矿区、田西矿区探矿权被违规由佳怡公司转让至金瑞石公司，被违规得以延续。2008年1月至8月，北京金岳瑞丰资源投资有限公司（以下简称金岳瑞丰公司）以970万元的价格取得金瑞石公司100%股权。2011年5月24日、2012年2月29日，中国黄金集团公司（以下简称中金公司）及其全资子公司中国黄金集团资源有限公司（以下简称中金资源公司）分别以4080万元和1360万元的价格收购了金岳瑞丰公司持有的金瑞石公司60%和20%股权。截至2011年12月24日中金公司及中金资源公司应分摊田东矿区勘探费用109.83万元，截至2012年4月26日中金公司及中金资源公司应分摊田西矿区勘探费用55.33万元。2016年9月21日，田东矿区、田西矿区探矿权证被国土资源部撤销。

2006年9月至2008年春节期间，王某某担任开发司副司长分管探矿权处期间，在审核办理田东矿区、田西矿区探矿权转让和延续的过程中，利用职务之便，先后三次收受请托人许某某所送的现金共计人民币20万元和一张面值1万元人民币的购物卡，违反规定审核同意田东矿区、田西矿区探矿权转让和延续。

二、撰写心得

（一）提高认识，博采众长

刑事裁判文书在《辞海》里并无专门定义，有学者将其归纳为由法官撰写的针对控辩请求与争议进行判断的具有法律约束力的一种公文。刑事裁判文书既是刑事法官的作品，也是法院的刑事司法产品，按文种可分为裁定书、判决书、调解书等，按程序可分为一审裁判文书、二审裁判文书、再审裁判文书等。

刑事裁判文书的实质和灵魂是刑事法律精神在个案中的体现，刑事裁判文书反映一个案件的审判过程，系刑事程序法和实体法的综合运用，系刑事法律分配正义的具体体现，具有公开、公正、教育、示范、引领等功能作用。微观层面关系个案公正，宏观层面关乎社会治理。

裁判文书是增强人民群众公平正义获得感的民生工程，是展现人民法院公正形象的重要载体，是助推人民法院审判能力现代化的重要切口，是深化依法治国实践和促进国家治理能力现代化的重要途径。

法官制作裁判文书的水平是其司法能力的综合体现，裁判文书需要饱经当事人、辩护人、办理案件的司法人员、法律职业共同体、社会的评判和质疑，是具有生命力的活的法律。最高人民法院司法改革纲要一直将提高裁判文书制作水平作为提升司法能力、展示法院司法公正效率与公信力的重要举措。

法官制作裁判文书肩负实现法的功能和作用的神圣使命，必须端正写作态度。笔者始终秉承依法审慎制作原则，反复阅读和揣摩修改每一份裁判文书，通过文书纠错系统校正，请合议庭成员、法官助理、书记员阅读，求一字之师，经过严格审核后才下发和上网，力争文书高质量并避免低级错误。一份好的裁判文书，当然绝非一朝一夕之功，需要久久为功，厚积薄发。笔者从业31年来，不管从事哪个岗位，会阅读《刑事审判参考》《民事审判参考》等书籍，研读最高人民法院、省高级人民法院典型案例判决书，参加培训班，不断学习写作方法和技巧，汲取养分。他山之石，可以攻玉。王某某案判决书的制作，因属于最高人民法院指定管辖的重大职务犯罪案件，审理难度大，笔者参考了在全国范围内颇具影响的薄某某受贿、贪污、滥用职权一案判决书中对诉辩争点归纳、说理、文字运用等方面的写作技巧，如王某某及其辩护人辩解和辩护意见材料众多，对意见共同部分归纳表述和评判，对意见单独部分另行表述和评判，归纳和评判全面而准确，确保其诉讼权利行使，确保实体公正。

（二）繁简分流，详略得当

裁判文书的制作属于诉讼过程的终端环节，诉讼程序的繁简分流自然要求简式和要式裁判文书并存，繁简适度、详略得当。要根据案件的社会影响、审判程序、诉讼阶段等情况区分繁简度。繁案一般是指重大、疑难、复杂案件，比如非法集资、传销等涉众型犯罪案件；已经或者可能引起舆情和社会关注的案件；通过法律检索可能引起类案冲突的案件，如涉及线下开设赌场罪情节严重认定、民间借贷型贿赂犯罪金额认定存在重大分歧的案件；认定事实和法律适用疑难的案件，如对罪与非罪、此罪与彼罪、罪轻与罪重、罪数、情节等存在较大争议的案件；其他有重大影响的案件，如中院一审案件、涉黑恶犯罪案件、再审案件。法官面对上述繁案，要不吝笔墨精写。简案一般是指适用简易程序、速裁程序、认罪认罚程序审理的案件，甚至部分二审案件。这些简案裁判文书可以简写，甚至可以使用表格式、填充式、叙记式、此详彼略式等多种形式。

简写与精写的把握度问题。繁案精写，是指裁判文书要加强针对性，说理的透彻性，但绝不是篇幅越长越好，要讲究精要，力求恰到好处。简案略写是因为事实简单，争议较小，不必冗长繁琐，力求简洁明晰，但文书要素仍应齐全，定罪量刑明了，案件质量标准不能降低，应经得起历史检验。不认罪则详，认罪则略；要素则详，非要素则略；焦点则详，非焦点则略；要害则详，非要害则略。

王某某案判决书如何精写。王某某案判决书5万余字符，可谓长篇。该案在公诉意见、辩解和辩护意见、事实认定、证据表述、释法说理方面体现了精写。对公诉意见、辩解和辩护意见归纳精准、全面，力求简述、略写；控辩双方意见的先后表述均有其内在逻辑，孰先孰后符合逻辑和各阅读受众要求，归纳争点，体现对抗。事实认定和证据表述根据本案被告人认罪态度恶劣及本案证据情况，采取王某某职业犯罪特点要求叙述方法，客观证据优先使用，证人证言后括注证人身份，为采信证人证言真实性和证明力作铺垫；释法说理则是文书的精华部分，充分运用了现有的多种说理方法，有理有据，有理有情。对事实认定、证据表述、释法说理繁说、详述，表述虽长，但基于判决书揭露犯罪和惩罚教育功能，证据有序详列，读者根据案件事实循序渐进，读来自然而然产生一种犯罪事实昭然若揭、被告谎言不攻自破之感，在此基础上进一步深化释法说理，力求使文书令人信服。

（三）遵循格式，守正创新

1. 规范化。刑事裁判文书是应命作文，在审判过程中根据审判机关意图行文，都有一定的法定格式，规范科学稳定的格式是司法需要，是法律精神在文书格式中的反映。最高人民法院审判委员会通过的《法院刑事诉讼文书样式（样本）》、湖南省高级人民法院审判委员会通过的《湖南省人民法院制作裁判文书技术规范》对刑事裁判文书制作有明确要求，其中首部、尾部的制作格式化程度高，事实认定、裁判说理、判决结果部分技术含量较高，体现司法智慧。最高人民法院顺应司法改革要求，总结此前裁判文书制作成果，2018年6月1日出台《最高人民法院关于加强和规范裁判文书释法说理的指导意见》，对提高裁判文书质量，具有很强的指导意义。这些格式规范是司法实践的结晶，具有科学性，为司法统一和提高工作效率提供了指引，理应遵循。王某某案判决书制作严格遵循了上述格式和技术规范。

2. 类型化。类型化是刑事立法、理论研究和司法实践的重要思路。我国刑法规定了十大类犯罪，即刑法分则的十章，共400多个罪名，主要根据犯罪同类客体进行分类，以犯罪的社会危害程度为主、以犯罪主体或者罪种逻辑关系进行排列，其理论通说是犯罪构成理论。法官制作裁判文书需要以犯罪构成理论为指导，释法于鲜活个案。王某某被指控犯滥用职权罪、受贿罪，属于重大职务犯罪类型，刑法和政策对此已有成熟的类型化处理规定，刑法原则、犯罪构成理论、司法政策是贯穿文书制作始终的红线。

3. 个性化。千人一面、千案一文、千篇一律会抹杀文书的个性特色，世上没有两片完全相同的树叶，没有两个完全相同的案件，所谓的同案也仅指类案，求取最大公约数。个性化要求法官在叙述事实、证据和说理方面，可以根据个案的具体情况和法官职业素养调整体例结构，如运用指导性案例、情理、法理等七大辅助论据论证，提高裁判结论的正当性和可接受性，选择采用附表、附图表达方式，采用适当的修辞方法，等等。王某某案判决书根据职务犯罪中受贿犯罪隐蔽性、滥用职权犯罪因果关系认定复杂性等案件特点采取了多种论证方式，谋篇布局、语言组织等亦有特点，针对性强，基本上达到了写作目的。

（四）多措并举，精心准备

判决书内容来源于具体案件的审理活动，是法官在阅读案件材料、把握事实证据，特别是通过开庭审判，从控辩双方的质证、辩论中听出来的，是法官通过调查发问挖出来的，是从控辩双方意见中总结出来的。

王某某原系国土资源部矿产开发管理司副司长，有法律本科学习和多个重要部门工作背景，手握当时炙手可热的探矿权采矿权审批大权，其职务犯罪行为情节特别严重，在被采取强制措施后近5个月达77次讯问中均是零口供，短暂供述后又翻供，坚称无罪，是一个典型难啃的"硬骨头""夹生饭"，笔者从主审该案时起即全力投入，唯恐有辱使命。

1. 认真阅读案卷。诉讼需要法官眼光穿梭于两造之间。受案后除做发送起诉书告知诉讼权利等程序性事项外，首要任务便是阅卷，通过阅卷熟悉案情，了解公诉内容，预判和解决相关问题，是保障审判工作顺利进行的前提和基础。面对王某某案20册案卷材料，第一次阅卷是逐卷逐份逐页进行地毯式阅读摘抄。第二次阅卷针对起诉书指控的犯罪事实和证据目的对证据进行分类梳理归纳，形成判决书证据表述雏形。第三次阅卷是对全案证据材料三性进行逐一分析和综合预判，对阅卷中发现的问题与公诉机关协调沟通，通知公诉机关补充提供同步录音录像等案件材料。

2. 做足庭前准备。公诉机关组成了以副检察长挂帅的公诉团队，并将案件列为公诉观摩案件，商请中院组成以主管院长担任审判长、业务骨干参审的合议庭，形成控辩审三方平衡之势。主审人庭前会见王某某以确定其认罪悔罪表现，制定庭审预案，但王某某顽固坚持无罪，且年逾六旬、情绪激动，主审人鉴此便多做情绪安抚工作，让其对案件有什么意见可以通过书面形式提出，应提尽提，不但可以自己提，还可以通过辩护人提，但引导其不要重复提，理性表达诉求，配合审判。王某某和其辩护人强烈要求申请非法证据排除，主审人及时将双方材料向对方开示，并适时有针对性地召开庭前会议，将争议的程序性事项解决在庭前，赢得了辩方的肯定和信任。然后对控辩双方意见再次进行归纳整理，拟定庭审提纲，制订三同步工作方案，确保庭审顺利进行。

3. 高度重视庭审。证据未经当庭出示、辨认、质证等法庭调查程序查证属实，一般不得作为定案的根据，庭审是诉讼的法定关键一环，不仅是公开公正审判的需要，更是裁判文书充分、有针对性说理的需要。王某某案控辩双方在庭审质证、辩论时针锋相对，合议庭适时归纳、处置、引导、居中裁断，既确保法庭调查和法庭辩论阐述充分，又依法驾驭庭审有序进行，预计两天的庭审一天圆满结束，展现法庭的公正文明司法形象，为案件评议研究和文书制作积累了丰富的第一手材料。

4. 倾注评议研究。由于前期工作准备充分，主审人庭审后5个工作日内即对控辩双方在法庭上经质证的材料和辩论意见再次进行归纳，去粗取精，去伪存真，制作审查报告，提请合议庭评议。充分吸纳合议庭评议意见后，根据法律和事实，倾注平生所学，精心制作审理报告，提请审判委员会讨论。可以说，至此，判决书的制作已经准备就绪，静待上会后稍作修改即可水到渠成。

（五）六理并茂，一气呵成

1. 阐明事理。事理是所有道理的基础，阐明事理就是把案件的来龙去脉、本来面目、前因后果交待清楚，认定的证据确实充分，使人看了客观、真实、可信，不产生合理怀疑，感到法律真实就是客观事实，主要包括审查判断证据说理、认定事实说理。说理寓于事实查明和证据列举之中，清楚表述事实和严谨罗列证据本身就是一种说理。王某某案判决书对事实的表述思路是先表述重罪事实，后表述轻罪事实和其他事实；表述犯罪事实紧扣记叙的六要素和犯罪构成、量刑要件事实；根据证据事实客观中立表述，不过多进行法律评价，如将起诉书指控事实部分"滥用职权罪""受贿罪"的表述，在判决书客观表述为"滥用职权事实""受贿事实"，评析说理时再分析是否构罪，而不先入为主；针对不同犯罪事实采取不同表述方法，滥用职权犯罪事实先表述国家机关工作人员职责,再依次表述滥用职权行为和因果关系等,受贿犯罪有多笔犯罪事实,采取先总述后分述的方式,按照时间先后顺序进行;对重要证据内容和目的的表述有归纳也有摘抄,摘抄时由第三人称变更为第一人称,甚至引用供述原话,增强情境性,阅读可详可略,具有选择性。叙述事实裁判说理紧紧围绕证据裁判原则,案件事实均根据庭审查证属实的证据认定,前后呼应;对经庭审质证的证据逐一审查三性后,再综合判断证据事实是否达到了证明要件事实确实、充分的证明标准,尤其是针对是否存在滥用职权行为、犯罪损失的认定、因果关系的认定、是否存在受贿事实等争议焦点进行重点阐述。

2. 严守法理。法理就是法律根据,即裁判所依据的法律条文、司法解释、司法政策等规范性文件。主要包括适用法律说理、行使自由裁量权说理。事实是案件处理的依据,法律是案件处理的准绳,这个事实是指法律事实、要件事实,无限接近于而不等同于客观事实。法律非经解释不得适用,法官援引法律适用于个案必须释法,遵守法律解释的基本方法,说明判决所依据的法律规范以及适用法律规范的理由。王某某犯罪证据事实与量刑证据事实的认定须臾离不开相关实体法和程序法的指引和规范,在法律要件的指引下采信证据与认定事实,进行说理。如对王某某适用滥用职权属于情节特别严重的规定时,就对法律规范中的"经济损失""情节特别严重"进行了解释。王某某滥用职权致使公共财产遭受重大损失,情节特别严重,又拒不认罪悔罪,理应在三年以上七年以下有期徒刑幅度内从重处罚,但宣告刑却为起点刑三年,对这一自由裁量权行使说理,主要立足于法律要件中犯罪客观方面多因一果关系的论述,如"滥用职权行为与造成的重大损失之间必须具有刑法上的因果关系,即有引起和被引起的关系。王某某故意不履行审核职责,从而未能有效防止经济损失发生,其渎职行为对经济损失具有原因力,应认定与经济损失之间具有刑法意义上的因果关系,系多因一果关系"。

3. 引用学理。学理就是法学理论,一般是公认的法学理论。如在评析王某某提出的滥用职权行为与指控损失之间的因果关系问题时,采用了学理上因果关系条件说,即公式"如果……就……","被告人王某某在2006年审批田东矿区、田西矿区探矿权转让、延续的过程中,如果能够坚持其退回探矿权处要求补充齐备矿产资源勘查情况报告等申请材料才予审核通过,在2008年审批田东矿区、田西矿区探矿权延续的过程中,如果能够按照法律规定只有在矿产资源勘查项目年度报告具备省国土资源厅结论性意见才能予以审核通过，田东矿区、田西矿区探矿权的违规转让、延续就不会得逞"。渎职犯罪行为与损失之间往往是多因一果，几乎是影响定性量刑的普遍性争点。通过该案判决书写作，提升了法学理论水平。

4. 佐以情理。法律不外乎人情，法律蕴含情理，裁判文书将其阐发于个案，并非法外用情。其实，证据事实和裁判说理时刻离不开常情常理常识和经验法则，法律人自觉不自觉地在使用情理和经验法则。如笔者在判决书中论述档案材料证明力时，表述为"档案材料系客观性证据，证明力高""被告人辩解称档案材料系经办人归档时丢失的说法，与归档时已案发查处经办人遗失的可能性非常小的情理明显不符"；被告人同事和朋友系与其关系较好的非中立证人证言，其不利于被告人的证言证明力高；在论述被告人不认识行贿人时，表述为"证据形成自然，符合情理，王某某称不认识许某某，明显与证言相悖"；在论述王某某有罪供述的效力时，表述"经审查，王某某对办案人员的讯问有明确的认知，表述清晰，语言流畅，表情自然，情绪稳定，讯问结束后均对讯问笔录均进行了认真核对并签名确认"。论述证明标准时，表述为"由证到供，再由供到证，证据形成自然，符合情理"。因为上述情理中隐含了"档案材料客观性强证明力高众所周知""档案管理者不会丢失档案材料""亲亲得相首匿""亲友于己无害""自己行为自己负责"的经验法则。在重大职务犯罪案件判决书中大胆运用常情常理常识和经验法则说理，是笔者撰文时尝试式的努力。

5. 讲究文理。文理主要是指说理的形式和技巧，反映一个人的说理能力特别是文字能力，首先要讲究文字的准确、通顺、易懂，其次是要用当事人最容易明白的方式、最容易接受的方式讲明道理。表述明确具体，切忌模棱两可或拖泥带水、画蛇添足。不是语言越深奥越好，不能孤芳自赏，要通俗易懂。王某某案判决书总体来说行文符合格式的统一要求，诉讼参加人排列正确，表述无误；案件由来及审理经过表述完整、正确；控辩主张概括先程序后实体再要件，先归纳被告人和辩护人共同意见再阐述各自意见，不重复，全面、准确、精练，针对要件要素，逻辑缜密；查明事实部分遵循案发规律，用语规范、语言流畅；证据表述时此繁彼简的方式，公诉机关起诉书对事实高度概括，对证据仅罗列证据种类，判决书采取详述方式，讲求证据排列之间的逻辑，能够清楚反映事实与证据的对应关系。整个文书，既坚持法言法语，又朴实可读。

6. 善用论理。论理是指论证的方法。裁判文书一般采用形式逻辑的三段论，适用于个案的法律是大前提，个案事实是小前提，论理的过程其实就是大、小前提不断归入、涵摄的过程。王某某案判决书不管是事实认定还是裁判说理，都是较好地对三段论的具体运用，屡试不爽。论理逻辑有序，抓住争点和关键问题正面驳论，回应评判，态度鲜明。如王某某辩称办案人员以其女儿相威胁，使其在精神上遭受难以忍受痛苦的情况下按照许某某的行贿供述笔录违背意愿供述的，但王某某又供称："我对自己案子的看法是一错四不错，即对我立案侦查没错、领导审批立案没错、办案人员的讯问方式方法没错、2016年8月27日之前我的供述及笔录和写的交待材料也没错。"而许某某的供述中并无该"四不错"，也无证据证明"四不错"系办案人员要王某某所写，以子之矛，攻子之盾，善于发掘上述论据进行论理，逻辑性强，富有美感。

事理是砖瓦、法理是尺子、学理是辅料、情理是黏剂、文理是色彩、论理是钢构，六料齐备，华宇初具。六理贯穿王某某案判决书制作始终，使判决书身长而神聚，以期情理法交融，办案三个效果有机统一。

（廖高飞，湖南省邵阳市中级人民法院法官）

三、专家评析

被告人王某某滥用职权、受贿一案系发生在矿业权审批领域的窝案之一，关联案件多，专业性强，王某某拒不认罪，控辩双方意见针锋相对，对裁判文书撰写提出了挑战。一审法官厘清案件事实，有针对性地引用相关法律法规，对控辩意见一一回应，充分论证，详尽说理，判决文书可圈可点。

（一）叙事完整，表述清楚

本案涉及探矿权转让、延续的审核，专业性强，为使专门知识通俗表达，确保案件事实清楚明了，判决查明事实开头部分即明确表述王某某的职权职责，随后详尽引用《矿产资源勘查区块登记管理办法》《探矿权、采矿权转让审批有关问题的规定》等法规及相关程序性规定，为认定王某某滥用职权做好铺垫。后文结合相关规定，有针对性地表述王某某在明知违规的情况下不正当行使职权，造成公共财产重大损失的事实。叙事部分依次递进，脉络清楚，表述客观准确，通俗易懂，符合裁判文书事实表述清晰明了的要求。

（二）论证充分，说理透彻

本案被告人拒不认罪，辩护人提出诸多辩护意见，判决精心提炼观点，通过析法说理逐一回应，针对性强。一是法理情理融合。如针对本案是否存在非法取证问题，既引用《最高人民法院、最高人民检察院、公安部、国家安全部、司法部关于办理刑事案件严格排除非法证据若干问题的规定》，又引用被告人自认"一错四不错"、辩护人赞扬检察机关文明办案的致函，充分论证被告人的供述自主自愿。二是法律学理并用。如论证被告人滥用职权与本案损失存在因果关系，除从事实和法律规定层面论证之外，还通过学界因果关系理论展开论述，充分论证被告人滥用职权行为对本案经济损失具有原因力，应认定二者之间具有刑法意义上的因果关系，说理透彻。三是居中客观裁判。如根据证据规则和案件事实对公诉机关的部分指控不予支持，依法采纳被告人及其辩护人的理由和意见，公平公正。

（三）文字严谨，布局合理

判决书语言流畅，表述准确，格式规范，详略得当。案件事实部分对公诉机关的指控删繁就简，对辩护意见详细表述；证据部分对证明被告人滥用职权的证据详尽表述，对证明被告人利用职权为他人提供帮助的证据因在滥用职权证据部分已有体现，不再一一列举；说理部分对被告人辩解和辩护人意见集中论证，综合评判，定罪量刑部分综合案件事实和证据，依照法条规定准确表述，简明扼要。

从整体上看，这篇裁判文书体现了办案法官较好的裁判文书制作功底和较高的办案水平，是一篇优秀的裁判文书。

（点评人：谭青峰，湖南省高级人民法院刑事审判第二庭副庭长）

（2017）湘 05 刑初 83 号裁判文书原文